せりかクリティク

Serica Critique

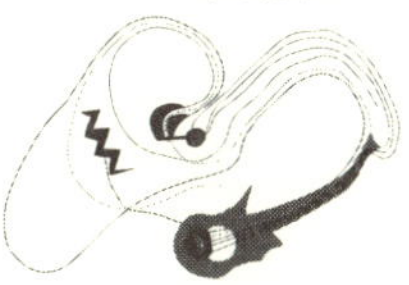

水越 伸・吉見俊哉 編

メディア・プラクティス

[媒体を創って世界を変える]

せりか書房

メディア・プラクティス——媒体を創って世界を変える　目次

カバー・表紙・扉に使用した作品
中村理恵子『触覚連画Ⅱ』より「幸せを運ぶクモ」（カバー・表）
安斎利洋『北京連画』より（カバー・裏）
草原真知子『えことば』分子「風の音を聞くと音楽を思い出すことがある」（表紙・表）
井上佳子『えことば』分子「自閉症の私の小さな希望」（表紙・裏）
光島貴之『触覚連画Ⅱ』より「弦楽器」（扉）

メディア・プラクティス——媒体を創って世界を変える

序

メディア・プラクティスとは何か

水越 伸・吉見俊哉

グローバル情報化とナショナル・メディア

本書が刊行される二〇〇三年秋は、昭和天皇の危篤で日本全国に自粛ムードが吹き荒れた一九八八年秋からちょうど一五年目に当たる。また翌年、〇四年は、本書でも取り上げられている松本サリン事件から一〇年目である。この一〇年余、日本のメディアに何が起きてきたのか——。歴史を数十年単位の変化で考えるなら、八〇年代後半からの十数年間は、それまで冷戦体制のなかで比較的安定していた第二次大戦後の世界秩序がみるみる崩れ去り、国民国家体制の限界が深刻に露呈されていった時代として記憶されることになろう。阪神大震災とオウム真理教事件、神戸の酒鬼薔薇事件、泥沼化する日本経済の破綻、小泉政権や石原都知事の誕生に見られる新保守主義のポピュリズム、歴史教科書問題などから、ユーゴ内戦、アジア経済危機と中南米諸国の金融崩壊、パレスチナ問題の深刻化、北朝鮮問題、そして九月一一日の事件から米軍のアフガニスタン侵攻、イラク戦争まで。世界は確実に矛盾が激化し、紛争が増殖し、排除がむき出しになり、未来が不確実になる道を歩んできた。そうしたなかで、メディアは単に変化を報道したり反映したりというには到底とどまらない、むしろ変化の最大の作用因の一つ、現実を生産する力をなしてきた。

ここ十数年のメディアをめぐる変化の第一は、いうまでもなくグローバル化である。いまここで、グローバル化のメディア的な次元を「グローバル情報化」と呼ぶとしよう。この動きの加速度的な展開は、さまざまなレベルの錯綜したコミュニケーション状況をもたらし、これまで自明と思われていた諸々の事柄の虚構性を暴き出すことになった。今日、新聞、テレビ、映画といった伝統的なマスメディアの危機が叫ばれてはいるが、産業的な観点から見れば、巨費をかけて製作されるコンテンツを武器としたメディア企業の巨大化は九〇年代を通じて著しく進み、グローバルで多元的なメディアの権力関係が露骨にあちこちで見られるようになってきた。他方、デジタル技術の発達が生み出したオルタナティブなメディア、地域やNPOなどによって自律的に営まれ、これまでとは違うコミュニケーションの回路を生み出そうとする動きもさかんになってきている。両者の関係は離接的（disjunctive）であって、空間的にも時間的にも脱文脈化したメディア・リアリティの断片が、境界を越えてエージェント間で流通し、編集され、消費されている。

第二にしかし、こうしたグローバル情報化の進展は、旧来のナショナル・メディアの体制を根底から覆しているわけではない。むしろ九〇年代、メディアのなかのナショナリズムはそれまで以上に強化され、干渉的になってきた。情報の回路がグローバル化し、越境的になり、同時に細分化、個人化するなかで、ひどく声高で、偽装的なナショナリズムがメディアを跨いで広がってきたのである。こうして日本のマス・メディアは、ここ十数年、一見矛盾するかに見える二つの傾向を同時に顕在化させてきた。一方で、メディア企業は海外進出や国際的なメディア資本との提携、番組制作の外部プロダクション化と国際的な番組ソフト市場への参入など、グローバル化への対応を大急ぎで進めてきた。ところがその一方で、これらのメディアが送り出す番組や記事の内容、現場の制作者や記者への内部干渉の度合を見ると、NHKや読売新聞に典型的に見られるように、一貫してよりナショナリスティックな方向へと内閉する統制が強められてきたのである。しかも、これらの新しいナショナリズム言説は、新聞やテレビだけでなく、雑誌やマンガ、ポップミュージック、インターネットなど、サブカルチュラルなメディアによっても媒介され、浸透している。それらはしばしば若い層によって支持され、ときには「反体制的な」スタイルをすらとる。実際、八〇年代末から九〇年代にかけて、ポストモダン的な若者のメディアと新保守主義の論壇の間には、ある種の融合現象が生じていった。

そして第三に、八〇年代以降、多くのメディアがそれまでのような緩衝地帯となる何らかの社会集団の媒介もなしに、個別の身体に直結されていくようになっていった。それまでのメディアは、オーディエンスや話し手の身体に仲介なしに接続されていたのではない。テレビの場合、番組制作者たちがブラウン管から呼びかけていたのは、まずは「お茶の間のあなた」、家族のなかの妻なり、夫なり、子どもたちであった。そこでは家族の集まりが、メディアとわれわれの個別の身体が接続されていく際のいわば緩衝地帯となっていた。パーソナルなメディアであるはずの電話ですら、それが家庭の玄関や食堂に置かれるだけであった頃には、誰もが家族の目を気にしながら相手と通話していた。家族の共同性が、われわれの身体が電子化された映像や声の世界とつながれていく際のフィルターの役割を果たしていたのである。だが、ウォークマンから携帯電話、インターネットに至るまで、いまやメディアはいかなる緩衝地帯もなしに身体と直結されている。逆にいえば、われわれの身体は、メディアの作用にひどく無防備にさらされている。

最後に、今日のメディアで語られる「現実」が、ますます際限のない自己言及的な回路に閉ざされていることに目を向けよう。たしかにこうした兆候は、ダニエル・ブーアスティンが擬似イベントについて論じた頃から始まっていたのかもしれない。八〇年代にはジャン・ボードリヤールが現実のシミュラークル化を、ウンベルト・エーコがハイパーリアルな現実の記号論を語っていた。しかし九〇年代、デジタル化と衛星メディアによる映像のグローバルな配信網が構築されていくなかで起きたことは、「現場の映像」や「事実の客観性」に向けられるまなざし総体の自己言及的な閉塞であった。これは、理論的にのみならず実践的に深刻な問題をわれわれに突きつけている。たとえばイラク戦争に際し、日本の主なテレビ局の番組制作者たちは、世界各地の放送局や通信社から送られる多数の「現場映像」から「バランスよく」取捨選択することで、「事実に即した」戦争報道番組を制作することができたと主張する。これらの局の社員はすべてバグダッドから引揚げてしまったので、遥か遠くのアンマンで特派員がしていたのは、丹念にCNNやBBCのニュースを見つめることであった。この場合、彼らがする報告の客観性は、彼ら個人の目と耳ではなく、グローバルなメディアの映像のなかに担保されていたわけである。そして東京の制作者は、さらに多様な立場からの映像をつなぎ合わせることができた。そのことにより、彼ら自身、多面的で事実に即した戦争報道ができたと思い込む。戦争という最も語りがたい現実ですら、すでにあらかじめ語られていることのなかに閉じ込められている。

今日、メディアと何らかの仕方でかかわっている者、あるいはかかわろうとしている者は、少なくともこれらの四つの主要な変化と正面から向き合わなければならない。メディアは九〇年代を通じ、グローバル化され、ネオ・ナショナル化され、人々の身体に無媒介に接続され、さらに自己言及的なリアリティの循環路を確立してきた。どうすれば、こうした動きをやみくもに拒否するのではなく、変化の背後にある大きな歴史の潮流を見定め、より批判的でも表現的でもあるような実践の可能的な地平を切り拓いていくことができるのか――。『メディア・プラクティス』と題された本書の編者たちは、そのための一つの有効かつ不可欠な戦略が、さまざまなメディアを通じて伝え、語り、演じ、表現していく人々の社会的・文化的実践に、改めて深く内在し、浮上しつつあるメディア実践の可能的地平を明らかにしていく営みであると考えた。

従来のマス・コミュニケーション研究の枠組みからするならば、このような作業はおそらく「送り手研究」の一部と見なされるのであろう。しかし、本書の姉妹編である『メディア・スタディーズ』（せりか書房、二〇〇〇年）で、カルチュラル・スタディーズ以降のオーディエンス研究が単なる「受け手研究」の一種ではないことを示したのと同じ意味で、われわれはこの知的作業が単なる「送り手研究」の変種であるとは考えていない。われわれの考えからするならば、ここでいう「メディア・プラクティス」は、グローバルなデジタル化が進行し、二〇世紀的な社会体制がさまざまな場面で軋みを上げるなかで、これまでのマスメディアの送り手だけにも、近年喧しいコンピュータ・メディエーテッド・コミュニケーションの個人利用者だけにも回収されることのない、そうした枠組みを実践的に突破してしまうような無数のメディア表現の営み、あるいは積極的に体制や状況、社会の慣習を組み替えていくような活動の位相を明らかにしていく作業である。同時にそれらの無数の営みが、いかなる文脈や思想的展望、検討を要する課題を孕んでいるかについても考察をしていきたいと考えている。つまりここでの実践のエージェントは、「送り手」というカテゴリーの歴史的制約を暴露しつつ、その限界を内破するのである。

メディア・プラクティスの多層的意義

より具体的に述べるならば、本書でわれわれが繰り返し言及する「メディア・プラクティス」という言葉には、いくつかの意味合いが重なり合っている。まず、第一の意味合いは、文字通りメディアに媒介された社会的、身体的実践のことである。ただしここでいう「プラクティス」は、ピエール・ブルデューが日常生活実践一般を指していった「プラチック」とはいささか異なり、グローバル情報化のもとで精緻に体系化され、管理されることで巧妙に環境化したメディア状況を積極的に組み替える、編み直す、デザインするといった志向性を持った活動全般を指している。このような意味でのメディア・プラクティスは、インターネットを活用した市民運動、オルタナティブ・メディアのようなものはもちろん含まれるが、それだけではなく、メディアの日常性を異化するアートや遊びの営み、メディアについての学びのプログラム、マスメディアを内破するような実践までを多層的に含み込んでいる。この概念は、すでにプロ化され、職業化されたマスメディア産業のなかの「送り手」の実践を、はるかに広いメディア表現の文脈の中に転位させ、拡張するものである。

既存のマス・コミュニケーション研究の枠内で、このようなメディア実践に本格的な関心が向けられることはきわめて稀であった。それよりは関心の幅が広いカルチュラル・スタディーズや社会学にあっても、これまで取り上げられてきたメディア実践の多くは、何よりも欧米社会で先端的に展開されているような事例が多く、またその影響を濃厚に受けた問題設定をアジアの文脈で見出したものや、都市的な若者文化の事例であることが少なくなかった。さらにはエスニシティやナショナリティの研究によくあるように、一部の理論的枠組みを当てはめやすい特殊な事例であるといったことも見られた。しかしなぜ、これらの研究が取り上げるメディア実践の種類と分析手法はパターン化してしまっているのか。たとえば、そのメディア実践がいかに反体制的であるか、オルタナティブであるかということを強調して見せるだけでは、そうしたメディア実践がプロセスとして内包している経験のマテリアルな次元に迫れないのではないだろうか。

このような観点からするならば、今日のメディア・プラクティスにおいて、かつて鶴見俊輔が指摘した「限界芸術」としてのメディア実践を日常の生活世界の全体から丹念に掘り起こし、吟味していくことの意義を強調し直してみる必要もあるだろう。鶴見はかつて、一部の特権化した芸術家と鑑賞者が形成する閉ざされた芸術活動を「純粋芸術」、資本によって商業化され、大衆化された芸術活動を「大衆芸術」と呼び、それらから相対的に区別される領域として、ごく普通の人々の日常生活のなかで営まれる無数のささやかな表現行為に息づいている「限界芸術」の重要性に目を向けた。このような三項図式が、とりわけ高度成長期以降の情報や記号の消費をシステムに組み込んだ資本制社会の分析として限界をもったものであることは、すでに多く指摘されてきた通りである。それにもかかわらず、鶴見の「限界芸術」としてのメディアという発想に内包されていた経験のプラグマティックでマテリアルな次元についての洞察は、今日、改めて「マスメディア＝大衆芸術」の枠を超えてメディアの実践者たちの活動を語りなおしていこうとするとき、その問いの構えにおいて意義を失ってはいないように思われるのだ。

実際、本書で取り上げられるメディア実践は、A4の紙を使った「名刺パンフレット」のように簡単で手触りがあるものから、インターネットを介したビデオ・ジャーナリズムまで、マスメディアを真正面から批判した営みから、マスメディアと地域の子どもたちの連携をはかる試みまで、北欧のメディアアートから学校教育におけるメディア・リテラシーまで幅広い。さらに本書は、メディア実践の顛末を記録するだけでなく、それを可能にした仕組みやデザイン、あるいは限界づけた諸要因をつぶさに検討することで、持続的なメディア・プラクティスの可能性を探ろうとしている。これらの実践において、まず何よりも重要なことは、それらの表現活動と日常生活との連続性である。高度化するテクノロジーと資本の構成のなかで、われわれの日常生活が深く、隈なくメディア化されてきたからこそ、逆にわれわれの日常生活に根ざしたメディア実践は、今日のメディア・システム総体を問題化し、組み直していくための戦略的な拠点となり得るのである。

さて、第二にここでのメディア・プラクティスは、メディア論的実践、あるいはメディア実践研究とでも呼ぶべき、新たな知の展開をも企図した意味合いを含んでいる。メディア・プラクティスを、その外部に立った研究者としてただ観察、分析することは、本当に可能なのだろうか。いや、メディア論全般を見渡しても、研究者がメディアの現場の力学や実践的な活動から切り離れ、現象や状況をきれいに整理していくことが、果たして学問的に生産的なことなのか。メディアをめぐる分析的な語りにおいて、語る者は完全にそれが語られるメディア論的状況の外側に立つことはできない。この点を突き詰めていったときに、理論と実践、歴史と現在を連結させ、その共犯的関係に覚醒したメディア論のあり方として、メディア・プラクティスを捉えていこうという考え方が浮上してくる。

ここでいうメディア論的実践、メディア実践研究とは、いわゆる虚学に対する実学というような平板なものではない。おおまかにいって実学とされるものは、たとえばデジタル産業論、情報教育などの領域に顕著なように、現状の産業や制度をはじめとするメディア状況、社会状況を前提として批判することなく受け容れ、それらに資することを目的としているものが多い。これに対してメディア論的実践は、メディア論自体が孕む文化性、政治性を克服するためには、メディア実践との有形無形の関係性を自覚し、そのこと自体を批判的に捉えなおしていく回路を作る必要性から提案されているものである。

以上のような二つの次元でのメディア・プラクティスは、いずれもメディアをめぐる諸々の制度的な条件、資本の編成や国家的諸制度、慣習的な行動規範、諸々のヘゲモニックな文化コードに根深く条件づけられ、それらの制度的な網目に織り込まれていることを忘れてはならない。とりわけ今日のメディア・プラクティスを枠づけている制度的条件として決して見落してならないのは、今なお日々強力な影響力を発動し続けているナショナル・メディアの作用である。インターネットがいかに裾野を広げても、オルタナティブなメディア実践がどれほど新しい試みを積み重ねていても、「国民的メディア」としての地上波テレビや全国紙がわれわれの日常的メディア実践を枠づけている力は、なかなか弱まりはしない。とりわけオウム真理教事件や九月一一日の事件、イラク戦争など、重大な社会的危機が感じられるような状況では、人々は何よりも「テレビに釘づけ」になり、既存のマスメディアが伝える「リアリティ」に依拠し続けるのである。そうしたなかでも日本においては、全国紙、地上波テレビ、広告代理店の有機的で寡占的な体制に象徴されるように、歴史的に構築され、この国の日常を包み込んできたメディアの支配構造が社会の隅々にまで達している。メディア・プラクティスは、それぞれの実践や研究が、このようなきわめて強力なマスメディア体制を存続させてしまっている社会のなかでの営みであることを忘れてはならない。

このようなメディア・プラクティスを取り巻く体制的構造は、単にNHKや民放、あるいは新聞社なりのメディア企業の体制としてだけあるのではない。そうした企業のなかでの個々のジャーナリスト、記者、ディレクターたちの日常的なメディア実践を枠づける慣習的なコードを通じ、体制としてのメディアが再生産されていくのである。そのような意味で、本書で提起されているようなメディア・プラクティスへの展望は、その延長線上に、これまでなされてきたようなメディアの送り手研究、メディア産業論やジャーナリズム研究を再定義し、この国のメディア体制、またそうした体制の内部で「国民的なリアリティ」の生産に携わっているジャーナリストの実践の総体を問い返していくような視点を含まなければならない。しかも、このようなメディア企業のプロの日常的なメディア実践は、送り手のレベルだけで閉じているわけではなく、今でもテレビや新聞を自明なものとして受容している膨大な読者や視聴者に通底する態度や慣習的コードと連動している。そのようなわけだから、当然、メディア・プラクティスは、オーディエンスに焦点を当てるカルチュラル・スタディーズや人類学の諸研究とも連携していかなければならないのである。

遊び・リテラシー・社会実践の三次元

以上のようなメディア・プラクティスの問題機制の全体像をとらえるために、この本は三部に分けて構成されている。それらは、まずメディアと人間の硬直化した関係性を挑発的に異化していく「メディア遊び」、つぎにメディアのあり方を批判的にとらえ、能動的に組み替えていくための営みである「メディア・リテラシー」、そして遊びに裏打ちされたメディア・リテラシーの営みを土壌としつつ、そこから展開されるオルタナティブな「メディア表現および社会実践」の三つの次元である。これらの重層的な構成のなかで、本書はメディア・プラクティスを生み出し、維持し、発展させると同時に、その行方を批判的にとらえる観点を編み上げようとしているのである。

順を追って各論の概要を紹介しておこう。まず、この序章に続く第一章の水越の論文は、メディア・プラクティスを問題とする背景にある、日本のメディア状況、およびメディア論が抱える問題を浮き彫りにし、メディア表現、情報生産についての研究、人類学的方法論の必要性を指摘すると同時に、メディア・プラクティスをたんなる研究対象とするのではなく、研究者自らがそこに積極的に介入しつつ批判的検討を行う、メディア実践研究という新たな研究パラダイムを提唱している。

第一部「ラディカルなメディア遊びの可能性」では、メディアと人間、社会の関係性自体に着目し、それらを組み替えて行く基層的な動き、ここでいうメディア遊びに着目した論考が並ぶ。固定化されたメディアのあり方を自明のものとはせず、その可能的様態をもみほぐし、よみがえらせ、社会的に展開していくようなこの動きは、おもにメディアの遊具性に気づいたアーティストやアクティビストの間から立ち上がっている。

長谷川の論考は、本づくりを通じたメディア・リテラシー実践、オルタナティブな紙メディアのあり方を問う名刺パンフレット作りのワークショップなどの経験をふまえながら、メディア実践論、メディア論における実践的介入の意味を探っている。そこでは紙メディア、出版メディアに付与される意味の奥底にあるメディアのモノ性が浮かび上がると同時に、歴史の中で見出された数々のメディアの可能的様態が、子どもたちや学生の創作活動を通じて再生され、再認識されていく方法論が明らかにされている。

安斎利洋、中村理恵子は、一九九〇年代初頭から展開している《連画》プロジェクトを中心として自らの活動の軌跡と展望を記してくれた。二人はこれまで一貫してインタラクティビティを重んじた創作活動を展開し、予定調和的な協調に終わらない、個の自立を前提としたインターネットによる協働作業を提示してきた。《連画》から、Interwallへ、さらにカンブリアン・ゲームへと活動を広げながら、子どもの学びや社会の回路を組み直す媒介としてのメディア、メディアアートのあり方を模索している。

メディアアーティストでありプロデューサーであるアスケ・ダムは、一九七〇年代から八〇年代にかけて日本の地域社会で展開したケーブルテレビの営みをつぶさに観察し、その知見をもとにデンマークの市民放送局を立ち上げた。市民社会から切り離れ、特権的なイメージを持ってしまったメディアアートを批判し、常に日常生活に結びついた遊びやアート、デザインのあり方を模索している彼の姿から、日本のメディア・プラクティスが学ぶことは多い。本論には、ダムへのインタビュアーで翻訳者でもある小川明子が、日本の地域メディア研究の閉塞を乗り越える契機をダムの活動に見出す解題を付けている。

以上はいずれも、書物、メディアアート、ビデオなどといったメディアの既存の社会的存立様式、すなわちメディアと人間の確立された関係性を前提とはせず、それらを積極的に疑い、オルタナティブなあり方を探り、さまざまな手法を使ってその意義を社会化していく持続的な営みと、メディア実践を支える根本的な想像力のありかを示している。

第二部「メディア・リテラシーと社会の回路」には、カナダ、台湾、そして日本における実践的な取り組みを通じて明らかにしていく論考が連なっている。

まず、カナダにおけるメディア・リテラシーの草分け的な存在であるバリー・ダンカンらによって、カナダにおける一連の営みの歴史的経緯、課題、現在の体制などが示されている。この論考には、訳者である坂田邦子の解題がついている。

他方、われわれは、カナダをはじめとする英米系のメディア教育を理想とし、それを日本を含むアジアに応用すればそれでよいとは考えていない。むしろアジアの国々や地域にはそれぞれの歴史社会的文脈と、独特なメディアの生態系があり、その中でメディアを学ぶ術を自律的に編み出していく努力が欠かせない。そうした観点から、台湾におけるメディア・リテラシー、媒体素養の発達過程を、混沌とした台湾のメディア状況をふまえながら明らかにしたのが、「媒体素養の誕生——台湾におけるメディア教育の展開」である。この論考は、台湾の媒体素養を育んだ中心的存在である呉翠珍と、北京出身で、日本の大学に籍を置く劉雪雁の共著のかたちをとっている。

日本の事例としては、一九九四年に起こった松本サリン事件をめぐる松本美須々ヶ丘高校放送部のメディア表現活動を取り上げた。この論考において同放送部顧問を務めた林直哉は、マスメディアの権力と横暴を肌身で感じ、それを放送番組作りを通して批判し、さらにその批判をも乗り越えてメディア・リテラシーを実践していた高校生たちの奮闘をルポルタージュしている。

水越、山内の共著論文は、林もそのメンバーの一人であるメルプロジェクトという市民のメディア表現、メディア・リテラシーの実践的研究グループの発足の経緯とその展望を明らかにすると同時に、ローカル民放テレビ局と地域の子どもたちを結びつけ、送り手と受け手がたがいにメディア・リテラシーを学び合う仕組み作りをめざしたメディア実践を概説している。

以上を通して、メディアを通じて社会的な諸権力関係を批判的に読み解くと同時に、メディアを用いた表現や学びを生み出していくメディア・リテラシー活動が、いかなる系譜を持ち、問題をはらんでいるか、メディア論といかに関わっているかが論じられている。

最後の第三部「オルタナティブなメディア表現と社会実践」では、五つの論考が連なるなかで、新しいメディア表現やその制度的な取り組みが市民社会の諸実践へと展開していく状況を描き出している。グローバル情報化のもとで、オルタナティブなメディアの可能性、情報技術の進展と公共的なコミュニケーションの課題などが、異なる領域で違う言葉を用いられながらも、繰り返し議論されていることに注目していただきたい。

まず、野中章弘は、自らが主宰するアジアプレス・インターナショナルの軌跡を振り返り、ビデオ・ジャーナリズムの今日的な意義と限界を冷徹に語る。そしてその課題を克服し、可能性を展開するためには、どれだけ困難が伴ったとしてもオンライン・ジャーナリズムへの進出が必要であることを説き、インターネットへの展開を宣言している。

坂田邦子は、開発独裁を続けてきたスハルト政権崩壊後のインドネシアにおけるフィールドワークをふまえ、為政者とサバルタンの関係性をメディアを媒介に描き出している。ここではオルタナティブ・メディアからもさらに疎外されていくサバルタンの実態を通じて、メディア・リテラシーの持つ本質的な政治性が問題とされている。

林香里は、ドイツにおける日刊紙『タッツ』の誕生から今日までを、同国の社会状況、メディア教育への取り組み、新しい社会運動との関係性のなかで明らかにし、メディアのオルタナティブな挑発性とその普及と確立、体制との相克を描き出す。そこには媒体を創る営みが常に引き受けることにならざるを得ない普遍的な課題が提示されている。

最後は、吉見俊哉による二つのダイアローグである。一つは、市民コンピュータコミュニケーション研究会（ＪＣＡＦＥ）の代表、浜田忠久との対談で、インターネットの発展にともなって存在意義を増しつつある情報通信支援ＮＰＯの過去と未来を示す浜田の言葉から、グローバル化のなかで情報技術が市民にとって有する意義やＮＰＯのメディア実践の現状を明らかにしていく。

もう一つは、愛知万博問題を焦点に、この問題を体制の内と外の両方から見つめてきた吉見が、藤前干潟干拓反対運動などで市民運動とメディアの結びつきを論じた松浦さと子とやりとりした往復書簡である。愛知を中心に起きたいくつかの出来事を事例としつつ、国や行政の公共事業と市民運動の関係を、インターネットや地域メディアがいかに変え得るのか、またそこにはいかなる限界があるのかについて論じている。

巻末の参考資料には、各論で言及されるか関連の深いウェブサイト、執筆者たち自体が運営をしているウェブサイトのうち、主だったものに簡単な説明を加え、列挙した。メディア・プラクティスの諸活動に関わる入り口として活用していただければ幸いである。

構想の経緯と表現形式

本書は、メディア・プラクティスを論じるという目的のために、すべてが学術論文のスタイルを取っているわけではない。実践に即した議論には、綻びや未完の部分が当然あちこちに見受けられる。それらを隠したり、予定調和的に図式化してしまうのではなく、その在りかを積極的に示しながら、アクチュアリティを失わない問題提起をしたい。そのためにルポルタージュ的な論述、対談や往復書簡などの形式を採用しているものもある。

また本書は、大学でメディア論に関わる研究者、大学院生、学生に読んでもらうことも考えている。とくにこれまでメディアの現場の事柄や、メディアを活用したり、創ったりすることに興味を持ちながら、遠巻きに見ていたアカデミズムの人々に対する窓口としての意味も持っている。同時に、学校教育、公民館、美術館、博物館などの社会教育関係者、NPOなどでメディアを活用した市民運動、教育活動などを進める人々、オルタナティブ・メディアに携わる人々、マスメディアの内部にいてそのあり方と自らの役割に疑問を持つ人々にも読んでいただきたい。それぞれの活動を広い文脈の中でとらえ、思想的な裏付けを持ってもらう契機になればと思う。

もともと本書の企画は、二〇〇〇年春に刊行された『メディア・スタディーズ』の続編として、同年から翌二〇〇一年にかけて構想された。本来ならば二〇〇二年には出版されるはずだったが、編者の怠慢から一年半以上、刊行が遅れてしまった。ところがこの一、二年は、今日のメディア状況を考える上できわめて重要ないくつかの問題が、深刻な形で露呈してきた時期でもあった。記録を読み返してみると、偶然ながら各章の執筆者に依頼状を出した日付は二〇〇一年九月一〇日である。いうまでもなく、九月一一日の事件が起きる前日。そしてこの九月一一日の事件でメディアが果たした役割や、その後のアメリカで吹き荒れていくナショナリズム、アフガニスタン攻撃からイラク戦争までの流れで露呈していったメディアの問題は、ここでの関心からもきわめて本質的なものなのだが、本書のなかでは野中章弘が論じているほかは十分には扱われていない。また、二〇〇一年一月末に放映されたＮＨＫのシリーズ番組ＥＴＶ２００１での女性国際戦犯法廷に関する報道の改ざん問題も、この後のＮＨＫに対する市民サイドからの批判の動きやＢＲＣ（放送と人権等権利に関する委員会）による判定までを含め、本書とも密接に関係する重要なテーマであるのだが、いずれも本書の計画が立てられた時期とのずれから、ここに論考を収めることはできなかった。九月一一日の出来事やイラク戦争におけるメディア問題に関しては、また別に一書が必要であろう。

このような限界はあるものの、本書の編者はここ何年かの歳月を、本書『メディア・プラクティス』をたんなる実践紹介のルポルタージュ集にするのではなく『メディア・スタディーズ』と本質的に連関させること、いいかえればメディア実践がたんなる理論の応用や研究対象というだけではなく、メディア論の課題や可能性の根本と深く結びついていることを自覚し、言葉にすること、そのために理論と実践の往復運動を幾度も経験し、対象化しようとして費やしてきた。そうした思いが、本書の通奏低音として伝えられれば幸いである。

最後に、本書の編集を担当してくださった船橋純一郎さんには、度重なる刊行の遅れをぎりぎりのところで許容していただきながら、ともすれば論述ではなく実践に向かいがちな執筆陣の手綱を締めていただいた。心から感謝したい。とくにわれわれが「メディア・プラクティス」という古くて新しい営みをいかにして編み上げるかに試行錯誤した数々の局面で、同じ目線と立ち位置で助言と批判をして下さったことは大変有難かった。船橋さんなしでは、この本はけっしてパブリッシュされなかった。

また、松井貴子さんには、いくつかの原稿を読んでチェックしていただくと同時に、アドバイスをしていただいた。どうもありがとう。

この本が、日本におけるメディア・プラクティスの広がりへのきっかけを作り、メディアの実践的研究のはじまりを告げる媒体となることを願ってやまない。

1

メディア・プラクティスの地平

水越 伸

1 「パンとサーカス」ではじまった二一世紀

「九・一一」、イラク戦争を経て、アメリカを中心とするグローバル情報化は貫徹してしまった。

テレコミュニケーション、コンピュータ、そして放送技術は、一九七〇年代まではそれぞれ異なる領域、業界として発達してきていた。それが八〇年代半ば以降、おもに技術の発達を背景として「モードの融合」[1]現象を起こしはじめた。八〇年代後半に起こった東西冷戦構造の崩壊、九一年の湾岸戦争において、私たちは、遠く離れた国の民主化運動や戦争の現場を、茶の間や個室にいながらにして同時中継でみることができた。グローバル・メディアという言葉が、畏怖と期待を込めてマスメディア業界で語られるようになった。インターネットが一般的に利用されるようになったのは、それから数年経ってからのことである。

一九九〇年代、クリントン政権は日本のＮＴＴが示した国家的情報戦略「ＶＩ＆Ｐ」計画に危機感を抱き、「ＮＩＩ（National Information Infrastructure：国家情報基盤）構想」、いわゆる「情報スーパーハイウェイ構想」を提唱した。主役はＴＣＰ／ＩＰというプロトコルを持つ「アメリカ製」のインターネットである。やがて「ＮＩＩ」は「ＧＩＩ（Global Information Infrastructure：グローバル情報基盤）」へと拡大して構想される。アメリカは九〇年代を通して巨大メディア資本のエンターテイメントと、インターネットを中心とするコンピュータ技術市場を寡占し、ジョゼフ・ナイがいうソフト・パワーの獲得をめざし、「核の傘」に変わる「情報の傘」[2]作りを進めたのだった。

今日私たちは、地球の隅々まで数メートル単位で状況をとらえることができる衛星技術と画像処理技術、巨大で複雑なコンピュータ・ネットワークに完全に取り巻かれてしまった。二〇〇一年九月一一日の米国同時多発テロと、それに続く、アフガニスタンへの報復攻撃、イラク戦争は、インフォメーション・ウォー（ＩＷ）とも呼ばれた。一連の出来事を動かした国際政治と軍事的行動、そしてそれらを報道するメディアの動きは、まさしく「ＧＩＩ」によって支えられた。私たちは確かに、アメリカの「情報の傘」の下に取り込まれたのである。

ＧＩＩの貫徹は、戦争や国際政治のあり方を変えただけではない。私たちの日常生活のあり方を、これまで以上にシステム化し、断片化し、ブラックボックス化させている。

一九九〇年代以降、ながいあいだ日本人が親しんできた、いわゆる国民メディア文化の秩序が崩れはじめた。グローバル化の影響で、アメリカを中心とする巨大メディア資本のサービスやソフトが流入してきたのである。情報化の進展で、ケーブルテレビ、衛星放送などを通じ、日本で視聴可能なチャンネル数は著しく増えた。インターネットの登場、携帯電話の普及もまた、これまでとは異なるオフィスや家庭、公共空間の光景を生み出してしまった。

メディアの状況だけではない。私たちは今日、郊外住宅に住み、バイパス沿いに連なる大規模な家電や日用品の量販店、コンビニエンスストア、一〇〇円ショップでモノを消費し、フランチャイズされたレストラン、居酒屋で胃袋を満たし、休日にはテーマパーク、ペットショップやカラオケで余暇を過ごす。これらの消費システムは、やはり情報ネットワークによって精密に管理され、地域社会はマーケティングの対象となり、どこでも入れ替え可能な郊外型消費生活ののっぺりした風景が造成される。居酒屋では、チリ沖で捕れた冷凍イカを調理した肴を つまみ、スーパーには、ノルウェイ沖で捕れたアジが銚子で干物にされて並ぶ。グローバル情報化は、私たちの日常生活にも貫徹し、巨大資本はそれらを使って人々に「パンとサーカス」[3]を与えてくれたのである。

だがしかし、それだけだったろうか。あるいは、それだけでいいのだろうか。

世界は一見、アメリカの帝国主義的言動にいいようにされ、一律にしたがっているように見える。日本はただれた消費社会や、鬱屈したナショナリズムに自閉してしまっているように見える。ところがよく眼をこらせば、グローバル情報化の波を市民自らが活用しようという営みが、世界各地で立ち上がりつつあるのも見えてくる。

反グローバリズム、反戦を旗印にしたＮＧＯが立ち上がり、既存の国家や行政組織とは異なる新たな公共的な役割を果たすＮＰＯも登場しはじめている。インターネットや小型コンピュータ、ビデオカメラを用いて、新しいメディア表現の場を立ち上げようという動きが起こりはじめている。マスメディアに対するオルタナティブとしてのビデオ・ジャーナリズムやオンライン・ジャーナリズムもさかんになってきた。地域社会のなかで、学校や社会教育施設が核となり、メディア・リテラシーを学んだり、パブリック・アクセスの運動を展開しているところもある。主婦を中心にして携帯電話のメール機能を利用した子育てや介護のネットワークも、あちこちに芽生えつつある。[4]

グローバル情報化は、新しいメディア表現者の台頭を促すことにもなったのである。

2 メディア論の社会的析出と学問領域化

このような情報化とメディアの変貌に対して、メディア論という研究領域のあり方はどうだったのだろうか。少し振り返ってみよう。

日本においてメディア論が、マスメディアの影響や効果を研究するマス・コミュニケーション研究を批判的に対象化しつつ、メディア論という名称を使って一つの研究領域をなしはじめたのは一九九〇年代に入ってからのことだ。その背景にあった経緯は、三つに分けてとらえることができる。

第一に、一九八〇年代、高度情報化が官民あげて声高に叫ばれ、中央官庁や地方自治体の公的資金を導入した情報化政策が推進されたことが大きかった。[5]「モードの融合」という技術的動向と、欧米に習った規制緩和政策という政治経済的動向にしたがい、ケーブルテレビ、衛星放送、高品位テレビ、NTTのキャプテンなどのニューメディアと呼ばれる一連の新たな技術が姿を現した。ニューメディアはこれまでのマスメディアとは異なり、東京一極集中を解消し、地域の産業振興をもたらし、在宅勤務を可能にして円満な家庭生活を回復する。そのような夢物語が語られるなかで、メディアという概念が社会的に析出してきた。マス・コミュニケーション論においては、新聞やテレビは当たり前の存在としてとくに注目されず、それらが人々に与えるインパクト、社会的影響ばかりが研究の対象になった。しかし情報化政策のなかでは、装置やシステムとしてのニューメディアが注目されるようになったのである。

第二に、そのような言説の多くがマーシャル・マクルーハンを召還したことの含意は大きかった。[6]マクルーハンは、一九六〇年代に世界各地で流行となり、すぐさま忘れ去られてしまった。大学アカデミズムではおおむね揶揄され、軽視された。彼の著作は論理性や実証性、体系性を持った学術論文ではなく、博覧強記、奇想天外な詩人のアフォリズムのようなものであり、まじめで視野の狭い学者たちに嫌悪されたのである。ところが約一五年を経た一九八〇年代半ば、日本を含む各国の論壇にふたたび姿を現した。情報化政策とニューメディアをめぐる言説のなかでマクルーハンの知見が引用され、たいていは技術中心的なメディア観や情報社会観を裏打ちするために利用されたのである。「ハイパー・メディア論」、「マルチ・メディア論」などがその典型だった。重要なことはマクルーハンがたんなる大学アカデミズムの人物ではなく、幅広さといかがわしさを併せ持ちながら人々の世界観を変えるようなパワーを有した特異なビジョナリーだった点である。彼が起点となったからこそ、メディア論は学問横断的で、時には文明論的な拡がりを持ち得たのである。

マクルーハンが導入役となり、ハロルド・イニス、エリック・ハヴロックらのトロント学派という思想的水脈が再発見された。その水脈は、ニール・ポストマンらニューヨーク大学を中心とするメディア・エコロジーの流れにおいては、やや仰々しく古典化されている。また八〇年代を通じて、ヴァルター・オング、フリードリッヒ・キットラー、ダニエル・チトロム、キャロライン・マーヴィンといった社会史、あるいは歴史社会学的なパースペクティブからのメディア研究もまた、マクルーハンをつねに参照しながら展開することになった。

第三の経緯は、カルチュラル・スタディーズへの注目が集まり、それまでのマス・コミュニケーション研究において基本前提となっていた、アメリカ流実証主義の全面的な見直しが起こったことである。

カルチュラル・スタディーズが日本のマス・コミュニケーション研究において本格的に紹介されはじめたのは、一九八〇年代のことである。当初はアメリカ流の実証的アプローチに対する、ヨーロッパ流の批判的アプローチとして二項対立的にとらえられていた。つまりアプローチはちがっていたが、マス・コミュニケーションの影響や受容過程研究という同じ枠組みのなかでとらえられ、語られていたのである。

ところが九〇年代にはいると、グローバライゼーションと国民国家、ポストコロニアリズム、ジェンダーなど、私たちの日常生活全般と人文・社会科学系の知に関わり合う様々な領域を横断する思潮として、カルチュラル・スタディーズが理解されるようになる。この新たな波のなかでマス・コミュニケーション研究の一部のようにしてカルチュラル・スタディーズを語る態度は告発を受け、批判されていく。[7]同時にこの領域は「メディア・コミュニケーション研究」と名付けられていくことになった。本書の姉妹編である『メディア・スタディーズ』という書物の名前もまた、その近傍にあり、カルチュラル・スタディーズの影響下にあるパースペクティブを共有している。

日本におけるメディア論の勃興をもたらした経緯を駆け足でたどってみた。その過程は、多くが世界で同時進行した事態の一部をなしており、偶然と必然が入り交じった情報技術と言説の複合的な政治過程だった。メディア論はその過程を通じて社会的に析出されたのであった。

一九九〇年代半ば以降のメディア論は、ユルゲン・ハバーマスらの公共性をめぐる議論、CMC（コンピュータに媒介されたコミュニケーション）研究、レジス・ドブレのメディオロジーなどと相関をしつつ、勢いを持って拡がりはじめた。大学や大学院の授業名は、たとえば「マス・コミュニケーション理論」から「メディア論」へと改名され、メディア・コミュニケーション、情報メディア、社会情報、環境情報などといった新造語が、学部や学科名として掲げられるようになった。典雅な専門用語と理論枠組みで構成された、学術論文らしい学術論文も生産されるようになった。

一九八〇年代後半でさえ、日本ではまだメディア論が専門だというと怪訝な顔をされるような雰囲気が濃厚だった。しかし今では、メディア論という領域の存在自体を疑うような批判はほとんどなくなったといってよい。

3 モード1を偽装するメディア論

メディア論が一つの学問領域、ディシプリンとしての体裁を整え、分節化した内的価値体系を抱え、その価値体系に沿って業績を生産し、教育を施す。このことはメディア論的思考とでも呼ぶべきことができる、重要なパースペクティブや問題関心が一つの学問として成熟していく過程であり、望ましいことだといえる。かつてメディア論が専門だといって笑われていた私のような者にとって、自分が取り組む知的活動が一つの領域として体制化されることが、どれだけ研究者や学生の支えとなり、恩恵を生むか。それは身にしみて理解できる。

しかし問題もある。

メディア論は、冒頭にあげたローマ帝国の「パンとサーカス」の乱痴気にもたとえられる現実のメディア社会や、新しいメディア表現者の台頭を目の当たりにして、何ができるのだろうか。何をしようとしているのだろうか。メディア論は、私たちが生きる日常生活世界、メディアの介在が不可欠であるどころか、メディアのシステムによって根本的に枠づけられた日常生活世界に対して、いかなる思想を提供し、どのようにしてそのありかたをデザインしていくのであろうか。

あらゆる学問領域と同じように、ようやく確立されはじめたメディア論における研究業績は、学問的価値体系をいかに発展させたかということが評価の対象となりつつある。現実のメディアのありようと学問としてのメディア論の間には線引きがなされ、現場へ踏み込むこと、現実のメディアの窮状に関わることは、学問的な評価の対象とはならなくなる。現在のメディア論が、カルチュラル・スタディーズの影響を色濃く受けていることは指摘したとおりだ。そしてカルチュラル・スタディーズは何よりも学問の政治性を告発し、批判していくよう身構える思潮であり、学問の制度化をひどく嫌っていたはずだ。にもかかわらず、体系化、制度化の波はメディア論に及んでいる。

メディア論は、歴史的にみて、いつでも新しいメディアの勃興、新奇な情報技術の台頭の過程で、それらの現実的な動態との相関のなかから立ち現れたのだった。ヴァルター・ベンヤミンやベラ・バラージュは映画とともに、テオドール・アドルノやヘルベルト・ブレヒトはラジオによって、マクルーハンはテレビを介して、メディア論的な想像力に覚醒したのだった。メディア論には現実のメディアの具体的な動態を凝視するまなざしと、それを広く社会的な文脈のなかでとらえていこうとする姿勢が、そのはじまりから植え付けられている。

この学問領域のあり方を、科学技術論の知見を援用してとらえてみよう。科学技術論では近年、現代社会における知の生産のモード（様式）が議論されている。マイケル・ギボンズは、ディシプリンの内部的な規範や論理で進められる研究活動をモード1、社会に開かれた研究活動をモード2と呼んだ。[8] モード2では、単一の専門家集団ではなく、市民、産業界の現場の人々、行政担当者、そして異なる領域の専門家など、多様な領域の人々が関わり、学際的、越境的な問題枠組みの設定をしていくことが前提とされる。その問題枠組みの設定も、学問内部の規範や論理だけではなく、対象となる社会状況の文脈を検討することで決まってくるという。モード論は緻密さに欠けはするものの、複雑化する科学技術と社会の関係性をとらえる上で、明確で、総合的な視点を提供してくれているが、それに従うならば明らかにメディア論はモード2の知だといってよい。社会に向けて開かれた研究活動、社会的文脈のなかで対象をとらえていこうという姿勢を抜きにしては、メディア論の外骨格が成り立たないからである。

ところが現在のメディア論は、モード2としての出自を顧みず、伝統的で権威があるとされるモード1のディシプリンを偽装しはじめているのではないだろうか。誤解のないように言っておくが、メディア論がしっかりした伝統の系譜と蓄積のメカニズムを内包し、あるいは国際的に連携し、一定の体系性を帯びていくこと、深みを持った批判的思考を可能にする知的装置となることには、なんら異論はない。むしろ積極的に進められるべきことがらだろう。また社会との結びつきが、後述するような浅薄な産学連携であっては意味はないし、理論や思想を磨き上げる段階などで専門家集団内部に閉じた議論が進められる必要性があることも認める。しかしそれらのあり方は、基本的には社会に開かれた活動であることを前提にした上でのことである。吉見俊哉がいうとおり、メディア論は「パブリックな知」としてあるべきなのだ。[9]

以上をふまえて改めて問いたい。メディア論は、先の諸課題に十分に取り組んでいないのではないだろうか。正確にいえば、現在のメディア論の領域、布陣の拡がりだけでは、グローバル情報化のもとでのメディア状況をとらえ、批判し、そのあり方を組み替えていくような役割をしっかりと果たすことはできないのではないだろうか。自戒の念を込めて、そのように思う。

このことは、研究者の個人的な倫理問題にとどまるものではない。しかし逆に学問領域のパラダイムに内在する一般的な問題だと言い切ってみても、あまり有効性はない。私たちは、二一世紀のデジタル・メディア社会の諸問題に取り組み、そのあり方をデザインしていくために、発展しつつあるメディア論の展開の軌道を修正したり、欠けているところを補ったり、もともとこの領域が持っていた知的な周縁性、挑発的な資質を活かしたりする術を見出さなければならないだろう。

どのようなビジョンが立てられるのだろうか。この論考ではその問いかけに応え、たがいに相関する二つの研究の方向を提案したい。

一つはこれまで十分ではなかった表現・生産をめぐる人類学的研究、定性的実証研究の充実という道筋である。もう一つは本書の主題ともなっているメディア・プラクティス、つまりメディア実践を、たんなる運動や活動にとどめて研究対象とするのではなく、研究と結びつけ、新たなメディア実践研究という地平を切り開いていくこと、その地平のなかで理論研究、歴史研究や実証研究を再編成していくということである。

4　必要な表現・生産をめぐる研究

ここでいきなり論を進めるのではなく、近年の日本のメディア論にどのような研究が展開されているかを鳥瞰しておこう。二〇〇三年という地点に立って九〇年代半ば以降を振り返ってみると、三つの業績の群体を見出すことができる。

第一に、社会史、歴史社会学の系統である。[10] この流れにおいては吉見俊哉や佐藤健二らが、近代日本のニュース・メディアの社会史的研究、戦争とメディア、アメリカナイゼーションの歴史社会学、文学、文献資料のメディア論的検討などを展開してきた。また津金澤聡廣・有山輝雄らのグループ「メディア史研究会」は、雑誌『メディア史研究』を中心として、おもに日本のメディアに関する綿密な歴史研究を進めている。

第二に、メディア、マス・コミュニケーションの受容、消費研究である。[11] まず伊藤守、藤田真文らがすすめてきたテレビのテクスト分析、オーディエンス研究があげられる。黒田勇は、関西という地域性を意識しつつそれを対象化したかたちで、しなやかなメディア文化論を展開し、石田佐恵子は「有名性」というキーワードなどを用いつつ、少女マンガからクイズ番組にいたるメディア文化を内在的に解き明かしてきている。またこれまでのマス・コミュニケーション研究とは異なる領域から、デジタル・メディア技術を援用し、記号論、言語態研究から詳細なテレビ分析にアプローチしてデータベース化を試みる石田英敬らの「知恵の木」プロジェクトがはじまっている。石田はフランス記号論、メディオロジーの流れをくみ、文理越境的な仕掛けをはらんだアーカイブ作りをめざしている。

第三にあげられるのは、白水繁彦らがすすめているエスニック・メディア研究、岩渕功一らがすすめているトランスナショナリティとポピュラー文化の研究などである。[12] これらはいずれも、聞き取り調査によるフィールドワークによって、アジアの拡がりのなかで日本のメディアと社会の地勢をとらえていこうとしている。

もちろんこれ以外にも、言語学、文学、歴史社会学、グローバライゼーションや民族問題の領域で、メディア論的な想像力をはらんだ企てが同時多発的に、横断的に展開していることを忘れてはならない[13]。しかしメディア論、あるいはメディア論的と明言する取り組みとしては、以上のような三つのかたまりがあるということである。

このような研究の布置を、伝統的なマス・コミュニケーション研究、社会情報学、市民社会論、情報技術論などの流れを加味しつつ、全体として眺めてみたときに、手薄だった領域、これから取り組むべきテーマとして、次の二つを提案してみたい。一つはメディア表現、情報生産をめぐる研究であり、もう一つはメディア論への人類学的アプローチである。

(1) メディア表現、情報生産をめぐる研究

一九八〇年代以降、オーディエンス研究はさかんに展開されてきた。とくに英米圏におけるデイビッド・モーレイ、イエン・アング、ジョン・フィスク、ジョン・ハートレーらの研究は、メディアを基軸としてその影響や効果の現れ方を調べるのではなく、視聴者のありようや記号消費の仕組みを人々が生きる日常生活に内在的にとらえていこうとするものだった。伊藤守、藤田真文、吉見俊哉らは、その課題と問題意識を共有し、それらの知見を紹介しつつ、日本や東アジアの社会状況において応用展開してきたのだった。

受容と消費の実態を、人々が生きる日常生活の文脈のなかで精密にとらえ、メディアをめぐる言説の働きや、国家や民族、ジェンダーのイデオロギーの反映の仕方を見極めていくことは、きわめて重要である。しかしそれだけではバランスを欠く。受容と消費のダイナミズムは、情報技術の革新、メディア企業の動向、国家のメディア政策を背景として成り立つメディア表現と情報生産の実態との連関のなかでとらえられなければ、十分に把握はできない。デコーディングのプロセスをエンコーディングのプロセスとの循環性のなかでとらえていかなければならないのである。メディアに媒介されたコミュニケーションの総体像をとらえるためには、さらにそのあり方を積極的に組み替えていく企図のためには、表現と生産の研究が展開される必要がある。

また一九九〇年代以降、インターネットやコンピュータ、携帯電話、小型ビデオカメラなどを携えて、一般の人々がいわゆる新しいメディア表現者として立ち現れつつある。メディア表現者たちは、メディアを受容もするが、表現もする。情報を消費もするが、生産もするのだ。その営みは、たとえ小さなものではあっても、これまでのオーディエンス研究の枠組みだけでとらえることはできない。何らかのかたちで表現や生産をも含み込んだ、メディア論、コミュニケーション論の枠組みが必要になってくるのである。

それではこれまで、メディアの表現や生産の現場をとらえた研究はどのような状況だったろうか。残念なことにこうした研

究は洋の東西を問わずきわめて少ない。日本では一九七〇年代以降、高木教典、桂敬一らが、現場への聞き取り調査と一次資料の分析に基づいて、組織や産業のあり方を批判的に検証するマスメディア産業論を展開した経緯がある。[14]それらは当初はマス・コミュニケーション研究における受け手研究に対置された送り手研究として位置づけられ、カルチュラル・スタディーズの登場以降はメディアの政治経済学としてとらえ直されるようになった。しかしこの系譜での研究は現在、須藤春夫、音好宏ら、ごく少数の業績を除けば決してさかんとはいえない。また九〇年代以降のメディア論全般の理論的進展を反映したり、方法論的な課題を克服しているとはいいがたい。近年、ワールド・ミュージックやエスニック・メディアといった、小さくて周縁的なメディア表現の現場に立ち会うルポルタージュや、参与観察的な手法を用いた、優れた研究は少なからず出てきた。しかしそれらと先のマスメディア産業論的研究は、たがいに無関係なままである。受容、消費の現場についてはテレビや新聞といったマスメディアが対象となるのに対して、表現、生産の現場については周縁的なメディアをめぐる研究が散見されるだけという非対称的な布置は、それ自体がこの領域の研究が抱える問題を露骨に表している。

これまで表現、生産に焦点を当てた研究が十分になされてこなかったのはなぜだろうか。さしあたり三つの理由を見つけることができる。

第一に、メディアの送り手組織が調査を容易には受け容れない、あるいは受け容れたとしても調査がむずかしいということがあげられる。大新聞であれ小さなエスニック・メディアであれ、メディアで働く人々は、日々の表現と生産活動を観察されたり、批判されたりすることに対してきわめて神経質である。とくにマスメディア企業は、自らが官庁や企業に対する観察や批判、いわゆるジャーナリズム活動は積極的におこない、それを生業としているにもかかわらず、みずからの内側を覗かれたり、批判されることに拒否反応を示す。したがって観察者を容易に受け容れようとはしない。この状況は、マス・コミュニケーション研究における送り手研究のはじまり以来続いていることである。その困難を克服できるのは、メディアの現場経験があり、伝《つて》やネットワークを持つ一部の研究者に限られるといわれてきた。多くの場合は送り手にアプローチすること自体に二の足を踏み、あえてむずかしい領域に踏み込むことをあきらめてきたのである。

第二に、研究者の関心や観点が受容や消費の場面に向かいがちになり、表現や生産に向かわないという傾向があげられる。一般的にみて人文・社会科学系の学問では、研究者の立ち位置はつねに受け手の側にある。人文・社会科学の発達は、国家や資本と対置された近代市民意識や、社会改革の進展と軌を一にしてきたためである。そのことは、メディア論関連の論文で、「私たち一般人は」「我々受け手が」などという表現が頻繁に用いられることからも見て取れるだろう。これは現実に大半の研究者が、メディア表現や情報生産の現場に身を置いたことがなく、受け手としてのリアリティしかないことにもよっている。また受け手としての立ち位置を前提とした議論と論述のスタイルが固定化したことによって、この領域の研究一般が、受容や消費を中心的に扱うものだというふうに枠付けられてきたということもあるだろう。この傾向は、実証主義的マス・コミュニケーション研究がカルチュラル・スタディーズ的メディア・コミュニケーション研究にパラダイムを譲ったあとも一貫しているのではないだろうか。すなわちマスメディアに関わる送り手と受け手を異なるものとして分け隔て、反権力的、市民的な視点から受け手のコミュニケーション行動に着目をし、送り手への関心を十分に払わない傾向は続いているのである。

第三に指摘できることは、多くの研究者がメディア現象やコミュニケーション文化の全体像をとらえることに長けておらず、直面するメディア状況の一部分を取り出して分析することはできても、そのありようを組み替え可能なものとしてとらえられないという点である。いいかえれば、メディア現象に関して幅広い視野を持ち、状況を実体的ではなく構成的にとらえられるプロデュース能力、編集能力を持たなければ、表現と生産の仕組みや問題に関心を示すことも、読み解くこともできないのである。前述の高木、桂らは、マスメディアの労働組合活動を支援する立場から現場の人々とさかんに交流し、問題状況を構成的にとらえ、現実的に提言をおこなっていくなかで、こうした観点を鍛えていった。しかし今日でも多くの研究者は、そうした社会的活動に疎く、コミュニケーション能力に欠けるきらいがある。[15]

これらの問題はいずれも一朝一夕で解決できるようなことがらではない。しかし時代が確実に変わってきたのもまた事実だ。

先の第一点についていえば、デジタル化が引き起こすマスメディアの構造変化をめぐって、送り手が研究者に助言を求めたり、共同研究をすすめたりする事例が九〇年代後半以降増えてきている。またメディア・リテラシー、市民のメディア表現を支援し、関わろうとするマスメディア企業も珍しくなくなってきた。こうしたなかで、これまで閉ざされてきた表現や生産をめぐる研究が、送り手にとっても有効であったり、送り手と受け手を結びつける上で不可欠であったりすることが理解されはじめ、徐々にではあれ研究の可能性は拡がりつつあると見てよい。

第二、第三の課題については研究者個別の資質に関わるところが大きいが、やはり変化が起こってきている。メディア論に関心を持つ層に、いわゆる社会人、表現や生産の現場での実務経験を持った人々が増えはじめたのだ。たとえば私が東京大学大学院情報学環において指導している二〇名前後の大学院生の平均年齢は三〇代半ばに達し、書籍や雑誌の編集者、テレビ・プロデューサー、新聞記者、CMプランナー、音楽プロデューサー、ビデオ・ジャーナリスト、オルタナティブ・メディアの運営者などといった人々である。これらの人々は、自らの実務経験を生かしつつ、しかもそれらを批判的にとらえ直すような新しい身構えで研究をすすめつつある。このようなプロデュース能力、編集能力を持った人々が増えてくるならば、メディア表現と情報生産の研究は今後充実してくる可能性が大いにあると考えている。

（2）人類学的手法の展開

次に指摘できるのは、メディア研究における人類学的手法を磨き上げていくということである。メディア論が人文・社会科学的な体裁を整えて発達し、社会心理学的アンケート調査と統計手法を用いた定量分析を基本とするマス・コミュニケーション研究とは異なるパラダイムを形成しつつあるなかで、「分厚い記述」のエスノグラフィーがそろそろ生産されはじめてもよいはずである。しかし現実にはそうはなっていない。社会史的、歴史社会学的研究の充実に比べると、その手薄さは顕著になってきている。

ここでいう人類学的手法とは、二〇世紀の文化人類学、社会人類学が築き上げてきたいくつかの技法、すなわちフィールドワークによる定性的観察、エスノグラフィーによる分析資料の作成を中心とした一連の方法論を指している。一九九〇年代半ば以降、英米系のカルチュラル・スタディーズ系のメディア研究のなかには、メディア人類学、メディアのエスノグラフィーなどという題目の本や論文が散見されるようになった。[16] その多くは、メディアの受容と消費の現場をつまびらかに観察していくことをテーマとしている。一方で先に論じたメディア表現、生産の現場は、もともとアンケート調査などを用いた定量分析を導入することがむずかしいこともあり、やはり人類学的手法が有効な研究対象だといえる。

日本では先にあげた高木、桂らが卓抜なコミュニケーション能力で、現場の聞き取り調査を積み重ねていった。ただしその成果はマスメディア産業論という、おもに政治経済学的な成果としてまとめられ、現場のリアリティが反映するようなかたちとはならなかった。近年、白水や岩渕らが、エスニシティ、トランスナショナリティといった周縁的なメディア状況をとらえるために、フィールドワークをすすめている。しかしメディア研究における人類学的手法は、いまだに方法論として十分に深められてはいない。フィールドワークの仕方についてはもちろん、その成果をまとめるエスノグラフィーの記述手法についての検討も、定量的なアンケート調査の分析記述の方法論的検討に比べれば、皆無といってよい。

カルチュラル・スタディーズはマス・コミュニケーション研究が依って立ってきた学問の政治性を告発し、批判した。しかしマス・コミュニケーション研究が武器とした定量分析に対応するだけの、実証的方法論を深めることができてはいない。もちろん歴史的手法は充実しているが、現代的状況をとらえるアクチュアルな手法が、研究者の関心を集め、吟味されているとはいいがたい。それは、カルチュラル・スタディーズのメディア・コミュニケーション論において、若者文化、ファッションや音楽などを扱いながらいたずらに思弁的だったり、過度に言説分析に比重を置くものが増えつつある原因にもなっている。

メディアの人類学的手法は、古典的な文化人類学のそれをただ流用すればよいのではない。ポストコロニアリズム、カルチュラル・スタディーズからの批判を受け容れた上で展開される批判的人類学の位相において模索されるべきであろう。ここではさしあたり、ふたつの手がかりをあげておこう。

第一に、メディア・リテラシーに対してメタレベルでアプローチをしていく方向だ。人間はあるメディアに、生涯のある時期に特定の場所で出会い、周囲の人間の振る舞いや、地域的、歴史的な文化規範の影響を受けながら、一定の関係性を結んでいく。それは書物や筆記具のような伝統的で当たり前の道具であれ、携帯電話のような目新しく変化しやすい道具であれ、同じことである。新たなメディア社会をデザインしていくことまでを射程に入れたメディア論においては、この関係性の形成過程を動的にとらえていくことが重要になってくる。

ところがこれまでの実証的なマス・コミュニケーション論においては、テレビはテレビ、新聞は新聞というふうにメディアのかたちは確立されて、動かすことができない固定的なものとしてとらえられていた。一方、それらに関わる人間は、アトム化した近代的な個人であることが前提とされており、それらの人々にメディアがどのように影響を与えていくかというかたちで問題が設定されていた。カルチュラル・スタディーズは、とくにこのような人間のとらえ方を批判し、その人々が男性か女性か、何歳なのか、どの国の何人であり、いかなる階級に属しているかといった社会文化的な要因の重要性を浮き彫りにした。しかしながらカルチュラル・スタディーズにおいても、子どもから大人への発達過程、人間がメディアとの関係性を学んでいく変容過程の重要性に対する十分な目配りがなされてきたとはいいがたい。

メディア・リテラシーを、メディアを批判的に読み解く能力云々といった啓蒙主義の範疇でとらえるのではなく、一定の社会状況のなかで人々がメディアとの関わり方を学んでいく文化的プログラム、あるいはその結果としての文化規範ととらえてみてはどうだろうか。そのときメディア、コミュニケーションの問題は、言語文化の人類学的研究の方法や知見を応用しながらあつかえる可能性が出てくるのではないだろうか。

第二に、モノやシステムとしてのメディア技術に着目し、それらが社会の動的な網の目に編み込まれる過程で残した痕跡や軌跡を追っていくという方法だ。すなわちメディア技術を、物質文化についての人類学的研究の延長上でとらえていくわけである。

たとえばメディアが家庭生活に与えた影響を明らかにする際に、家族にさまざまな質問をして回答を得、それをデータとして集積し、分析を加えるという研究がある。これはメディアと家族の関係性全体のうち、おもに家族の側の認識を尋ね、分析の対象としているわけである。これに対して、家族が関わったモノの痕跡や軌跡をたどり、人間側の認識を補足的に引き出しながら、その意味合いを明らかにしていくという方法があるのではないか。

具体的にいえば、ある家庭において電話やテレビがどんな場所におかれ、その位置がどのように変化してきたか。新聞はいかなる順番で誰に読まれ、どのように折りたたまれ、どこにおかれるか。テレビはいつ頃、どのメーカーのどの機種が購入されたか。いつ個室に入ったか。いつ壊れたか。リモコンや画面にどのような傷が、いつなぜ付いたのか。モーレイやロジャー・シルバーストーン以降のオーディエンス研究には、日常生活を微分していくような手法が採用されてきた。

同じことは、送り手の側についても可能なはずだ。新聞でいえば、観念的なジャーナリズム論ではなく、輪転機、印刷システム、記者用ワープロ、販売店、テレビでいえばカメラ、音声、照明、衛星回線などといった、それぞれのメディアを支える物質的、技術的な要素を丹念に検討し、それらの普及、変容、あるいは摩滅の過程をたどっていく。表現や生産に関わる人間的、組織的な営みを、モノやシステムの側に残された傷跡、痕跡をたどることで明らかにしていくのである。

メディア表現、生産の研究と、人類学的手法の間には、密接な関係がある。またどちらも一朝一夕にできるわけではなく、時間をかけ、地道な努力を重ね、試行錯誤をくり返しながらすすめられることではじめて可能になる、ある意味で職人芸的な知的営みだという点でも一致している。

5　新しいメディア表現者たちの登場と実践的介入の次元

ここまで、経験主義的、実証的なメディア論において十分に追求されてこなかった、今後取り組むべき二つのテーマを指摘してきた。これから説き起こす課題は、それらと密接に結びつきながら、別の次元に位置づけられるべき研究のあり方である。私自身の経験を織り交ぜながら、その全体像について明らかにしていきたい。

くり返しいえば一九九〇年代半ば以降、新しいメディア表現者たちが登場してきた。マニアや好事家ではなく、ふつうの人々が、小型のコンピュータやビデオカメラ、インターネットを携えて、周縁的で、異種混淆的な領域から立ち上がる。八〇年代にニューメディア、マルチメディアが騒がれた頃とは比べものにならない拡がりを持った市民のメディア表現が、デジタル・メディアの小さな物語として、日本各地、世界各地で展開され、結びついていくことになったのである。

このような状況のなかで、私自身は図らずもメディア表現、生産の現場に実践的に介入していくことになった。私はそれまでメディアの社会史に取り組んでいたのだが、歴史のなかによみがえってくるメディアの可能的様態、すなわち今現前するメディアの仕組みや構造以外の、メディアのあり得たかもしれないあり方を明らかにしていた研究に対して、新しいメディア表現を生み出そうとする人々が注目してくれたことがきっかけであった。

ケーブルテレビを使ったパブリック・アクセス、インターネットを用いたオンライン新聞、雑誌作りをすすめる市民、エスニック・メディアやビデオジャーナリズムを展開するフリーランスのジャーナリスト、これまでとは異なる道を模索しようとする地方民放局、新聞社の労働組合関係者、なかにはテレビゲームのデザイン、携帯電話の新たなサービス作りをすすめる企業人など、さまざまな人々が私にアプローチをしてきてくれた。

これらの人々に呼ばれ、現代メディアの概要や、その歴史的展開についての大まかな見取り図を説明する。ちがう領域で同じ志をもってメディア表現をすすめている事例を知らせ、時には活動と活動を結びつけていく。現場に赴き、関係者と一緒に問題状況を批判的に見極め、課題を階層化して示し、それらを打開するための現実的な提案を時系列的に示していく。一般的傾向と個別状況の相違を議論を重ねて洗い出し、現場に有効な認識枠組み、すなわち一種の実践的な思想を編み出す。それらのプロセスを通して、それぞれのメディアに特有の表現様式や、生産をめぐる文化規範を教えてもらい、自らの仮説に批判を加えてもらうといった学び合いをくり返す。

このような活動は意図してすすめたものではなく、九〇年代半ば以降、雨後の筍のように各地、あるいは各メディアで生まれた表現や実践の関係者との偶然の出会いを通じて深まっていったのである。

二〇〇一年夏、今から二年前に書かれた本書『メディア・プラクティス』の趣意書のなかで、私は本書が『メディア・スタディーズ』の姉妹編であり、理論的というよりは思想的ルポルタージュ案であるというふうに説明をした。しかしその直後から私自身は、メディアへの実践的介入を個人でおこなうだけではなく、それをより組織的で体系的なかたちに編成しはじめた。8章で詳述するメルプロジェクトなどの研究実践プロジェクトを本格的に始動し、展開するなかで、それがただたんに理論編を基軸に展開された応用編として学問的周縁に位置づけられるようなものではないことを痛感することになった。また学問論に対して運動論という一言で片づけられるような平板なものではないことも明らかだった。

メディアの実践研究とはなにか。

市民のコミュニケーションを活性化させ、多様性のあるメディアの生態系を生み出し、メディアをめぐる異種混淆的な文化とアイデンティティの生成を可能にするメディアの営みを積極的に企画し、参画し、自らが実践者であると同時に観察者となってすすめる知的活動だと、さしあたりいっておこう。それは研究者と研究対象、企図と偶然、失敗と成功、言説と行為が渾然一体となり、眼もくらむような複雑さとダイナミズムを秘めた状況のなかでの、めくるめく経験と記述の集積と体系である。

メディアをめぐる理論研究、歴史研究、実証研究などに対して、このようなメディアの実践研究という新たな次元を切り開いていくことができるのではないだろうか。それはメディア論に一つの下位システムとしての専門領域や、新たな応用領域を加えることを意味しているわけではない。メディア論を大学内部の学問領域として固定化するのではなく、広く社会的実践と知の営為としてとらえ、理論研究、歴史研究、実証研究の知見を批判的に再解釈し、「現場」へと還元していくことができる新たなパースペクティブをもたらす可能性を秘めている。

ここからは、このメディアの実践研究が必要とされる理由をあげていくことにしよう。その上で、今の時点で考えられるその方法論の素描や、メディア論全体への貢献の仕方を検討しておきたい。

6　実践研究の意義と必要性の背景

実践研究が必要とされ、同時に有効であると考えられる理由を、ここでは三つに分けて検討していく。一つは現実のメディア状況によるもの、もう一つは社会的な要請によるもの、最後に、おもに「観測系問題」から発展した学問的な理由である。

(1)　環境化し、内部侵入するデジタル・メディア

マス・コミュニケーション研究の起源をさかのぼると、一九世紀後半のヨーロッパにおける群衆論、公衆論、ほぼ同時期のアメリカにおけるプラグマティズムの思想にまでたどり着く。しかしこの領域が学問として体系化され、確立されるきっかけとなったのは、二〇世紀前半の二つの世界大戦下における戦争宣伝、デマやパニック、言論統制といったコミュニケーション現象と、両大戦間に姿を現したラジオというニューメディアの発達に負うところが大きかった。ラジオ、テレビといったメディアは、少なくともある時期まで、人間から切り離された情報の発生装置として茶の間、あるいはリビングルームの中で対象化してとらえることができた。新聞も同様である。これらのメディア装置から発せられ、個人に向けて、茶の間に向けて、地域社会や国民国家に向けてまき散らされたメディア情報の影響と効果を調べることが、マス・コミュニケーション研究の目的となったのである。

カルチュラル・スタディーズ系のメディア論、コミュニケーション論が流布しはじめると、メディア装置がどのようなインパクトを与えるかというマス・コミュニケーション研究の観点自体が批判された。そして私たちの日常生活の網の目にメディ

アがどのように編み込まれ、解釈され、それにしたがって機能しているかという文化中心的な観点が導入されることになった。もちろんこの観点は、日本においても戦前以来の大衆文化研究、考現学研究、あるいは一九七〇年代以降の社会学、文化人類学、記号論などにおいて取り上げられてきたが、それがより意識的、批判的にとらえられるようになったのである。しかし少なくとも九〇年代半ばまではこの系譜においてさえ、メディアを人間から切り離された情報の発生装置としてとらえるメディア観は変わらなかった。

ところが現実のメディア状況が変わった。それにともない、従来のメディア観と、それに基づく方法論が限界をみせることになった。二つの次元において説明をしておこう。

第一に、携帯電話、インターネットに象徴されるデジタル・メディアの台頭である。デジタル・メディアはあらゆる社会領域に複雑なかたちで深く浸透しているため、研究者にとっては日常実践と研究対象が不可分の関係になってしまっている。しかもそれらを支える技術革新の速度は速く、広範に及んでいる。たとえば携帯電話が若者文化や公共空間のあり方にいかに影響を与えているかを調べる場合、テレビと同じような研究のすすめ方をすることはできない。携帯電話は、スイッチを押せばなにかの番組が映るテレビとはちがい、またかつての有線電話ともちがい、サービスの面でも、ハードウェアの面でも複雑多岐に渡る機能を備えている。研究者が無意識のうちに自分自身がよく使う機能にだけ着目してしまうなど、どれだけそれらの機能に通じているかが研究の切り口を規定する可能性が高い。さらに携帯電話もまたメディアであるという認識自体がいまだに驚きを持って受け取られることからもわかるように、インパクトがあり世論形成に結びつくマスメディアとはちがい、人々は携帯電話を日常生活の文脈に深く結びつけ、対話のための道具として使っている。そこから見出せるのはメディアの劇的なインパクトではなく、メディアの日常的な積層体なのだ。

すなわちデジタル・メディアは、私たちから切り離された情報の発生装置としてではなく、私たちを環境として取り囲むと同時に、私たち自身の内面を規定するようなかたちで関わっている。そして技術の進化と展開は著しい。この状況に研究者が何らかのかたちでメスを入れようとすれば、たちどころに研究主体と研究対象の主客の転換が起きたり、メディアに研究者自身が絡め取られるといった事態が起こってしまうのである。

ちなみにラジオ、テレビ、新聞といったマスメディアもまた、かつての姿のままいることはできず、コミュニティFM、インターネット・ラジオ、衛星放送、ケーブルテレビなどの登場によって、技術的にも社会的にもその位置づけが大きく様変わりした。デジタル・メディアという新興メディアが部分的に出てきたのではなく、メディアの銀河全体がデジタル化によって変質を遂げ、その状況への研究者の介入に前述のような変化が生じつつあるととらえるべきだろう。

第二に、メディアの受容者、消費者であるだけではなく、メディアの表現者、生産者として、子供を含む一般市民が立ち現れはじめたことである。マス・コミュニケーション研究も、オーディエンス研究に立脚をしたカルチュラル・スタディーズのメディア・コミュニケーション研究も、受容者、消費者にしか焦点を当ててこなかったのだった。

インターネット上のコミュニケーションをめぐるCMC研究は、一九九〇年代後半以降続出しているが、これもまた従来のマス・コミュニケーション的な観点、オーディエンス研究の延長線でのとらえ方だけでは十分ではない。この種の研究においては、特定のオンライン・フォーラムで交わされるメールやチャットの分析をすすめることがしばしばおこなわれているが、実際にはそのフォーラムがいかなるサイト上で、どんな主体によってどのような規則に則って運営されているか、有料か無料か、受発信は匿名か顕名かなどのちがいによって、コミュニケーションのあり方は大きく変わってくる。すなわちこれまでテレビや新聞といったマスメディアであれば、送り手と受け手を切り分け、受容や消費に特化して研究をできたのに対して、インターネットをはじめとするデジタル・メディアにおいては、メディアの送り手と受け手を切り分けることはできず、制度や産業的仕組みから日々のコミュニケーションまでを総合的にとらえる視点を持たなければ、十分に有効な研究がすすめられないという事態が起きているのである。

これらは学問的な限界というよりも、私たちが参照する現実のメディアの様態がもたらす時代的な制約だったといってよいかもしれない。このような状況のなかで、研究者自らが一種の社会実験をおこない、その成果を参与観察的に調べ、分析するという道筋が検討されてもよい段階になってきたのではないだろうか。

(2) 社会連携の要請

次に、旧来の大学アカデミズムに対する批判であるとともに、新たな社会的要請でもあるような動きのなかで、実践研究の重要性が指摘されてきていることがあげられる。

近年のメディア状況の変化のなかで、メディア産業、行政組織、市民団体など様々な領域から連携型の研究活動が大学に要請されている。代表的なものをあげてみよう。知的財産権の法的整備とそのビジネス化の体系的推進、企業や行政組織におけるIT導入のプログラム作成、デジタル時代のコンテンツ生産に従事する人材養成などの産学連携型の研究活動、そしてジャーナリスト教育、メディア・リテラシーの展開などの社会連携型の研究活動などである。前者の産学連携型の研究活動のなかには、必ずしも多様性のあるメディアの生態系を生み出すことには結びつかず、国家や資本の要請に無批判的に追随してしまうことになりかねないため場合もあるため、メディア論の観点からは一定の距離を保っておく方が賢明だろう。もちろん産業や行政というだけで触れることを禁忌するような振る舞いもまた、ステレオタイプに基づいたものであることは留意しておかなければならない。

ここでは後者のジャーナリスト教育、メディア・リテラシーといった市民社会からの要請について検討をしておこう。

まずジャーナリスト教育についていえば、これまで日本のジャーナリスト教育は、大学において本格的にすすめられてきてはおらず、大半が個別のマスメディア事業体における人材育成としておこなわれてきていた。しかもそれらは体系的なものとはいえず、職場におけるオンザジョブ・トレーニングがほとんどであった。伝統的なマスメディアの秩序が維持されていた一九八〇年代までは、新卒採用、終身雇用、定期異動などの日本的なシステムにしたがい、それらはそれなりの役割を果たしてきたといっていい。ところが近年、マスメディアの構造変化がすすみ、職場環境も大幅に様変わりしてきている。オンザジョブ・トレーニングは破綻を来し、メディア表現、生産に関わる様々な問題が生じはじめている。一方で市民が新たなメディア表現者として登場し、送り手と受け手の関係性も変化しはじめている。このような状況を反映し、大学アカデミズム内部の新規教育領域開拓という意味合いも相まって、日本でもようやく九〇年代後半からジャーナリスト教育が取りざたされ、実践されるようになってきた[17]。

一方メディア・リテラシーについてであるが、やはり一九九〇年代後半から、混沌としたデジタル・メディア社会のなかで人々がメディアをどのように受容し、解釈していくか、メディアをいかにして操作し、表現していくかが大きな課題となってきた。学校教育、社会教育をはじめ、社会の様々な公共領域において、人々がメディアについて学びあう機会や仕組みを作ることが必要となってきたのである。従来の国語教育、美術教育、あるいは視聴覚教育においても、メディア・リテラシーと呼べる部分があるにはあった。しかし国語教育は文学というメディア様式の社会的生成を問うことはせず、美術は絵画の美的価値の正当性を批判することはなく、視聴覚教育は映画やテレビ自体の仕組みを明らかにはしてこなかった。すなわち「メディアで学ぶ」ことはおこなわれてきたが、「メディアを学ぶ」ことは十分になされてこなかったのである。近年のメディア・リテラシーには様々な活動があるが、この点を推進するという点では共通している[18]。

このような社会的要請を引き受けることは、もちろん危険も少なくない。たとえばジャーナリスト教育について、マスメディア企業は即戦力となる人材養成に大いに期待している。ジャーナリズムとそれ以外のメディア表現の間に線引きをしてジャーナリズムを特権化したり、新聞人教育、放送人教育といったような伝統的なメディアの区分けを墨守した仕組み作りも横行し、そのなかで有力大学と全国紙、民放キー局などが系列化するかたちで関係を結ぼうとする傾向もある。メディア・リテラシーについては、本来学校という枠組みを突き崩す可能性を秘めたこの営みを、学校教育の科目の枠組みのなかだけに押し込めたり、純粋な子供をメディアの害悪から守ろうという、過度に啓蒙主義的なイデオロギーに染まった立場でなされる市民運動も少なくない。

メディアの実践研究は、現行の体制や実務に無批判的に資することを目的にしてはならない。メディア実践の現場にある様々な問題群を理論や歴史の観点から批判的にとらえ直し、今のメディアのあり方を組み替えていく可能性を模索するようなかたちでこそすすめられるべきであろう。

7　知的共同体の形成とメディア実践の知

メディアの実践研究が必要とされる三つ目の理由は、より学問的なものである。

結論からいえば、これまで科学技術論、文化人類学などで議論されてきた研究者と研究対象をめぐる「観測系問題」を積極的に乗り越え、よりアクチュアルであると同時に、批判的な観点を持った知のパラダイムを生み出していくこと、そのような大きな課題の一環として、メディアの実践研究を位置づけていくことを試みようというものだ。研究者がメディアの現場へ積極的に介入することで、研究者と研究対象がたがいに学び合うことができる知的共同体を形成し、その共同体におけるメディア実践の経験を批判的にとらえていくような、新たなアプローチをデザインしていこうというものである。

くり返しいえば、文化人類学者のなかには、ポストコロニアリズム、カルチュラル・スタディーズの批判を受けて、紆余曲折を経ながらも、誰が、何を、どこで、どのように記述しているかをつねに問い直しながら研究をすすめるスタンスを自覚的に取ろうとする研究者が現れはじめている。[19] 批判的人類学の姿勢は、あらゆるメディアが、何らかの意図で、一定の様式を持って、誰かに向けて活動していることをつねに意識しようとするメディア・リテラシーのスタンスときわめてよく似ている。いわば研究リテラシーとでもいうべき、メタ・レベルの姿勢を取りはじめていることには注目しておく必要があるだろう。

しかもメディア論が扱う現代のデジタル・メディア社会は、きわめて複雑な様相を呈している。対象を単純なアプローチでとらえることは不可能で、学際的で、ハイブリッドなアプローチが必須となる。それだけではなく、対象となるメディアが研究者を環境として取り囲むと同時に、研究者の内側にも入り込み、近代科学における認識論の基本である主客の関係性自体を突き崩すような現象が日常茶飯に起こっている。

映像にたとえてみるならば、理論研究が提示する概念や認識枠組みは、暗闇を照らし出す照明のようなものだ。実証研究が指し示す現象は、一葉の風景写真のようなものだ。「メディアはイデオロギーを表象する」「学校は管理社会であり、教師と生徒は権威主義的なコミュニケーションをおこなっている」「人々は国や地域を観光イメージなどのステレオタイプでとらえている」「民間放送局は広告収入に依存して経営を成り立たせており、資本の論理、商業主義に脅かされている」。

これらは、いわば風景写真のような知見である。それぞれひとまとまりの学問的言説としては正しくもあり、意義もあろう。

しかしグローバル情報化のもとで複雑化し、研究者と研究対象の関係性自体が大きく変化せざるを得ない現代のメディア社会に取り組もうというときに、これらの言説を生産し、学問内部で評価を受けるだけでは足りない。照明や風景写真は現実のメディアの実態のなかに照合可能な部分を見出し、それを切り取り、わかりやすく切り裂くことはできても、そのありようを新たに組み替えていくための道具としては十分ではない。学問内在的な、いわば「モード1」に適した理論研究、実践研究の方法論だけでは、大学アカデミズムとメディアの実態の間には、さらなる溝ができていくことにもなる。

実践現場で私たちが経験するのは、風景写真を何千枚、何万枚も束にして作ったフリップブック（パラパラマンガ）のような、めくるめく動画の世界だ。さまざまな要素が複雑に絡まり合い、たえず状況が変化していく。動画を映し出すために照明は不可欠だが、それ以外にも音声や編集など、様々な装置や作業が必要になってきている。風景写真が研究対象のごく一部を切り取ってきたものにすぎないことは、動画を見てはじめて明らかになるのだ。

メディア社会の複雑さとダイナミズムに対応していくためには、複雑なものごとを複雑なままに、ダイナミックなものごとをダイナミックなままにとらえるような方法論が生み出されるべきである。メディア論の研究者はもはや、古典的な観察者と観察対象という二分法で、環境化し、内部浸透するメディアにアプローチすることはできない。観察者の存在が観察対象に与える影響を極小化しようという努力も十分に通用しない。この問題を克服するためには、観察者と観察対象の双方のダイナミズムを許容し、それらが積極的に関わり合うこと自体を意識化し、批判的に記述していくような実践研究が必要とされてくるのである。

ここではメディアの実践研究に重要な、二つのパースペクティブを素描しておこう。それらはいずれも、十分に一般化できるような段階にはなく、私の周囲にある少ない経験をふまえて提示できる、さしあたりの方向性にすぎない。これらの方向性で、今後より知的な武装をし、詳細な方法論が検討される必要があるだろう。

8　能動的実践と批判的記述の循環

メディア・リテラシーを学ぶ過程において、能動的なメディア表現と、批判的な受容がらせん状に循環することの重要性が指摘されている。少し長くなるが、山内祐平の指摘を引用しておこう。

……まず表現することによって、自分の意図がかたちになって表れることを経験する。最初のうちは、操作や技法的なことに注意をとられるが、徐々に意図と表現との対応に意識が向くように学習をコーディネートする。このことによって、メディアが人間によって構成されていることが、身をもって理解できるようになる。

その身体的理解をもとに、自分や他者が作った作品を批評し、自分たちの活動を振り返る。今度は、表現されたものから意図を抽出する活動になる。最初は自分と違う視点から構成された意図を読み解くことは難しいが、ディスカッションの中で、徐々に他者の視点が内面化され、意図と表現のつながりが深化する。

この『表現 - 受容ループ』を何回も回転させ、らせん型に上昇させることで、徐々に高度な内容、例えば、文化・社会・経済などの要因を考慮して分析したり表現したりできるようになる。これにより、具体的な表現活動に裏打ちされた深い批評的思考と、批評的思考に支えられた高度で力強いメディア表現が可能になる。[20]

ここで山内は、メディアの仕組みやあり方を学ぶメディア・リテラシーの営みが、これまでともすれば批判的な読み解きの方にばかり比重が置かれていたこと、ところが読み解きの学びだけでは読み解きを本当に身体的に理解するには十分ではないことを指摘した上で、新たなモデルを提示している。書き込みと読み解きの循環性、能動的実践と批判的受容の循環性のなかで学ぶことの意義と有効性を示しているのである。現代のメディア・リテラシーにおいては、多かれ少なかれ、表現の重要性が指摘されはじめている。

じつはメディアの実践的研究においても、これと同じ位相の方法論に意義と有効性があるのではないだろうか。すなわち、メディアの現場へ能動的に自らを投げ入れることにより、自分の参画が状況にどのような影響、変化をもたらすかを身をもって経験する。はじめは理論研究などの知識と、現場の経験知、体験知のあいだの齟齬に手こずることだろう。しかし徐々にそれらをコーディネートできるようになる。そのような身体的理解をもとに、メディア実践を批評し、自分たちの活動を振り返る。その上で、メディア社会のなかの様々な現象を、よりきめ細かく、複眼的、批判的に理解していく。このような実践と批評のループを何回も回転させ、らせん型に上昇させることによって、徐々にしなやかで、したたかなメディア研究が可能になるのではないだろうか。

「本ばかり読んでいないで現場に行ってみろ」「理論や歴史研究で行き詰まったら、実際の人に会ってみるといい」。

私たちはこれまでも、研究の様々な局面でそんなアドバイスをよく耳にしてきたのではなかったろうか。これらはメディア現象が生じる技術的、空間的なリアリティに触れ、表現者や受容者の実態を内在的にとらえる契機を手に入れることが、理論や歴史の理解を促進するということを意味している。あるいは、新聞社や放送局における現場経験がない人にメディア研究はむずかしいという指摘がしばしばなされる。メディア企業の活動や論理のあり方を身をもって経験していないと、複雑なその仕組みを理解できず、内在的な批判はできないという趣旨であろう。

能動的実践と批判的記述の循環は、これまでは研究上のちょっとしたコツや、一般的な障害などと思われていたこれらのことがらを意図的に方法論の一部として組み込み、研究者自らの身体を現場に介在させた、一種の知的実験を展開することで成立する。この知的実験の具体的な方法論として私が仲間とともに実践してきたのは、プロジェクト型式の研究だった。すなわち、様々なアプローチと関心を持つ研究者や現場の人々からなる学際的なチームを立ち上げ、ある具体的な課題に組織的に取り組み、実践をおこないつつ、その実践を批判的に記述していくという試みである。

たとえば二〇〇二年、私は「変革の世紀」フォーラムという共同研究プロジェクトを主宰した。このプロジェクトは、同年中に七回シリーズで放送されたNHKスペシャル「変革の世紀」の市民参加型のウェブサイトの企画、デザイン、および編集協力をおこなうために、東京大学大学院情報学環を拠点としてすすめたものである。

「変革の世紀」は、グローバル情報化が進行し、国家間のパワーゲーム、中央集権システム、大量生産・大量消費、科学技術振興などの二〇世紀的な仕組みがどのように変化しつつあるか、その可能性と課題はなにかを、おもに市民社会的な観点から説き明かしていこうとしたドキュメンタリー・シリーズだった。このシリーズのウェブに関わった「変革の世紀」フォーラムは、情報デザイン、教育学、経済学、政治学、科学技術論、メディア論などの分野の研究者と、ジャーナリスト、インターネット関連の編集者、マーケティング経験者、NHK担当プロデューサー、ディレクターなどからなる混成チームであった。

このチームには、大まかにいって二つの課題があった。まず、ともすれば敵対関係になりがちなインターネットと放送について、それぞれのメディア特性を再検討し、新しい関わり方を模索すること。次に、サイバースペースが公共的なコミュニケーション空間となるような情報デザインを具体的に構想し、それをシステム上に実装、運営することだった。「変革の世紀」フォーラムは、二〇〇〇年春から準備を開始し、二〇〇一年後半にフォーラムを作り、二〇〇二年一月から一二月までの一年間、ウェブサイトの編集協力をおこなうというかたちで稼働したのだった。その詳細については同プロジェクトの成果をまとめた書物に譲りたい。[21]

このプロジェクトは、NHKドキュメンタリーが本格的なウェブサイトを持つはじめての機会であったと同時に、NHKスペシャルに外部団体が組織的に関わるきわめて例外的な機会でもあった。インターネットとテレビの文化のちがいを翻訳し、結びつける作業は困難を極め、かけ声倒れで終わったことや、失敗の類も多く、当初想定したとおりの成果を得られたとはいえない。しかし「変革の世紀」フォーラムを通じて私たちは、現在のNHK、あるいは放送メディアが抱える様々な問題点とともに、それらとインターネットを結びつけることの難しさを身をもって、詳細に経験することができた。同時にサイバースペースは、よく考えられた使いやすいデザインを施されることで、わかりやすい空間的メタファーとコミュニケーションのモードを付与され、公共的なコミュニケーションの場として構成されうることも明らかになったのだった。

能動的実践と批判的記述の循環を用いた実践研究の方法論の一般的な検討は、今後の課題である。今の段階で指摘できることは、送り手をも巻き込んだ共同研究プロジェクトのかたちをとることによって、結果として中間的な共同体が形成されることになるという点だ。この共同体は、実践の目的に対して様々なかたちで寄与する方法論を持ち、ある局面では専門家であり、ある局面では素人であるような、多様な役割を担ったメンバーから構成されている。共通していることは、ウェブサイトをめぐる様々な活動を通じて実践的身体と分析的感覚を併せ持つようになったということだった。

能動的実践に埋もれるのでもなく、批判的記述だけに乖離するのでもない。それらを結びつけ、循環させることはどのようにすれば可能なのであろうか。今後の課題は多いが、送り手と受け手が混ざり合うこの中間者集団が、たがいが支援し合い、批判し合い、教育学でいう学びの共同体として機能することが、きわめて重要だということは経験的にいえる。

9　歴史の中の可能的様態の再生

メディアの実践研究の方法論を形成する上で二つ目の補助線となると思われるのは、実践の過程において、メディアの歴史のなかに見いだせるあり得たかもしれないメディアのあり方、メディアの可能的様態[22]というものを、目の当たりにすることができるという点である。そのありようを子細に検討すれば、歴史研究の知見と、私たちがメディアといかにして関係性を結ぶかについての同時代的で微視的な観察記録を照らし合わせることが可能となる。

たとえば前出の「変革の世紀」フォーラムでは、一般市民の広場として機能する現実のウェブサイトの運営を通して、過去のパソコン通信のフォーラムやインターネット上の掲示板と、自らがデザインした場で交わされる議論を比較検討することが可能となった。

　また私は二〇〇二年、8章で詳述されるメルプロジェクトにおいて、デジタルビデオカメラのコマ送り機能を使って粘土アニメーションを作り、その活動を通して人々にメディア・リテラシーを体得してもらうためのプログラム作りと実践をすすめた。そのなかで人々は粘土アニメーション作りをはじめて経験することで、映像メディアの原理を身体で学ぶことができた。東京都写真美術館と連携した実践では、中学生たちが粘土アニメーションを作ることで、同館が所蔵するゾートロープ、フェナキスティスコープなど映画以前の映像メディアの数々と、自らの作品作りを連続的であるとして理解することができたのだった。それは今私たちが目にする映画やテレビ番組の原理を知ることであると同時に、アニメーションのオルタナティブなあり方、可能的様態を想像する契機を与えることになったのだった。[23]

　2章で長谷川一が取り上げる「名刺パンフレット作り」や「本づくりとメディア・リテラシー」の実践もまた、私たちにとって身近な紙や書物の自明性について、実践を通して解体し、そのオルタナティブなあり方を構想していくことをねらったものだった。長谷川らがおこなった実践の過程で学生たちが生み出した作品は、紙というメディア、書物というメディアの歴史のなかに眠る可能的様態の数々を明らかに再現してみせていた。

　メディアの系統発生を、実践研究で立ち現れる個体発生を通して追体験するようなこれらの試みは、子供を含む一般市民にメディア論的想像力を覚醒させる上で有効な手段であった。人々はメディア実践を通じて、自分たちを取り巻くメディア環境をただ一方的に、当たり前のものごととして受け容れるだけではなく、それらを日常生活のなかでたえず意識し、批判的にとらえると同時に、それらのあり得べき姿を模索する想像力を手に入れるきっかけを得たのである。

　しかしそれだけではない。実践に関わったメディア論の研究者にとっても、人々が生み出す多様な作品がそこに存在しているということを通じて、オルタナティブなメディアを構想することの意義と可能性を改めて確認することができた。また、なぜ、どのような状況でそのような可能的様態が生み出されたかの痕跡をたどることによって、これまで歴史のなかで部分的にしか明らかにされてこなかったメディアと人間の関係性の生成、確立、組み替えの過程を、より構造的にとらえ、子細に明らかにしていくことができる可能性が出てきたのである。

　現代のメディア実践のなかに、過去のメディアの可能的様態を召還し、それらをよみがえらせるような営み。そのような営みの延長上に、私たちを取り巻くメディア環境をより多様にし、市民が自律的なメディアを生み出し、展開していくメディア実践の地平も横たわっているのである。

10　メディア論の再編成へ向けて

この論文では、今日のメディア論が抱える課題と困難を乗り越えるための方向性を、二つの次元において模索した。

第一の次元として、メディアの実証研究において、メディア表現、生産についての研究、人類学的手法の深化が必要なことを指摘した。それらはいずれも、メディア社会をよりリアリティを持って把握し、分析するために不可欠の方法論であった。

第二の次元として、新たにメディアの実践研究という次元を切り開く可能性を提示した。「メディア・プラクティス」はたんなる研究対象、素材であることにとどまらず、研究者自らが積極的に介入してすすめる学問的方法論の一つであり、メディアの理論研究、歴史研究、実証研究と相関してすすめられる、相対的に独立した、新たな知的営みをはらんでいる。

近年の人文・社会科学系の学問領域、あるいは文理越境的な学問領域のいくつかにおいて、これと似たような動きが散見される。一つは環境をキーワードにした領域だ。たとえば環境社会学における実践的調査研究に関しては、鳥越皓之らが「施策主義」という方針のもとに、地方自治体、NPO、学校などと連携しつつ展開している。[24] 石弘之らは文理越境的な「環境学」の構想にあたり、研究対象のおかれた物理的、生物的、社会的な文脈を十分に考慮したハイブリッド・アプローチによるフィールド研究の重要性と、研究者の実践への参加を射程に入れた方法論の必要性を説いている。[25] 同様のことは開発学においても、自然保護や生物保全との関わりで論じられている。

もう一つは地域をキーワードにした領域だ。二〇〇二年に開催された日本民俗学会年会において川田順造は、グローバル情報化のもとでのこれからの民俗学の課題は、失われゆく民俗伝承を発掘し、保存することにとどまらず、新たな民俗を生み出していくこと、地域社会のアイデンティティを積極的に形作っていくことをも含むべきだと主張した。[26] 川田が専門とする文化人類学においても、開発と文化人類学、地域や部族の論理で生み出される観光、エコ・ツーリズムなどの動きが展開しつつある。地域社会学、地域研究においても、経済不況下におけるまちおこし、地域通貨実験、学校教育における地域の調べ学習、社会教育や生涯学習における地域史作りなどの動きと連動した、実践研究への本格的な展開が生まれつつある。[27]

環境、地域を研究することの重要性は長年唱えられてきた。いずれも二〇世紀までの学問体系の個別的な枠組みのなかだけでは十分にとらえることができず、学際的、越境的なアプローチが必要とされていた。それらがメディア論同様、一九九〇年代に入って本格化し、ギボンズのモード2を地でいくような実践研究への展開が見いだせるというわけである。

これらの知的活動には、近年の大学の社会貢献の際に必ず取りざたされる産学連携や情報公開とは、根本的に異なる身構えを見ることができる。[28] すなわち貢献すべき社会が、産業界や国家であることが前提とされている産学連携には、市民社会を広く見渡した知的貢献という観点は乏しい。また大学の知を金科玉条のようにしてとらえ、それをレベルの低い一般市民に公開していくという取り組み方からは、大学と社会のインタラクションの可能性や、社会に埋め込まれた学びの営みや経験知、体験知を重視しようという態度は見えてこない。メディアの実践研究、メディア・プラクティスは、近年の大学アカデミズムをめぐる短絡的で、功利的な社会貢献活動とは次元を異にしており、新しい環境学や文化人類学などとゆるやかに重なるような、新たな知的地平に位置づけられるべきであろう。

私自身が仲間とともに取り組んでいる実践研究については別項に譲り、メディアの実践研究、メディア・プラクティスの射程をあげることで、本論のまとめとしておきたい。

第一に、メディアの実践研究は理論研究などと対立的な関係に位置づけられるべきでも、それらのたんなる応用として下位に位置づけられるべきでもない。実践研究は、これまでの理論研究、歴史研究、実証研究などとはモードが異なっており、相対的にちがう次元に位置づけられるべきなのだ。両者は次元を異にしつつ循環的である。実践研究のなかで、これまでの理論研究、歴史研究、実証研究は深化される。同時にこれらの研究の知見を活用することで、実践研究はより確かで奥行きのあるものとなる。このような相関関係は、実践現場における複雑で豊かな経験知、体験知の意識化、言語化と、それに応じた研究者自身の行為の蓄積に対する継続的批判活動が連結することによって成り立ちうるだろう。批判的協働実践とでもいうべき研究のための仕組みを、状況に応じてデザインしていくことが重要になってくる。

第二に、メディアの実践研究は、実践の成功を第一義的な目的にするものではなく、実践の過程から双方向的な学びが生じることを目的としている。すなわちそれは、地味でかんたんな試みからも、失敗からも大いに学ぶことができる、社会実験の一種としてとらえられるべきである。

一九八〇年代初頭のニューメディアや、地域情報化の試みは、東京一極集中ではない地域メディアを生み出す、マスメディアとはちがう回路が成立するなどと喧伝されたものの、ごくわずかな例外を除けばほとんどが失敗に終わった。九〇年代半ばにはインターネットが普及しはじめ、個人が世界に向けて情報発信できるということが理想主義的に語られた。しかし現実にはインターネットに巨大メディア資本が参入し、表現のモードがマスメディア化するなど、サイバースペースは単純に民主的な空間にはならずに今日に至っている。

ニューメディアや、地域情報化、インターネットをめぐる言説の大半は、技術中心的、国家政策的なユートピアのイデオロギーに裏打ちされていた。そのようなイデオロギーを帯びた実践研究の多くは、人間や社会を豊かにするメディアの普及が真の目的なのではなく、じつはユートピア・イデオロギーそのものの普及と定着を企図していたのではなかったか。だからこそ、それらは過程や失敗から学ぶ回路を併せ持たず、わずか十数年のあいだに陳腐化し、忘れ去られてしまうことになったのである。

マス・コミュニケーション論は、マスメディアの強大な力の前にさらされた現代社会の疎外を克服し、多様な世論形成のメカニズムを生み出したいという価値観の上に成り立っていた。メディア論はそれらを受け継ぎつつ、多様性のある、生きやすいメディアの生態系を生み出したいというイデオロギーをその根本に置いている。メディアの実践研究もまた、そのような価値観やイデオロギーから自由ではない。しかしそれは、従来型の政策科学的な営みではなく、実践のプロセスや失敗を通じて、たえず研究という営み自体の不可能性、研究者の立場の困難さを振り返りつつ、メディア社会の絶望的な現状をリアリティを持って冷徹に把握し、しかし、にもかかわらず、いやだからこそメディア社会の未来のデザインに向けて学ぶことをやめない、そのような批判的協働の営みとしてとらえられ、引き受けられる必要があるのだ。

注

1 「モードの融合（convergence of modes)」は、イシエル・デ・ソラ・プールの造語である。イシエル・デ・ソラ・プール著／堀部政男監訳『自由のためのテクノロジー――ニューメディアと表現の自由』東京大学出版会、一九八八年、を参照のこと。

2 ジョゼフ・S・ナイ、ウィリアム・オーエンス「情報革命と新安全保障秩序」ジョゼフ・S・ナイ、ポール・ケネディ他著／竹下興喜監訳『新脅威時代の「安全保障」――「フォーリン・アフェアーズ」アンソロジー』中央公論社、一九九六年、三六〜六〇頁。日本でもっともはやくにこの議論を批判的に検討したのは桂敬一である。桂敬一編『二一世紀のマスコミ〇五――マルチメディア時代とマスコミ』大月書店、一九九七年、二三七―二六六頁／桂敬一「高度情報社会と文化帝国主義」嶋田厚・柏木博・吉見俊哉編『情報社会の文化3――デザイン・テクノロジー・市場』東京大学出版会、一九九八年。

3 「パンとサーカス」の比喩は、桂敬一が九〇年代後半の巨大メディア資本の展開のもとで管理され、市場化される大衆社会状況をさして用いたものだった。桂敬一『メディア王マードック上陸の衝撃』岩波ブックレット、一九九六年／桂敬一編、前掲書。

4 世界と日本の各地で生まれつつある新たなメディア表現の詳細については、水越伸・NHK「変革の世紀」プロジェクト編『NHKスペシャル「変革の世紀Ｉ」市民・組織・英知』日本放送出版協会、二〇〇二年／水越伸・NHK「変革の世紀」プロジェクト編『NHKスペシャル「変革の世紀Ⅱ」インターネット時代を生きる』日本放送出版協会、二〇〇三年／浜田忠久・小野田美都江『インターネットと市民――NPO／NGOの時代に向けて』丸善、二〇〇三年、などを参照されたい。また、「九・一一」以降、坂本龍一らを中心としてメーリングリストから立ち上がったグループ、「sustainability for peace（平和のための持続可能性）」がとりまとめた本、『非戦』は、アメリカ一辺倒のマスメディアでもなく、うわさと憶測だけが飛び交うネットでもない、オルタナティブで自律的なコミュニケーションの場を、一時的ではあれ、生み出したといえる。坂本龍一＋sustainability for peace監修『非戦』幻冬舎、二〇〇二年。

5　くわしくは次を参照。水越伸「八〇年代のメディア変容とメディア論の構図――非マス・メディア系情報媒体を包括する研究枠組みの展望」石坂悦男・桂敬一・杉山光信編『メディアと情報化の現在』日本評論社、一九九三年、三七五―三九四頁。ちなみにこのような「官製」の動きは、結局思うような成果をあげられず、ニューメディアのほとんどは普及せずに終わった。それと対照的に台頭したのが、任天堂のファミコン、シャープの電子手帳に象徴される、消費社会の端末装置としてのメディア機器だった。

6　日本におけるマクルーハン言説の紹介と活用の事例としては、次元を異にする竹村健一のものを除いておくと、浜野保樹『ハイパーメディア・ギャラクシー――コンピュータの次にくるもの』福武書店、一九八八年／浜野保樹『キューブリック・ミステリー――「二〇〇一年宇宙の旅」論』福武書店、一九九〇年／服部桂『メディアの予言者――マクルーハン再発見』廣済堂出版、二〇〇一年、などがある。この間の経緯については次を参照されたい。赤尾晃一「日本におけるマクルーハン受容史」、および、水越伸「海外におけるマクルーハン評価の変遷」『インターネットの理解』（ASAHIパソコン増刊、No.152）一九九五年六月一〇日号、朝日新聞社、一二三―一二八頁。

7　日本におけるカルチュラル・スタディーズの導入過程については、次を参照されたい。吉見俊哉「岐路に立つカルチュラル・スタディーズ」『カルチュラル・ターン、文化の政治学へ』人文書院、二〇〇三年、四二―五五頁。九〇年代半ばに起こった本格的な導入の胎動の軌跡は、次に見て取ることができる。『思想（特集＝カルチュラル・スタディーズ――新しい文化批判のために）』一九九六年一月号、岩波書店／花田達朗・吉見俊哉・コリン・スパークス編『カルチュラル・スタディーズとの対話』新曜社、一九九九年。

8　マイケル・ギボンズ編著／小林信一監訳『現代社会と知の創造――モード論とはなにか』丸善、一九九七年。

9　吉見俊哉「メディア研究、あるいはパブリックな知のために」『カルチュラル・ターン、文化の政治学へ』人文書院、二〇〇三年、三五五―三六九頁。吉見はこの論考で、イギリスとの比較で日本の大学、大学院教育におけるメディア研究の貧困を明らかにし、それを克服するための道筋を大学アカデミズムの再生の観点から巨視的に模索している。

10　たとえば次がある。木下直之・吉見俊哉・東京大学総合研究博物館編『ニュースの誕生（東京大学コレクション）かわら版と新聞錦絵の情報世界』東京大学出版会、一九九九年／吉見俊哉編『一九三〇年代のメディアと身体』青弓社、二〇〇二年／佐藤健二『流言蜚語――うわさ話を読みとく作法』有信堂高文社、一九九五年／姜尚中・吉見俊哉『グローバル化の遠近法――新しい公共空間を求めて』岩波書店、二〇〇一年。メディア史研究会編『メディア史研究』ゆまに書房、は一九九四年に創刊された。

11　以下を参照。伊藤守・藤田真文編『テレビジョン・ポリフォニー――番組・視聴者分析の試み』世界思想社、一九九九年／伊藤守編『メディア文化の権力作用』せりか書房、二〇〇二年／黒田勇『ラジオ体操の誕生』青弓社、一九九九年／石田佐恵子・小川博司編『クイズ文化の社会学』世界思想社、二〇〇三年／石田英敬・小松史生子「テレビドラマと記号支配――『古畑任三郎』シリーズをめぐって」石田英敬・小森陽一『社会の言語態』東京大学出版会、二〇〇二年、五九–八六頁。

12 白水繁彦編『エスニック・メディア――多文化社会日本をめざして』明石書店、一九九六年／同著『エスニック文化の社会学――コミュニティ・リーダー・メディア』日本評論社、一九九八年／一九九六年／岩渕功一『トランスナショナル・ジャパン――アジアをつなぐポピュラー文化』岩波書店、二〇〇一年。

13 たとえば次を参照。小森陽一『日本語の近代――日本の五〇年日本の二〇〇年』岩波書店、二〇〇〇年／原克美『悪魔の発明と大衆操作――メディア全体主義の誕生』集英社、二〇〇三年／紅野謙介『書物の近代――メディアの文学史』筑摩書房、一九九九年。

14 高木教典「日本のテレビ・ネットワーク」『TBS調査情報』No.82-87、一九六六年／同「民放の収益制度と制作費」『TBS調査情報』No.88-100、一九六六―六七年／高木教典・桂敬一『新聞業界』教育社、一九七九年／東京大学新聞研究所編『地域的情報メディアの実態』東京大学出版会、一九八一年／同編『テレビ・ローカル放送の実態』東京大学出版会、一九八三年／同編『広域圏におけるテレビ・ローカル放送』東京大学出版会、一九八四年／桂敬一『日本の情報化とジャーナリズム』日本評論社、一九九五年。

15 メディア事業体への聞き取り調査における、研究者の典型的な行動様式は次のようである。

たとえば放送局に聞き取り調査に行くとする。事前に業界団体や東京の放送局の関係者に問い合わせ、相手の吟味はあまり気にせずに連絡を取る。受付で名を名乗り、応接室に通されて何々大学教授などという名刺を相手に手渡す。季節や最近のできごとを枕詞のように並べながら、しばし世間話をする。先方が大学の先生が来るのだから失礼がないようにとあらかじめ用意してくれたパンフレットや組織図、プレスリリースなどを手に入れたことで調査はあらかた達成されたとでも言いたげに安心をする。話の要所では、大学の研究者にだけ通じる専門用語や、こなれない横文字用語を交えながら、質問紙とにらめっこで話の攻勢をかけていく。調査対象者が、とまどったり、苦笑いをしたり、照れたり、いやがったりするため息や動作、まなざしのかすかな動きに無頓着でいる。聞き取りが終われば図書券などを謝礼の代わりに渡し、記念と記録のために一緒に写真を撮る。そのあとの社内見学では、スタジオの全員がラフな服装でいる中に、濃紺のスーツにネクタイを締め、PCが入った黒いビジネス鞄とカメラやテレコを持ってぞろぞろ歩く。

このような現場への関わりはどのような問題を引き起こすだろうか。

第一に、一方向的な聞き取り調査が稚拙なかたちでおこなわれるだけとなってしまい、研究者と現場の人間のあいだには、ギブアンドテイク、あるいは双方向的に刺激を与えたり、学び合う機会は生じない。そうなるとインフォーマントである現場の人間は、本当のことを語らず、「大学の先生」というステレオタイプに合わせて受け答えする。そしてそのことを観察者である研究者は関知しないということが起こっている。

第二に、深みのある話し合いがなされない代わりに、一時的で、擬似的な友好関係が現れるか、逆にまずい関係が現れる。インフォーマントと観察者の関係性の是非、善し悪しではなく、インフォーマントが、あるいは観察者が一般的に見て常識があったか、いい人だったか、美人だったかなどといった印象が経験の表面に迫り出し、多くを占めるようになる。

これらの結果起こるのはいうまでもなく、メディアをめぐる表現、生産の現場のリアリティを正しく把握できず、さらに総合的なステレオタイプの生成を助長するということだ。高木教典は、一九八〇年代以降、とくに定量的実証研究を進めるマス・コミュニケーション研究者たちがこのような身構えで現場に接近することを厳しく批判した。残念ながら同じようなことが、今日に至るまで繰り返されている。

16　たとえば次を参照。Shaun Moores, *Interpreting audiences: the ethnography of media consumption*, London: Sage, 1993 / Susan L. Allen ed., *Media anthropology: informing global citizens*, Westport, Conn.: Bergin & amp; Garvey, 1994 / David L. Altheide, *Qualitative media analysis*, Thousand Oaks, Calif.: Sage Publications, 1996 / David Machin, *Ethnographic research for media studies*, London: Arnold, 2002 / Daniel Miller and Don Slater, *The Internet: An Ethnographic Approach*, Berg, 2000 / Kelly Askew and Richard R. Wilk ed., *The anthropology of media: a reader*, Malden, Mass.: Blackwell Publishers, 2002.

17　日本のジャーナリスト教育の現状と課題については、次を参照されたい。水越伸・下村健一、菅谷明子、橋場義之「Jワークショップ――ジャーナリズムと送り手のメディア・リテラシー」『東京大学社会情報研究所紀要』No.64、東京大学社会情報研究所、二〇〇二年、一九―八一頁／花田達朗・廣井脩編『論争、いま、ジャーナリスト教育』東京大学出版会、二〇〇三年。

18　日本のメディア・リテラシーの現状と課題については、次を参照されたい。鈴木みどり編『メディアリテラシーを学ぶ人のために』世界思想社、一九九七年／水越敏行編著『メディアリテラシーを育てる』明治図書、二〇〇〇年／東京大学情報学環メルプロジェクト編『メルの環――メディア表現、学びとリテラシー』トランスアート社、二〇〇三年。

19　批判的人類学については、クリフォードの一連の著書が重要である。ジェイムズ・クリフォード著／毛利嘉孝他訳『ルーツ――二〇世紀後期の旅と翻訳』月曜社、二〇〇二年／同著／太田好信他訳『文化の窮状――二十世紀の民族誌、文学、芸術』人文書院、二〇〇三年。クリフォードの知見から何を学ぶかについては、太田好信の一連の仕事に多くを学んだ。太田好信『トランスポジションの思想――文化人類学の再想像』世界思想社、一九九八年／同『人類学と脱植民地化』岩波書店、二〇〇三年。このほか次を参考にした。船曳建夫編『文化人類学のすすめ』筑摩書房、一九九八年／大月隆寛『顔あげて現場へ往け』青弓社、一九九七年／田辺繁治・松田素二『日常的実践のエスノグラフィ――語り・コミュニティ・アイデンティティ』世界思想社、二〇〇二年／小松和彦・関一敏編『新しい民俗学へ――野の学問のためのレッスン26』せりか書房、二〇〇二年。

20　山内祐平「メディア・リテラシーと民放連プロジェクトの試み」『月刊民放』二〇〇二年五月号、（社）日本民間放送連盟、三二―三九頁。

21　変革の世紀については、次を参照されたい。水越伸「『変革の世紀フォーラム』の展望・軌跡」（二七六―二九一頁）／境真理子・佐倉統・水越伸「鼎談　変革の世紀――テレビドキュメンタリーとウェブの試みから」（二〇〇―二二〇頁）水越伸・NHK「変革の世紀」プロジェクト『NHKスペシャル「変革の世紀II」インターネット時代を生きる』（編著）日本放送出版協会、二〇〇三年。

22　水越伸『メディアの生成――アメリカ・ラジオの動態史』同文舘、一九九三年／同「情報化とメディアの可能的様態の行方」『岩波講座現代社会学　メディアと情報化の社会学』岩波書店、一九九五年、一七七―一九六頁。

23　実践の詳細については、次を参照されたい。水越伸・村田麻里子「博物館とメディア・リテラシー――東京都写真美術館における表現と鑑賞をめぐる実践的研究」『東京大学社会情報研究所紀要』No.65、東京大学社会情報研究所、三七―六七頁／東京都生活文化局都民協働部青少年課編『はじめてみよう！　メディア教育――公民館で、美術館で、学校で……青少年のためのメディア・リテラシー学習』二〇〇三年、四八―六二頁。

　パラパラマンガと映画以前の映像メディアを結びつけるという発想自体は、岩井俊雄の一連のメディア・アート作品と、彼の言動に大きな刺激を受けている。岩井の作品どれもが、ここでいうメディアの可能的様態を、見る者、触れる者に呼び覚ましてくれている。岩井の作品の軌跡については、次を参照されたい。岩井俊雄「イメージ・インタラクティブ――インタラクティブ・アートのためのランダム・アプローチ」（三三回連載）『イメージフォーラム』ダゲレオ出版／NTTインターコミュニケーション・センター（ICC）＋森山朋絵『Open Studio　岩井俊雄展――そのメディア・アートの軌跡』NTT出版、一九九七年。

24　鳥越皓之『環境社会学』放送大学教育振興会、一九九九年／鳥越皓之編『環境ボランティア・NPOの社会学（シリーズ環境社会学1）』新曜社、二〇〇〇年。

25　石弘之編『環境学の技法』東京大学出版会、二〇〇二年。

26　川田の発言は、筆者も登壇した以下の基調講演、および討論でなされた。日本民俗学会第五四回年会（二〇〇二年）公開シンポジウム「民俗と情報――民俗世界における情報・情報社会における民俗」（つくば国際会議場）

27　橋元和也・佐藤幸男編『観光開発と文化――南からの問いかけ』世界思想社、二〇〇三年／杉万俊夫編著『よみがえるコミュニティ（フィールドワーク人間科学）』ミネルヴァ書房、二〇〇〇年。

28　たとえば文部科学省が喧伝した大学のトップ三〇選抜、いわゆるCOEに採択された研究プロジェクトを見てみるとよい。もちろん十分に吟味されたユニークな研究も少なくないが、とくに理工系分野の採択プロジェクトの多くが、いかに短絡的で、無批判的な産学連携をめざしているかがよくわかる。二〇〇三年度のCOEの全貌を知るためには、次が有用である。『「ノーベル賞」をめざす大学研究ランキング「二一世紀COEプログラム」五分野一一三研究拠点全取材』（別冊宝島七八九）宝島社、二〇〇三年。

I

ラディカルなメディア遊びの可能性

2

「本づくり」から「名刺パンフレット」まで
——メディア・実践・存在論、あるいは可能的様態の発現について

長谷川 一

立ち現れた「本」たちの存在論——はじめに

これをいったい何と理解すればいいのだろう？ その一一冊の「本」たちが現れたとき、わたしにはただこう呟いてみせることしかできなかった。

どれも「本」とよぶには一風変わった姿形をもっていた。表紙からピンクの毛をもしゃもしゃと生やしている「本」があった。リング綴じのカレンダーのようになった「本」があった。コルクにビニールを貼った携帯電話状の「本」があった。各ページが袋綴じになっており、その袋の内側に本文が印字された「本」があった。友人たちの写真がつらなった細長い紙を巻きとった三本組みの巻物「本」もあった。どれもこれも、現在の商業出版物の範疇に収まらない形態だった。とはいえ、冊子体にせよ巻物にせよ、それらが歴史的には書物の系譜に属することは明らかだ。だからこれら一一冊は、どれも「本」とよんで差し支えないはずだった。だがどうしても、それらを「本」と素直によんでしまうことはためらわれるのだった。どの「本」たちも、通常「本」という言葉から想起される一般的なイメージとはかなり異なる独特の印象を見る者に与えていたからだ。しかもそれら「本」たちは、造形物としては、必ずしも小器用な完成度をもってはいなかった。作り手たちは、外国語を学ぶ学科に所属する二〇代の大学生たちであり、モノづくりのための基礎訓練をうけた経験を有していなかった。問題は形態や造作にあるのではないのだろうとおもわれた。

わたしの躊躇は、それが何なのか把握できているのにうまく言葉にして表せないという類のものではなかった。そもそもどう向きあえばいいのか、そのことからしてわからなかった。だから躊躇というより、むしろ「狼狽」と表現したほうが適切だったかもしれない。わたしを「狼狽」させたもの、それはきっと何か本源的なところに由来するに違いない。現れた「本」たちは、ただた

だ誰をも憚らぬ強烈な存在として、そこにあった。そしてわたしは、その圧倒的な存在論を前にして、立ち尽くすほかなかった。

本稿は、いわばこのわたしの「狼狽」の行くたてについて論じるものである。予告しておけば、ここではメディアの「モノ性」にあらためて注意が向けられることになる。そのうえで、「モノ性」がもつメディア論的な意味と、メディア論における「実践」が秘める可能性について考えていく。

「本づくりとメディア・リテラシー」プロジェクト

さしあたり、これら「本」たちが立ち現れることになった経緯を約やかに書き留めておくことから始めよう。

これらはいずれも「本づくりとメディア・リテラシー」と名づけられたメディア実践プロジェクトの成果物である（以下、「本づくり」プロジェクト、あるいはたんに「本づくり」と略記）。このプロジェクトは、内澤旬子（イラストルポライター／碧鱗堂製本ワークショップ主宰）とペク・ソンス（神田外語大学国際コミュニケーション学科専任講師）、それに筆者が協働して行われたものだ。内澤はイラストレーションと文章を組み合わせたイラストルポの領域を切り拓く一方で、商業出版ベースに乗せないオリジナルなミニコミ出版物を製作し、また製本ワークショップを主宰するという、多彩でユニークな活動をつづけてきた。ペクはマンガやアニメーションといったメディア文化産業の現場を歩きながら、そのトランスナショナルな展開をていねいに掘り起こしてきた。筆者はメディア論の立場から、デジタル化と市場化の急速な浸透によって知的状況が再編成されるなかで、出版《パブリッシング》を文化とパブリックの問題として論じ再編成するための道筋を開削する作業をつづけてきた。「本づくり」プロジェクトはこのように、互いに重なりながらも異なる背景をもつ三人のアクティヴィストや研究者の関心と経験と知識が縒りあわせられることで進められた。

もとよりわたしたちには、「本づくり」が豊潤な可能性を包摂することについて、あらかじめ十分な予見の持ちあわせはなかった。本をつくってみたら面白いに違いないだろうし、そこからメディアについて多くを学ぶことができるはずだ――。やや乱暴な言い方になるが、事前に了解されていたものといえば、いささか漠然とした見通しにすぎなかった。一般に学校教育や社会教育の分野などで行われるワークショップでは到達すべきゴール、すなわち参加者が学習すべき事柄を事前に明確に設定する。それに比べれば、いい加減と難じられても仕方なかろう。ただ、われわれの意図はもう少し別のところにあった。それは、参加者がメディアについて学習するための方法という目的と同時に、これが企画・実践者であるわれわれ自身にとっての問題構制を浮上させる場になりうるだろう、という直観的かつ切実な意識である。「本づくり」という活動を一種の「遊び」として実践するなかで、これまで漠然と抱いていた「何か」を問題として再捕捉、再発見していくことができるのではあるまいか。

そう考えたのだった。

当初から重要な点だと認識していたことがある。それは、「中身」（＝コンテンツ）と「器」（＝メディア）という、ありふれた二分法を前提にしないことだ。[2]「本づくり」プロジェクトに近い先行事例として、すでに製本技法を学ぶ講習会などが長年行われてきているし、実際メンバーのひとり内澤はそうした活動を実践してきた。ただ既往の製本講座の多くでは、製本技法を教えることに主眼があるため、できあがる本の内容や印刷に立ち入ることはあまりない。[3] 一方、わたしもメンバーである東京大学大学院情報学環メルプロジェクトが開発してきたメディア・リテラシーのワークショップ・プログラムのなかには、インタビューをしたり記事を作成したりする活動を軸にしたものがあるものの、いくつかの現実的な理由から、モノの製作過程それ自体には相対的に比重を置いてはこなかった。[4] しかしメディア論の立場から見れば、「本」はけっしてテクストにも素材にも還元して語ることはできない。「本」は全体として「本」なのだ。そこで、「本づくり」プロジェクトに参加することになったペクのゼミ生一一名は、それぞれが、「本」の企画から編集・製作までをすべてひとりで行うことになった。つまり、かれらが向きあわなければならなくなったのは、「本」という存在まるごとだった。そしてそのことこそが「本づくり」プロジェクトの眼目だったのだとはっきり気がついたのは、プログラムが一通り終了してからのことであった。

手を動かしてモノをつくる、ということ——「本づくり」の実際

世界のどこにも存在しないじぶんだけの「本」をつくる——学生たちは、内澤やペクの指導の下、企画を考え、それに見合った構成を練り、「本」の形態を設計し、写真を撮りに街へ赴き、原稿を執筆し、レイアウトし、印刷用紙や装丁につかう素材を選びだし、製本機材を駆使して折丁を綴じ製本した。いうまでもなく、これら各過程のどれをとっても、かれらにとって初めての経験だった。参考までに述べておけば、今日の出版産業のなかにおいても、この全過程を知悉している人間は皆無に近いだろう。

講義の冒頭、内澤が自身のコレクションの一部を持参してきて、さまざまな形の「本」を見せたことは、「本」といえば一般的に書店や図書館で見るものくらいしかイメージのなかったかれらにたいし——そしてペクやわたしにも——小さからぬ驚きを与えるものだった。巻物、手のひらに隠れてしまうほどの豆本、鼻を近づけると独特の匂いを発しているのがわかる羊皮紙……。学生たちは、みずからのつくる本のイメージを、まず形からつくることになった。実際、ものをイメージするのに、まず形から始めるというのは大切なことに違いない。「企画」をたてるにさいしても同様だった。このばあい企画とは、何かひとつテーマを決めて、それをそれぞれの選んだ「本」という形にどう展開するかを考えることを意味する。だが、頭のなかで思考するだけでは容易に考えをまとめることができない。

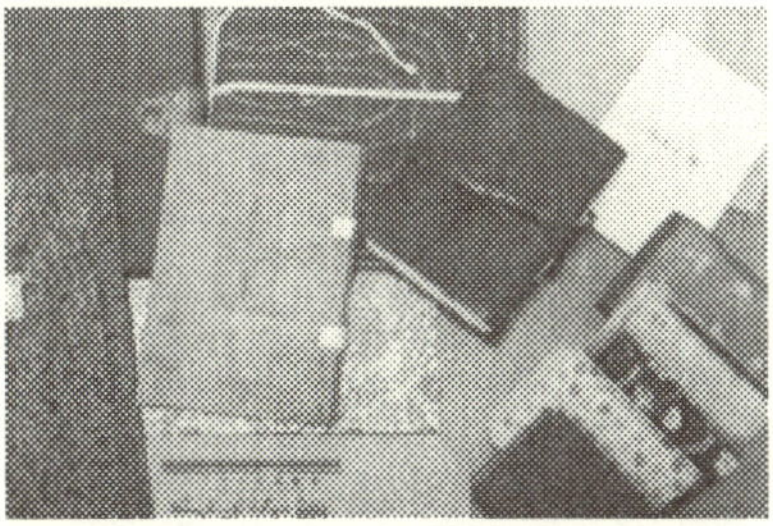

1――ワークショップの最初に、内澤の用意した見本。さまざまな姿形をもつ本たち

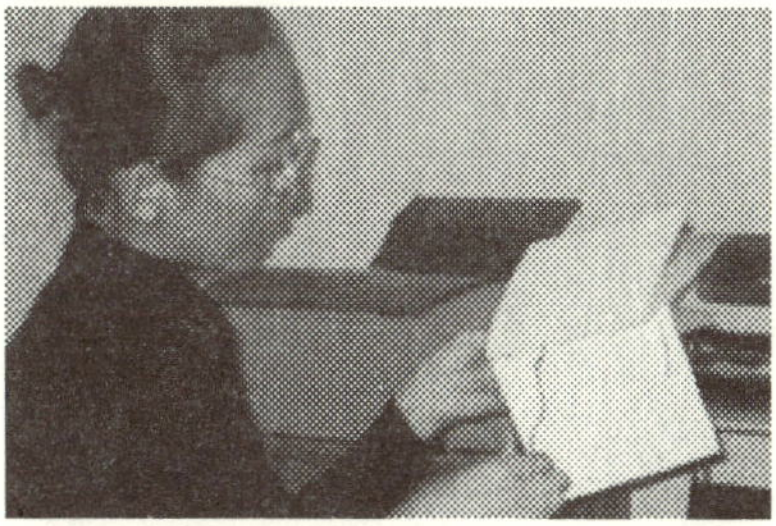

2――実際にお手本を示しながら、内澤が製本の進め方を解説

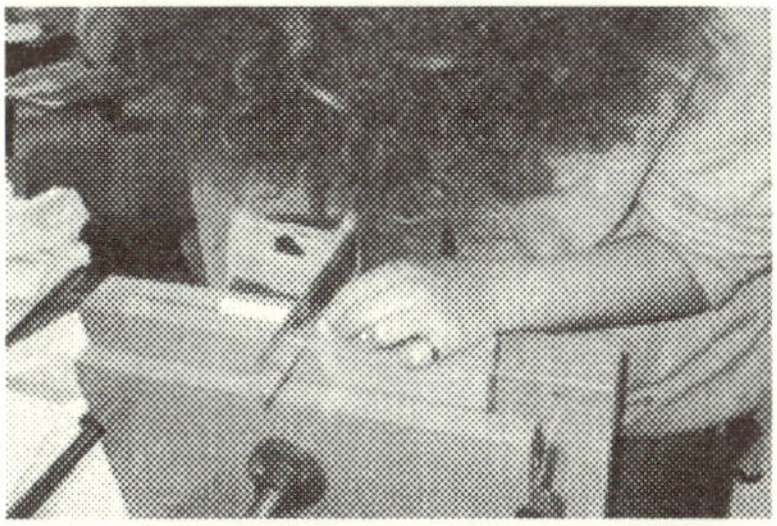

3――製本用プレス機に折丁を重ねて固定し、背にかがりのための切り込みを入れる

4――専用の針と糸をつかって折丁をかがって綴じる

5――手製本では難易度の高い丸背に挑戦

6――巻物はまず紙を軸にとめ、そのあと少しずつ貼りつないでいく

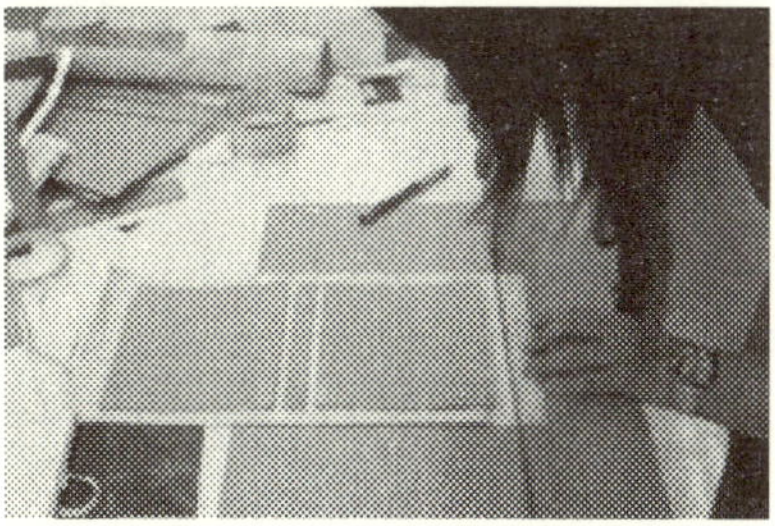

7――芯となるボール紙を表紙用紙に接着

8――できあがった「本」たち

Ａさんは、「おばあちゃんの原宿」と題して巣鴨のとげ抜き地蔵に集うおばあちゃんたちを取材しようとを決めた。そこまでは早かった。だが実際に巣鴨に行き、参道を歩いているおばあちゃんに声をかけてみると、まったく相手にされず困り果てることになった。内澤のアドバイスで、街の写真ルポに切り替えることになった。

プールの監視員のアルバイトをしているＥくんは、あるときバイト先の先輩が、プールで溺れた少年を救助するという「事件」を経験した。将来はライターになりたいと夢見るＥくんは、そのテーマで先輩に取材して「事件」にかんするインタビューをまとめたいと考えた。だが「インタビュー」するといったものの、具体的な方法がよくわからない。とりあえず生い立ちから順番に聞いてみよう、などと言う。同級生たちからは、無名のひとの半生記がだらだらと書いてある本では読む気がしないのではないか、と指摘される。悩んだＥくんは、企画を二転三転させたのち、大学内で働くひとたち三人に、それぞれの仕事にかんするインタビューを記事にまとめるという計画に落ち着いた。すでにほかの学生たちはほとんど製作が大詰め段階にさしかかっていたが、Ｅくんはここから猛烈に追いあげて、期日までに作品を完成させたのだった。

企画の大枠だけ決めたところで、レイアウト・素材選び・印刷・製本といった実際の製作作業が始まり、取材や執筆はそれと併行して行われることになった。もっぱら時間的な制約によるものだったが、結果的にはそれが功を奏した。学生たちは、むしろ作業の段階になってからのほうが全体像をイメージすることができるようになった。実際に手と身体を動かして物理的にモノをつくっていくというリアリティが、大きな要因だったのだろうと推測された。

「本づくり」の作業は、ただプリンタに紙をとおしたり、その紙の束を綴じたりするだけの簡単な作業なのではない。素材やさまざまな製本技法にかんする知識や、プレス機をはじめとする諸々の器具の使用法など、高度なスキル（技術）と専門的知識が要求される。表紙の芯になるボール紙に布を貼るだけでも、裏に和紙を貼るなどの下ごしらえが必要になる。スキルと知恵と工夫が不可欠なのだ。

Ｉさんは、恋愛の言葉を印刷し、秘めごととしてのぞき見する形を体現するものとしてアンカットの本をつくろうとしていた。アンカットにするためには、あらかじめ仕上がりサイズに裁断してある用紙の一辺を綴じる簡易製本の方式を採ることはできない。まず八ないし一六ページ分を一枚の紙に印刷して、それを折りたたんで折丁をつくり、その折丁を順番どおりに並べて束ね、背を綴じるという本格的な製本方法を採ったうえで、通常なら裁ち切るべき箇所を裁断しないようにする。Ｉさんは、各ページのテクストをプリントアウトしたあと、それらを四ページ分ごとに正しく並べてコピーをとって版下を作成し、さらにその版下を二枚ずつ表と裏に両面コピーをして、もう一段階大きな用紙を作成することにした。この作業を面付けという。折丁にして綴じたときにページが順番どおりに並ばなければならないのだから、ページを配置するときにはそれを逆算しておく必要がある。八ページ分の面付けの手順は製本の知識をもつ者にとっては周知のことであるが、内澤はあえてその詳細を教えなかった。Iさんはコピー機と格闘しながら独力で工夫してそれをこなした。ぶじに作業を終えたIさんは、「こんなに頭をつかったのは大学入学以来初めて！」と笑いながら戻ってきた。

就職活動の最中に友人に送った携帯メールをまとめて本にしたいと考えたTくんは、本の形も携帯電話のそれを模したいと考えた。二つ折りの状態から開いてつかう携帯電話と同様に、「本」も手前から縦にページを繰っていく操作性を実現したいと考えた。野心的な計画だったが、実現には想像以上の困難がともなった。Tくんは初め、使用しなくなった携帯電話の中身をくり抜いて、なかに紙を仕込もうと考えた。実際、携帯電話を分解しはじめたのだが、それは簡単にはできなかった。玩具の携帯電話を流用することも検討されたが、けっきょくすべてを自作することにした。用紙を適切な大きさに裁断して束ね、上の一辺で綴じて、携帯電話ふうの意匠を凝らした表紙と裏表紙をつけることにした。表紙の芯にはコルクをつかい、そこに液晶画面やら番号ボタンやらを手描きしたエナメル光沢のビニール布を貼った。ハイテックなニュアンスの利いた携帯電話「本」ができあがった、かに見えた。ところが乾燥してみると、よれた皺が生じてしまった。接着の相性が悪かったのだ。通常製本工芸では敬遠されることの多い化学合成素材の使用にあえて挑戦したのは、携帯電話というモノの質感やニュアンスの再現にこだわったTくんの意図を内澤が汲んだからだった。

カメラの好きなTくんは、友人たちを収めたモノクロの写真を横長につなげて、巻物をつくることに決めた。かれはほかの参加者と違い、製作方法についてほとんど内澤に直接質問することをしなかった。授業のたびに教室の隅に坐り、ただ見本として内澤が貸与した『鳥獣戯画』の巻物をためつすがめつしていた。見かねた内澤がようすを訊ねても、「大丈夫です」という返事が返ってくるばかりだった。そして実際、観察するだけの見様見真似で、三本組の巻物本をつくりあげたのだった。内澤とペクが感心すると、Tくんは照れくさそうに答えた。「巻物は横長の紙を少しずつ貼りあわせていくんだけど、その重ねあわせる向きを間違えちゃった」。

試行錯誤、紆余曲折の末できあがったのは、巻物あり、フランス装あり、リング綴じありと多種多様な形態をもった「本」だった。学生たちにとってみれば、異化することなど考えてもみなかった自明であるはずの「本」というメディアを捉えなおす営みであったとともに、「作品」が作り手のアイデンティティを媒介するメディアとなっていく過程でもあった。[5]

「あっというま名刺パンフレット」プロジェクト

「本づくり」をすすめる過程で誤算があった。ぺクもわたしも、今回のプログラムを標準化して、必ずしも身近に製本の専門家がいなくても実践可能なものにまで整理することをひとつの課題と考えていた。その考えにはいまでも変わりはない。しかし実際に実践をしてみると、「本づくり」を遂行するには、相当の専門知識と技術と経験が要求されるという当たり前の事実が、あらためて大きな壁となっていることを痛感せざるをえないのだった。特別な訓練や経験を有していないひとでも実践可能な「本づくり」の標準的プログラムづくりを実現するまでには、まだまだ解決しなければならない問題が山積である。そこでわたしは、「本づくり」プロジェクトのエッセンスを継承しながらも、製作上の負担をうんと軽くしたワークショップ・プログラムを考えてみた。注目したのは、「本」ではなく「名刺」である。名づけて「あっというま名刺パンフレット――わたし、こーゆー者です」(以下、「名刺パンフレット」プロジェクト、あるいはたんに「名刺パンフレット」と略記[6])。

最初にこのプログラムの実践内容を紹介したとき、多くの学生たちから返ってきた反応は、「名刺ってメディアなの?」というものだった。もちろん、名刺もまたメディアである。

名刺を一枚とりだして、つくづくながめてみるとよい。それは、決まった大きさの用紙に氏名や会社名が記されたもので、初対面の相手と交換し、互いの情報を授受する装置だ。だが名刺に刷り込まれている情報はひどく限定されたものにすぎない。名刺に記されているものといえば、まず氏名であり、所属であり(××株式会社)、所属先における身分であり(営業部長)、住所や電話やファクシミリ番号や電子メールアドレスなどの連絡先である。ときには顔写真や所属先組織のシンボルマークがあしらわれることもあるし、裏面にあふれんばかりの肩書き(××ライオンズクラブ理事)が列挙されていることもある。言い換えれば、名刺においては、持ち主たるひとりの人間は、所属機関や社会的地位によってのみ表象されていると同時に、所属先の代理表象であることを余儀なくされている。したがって、名刺はいかなる局面においても個人によって使用されるという意味でいたってパーソナルな道具であるにもかかわらず、そこではつねに持ち主という主体が疎外されている。ゆえに名刺の授受によって交換される「情報」も、そうした社会的属性に限定されたものになる。それだけではない。名刺をもつということは、ネクタイをするのと同様、社会的な存在であることを明示する記号となる(「お名刺いただけますか?」)。名刺に用いられる素材はほぼ例外なく紙である。サイズはなぜかほとんど九一×五五ミリに統一されている。JISやISOによって規格化されているわけではないはずなのに、である(これを「暗黙的規格化」とよぼう[7])。しかも日本の社会では、名刺には「正しい渡し方」なる社会的手続き=儀式がある。うっかり片手で放り投げるようにして相手に名刺を渡そうものなら、ひどく礼を失した態度と見なされる。つまり名刺は礼儀＝儀式と絡みあって成立している。興味深いことに、これが「正しい」のは日本と、せいぜい韓国あたりに限られる。たとえばアメリカ合州国では、「名刺」の受け渡しはいたって即物的に行われるし、そもそも使用頻度も日本ほど高くない。以上おもいつくまま列挙した諸事実が端的に示すように、名刺はさまざまな仕方で社会的力学を媒介するメディアにほかならない。

　このプロジェクトは、名刺ではない名刺――「名刺パンフレット」という新しいメディアを考案してみよう、という趣旨のものである。ここでは、既往の名刺の特徴である「持ち主自身の疎外」「形態」「儀式」の三点に注目する。つまり「名刺パンフレット」とは、①既往の名刺が疎外している持ち主自身の人となりを他者へ伝えようとするものであり、また②暗黙的規格化された名刺の枠組みを脱して自由な形態をともなうべきであって、かつ③「お辞儀をしながら両手で差しだす」式の既往の名刺がもつ社会的手続き＝儀式に代わる新しいそれ独自の儀式をもたなければならない。[8]

　ただし、形態の造形にあたっては一定の制約を課した。適切な制約条件はしばしば独創的な想像力の喚起を促すことにつながるからだ。学生たちは、ある枠組みに即して発想していくことと、枠組みを乗り越えることをひとつのプログラム内で経験することになる。与えた条件は三点である。①Ａ４判の紙を使用すること、②使用枚数も切り貼りも自由、そして③最低一回折ること。

　すなわち、ここで「名刺パンフレット」と名づけたのは条件③に由来する。[9] 一枚の紙は表裏二面しかないが、一度折れば四面になる。たんに面数が倍増するだけでなく、そこに一種の展開性――あるいは物語性――のまぎれ込む余地が生じる。さらに考えてみれば、旅館や施設のパンフレットの類も、一種の自己アピールのツールなのであって、それはそれで造形的にも内容的にも社会的にもひどく類型化しているという点も含めて、名刺によく似ている。両者をあえて「紙をつかった自己アピール・ツール」の一点で合一させることを導きの糸に、凝結した「名刺」というメディアの様態に暖かな日の光をあてて溶解させ、多様な形に再編成してみせる作業なのだと理解してもらってもよい。肝心なのは、それが理論の応用としてではなく、「遊び」の感覚を軸に、参加者ひとりひとりの独創によって行われることである。「遊び」を介して行われる「メディアづくり」。そのときわれわれは、「名刺」ではない「名刺」、すなわち「名刺」というメディアのありえたかもしれない様態――可能的様態――が、理論的にでも歴史的にでもなく、現実に立ち現れる瞬間に立ち会うことになるはずだ。

「名刺」ではない「名刺」をつくる――「名刺パンフレット」の実際

「あっというま名刺パンフレット」プロジェクトのワークショ

ップは、これまでに二回実践された。県立長崎シーボルト大学において、水越伸、伊藤昌亮（東京大学大学院学際情報学府修士課程＝当時）と協働して行われたのが最初であり、ここではそのときの事例に即してその流れを概観していくことにしよう。[10]

参加した学生たちは約三〇名、いずれも情報メディア学科に所属する三年生が中心だった。初めに名刺にかんしていくつかの確認をした。かれらは名刺について、それがどのような形をし、どんな局面でどのように使用されるかを知っていた。アルバイト先などで、ほかのひとから名刺をもらった経験はもっていた。けれども、かれらは自身の名刺を所持したことがなかった（テレビ番組制作プロダクションで契約社員として働いている一名を除く）。すなわち、名刺の受け渡しをした直接的経験をもたない学生はいなかったが、同時に、大半の「社会人」たちがそうであるように、名刺を何か異なるものとしてながめてみた経験をもつ学生もいなかった。かれらは四年生への進級を目前にして就職活動を始めており、その厳しい現実に直面しつつあった。そのためだろうか、自己アピールにたいするモチベーションはきわめて高かった。

概略の説明をすませたあと、ワークショップは次のような手順ですすめられた。

まず、各自どんな「名刺パンフレット」を作成するか、プランを考えて企画書にまとめる。最終的には各自が一作品をつくらなければならないのだが、三〇余名の学生たちは、適宜数名ずつのグループにわかれ、グループ内で互いに相談しながら作業をすすめるようにした。初めのうちは、頭を抱えこんで「うーん」とうなっているだけの学生もいた。A4判の紙をたくさん用意し、これを折ったり切ったりしながら考えるとよいとアドバイスした。学生たちは、とりあえずじぶんの知っている折り紙を折ったりしながら、あれこれ考えはじめた。頭で考えついたものを形にするのではなく、手を動かしていくことで初めて考えることができるようだった。

制限時間は一時間半、このあいだにプランをまとめて企画書を書きあげなければならない。企画書といっても、とくに細かい様式を指定したわけではなく、コンセプトを明確にし、それを他者に理解しやすければ様式は任意でよいことにした。ここでいう「コンセプト」とは、その「名刺パンフレット」でじぶんの何を、どんなふうにアピールしたいのか、そのポイントを明確にするように、というほどの意味のつもりだった。ところが学生たちの筆はなかなかすすまない。よく聞くと、こんな会話をかわしている。

「『コンセプト』って何だっけ？」

「えーと、『概念』かな」

説明に用いる言葉には相応な注意を払っていたつもりではあったが、われわれが何気なく口にする言葉のなかには、すでにかなりジャーゴンと化しているものもあることに、あらためて気づかされた瞬間だった。

企画書が出そろった。どれもユニークなものばかりだった。当初はこの段階で、うまく考えがまとまっていないものや、方

1――まずはA4判の紙をあれこれ折ってみるところからスタート

2――こんな形ができました

3――ハリセンの「儀式」

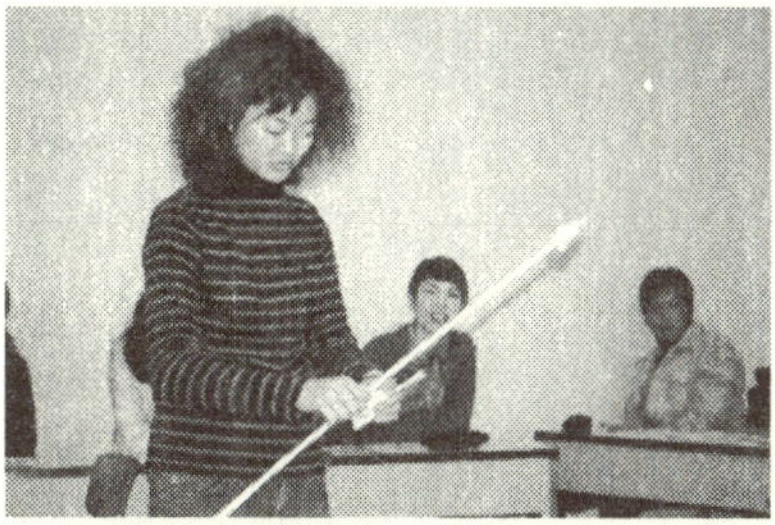

4――弓矢には相手宛の「果たし状」を結わえ付ける

5――イカ。シルエットに妙なリアリティが感じられる

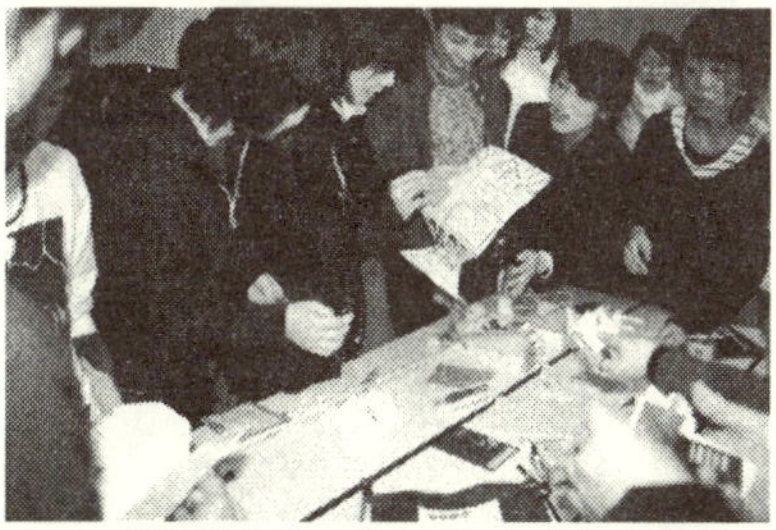

6――参加者全員でそれぞれの「名刺パンフレット」を品定め

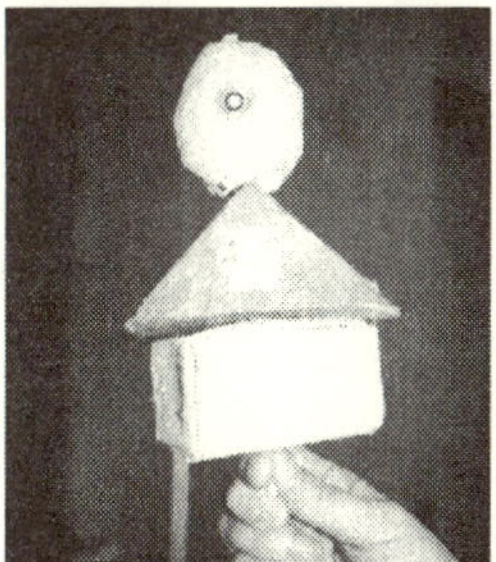

7――おでん。卵を二つに割ると中に本人の写真が入っている

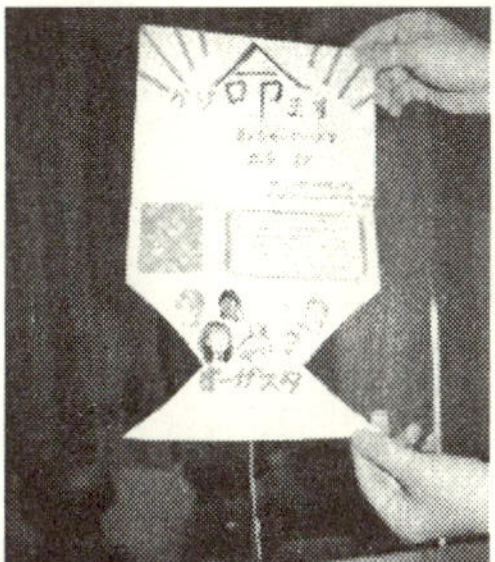

8――バンジージャンプ。ジャンプしたあと「本人」が入るポケットが付く

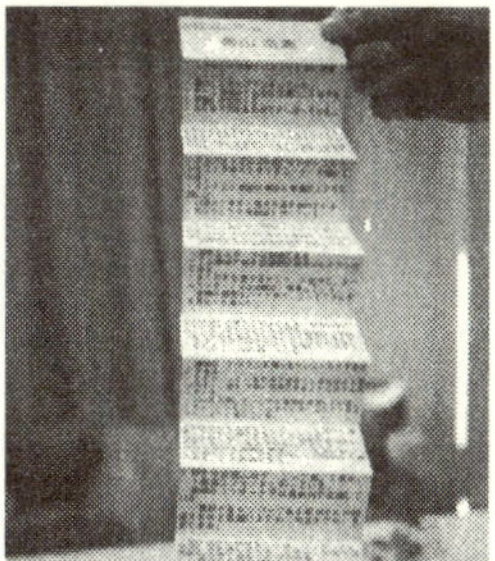

9――熱い男。自分がいかに熱い男かが、びっしりと書き込まれている

向性を見失っているものが数点はあるだろうと予想していたのだが、それは杞憂だった。その後、各自の作業に入った。はさみやカッターナイフで紙に穴を穿つ者、色鉛筆で器用に色づけをする者、パソコン室で作業をする者、雨のなか紙を買いにでかける者……。作業段階で当初案から企画変更をする学生もいた。夕方まで作業をつづけたが、ほとんどの学生は完成させることはできず、けっきょく翌日のプレゼンテーションまで「宿題」として、持ち帰ることになった。

翌朝。学生たちはみな一様に晴れ晴れとした顔をして教室に集まってきた。趣向を凝らして編みだしたそれぞれの「名刺パンフレット」を片手に、プレゼンテーションではそれに相応しい新しい儀式=渡し方を実演した。

「一度会ったら忘れない」をコンセプトに、ちょうど赤塚不二雄のマンガにでてくるような「おでん」の形をした「名刺パンフレット」をつくったAさんは、わざわざ展開図まで描いて四角い薩摩揚げと三角形のはんぺんを作成したものの、卵の丸い形を紙で製作する方法を考えつくのに一晩頭を悩ませた。大学入学以来居酒屋「よかところ」でアルバイトをつづけ、いまやアルバイト勢を束ねるバイト長を務めるUさんは、店の名物である「イカ」をテーマにした「名刺パンフレット」をつくった。コウイカそっくりのシルエットが妙にリアリティがあり、開くとイカが四尾横に並んで、たのしそうにおすすめメニューを教えてくれる格好になっている。Nさんは紙を何枚も器用に丸めて弓矢をつくり、そこに「果たし状」を結わえ付けた「名刺パンフレット」を、相手めがけて投げつけるという「儀式」を考えた。大阪出身のKさんは、ハリセン型の「名刺パンフレット」を考案した。ハリセンとは吉本新喜劇などでよくつかわれる、蛇腹状の紙の一端を留めた小道具で、叩くと派手な音がするわりには叩かれたほうはあまり痛くないというもの。アイデア倒れで終わらなかったのは、留め具をはずせるようになっており、蛇腹を開くとじぶんの個人年表になるよう工夫した点だ。「儀式」も奇抜だった。「よろしくお願いします!」といいながら相手をハリセンで叩くと、今度は相手がハリセンを奪って逆に「こちらこそ!」と叩き返すのだ。岡山出身のOくんの「儀式」も興味深かった。相手に挨拶するさい、かれは片手に桃型の「名刺パンフレット」をもちながら、まず「もーもたろさん、ももたろさん」と童謡『桃太郎』の一節を歌い、そのあと「はい!」と相手を指さす。するとふしぎなことに、事前になんの口裏あわせをしたわけでもないのに、相手は「おこしにつけたぁ、きびだんごぉー」と、つい続けて歌ってしまうのである。

すべての発表と講評が終わったあと、学生たちの投票によってベスト3を選出してもらった。最優秀に選ばれたのは、ふだんどちらかといえば目立たないIさんだった。山崎まさよしの熱烈なファンだという彼女は、何がなんでもじぶんをマネージャーにしてほしいと所属事務所に売り込みに行くための「名刺パンフレット」をこしらえた。その作品は、人差し指大の大きさの両手を広げた彼女の写真が「あたしを事務所に入れてくださーい！」と叫びながらバンジージャンプを披露する、というものだった[11]。

「モノ性」と「実体性」――メディアの存在論と可能的様態

ここに紹介した二つのワークショップを、何とよぶのが相応しいだろうか。メルプロジェクトのサブである以上、それが主眼に掲げるメディア・リテラシー活動と理解するべきだろうか。たしかに、そうした要素も包摂してはいるだろう。だがもし仮に「メディア・リテラシー」という言葉をいわゆる既存メディアの読み解きや仕組みの理解という程度の意味で用いるのだとしたら、主照準はやや違うところへ向けられているといわねばならない。わたしはこれを、「メディア論的実践」と考えてみたいとおもう[12]。

「メディア論的実践」とは聞き慣れない言葉だろう。「実践」といえば、多くのメディア研究者は、たとえばアレクサンダー・クルーゲのような前衛的なメディア・アーティストないしアクティヴィストを連想するかもしれない[13]。いうまでなく、わたしにはその真似事をすることすら不可能だ。本稿で紹介した活動においては、そうした類の、広い意味での「啓蒙」的な要素は相対的に希薄であるか、少なくともあまり多くの意識を振り向けられていない。そうではなく、ここでいう「実践」とはおそらく、これからのメディアの歴史的理論的研究に不可欠になるであろう、新しい方法論なのだ。現在のメディア編制の様態をあぶり出すとともに、ありえたかもしれない別のメディア様態――メディアの可能的様態――を実際に立ち現せてみようとする試みである。オルタナティブなメディア回路の創出をめざすものの、既存メディア産業内部に浸透して内部変革を促すというよりは、それらの外側に別の可能性を生成させることに力点をおく。つまり、ある「メディア」の外側にもうひとつの「メディア」の可能性を発現させる、ということ[14]。そのことによって、現在のメディア様態を相対化しつつ、その再編成の可能性を示す。現在あるメディアの様態を一度微分して得られるエッセンスを核に練られたワークショップを実践していくなかで、問題は発見的・構成的に見出される[15]。

メディアの可能的様態の探求は、これまで主として歴史社会学的手法によってなされてきた[16]。そこではさまざまな史料を丹念に掘り越していくことで、濫觴期における混沌のなかから、可能的様態を復元していくというメディア論的実践という方法論もまた、一種の歴史的理論的な研究手法に相違ない。ただし、ここで特徴的なのは、可能的様態の影を、あられもなく個別具体的に、いま・この瞬間、われわれの目の前に発現させてみせる、ということである。すでに述べたように、「あっというま名刺パンフレット」プロジェクトの眼目は、「名刺」ではない「名刺」をつくるという仕掛けをとおして、既存の「名刺」というメディアを解体して再編成してみようという試みだった。三〇余名の学生たちが編みだした三〇余種の「名刺パンフレット」は、すなわち「名刺的なるもの」の可能的様態の影の一群である。それらに共通するのは、最終的に言説レベルに回収されることを徹底して拒む圧倒的なリアリティの厚みであった。

　メディアを論じる地平はひとつではない。たとえば、メディアをテクストとして、すなわち記号論的な読解の対象として見る地平がある。それを継承しつつ、メディアを一定のモードに枠づけられた支配的言説戦略の表象としてイデオロギー批判の対象と見なす、ラカン＝アルチュセールの流れを汲む地平もある。いずれも重要な観点であり、二〇世紀後葉におけるメディア研究のなかで枢要な部分を占めてきた。「名刺パンレット」を例にとれば、メディアをイデオロギーの装置であり制度であると見なす後者の文脈において理解することが可能であるはずだ。それは、「名刺」の渡し方＝儀式に象徴される装置＝制度の政治性を顕在化させつつ、それを相対化して実際に組み替えてみせる。学生たちの考案した「名刺パンフレット」のほとんどすべてが、既存の社会的文脈においては名刺や自己アピールとは異なる文脈をもつ別のモノをいったん脱‐文脈化したうえで、「名刺」という文脈に再挿入することで、その社会的文脈を編みなおしていた点には留意が払われるべきだ。それは、「遊び」という表面的な愉しさや面白さ、それに軽快さに反して、メディア編制を根本から再編成する契機をなしうるラディカルな可能性を包摂していると指摘できよう。

　本稿では、さらにもうひとつの地平にたいして、より注意深い視線を向けることにしたい。それは「モノ」の地平である。「名刺パンフレット」には、Ａ４判の紙という、既往のメディア研究がほとんど歯牙にもかけてこなかった凡庸きわまりない素材――Ａ４判コピー用紙は近所の文房具屋で五〇〇枚一束を数百円で購入することができる――を用いて、そのメディアとしての可能性を引きだす試みであるという重要な側面がある。[17]だがここで言及したいのはその先だ。Ａ４判の紙という、ローテクの代名詞であるかのような、そしてそこになにがしかの可能性が包含されているとは誰ひとり信じていないような当たり前の材料を駆使することで、「名刺パンフレット」という新しいメディアをつくってしまうという、その刹那に生起するであろう、「モノ」と「身体」とが直接的に呼応しあう関係である。後述するように、この関係におけるリアリティこそ、メディアを取り戻して編みなおすという、可能的様態が潜在的に示す「根源」の地平への契機となるもののひとつにほかならない。

　だとするならば、ここで再び、冒頭で触れたわたしの「狼狽」に立ち戻るべきだろう。「本づくり」のワークショップから生まれた「本」たちを前にしたときのわたしの「狼狽」とは、まったく予期せぬ形で唐突に「問題」が具現化したことへの、一種の焦りにほかならない。「問題」とは何か。それはまさしく、既往のメディア研究が看過して久しかった「本」の馥郁たる「モノ性」の恢復であり、そうした「モノ」をひとりの人間が一からすべてつくりあげていくことの全体性であり、そしてそのようにして現出することになった、まごうことなき「モノ」たる「本」たちの圧倒的な存在論である。

むろん一般的な商業出版物もまた、立派な「モノ」ではある。しかしそれらはあくまで資本によって工業的に生産される製品であり――出版業はつい最近まで産業統計上「製造業」に分類されていた――、使用価値より交換価値の卓越した商品である。これはまたミニコミ出版においても同様である。[18] それは商業出版という既存の「制度」にたいするオルタナティブという側面もたしかに見出せるものの、今日においては、商業出版と相互補完的なもうひとつの「制度」という側面も強い。「本づくり」から生まれた「本」たちとは、こうした既存の社会的文脈の諸々がいったん身ぐるみ剥ぎとられ、まったく即物的な意味での「モノ」が一瞬の刹那、現出したものだった。そしてそれらが教えてくれたことは、「制度」内部で流通している「本」の形態が――本当は形態だけではないのだが――、じつはひどく限定された範疇のものにすぎないという事実であった。

注意しなければならない。その「本」たちが圧倒的な存在論の光芒を放っていたのは、それがひとりの人間の手仕事によってつくりだされた文字どおり「世界で一冊」しか存在しなかったという「一回性」のためではない。「本」たちはけっして何か一般とは異なる特殊な本質を内在させていたのではないのだ。ここでは暫定的に、「モノ性」を「実体性」と区別して用いることにしよう。両者は等価ではない。モノは物質的物理的存在であるが、だから実体性をもつではない。モノにたいして人間の側からの強力な身体的なコミット――このばあいはみずから企画し手づから製作する――がなされることによって初めて、モノはリアルな「実体性《タンジビリティ》」を帯びることになる。

このとき、モノ性／実体性を帯びた「本」たちは、ここで人間とのあいだに、モノと身体との全面的かつ相互浸透的な、そして直接的な呼応関係を構築することになる。それは、メディア現象を本質的にテクストへ回収可能なものと見なす記号論的な解読をどこかで屹然と拒絶することを意味するはずだ。メディアを何か――たとえば、テクスト、作者、素材、制度、産業、資本、社会、機能、形態、権威、テクノロジーなど――に還元して語るという語り方がどこかの段階で拒まれてしまう以上、それはもはや存在論として語るよりほかにない。「本づくり」プロジェクトが意図せざる結果として否応なくわれわれに突きつけてきたものとは、詰まるところ、そうしたメディアとしての「本」の存在論にほかならない。

「モノ」から「根源」の地平へ

ところで、「名刺パンフレット」や「本づくり」における、モノ＝メディアと身体の直接的な関係性にもとづく存在論という問題構制は、「本」や「紙」という、いわば閉じられた世界に固有のものなのだろうか。たとえば「映像」はその外延には位置しえないのだろうか。

そうではあるまい。「映像」もまた「モノ性」をもちうる。そのことをさまざまな形で示してきたのが、英米圏映画研究における初期映画研究の蓄積である。[19] 初期映画研究とは、ハリウッド以後の映画の様態が物語を語る装置として固まる以前、一九世紀末から二〇世紀初頭にかけて、映画は今日のわれわれが考えるのとはまったく異なる原理をもっていたことを論じる研究潮流をさす。そこでは、映画は観客に物語を語る装置というのでも、また現実の何かの表象というのでもない。それはまさに現前そのものであったのであり、ゆえに観客たちは、映画にたいして無媒介的かつ直接的な身体的コミットを行い、見世物《アトラクション》として愉しんでいたという。映像と身体の直接的な呼応関係を認めるこれら研究の鍵となっているのが、映像がいたって即物的なモノという要素を核にもつという認識である。その理論的基盤は、パースのいう記号のインデックス性にある。

パース記号論において、記号は三つの性格に分類される（いわゆる「第二の三分法」）。ひとつは、似顔絵のように対象と類似関係にあるイコン性（類似性）。もうひとつは、言語のように対象との関係が恣意的に決まるシンボル性（象徴性）。そして、火事にたいする煙のように、対象とのあいだに物理的な関係があるインデックス性（指標性）である。[20] 映画は、撮影対象から発せられた光によってフィルムが感光することで刻印されるという意味で、インデックス性をもつ。初期の映画観客は、映像によって語られる意味にというよりも、撮影対象の物理的痕跡として、まさに現前された世界にたいして直接的に身体をコミットさせてきたのだった。[21]

モノが無媒介的に身体と関係を切り結ぶ刹那のリアリティこそ、「根源」の地平への契機である。[22] 可能的様態の探求とは、メディアの根源に触れようとする――実際に触れられるかどうかはまた別として――営みにほかならない。そこでは批判と創造を分節することがさして大きな意味をなさないだろう。むろん可能的様態とは、まさに「可能的」という言葉が示すように、須臾《しゅゆ》のものである。仮にそれが立ち現れえたとしても、永続的に存在論の光芒を放ちつづけることはありえまい。可能的様態は未来に向かって開かれている。だがそれは、あくまで一瞬の刹那、そうであるにすぎない。にもかかわらず、それを発現させつづけることは、現在のメディア編制と、メディアをめぐる知を編みなおしていくうえで、小さからぬ意味をもつに違いない。メディア論的な「実践《プラクティス》」は、メディア論的想像力をリアルに喚起し錬成して現実のさまざまなメディア状況に介入し実装していくための「発語訓練《スピーチ・プラクティス》」なのである。

注

1 「本づくりとメディアリテラシー」プロジェクトは、二〇〇二年一〇月から二〇〇三年一月にかけて神田外語大学にて実践された。同プロジェクトは、東京大学大学院情報学環メルプロジェクトのサブプロジェクトとして位置づけられている。実践活動にさいしてはメルプロジェクトにたいする次の研究助成の一部が当てられた。記して感謝したい。平成十四—十六年度文部科学省科学研究費基盤研究（B）「循環型情報社会の創出を目指した協働的メディア・リテラシーの実践と理論に関する研究（研究代表者・水越伸）」。なおメルプロジェクトの概要については、http://mell.jp を参照。

2 書物をコンテンツ＝内容とメディア＝形態の二分法で捉える視点は、とくにデジタル化をめぐる言説のなかでしばしば自明視されてきた。この見方は技術中心的なメディア観にきわめて親和性が高い。拙著『出版と知のメディア論——エディターシップの歴史と再生』（みすず書房、二〇〇三年）、主に第1章および第3章を参照せよ。

3 製本講座の代表格として著名なのが池袋コミュニティ・カレッジの「ルリユール工房」である（http://www2.odn.ne.jp/reliure/）。同工房を長く主宰してきた栃折久美子は、日本における製本工芸の先駆的存在であり、『えほんをつくる』（シリーズ子どもとつくる5、大月書店、一九八三年）や『手製本を楽しむ』（大月書店、一九八四年）といった製本技法解説書を著している。栃折はまた、自分史を手製本にするための解説書『ワープロで私家版づくり——編集・印刷から製本まで』（創和出版、一九九六年）では、ワープロのレイアウト機能をつかった版面設計から説き起こしている。

4 たとえば筆者は仲間たちと一緒に、「友だちの絵本」という友人の紹介インタビュー記事を相互につくりあうプログラムを考案した。これを含めて、メルプロジェクトのメンバーが開発したメディアリテラシーの実践プログラムのいくつかについては、東京大学情報学環メルプロジェクト編『メルの環——メディア表現、学びとリテラシー』（トランスアート、二〇〇三年）、および山内祐平『デジタル社会のリテラシー——「学びのコミュニティ」をデザインする』（岩波書店、二〇〇三年）に紹介されている。

5 「本づくりとメディアリテラシー」プロジェクトについては、これまで、メルプロジェクト・シンポジウム（二〇〇三年三月八日）、および同公開研究会（二〇〇三年六月一四日）において報告された。なお同プロジェクトは二〇〇三年度、新たに大橋あかね（ハラゴメカエル作家／アーティストブック制作 http://www.haragome.com/）をメンバーにくわえ、第二期が進行中である。

6 「あっというま」というフレーズには出典がある。NHK教育テレビで放映されている『だんご三兄弟あっというま劇場』である。筆者はこの番組を一度だけ、雨に降り込められている青森県むつ市郊外のキャンプ場の管理棟で、わが家の三兄弟たちと見た。

7 紙のサイズには仕上寸法と原紙寸法の二つがある。このうち前者にかんしては日本工業規格（JIS）ではAとBの二つの列が、それぞれ0から12番までを組み合わせることによって定められている（規格番号 JIS P 0138: 1998）。たとえばA0判は一一八九×八四一ミリ、A1判は八四一×五九四ミリ、A2判は五九四×四二〇ミリといったように、紙の長辺を二分の一の長さに裁断していく。このときつねに縦：横＝1：√2の比率を保つように設計されている。いわゆる名刺サイズ（九一×五五ミリ）は、A3判からなら二〇枚分とることが可能ではあるが、計算すれば瞭然とするように、この縦横比率を保っておらず、JISの規格原理に則っていないことがわかる。詳細は日本規格協会編『JISハンドブック・紙・パルプ』（日本規格協会、二〇〇三年）を参照されたい。また以下も見よ。財団法人日本規格協会 http://www.jsa.or.jp、『紙の資料二〇〇三年版』（東京洋紙店）、「名刺マメ辞典」http://www.topworld.ne.jp/tw/acf/mame/mame.htm。

8 プロジェクトのキャッチフレーズまで用意した。「あっというまに「じぶん」が伝わる、あっというまに「あなた」がわかる」というものである。

9 「名刺」をめぐる日本社会における儀礼のなかには、「折ってはならない」という要素も含まれている。たとえば、田中康夫が長野県知事に就任したさいに、そのことを快く思わない長野県の役人のひとりが、田中の差しだした名刺を受け取ってからわざわざ折り曲げた「事件」があった。

10 二〇〇三年二月、足かけ四日間にわたる水越の集中講義「情報社会特論」の一環として、その三日目および四日目の都合一日半をつかって行われた。なお、具体的な実施プログラムの作成にあたっては伊藤との議論が不可欠であったことを付記しておきたい。

11 後日、同じワークショップを多摩美術大学美術学部情報デザイン学科三年生にたいして実践する機会を得た（村田麻里子・水越伸と協働）。前後のレクチャーによる位置づけが十分でなかったなど必ずしも単純に比較できることではないが、全般的な印象として、美大生のほうが造形物としてはすぐれた「作品」をつくりだしえたものの、飛躍した作品が少なく、とくにユニークな「儀式」を案出しえたのは二、三例にとどまった。このことは、既往のデザイン教育において、モノづくりの観点と、それが社会的に埋めこまれているという観点とが著しく乖離していた事実を端的に示している（そして反転してはいるものの同じ構造的問題が、人文・社会科学のなかにも見出せる）。日本における情報デザインの展開に指導的な役割をはたしてきた同学科では、現在、両者を架橋するための方法論が模索されている。以下を参照のこと。長谷川・村田「情報デザインとメディア・リテラシー」（『ＩＭＥＴＳ二〇〇三年秋号』教育工学研究協議会、二〇〇三年一〇月所収）。

12 メディア論における新たな方法論ないし領域開拓につながる可能性として「実践」を先導しているのは水越である。またこの点にかんする本稿の記述は、研究仲間たちとの議論から多大の示唆を得ている。

13 http://www.kluge-alexander.de/

14 その意味では、かつてポストモダン思想華やかなりしころに言われた「外部を指示すること」の発展的継承と受け取られてもよい。ただし、既存の枠組みの外側を指し示すことで相対化するだけにとどまらず、外側（の一可能態）が実際に現出する刹那を構成してみせる点が大きく、かつ根本的に異なる。

15 確認しておきたい。「実践」はメディア論におけるひとつの方法論でありうると考えているが、可能的様態を発現させるための方法なのではない。

16 私見によれば、メディアの可能的様態の探求には、従来二つの方法が採られてきた。ひとつは、すぐれたアーティストによるアートとしてのアプローチであり（たとえば岩井俊雄）、もうひとつは、歴史社会学的な研究としてのアプローチである。後者について、メディア研究に即していえば、水越によるラジオの研究（『メディアの生成——アメリカ・ラジオの動態史』同文舘、一九九三年）や吉見俊哉・若林幹夫・水越による電話の研究（『メディアとしての電話』弘文堂、一九九二年）などが知られているが、後述する英米圏映画研究における研究もまた、同型の問題構制を有している。

17　「名刺パンフレット」プロジェクトに参加したある学生は、受講していない別の学生から「情報メディア学科は四年生になっても工作なの？」と笑われたという（授業後のレポートより）。このエピソードは、現在のメディア研究や教育の状況を考えるうえで、少なからぬ示唆を投げかけているように筆者にはおもわれる。

18　ミニコミ出版にかんする報告はいくつかあるが、今日的なその矜持と具体については、串間努編、南陀楼綾繁ほか著『ミニコミ魂』（晶文社、一九九九年）に詳しい。ところで、ミニコミといっても一枚岩ではなく複数のセクターにわかれている。なかでも一大「制度」と化しているのがいわゆる「コミケ」に代表されるコミック同人誌の世界である。これにかんしては杉山あかしを中心とするグループが継続的な研究をすすめている。以下を参照。『コミック同人誌活動のカルチュラル・スタディズ的研究』平成一二年度—平成一四年度科学研究費補助金（萌芽的研究）研究成果報告書、二〇〇三年。および『ポイエーシス、第8号、コミック同人誌の現在』九州大学大学院比較社会文化研究科社会学系、一九九八年。

19　いうまでもなく、初期映画研究それ自体を論じる能力を筆者はもたない。これにかんしては長谷正人・中村秀之両氏のご教示に負うところが多い。記して感謝したい（ただし断るまでもなく本稿の記述の責任は筆者にある）。両氏の編訳による『アンチ・スペクタクル——沸騰する映像文化の考古学』（東京大学出版会、二〇〇三年）は日本語で読むことのできるこの領域における良質なエッセンスといえる。また、岩本憲児・武田潔・斉藤綾子編『「新」映画理論集成（1）歴史／人種／ジェンダー』（フィルムアート社、一九九八年）の「初期映画」の章も参考になる（七九—一一七頁）。

20　チャールズ・サンダース・パース『パース著作集2［記号学］』（内田種臣編訳、勁草書房、一九八六年）、とくに第2章を参照。

21　長谷によれば、初期映画研究の要諦は三点にまとめられる。ひとつは、本文でも触れたインデックス性。二点目は、映像がつねに流動的な状態（「循環性」）で観客に見られるということ。そして最後が、映像が観客に与える神経刺激（「ショック作用」）である。前掲編訳書の序論「「想起」としての映像文化史」（九—二七頁）を参照。

22　念のために記しておくが、可能的様態を一瞬発現させてみせることがただちに根源へとつながる、と述べたいのではない。それはひとつの契機にすぎない。ただし、その契機は、これまでわれわれが見出しえなかったはずのものだ。「根源は、あくまで歴史的なカテゴリーではあるのだが、それにもかかわらず生起（Entstehung〔発生、成立、事の起こり〕）とはいかなる共通点ももたない。〔……〕根源は生成の川のなかに渦としてあり、生起の材料をみずからの律動のなかに巻き込んでしまう。事実的なものの、剥き出しのあからさまな姿のなかに、根源的なものが認識されることは決してない。〔……〕それゆえ、根源が事実的に明らかになっているものから際立って浮かびあがる、ということはないのであって、根源は、この事実的なもののありようの前史および後史に関わっている」（ヴァルター・ベンヤミン『ドイツ悲劇の根源』上巻、六〇—六一頁、浅井健二郎訳、ちくま学芸文庫、筑摩書房、一九九九年）。

3

メディアアート《連画》への招待

安斎利洋・中村理恵子

1・1　安斎――無垢の驚きを捕獲する

一九九一年の一二月、富山市で行われたCG（コンピュータ・グラフィックス）のセミナーで起こった小さなアクシデントは、われわれに連画という実験の端緒を与えたばかりでなく、ことあるごとに連画の驚くほど単純な感動へ立ち帰る拠り所になった。当時、CGはコマーシャルフィルム等を通して一般の目に十分浸透しつつあり、本格的な三次元CGやフルカラーCGペイントが、事務用パソコンを拡張すれば個人の手にも届くことが驚きをもって喧伝されはじめていた。テレビや一般誌が「CGで絵が描ける」などと、後から思えばいかにも間抜けな特集を組み、われわれもCG大衆化の一翼を担うべく、CG教室などに何度か駆り出された。

絵の技法を伝える一番良い方法は、自分の作品を描くプロセスを見せることだ。そこで何人かの作家が自作の画像ファイルを持ち寄ったのだが、ひょんな行き違いで私の目の前には私の作品ではなく、中村理恵子の『黄色い人』という作品が、いままさに次の一筆を許可する状態で準備されていた。CGはオリジナルとコピーに差のないデジタルデータであり、どんな加筆も元に戻せることは十分に身についていたにもかかわらず、長年油絵を描いてきた作者の手による作品があたかも乾ききっていないような状態でそこにあり、指を触れれば黒い線が黄色い背景にぬめぬめと馴染んでいく様は、それに自由に手を加えられるという罪悪感とともに新鮮な喜びを喚起した。気づくと、セミナーはそっちのけでディスプレイの中に自分風の中村作品が出来上がりつつあった。

メディアが爛熟した時代にそのメディアの本質を問うのは困難だが、メディアが世界に立ち現れて無垢な感覚を浸潤していくとき、おそらくそのメディアの本質は最もよく現れるだろう。たとえば写真黎明期の一八三〇年頃、今ここで起こっている事象の一回性と、網膜上の映像の不可分な一対一関係が驚きとともに写真に断ち切られていった。同様に、デジタル技術が絵画に何をもたらしたのかを問うのに最も適した時期を探るなら、それは一九九〇年前後の短い期間であった。長年アナログ素材だけをたよりに表現を続けてきたペインター達は、初めて手にする非常に特殊な道具に驚き、困惑し、電源を落とすと消えてしまう幻のような素材に自分の作品を固定できるのか、作品をそのまま他人に渡して大丈夫だろうかなど、そんな話題が日常的に渦巻いていた。オリジナル（原版）とコピー（プリント）に差をつけるために、わざわざ劣化した作品を発表する作家まで いた。画家の密約であった、〈作者〉と〈作品〉との不可分な一対一関係が破綻した瞬間であった。

富山での体験のあと、私はそのときとらえられた感覚が、有史以来染料や顔料によって描かれ続けてきた絵画の大きな転換点に根ざしているということ、またこの感覚がCGの浸透にともなっていずれかき消されてしまうだろうということを考え、この単純な驚きと躊躇の感覚を捕獲し、持続するためのたくらみとして、「連画」というゲームを中村さんに提案する。セミナーの直後に出した電子メールは、次のように書き出したと思う。「種をください。うまく発芽したら、お返しします。」

1・2　中村――自分の中に無数の他人の気配を感じる

一九九一年暮、安斎さんの「種をください」メールは、なにかとても真新しい響き、こうした試みに宿る心の自由さ、気楽な遊びの匂いとともに飛び込んできた。最初の連画セッションがこうしてスタートし、三往復六作品の『気楽な日曜日』が完成する。

その間、私はかつて純粋絵画領域で足掻いていたときの、実験的な試みを思い出していた。油絵専攻の学生時代（一九七九年当時）、私は学友のひとり岩井千佳さんにある実験をもちかけた。北向きの大きな窓のあるアトリエには、三〇号のキャンバスと赤錆びた石油缶、赤いビニール傘、それに白い布が置かれた。この環境で一枚のキャンバスを共有して絵を描くことにしたのだ。午前中は彼女が制作し、午後は私が交代してキャンバスに向かう。かつて巨大な宗教画を親方と大勢の弟子が計画的に描きすすめたり、図工の時間に課された壁画制作のように全体の一部だけを各人がしっかり担うだけの方式だったり、いずれの共同制作ともまったく違う。全画面を一時自分のものとし、次にそれをすべて他人に委ねる。そしてまた自分が、というルール。

彼女が午前中にどんな痕跡を残したか、その上に何を描きつづけるか、そんなことにわくわくしながらはじめたのだが……。さて、この若い二人の画学生の試みがどうなったか。

真っ白なキャンバスに木炭でだいたいの構図をきめるところまでは、すんなり描き進んだと記憶している。しかしいよいよ色がのりはじめて、油の濃度や乾き具合を見極め、筆やペインティングナイフのタッチが入りはじめたころ、（私にとって）致命的な事件が起こった。

私は、とっておきのカドミウムイエローオレンジのチューブから勢いよく絵の具をひねり出し、赤い傘の縦に伸びる強い動きを一直線に表現した。美しく、高価な赤い線。果たして彼女は、これにつづいてどう描きすすめるだろう。高揚した気持でアトリエを出て、次の日の午後をわくわくして待った。

なんと！　画面は、無難なブルーや茶でバランスがとられ、あの心躍るカドミウムイエローオレンジの切り込むような直線が何処にもない。イーゼルの前に敷かれた新聞紙の上に、鮮やかなオレンジ赤の残骸が、ただの塊になっちまって、なすりつけられていた。

いやはや、まいった。アトリエ内をうろうろ歩きまわり、それでも気をとりなおして、その美しいオレンジの残骸をテレピンでゆるく溶いて、沈んだバーントアンバー（こげ茶色）に描かれた傘の縦の動きを再びなぞった。次の日の午後、他人の痕跡はとくになく、その次の日も共有キャンバスに変化がなかった。そこで記憶の糸が途切れている。

二〇年ぶりに、岩井さんに電話をしてみた。「あー、なんかそんなことやったね――……、でもさ、すぐ終わっちゃったよね」と彼女が言った。対象を直感的に大つかみにすることが得意だった私が、全体のバランスを壊さず着々と描き進む岩井さんの才能がほしくてたまらず思いついたアイディアではなかったかと、今から思い返すとそう思う。強引な「他人の才能移植計画」は失敗に終わった。

『気楽な日曜日』で、種として私が送ったのは、墨で描かれた裸婦をスキャニングし、さらにペイントソフトで軽く加筆したもの。当時電話回線と通信速度四八〇〇ｂｐｓのモデムを使って、送信受信には二〇分くらいかかった。このセッションは、絵の構図やテーマが大きく変わることはなく、色彩やディテールが交換され、絵の密度がどんどん増していく展開になった。

相手の作品をベースにして、まったく自分の作品として転換していく。そういうプロセスの面白さが十分に発揮できた最初の連画作品は、次のセッション『春の巻』だ。ここでは、女の顔は金魚鉢を覗き込んだ水中風景になり、金魚鉢は大地を流れる川に、地形図は夜空の月に住む王さま女王さまへと変化する。また、両手の作る三角形が三美神に、三美神の傍らにはボッティチェリの絵画の連想を隠しながら、フローラが現れ、ヴィーナスが誕生する。相手からの影響で自分のイメージがどんどん変わり、自らの創意が増幅され、相手と絡みながら変化と展開が創出される。『春の巻』は、一九九二年一二月～一九九四年一月という長い時間をかけじっくりと、九往復一八作品が制作された。このセッションが、IMAGINA（仏）、Siggraph（米）など国内外での多くの発表のチャンスをもたらすことになった。連画一〇年の活動の中で、前半に登場する要のセッションに思える。

連画は、かつて学生の頃の苦しいアナログセッションとは違い、もっと自然な形で他人の気配が流れ込んできた。相手のイメージからの影響ばかりでなく、それまで出会った多くの表現者たちの個性や影響が、私の作品にしぼり出されてくる。海の近くで育った友人が好んで使う暖かな青や、誰が描いたかわからない路上のイタズラ描き、などが。

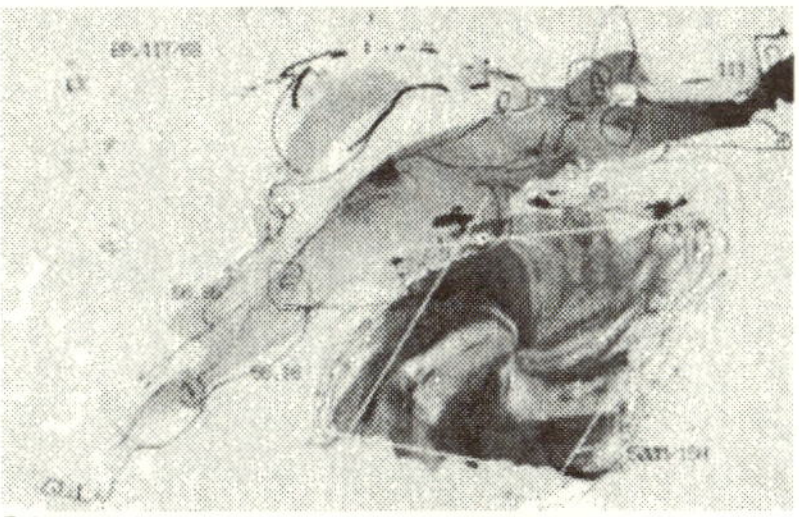

『春の巻』#4

『春の巻』#1

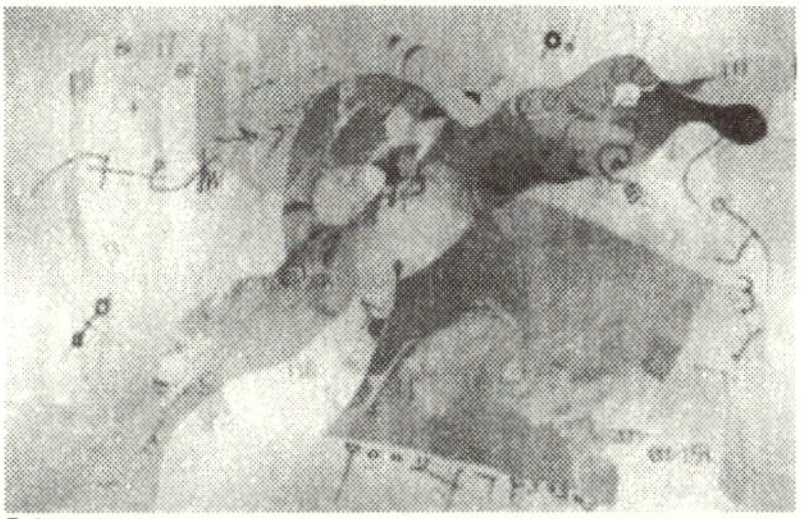

『春の巻』#5

『春の巻』#2

『春の巻』#6

『春の巻』#3

#1『発画 発芽す はじめの一歩』安斎 1992/12/08
作者自身の足を撮影し、発画とする。
#2『賀正！マルクスお食べ』中村 1993/01/01
天界から落ちそうになった天使の足。プリントにインクで加筆し、再びスキャニング。
#3『全自動洗濯機と熟練について』安斎 1993/01/29
インクのブルーを、メッシュのスプライン変形で渦潮に。全自動洗濯機の動作をつい見入ってしまう、熟練できない人間。
#4『生きるって楽しいデータ』中村 1993/02/01
洗濯機の前の女を芝生に寝かせ、水流にはプールの枠を。数字の意味は？
#5『ピンクのテープ』安斎 1993/02/05
前作品の数字に想像力をかきたてられ、記号のような形を追加。数字がスポーツクラブで測定した中村の血圧や体重などであることは、後日のメールで判明する。
#6『ミュージアム試案,私案、思案』中村 1993/02/10
メニュー画面をそのまま作品に。はじめの三つは、前作品の異なる色変換処理。最後は作者自身の顔。

『春の巻』#10

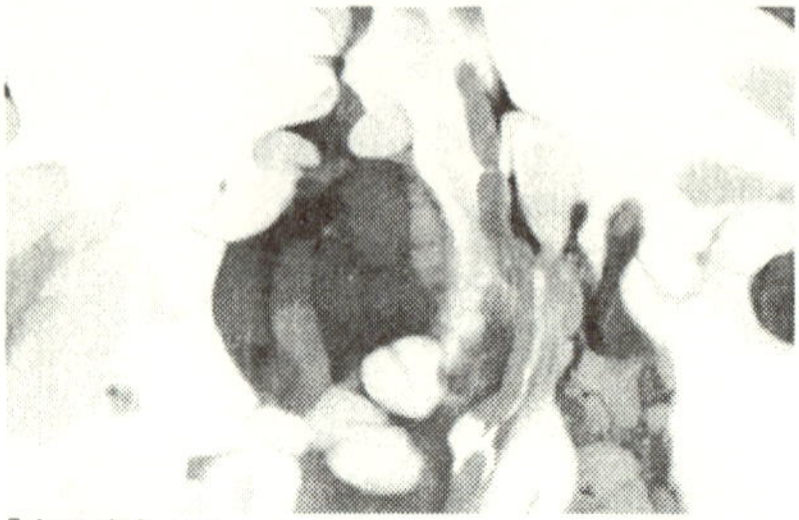

『春の巻』#11

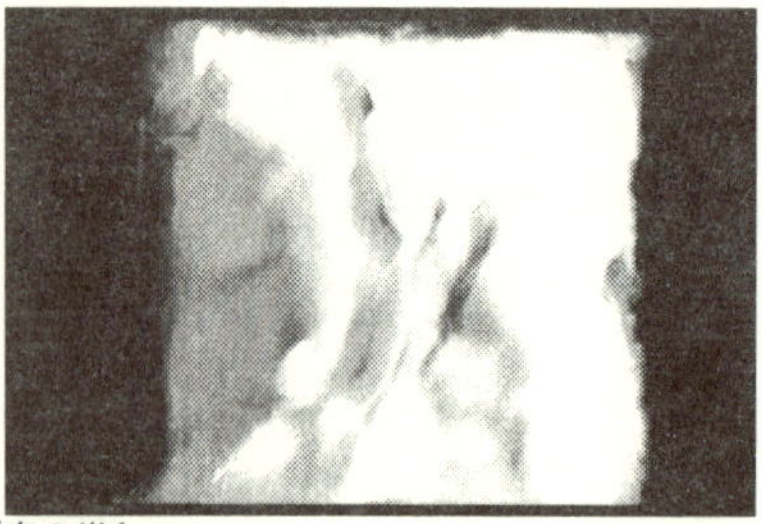

『春の巻』#12

『春の巻』#7

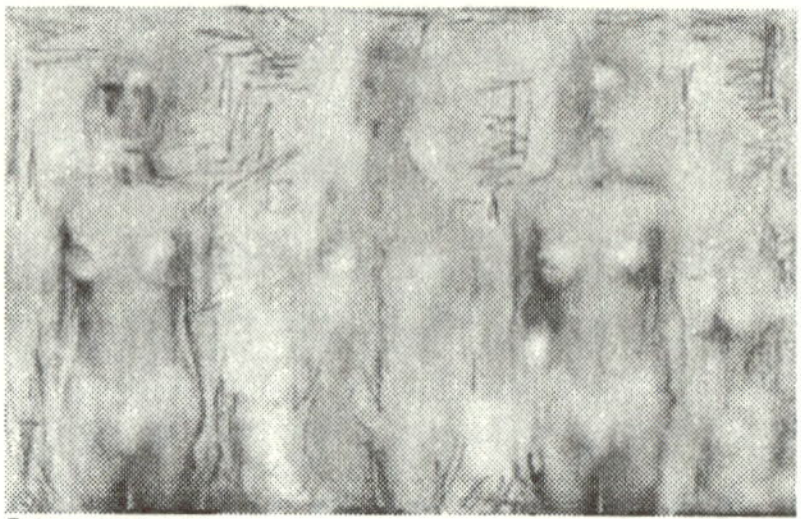

『春の巻』#8

『春の巻』#9

#7『めくるめく不整脈』安斎 1993/02/13
「どれが好き？」という問いに答えて、手の形を切り出す。ピンクのテープが思い出したように再出現。

#8『隠し玉のスリービューティー』中村 1993/04/21
手の三角形から三美神へ。前の画像をまったく用いず、意味的に連結したはじめての展開。

#9『画しきれない三美神』安斎 1993/04/22
人物の周りの軽快な線は注意深く残し、灰色の三美神に色彩を与えた。

#10『フローラ現る 一人増えた』中村 1993/04/25
フローラが登場して、ボッティチェリの『春』を仄めかす。

#11『ヴィーナス誕生 父母ともに不明』安斎 1993/04/27
身をよせあった三美神のお腹のあたりに発見した美しい形。放蕩な親の腹から生まれたヴィーナス。ボッティチェリの符丁に応える。

#12『画像がはみ出しています』中村 1993/07/06
明るい光の中に飛び散ったヴィーナス。画像がはみ出しています、というタイトルは、使用していたペイントソフトのエラーメッセージに由来する。

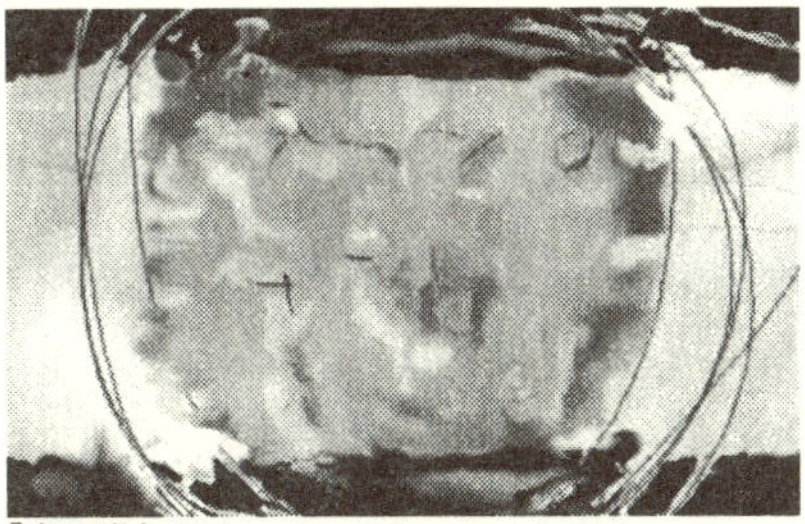
『春の巻』#16

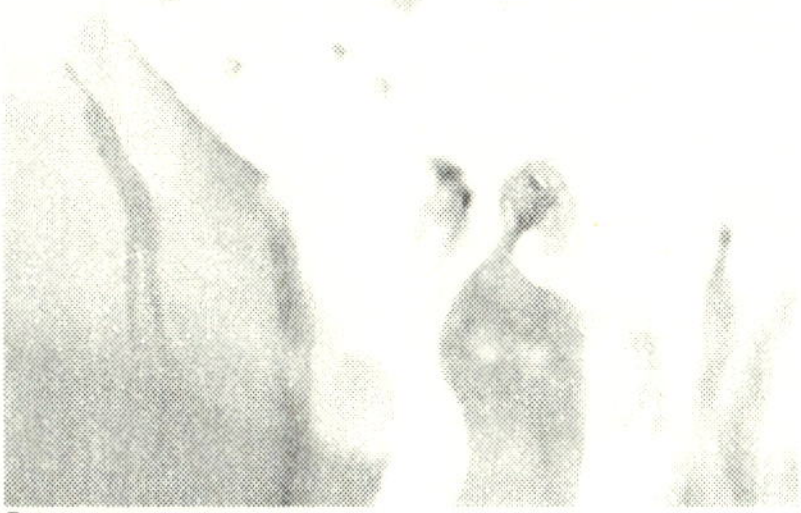
『春の巻』#13

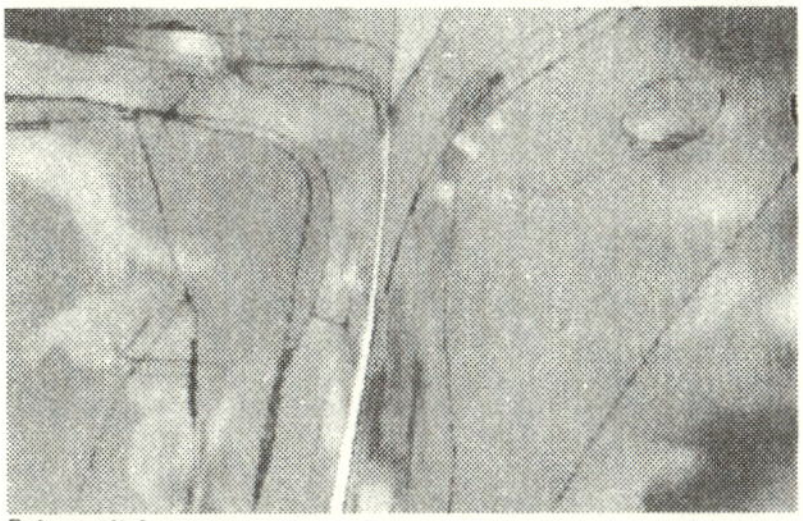
『春の巻』#17

『春の巻』#14

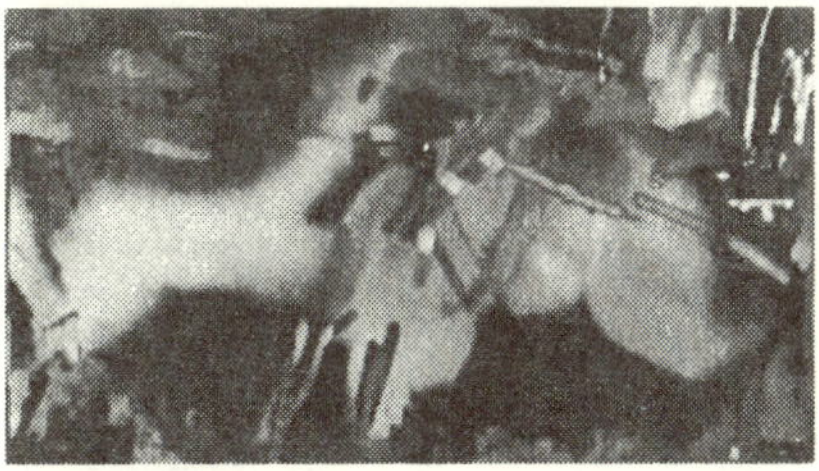
『春の巻』#18

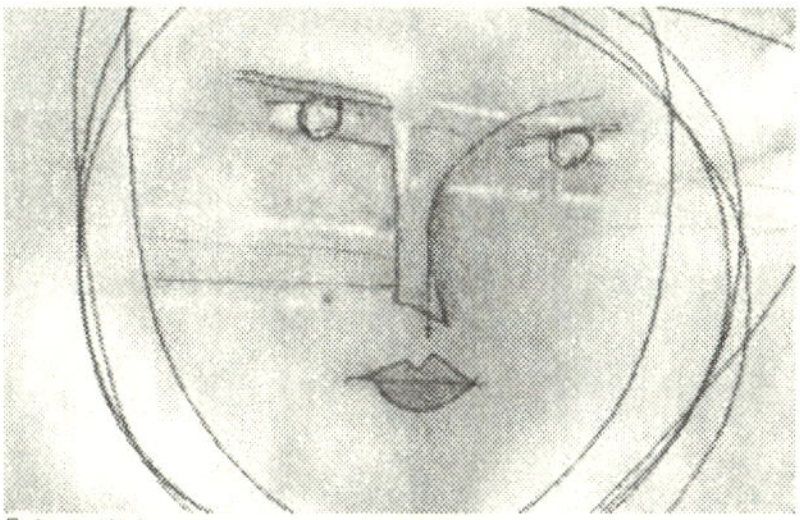
『春の巻』#15

#13『なつかしい目覚め』安斎 1993/11/23
人影に顔が見えてくる。放逸な光線は気怠い朝の光に変わる。
#14『PC>PC』中村 1993/11/26
思いに沈みがちな女は草原のなかへ。作品データを転送する際、ホストを介さず電話回線によるダイレクト接続を試みたのが、タイトルの由来。
#15『黄色い地平線がみえた』安斎 1993/11/26
美しい黄色い線を地平線にみたて、それを眺める女の顔を描いた。女の瞳のなかに前作品の女の顔がある。
#16『金魚のお家』中村 1993/11/29
顔全体を、拡大した片方の瞳で覆い、その一部を剥がしながら顔の中で金魚を飼育しはじめる。
#17『海につづく道』安斎 1993/12/0
金魚鉢のなかに、海辺につづく道のある風景を発見する。
#18『月世界のKING&QUEEN』中村 1994/01/02
前作品のなかから発見された二匹のウサギを向かい合わせ、月へ思いを馳せたところで巻を閉じる。

1・3　安斎――連画はフレームを無効にする

「芸術家は孤高でなくてはならない」と、多くの人がそう考えているように思う。言葉が古臭いというなら「アーティストはわがままでなくてはならない」と言い換えても良いし、違う業界なら「クリエーターは他人と違うスタイルを見つけなくてはならない」とも言う。「独創的な創作は著作権で守られる」というのも同根の思想に基づく法律のことを言っている。作者の個性に関するこうした考え方は深くわれわれの意識に根付いているし、差異の創出を促し、文化を賦活する戦略として正当な考え方だと思う。

しかし一方で「創作には多くの他者の創意が流れ込んで来る」というのもまた、創作にかかわる多くの人に共通する内省的な感覚である。作品と作者は必然的で不可分に結合しているのではなく、もしかすると作者は作品にたまたま出会うのかもしれない。創作は、他の誰かがしたかもしれない分割交換可能な無数の仕事プールから、たまたますくい上げられたひとかけらなのかもしれない。

西洋近代絵画において、「孤独な画家」をアトリエに引き篭らせたのはタブローという発明だった。壁に画家組合（ギルド）が張り付いていた時代に、今日のような作者の概念はなかった。ポータブルなタブローが、絵画を建築や大型家具から引き剥がし、作品を画家の個室に連れてきた。そして、作家の作品となったタブローを建物の様式の中に嵌め込む装置として、「額縁＝フレーム」という工芸が発達する。フレームは同時に、作品と作者の結合を日常空間から遮断する装置でもあった。「個＝インディビジュアル」という言葉からは、「分割＝ディバイドできない」という語源をたどることができる。作者のインディビジュアリティは、フレームという隔壁の中で、作品の一部がどこか他の作品からやってきて、作品の一部が他の作品に関連づいていく道筋を遮断することによって確立する。作品は、絵の皮膚に触れてはいけないという、たんに保存上の理由だけでない重苦しい空気をただよわせ、美術館でフレームの中に手を入れるとけたたましくブザーが鳴るのである。

連画の戦略は実に単純だ。作品の第一鑑賞者が、その作品に手を入れる。連画セッションの中で、絵は鑑賞する対象ではなく、料理する対象になる。作品が出来上がると、絵と絵の間には矢印が書き入れられ、作品がフレームの外のどの作品をパクり、どの作品にパクられたか、そのリンクが明示される。デジタル化され、リンクされ、クリッカブルなイメージがウェブに溢れる時代に、絵が孤立した表現として絵でありつづけることはできないのだ。

二人の小実験として始まった連画は、一九九四年頃から多くの人を巻き込みはじめ、多人数で複雑なセッションや異分野の作者とのセッションを生んでいったが、こうした中、連画がフレームの殻に守られた作者の意識に揺さぶりをかける瞬間を、われわれは何度か目撃している。

1・4 中村――そしてデジタルプリントに〈魂〉の墨跡が入った

一九九四年、アメリカのオーランドで開催されたSiggraph94に招かれ、私たちは連画の展示ブースを運営していた。バーチャルリアリティ一色のメカメカした先端技術をみせる会場で、とても異端な展示物だったと思う。B1大の和紙に刷られた連画作品を数十枚、連凧か旗のように空中に舞わせたその下で、国際連画をデモンストレーションしていた。日本にいるCG作家、会場にいる私たち、そして世界から集まった研究者、技術者、学生、アーティストたちが、気に入った作品を見つけては連画して、連画の樹形がどんどん大きくなった。

期間中のある日、フランスのビデオ系アーティスト、パスカル・シュミットが通りがかり、ある作家の描いた植物の図柄を気楽に連画し、見る間に人体に変換して立ち去ったのだが……、数十分してから慌てて戻ってきた。

「ぼく、ついこの絵にサインしちゃったけど。だけど…これにぼくがサインしてもいいのだろうか?」。先ほどの闊達なマウスさばきとは裏腹に、慎重に自署を消す作業に没頭した彼の姿は、とても印象深い映像として私たちの目に焼きついた。

パスカルの姿にだぶるもうひとつの経験、それは西安の高名な書家、高峡(ガオ・シャ)さんとのコラボレーションだ。高さんから「魂」という一文字の書をいただいてスタートした『北京連画』セッションは、前半を東京と西安間で紙筒を送りあうという方法でやりとりし、後半は北京の国際センターでの公開セッションとなった。私たちのCG作品は精細なインクジェットプリンタで和紙に出力し、その出力を直接使って高さんの作品が作られる予定だった。会場で初めてお目にかかった高峡さんはこうおっしゃった。

「私の書を元に制作され、日本から送られてきたCGプリントをみて、仲間といっしょに感嘆し、みんなで話しあったんです。これは作品だろう? 何をしてもいいといってきているが、これをちぎってコラージュしたり、加筆して自由に扱ったりしていいものだろうか。私は、あなた達の作品を素晴らしいと思っている。だから、とてもそんなことはできない」。

なるほど、オリジナルが一点しか存在しないアナログの世界で創作してきた高峡さんにとっては、自然な反応だったのかもしれない。私たちは、オリジナルに傷をつけることなく何度でもやり直しがきき、そしてたくさんの複製をつくれるCGの環境にすっかり馴れきってしまっていたのだ。

そこで私たちは、日本から持ってきたCG環境一式を稼動し、その場で作品を作り、何枚でも同じプリントアウトが出力できることを見せた。CG制作の過程をすごい集中力で見ていた高峡さん、その後まるでなにかを悟ったように筆をとり、プリントの一気一息に見事な筆を躍らせる。和紙の繊維に、0と1の信号が描く私たちのデジタルな線や面、その作品空間に高峡さ

『北京連画』より（高峡）

『北京連画』より（安斎）

『北京連画』より（中村）

んの蒼くつややかな墨の筆跡が自由自在に絡み、拮抗してゆく。一九九六年夏の、このアナログとデジタルの対話的なセッションは、四往復、一四作品を残した。

2・1　安斎——個を擦り減らさないために

連画セッションの履歴をあらためて一覧してみると、一九九四年あたりから、それまでの単純な対話形式を脱してより複雑な連結構造が試みられるようになってきている。新しい方法には新しい居心地があり、個々の方法が構造的に潜ませている感情（期待感、窮屈さなど）の違いを探ること自体が連画の楽しみのひとつになっていた。

それら各種の形式を貫く基本形は、相手作品のコピーを積極的に援用し、元作品をコンテキストにした新たな作品を連ねていくことである。ここで重要なのは、相手作品に対峙し新たな創作を加える作業は、相手と遮断された孤独な作業時間に行われることだ。渡されたイメージをきっかけに一人で黙々と創作をし、それを次に渡したらもう口出しはしない。逆説的に響くかもしれないが、連画を特徴づける大きな原則は、相互に拘束しあう共有空間をもたないことなのだ。

一九九四年、Siggraphの連画展示ブースに、SITO/OTISシナジープロジェクトのメンバーがやってきて親交を深めた。その当時、デジタル画像とデジタル通信技術を背景にしたコラボレーションアートが世界各地で同時多発していて、彼らも連画と類似した活動を行っていた。たとえば「GRID」と名づけられたセッションでは、3×3の九枚の正方格子それぞれの区画を別な作者が分担し、格子に接する部分を隣接する区画と溶け合うように意識しながら描き進める。すると全体の正方形が一体となって進展する。この非常に面白い試みは、連画のコンセプトとは対極にある。連画は決して一枚のキャンバスを共同制作したり、自分の力や方向を相手に合わせこむように調整したりすることはない。

アートに限らず、デジタル通信技術を契機にコラボレーションの熱が高まっているが、たいていそこで問題にされるのは、情報や意識を共有することと、個の要求を調整・譲歩し同期することである。われわれが連画を通して常に考えているのは、むしろ共有と同期がいかに不毛で困難であるかということだ。

たとえば『クロストーク』は、それぞれが自作品をもとに次の自作品を作るといういわば一人連画を行い、並列する二つのシリーズが成長する過程でお互いのイメージがリークし、わずかに影響を与え合うというやり方をとった。このセッションは、いくつもの連画セッションの中でもとりわけ居心地が良く成功した例である。個の殻を破りながら、個を磨り減らさない工夫が功を奏している。

連画を経験した多くの人にインタビューしてみるとわかるのは、彼らの味わう素朴な喜びは、他人を理解し、意識を共有し、表現を同期することではなく、他人を裏切り、他人の創作を増幅し、新たな要素を生み出し、表現が多様化すること、そして同時に他人が自分の作品に影響を受け、しかも裏切り返してくることに向けられている。

2・2 中村――放牧連画

『えことばプロジェクト』はNTTサイバースペース研究所、

『クロストーク』より（中村）

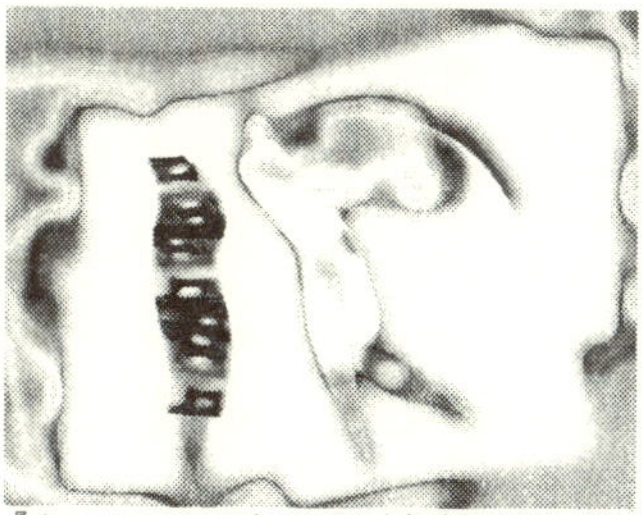
『クロストーク』より（安斎）

『クロストーク』より（中村）

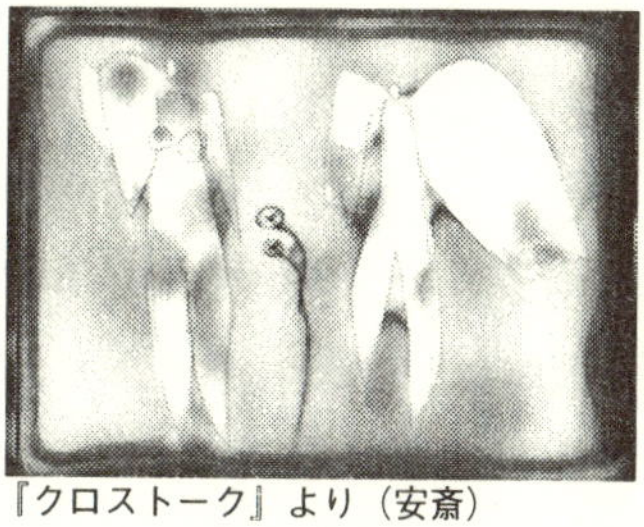
『クロストーク』より（安斎）

東大先端研／安田浩研究室との共同作業で、ビジュアルなランゲージでコミュニケーションを図ることを目的にスタートした。私たちに課せられたのは、「えことば」の要素を作ること、それらを組み合わせてメッセージを作成するためのプログラムを作ること、メッセージの例文を作ることの三つ。一九九七年暮れ、一八人のCGクリエイターたちに、「最も単純だと思われる最小単位としての「えことば」の原子＝アトムを一〇〇ぐらい作ってほしい」という依頼を発するところからプロジェクトが始まった。ここで、一五〇〇ものアトム辞書が完成する。著作権フリーのクリップアート集などとはぜんぜん違って、個性的で宝石のように密度のあるアトムたち。これ以上分割できない最小単位、と各作家が考えたアトムたちだが、中には「思春期の蛙」などというものもある（彼にとって蛙と思春期は切っても切り離せない原子なのか?）。

さてこうして集まったアトム辞書を前に、いよいよ地球上の誰よりも早くそれを組み合わせて遊ぶ準備が整った。そこで安田先生から私に「次の文を、アトムを使って表してみてほしい」という提案があった。

①明日午後3時アメリカに行きます

②昨日彼女に電子メールを送った

いざ始めてみると、いきなり困ってしまった。風景を見ても人物をみても、それを言葉で表すよりもまず絵で描くことを鍛えた私にとって、言葉から絵を発想することはなんて窮屈で、息苦しいのだろう。私は、早々に降参してしまった。後日、安田先生からは次のようなメールがあった。

「今回は言葉を言ってそれを絵ことばにするという基本的誤りを犯したようで大変申し訳なく思います」。軽はずみに受けてしまった私の方が恐縮してしまったが、私たちがアトムを組み合わせて作ろうとしている意味や感動が、どうやら研究者や技術者が考える意識の共有や意思の伝達とは違うところにあることだけははっきりしてきた。

さて、宝石のようなアトム＝原子たちを用いて、私たちは次のような分子づくりセッションを企てた。まず、分子づくりの上手そうな六人のメンバーを選んだ。イラストレーター、リミックス系ミュージシャン、キュレーターなどいろいろな世界で活躍するセンスのいい柔軟な人たち（理想的には、料理人やオーケストラの指揮者なども混ぜたかったのだが）が、駒場のとある講堂に集結した。

広い会場には、てんでばらばらな方向をむいて点在する各自の作業エリアがある。視界に他人が入るとやりにくいだろうと配置を工夫し、中心を若干はずれたところに餌場と呼ばれた喫茶コーナーがあり、コーヒーの香りが漂う。メンバーは、一五〇〇のアトムたちを綴じた『アトムブック』を片手にじっと分子創りに集中したかと思うと、ふらふら歩き回り他人の様子もちらちらうかがう。餌場の大型スクリーンには、作家たちのマシンから収穫した分子の成果が次々に掲示され、コーヒーを飲みにきたメンバーがアトムの意外な組み合わせに驚き、楽しみつつ、自分の作業場に帰ってゆく、という牧歌的なセッションを行った。まるで種の異なる生き物たちを集めた贅沢な放牧連画空間で、メンバーそれぞれの持ち味一〇〇%以上の「えことば」が、数十点生まれた。

2・3 安斎――ミトコンドリアを殺せ

われわれ二人のセッションに限らず、連画の「付けかた」を多数観察すると、たとえば「顔を金魚鉢に見做す」というようなメタフォリカルな転換技術が頻繁に自然発生するのがわかる。このことに関連して認知科学の三宅なほみ先生に、ミトコンドリアの顕微鏡写真の話を聞いたことがある。ほとんど砂をばら撒いたようなノイズだらけの画像をミトコンドリアであると認識するのは、頭の中にミトコンドリアの構造を描いたイラストがあるためだ、というのだ。

世の中のほとんどの絵は、何かに見えることを期待して描かれている。そして見る側は、絵が何に見られようと期待されているかを解読しようとする。描く人間と見る人間の記憶に共通のミトコンドリア構造図があるために、ミトコンドリアはデフォルトでミトコンドリアとして理解される。しかし、連画はここでミトコンドリアの写真をミトコンドリアではなく、たとえば庭園迷路に見做そうとするかもしれない。連画は、絵が見られようとして期待している何かを外し、視覚のデフォルト＝怠慢をつぶしていこうとする基本戦術を持っているように思う。

『えことばプロジェクト』は、技術とアートの齟齬をそのまま受け入れる形で進行したが、そこで次第に明らかになったのは、共通のコードに関する基本的な戦術が技術者とアーティストでは決定的に違うということである。電気通信技術には、シャノ

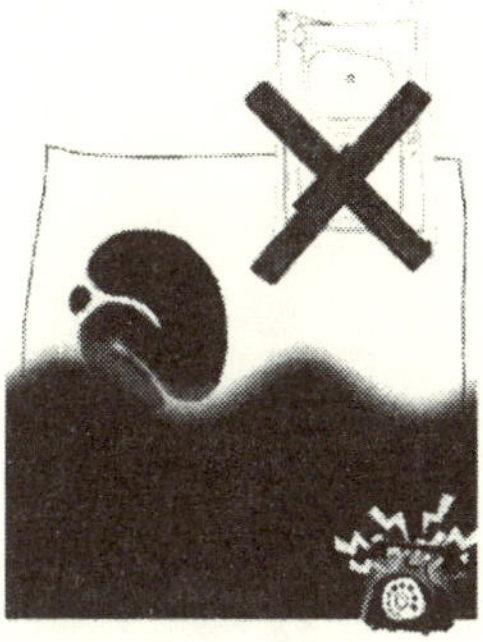

『えことば』分子「自閉症の私の小さな希望」(井上佳子)

『えことば』分子「環境音楽」(ヲノサトル)

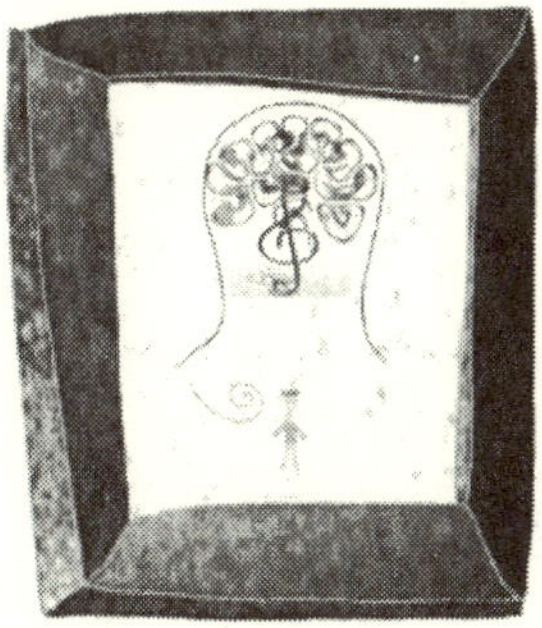

『えことば』分子「風の音を聞くと音楽を思い出すことがある」(草原真知子)

ンの提唱した通信モデルがドグマとして生きている。それによれば、発信者の放ったメッセージはエンコードされ、ノイズにさらされた通信路を通り、受信者の側でデコードされる。ここで送信側のエンコーダと受信側のデーコーダは、コード=記号体系を共有していることが通信技術の大前提なのである。

「えことば」以前に、人工のビジュアルコミュニケーション言語を設計する動きはいくつもあった。それらは、まずトップダウンで共有コードを設計する作業から始まる。単語が整備され、文法が作られる。たとえば太田幸夫氏のLoCoSは、そのように作成された単純で美しい記号体系だ。しかしわれわれの興味は、準備された共有コードを用いたコミュニケーションではなく、異質のコードを持つもの同士が互いのコードを解読すること、そして新しいコードを生成する過程に向けられている。文学における翻訳の過程を考えてもいいだろう。翻訳はA言語で記述された作品を、なるべく正確にB言語に移し変える作業である、と一般的には考えられている。しかし、文学における翻訳は伝達手段ではなく、創造的な過程であり、また言語を攪拌し活性化する過程でもある。翻訳不能な異なるコードが衝突したとき、言語そのものが変革を余儀なくされる。

『えことばプロジェクト』は『駒場放牧連画』という形で結実したが、ここでは原子を組み合わせて作ったメッセージを、故意に日本語による「絵解き」つきで発表しあった。「えことば」がメッセージ交換の道具であるなら、絵解きという翻訳つきで送るのはルール違反になるが、『駒場放牧連画』で意図したのは、原子を組み合わせたメッセージを競いあうのではなく、メッセージの例文を併記することで潜在するコードを示し、コードそのものを創出し複雑化していくプロセスであった。

原始的な漢字が象形文字として成立しはじめた頃、漢字創造は一種のメディアアートだったのではないだろうか。一人の天才漢字作家が生鮮食品である魚と羊を合わせて鮮という文字を作り、あるいは別の作家が木に日が昇る風景から東という文字を作り、周囲の喝采を浴びる景色が思い浮かぶ。私の中で、この景色はそのまま『駒場放牧連画』の景色につながる。「彼はこの原子をこういう意味に使った」という驚きの中には、言語が作られる現場の喜びと笑いに溢れている。芸術家はいつも、信号ではなく回路を作ろうとしている。

2・4 中村——触覚連画

光島貴之さんは、指先の触覚をたよりに、粘着テープや接着剤などを用いて空間と形を作る全盲の造形作家である。私と安斎さんは、デジタルを用いて空間と形を作る視覚系の作家で、この三人が一九九八年に出会い、始めたコラボレーションが『触覚連画』だ。

視覚世界の私たちと触覚世界の光島さんとの連画には、まず技法的な工夫が必要だった。一九九八年一月〜年末までの触覚連画第一セッションは、中村vs光島、安斎vs光島の二つの話線

『触覚連画』より「おしゃれして汽車にのってお出かけしよう！」(中村)

A　作品の作者による説明

10歳の時、はじめて海をみる。海岸線ぎりぎりに走る汽車の線路にうってつけの形は、前作、光島作品のブルーの点字イメージをいただこう。これを海水に洗われる線路と枕木にみたてた。家族のみんなは、長旅で顔がうっすらほこりっぽい（左から黒い顔）。しかしこれから向かう都会とはどんなところだろう(赤いわくわく燃えるハート)。これは単なるアクセント（黒い掛け算マーク／×)。お気に入りの一組の靴下（先っぽ黄色、中間緑、足首赤）をはいた足元をのぞくと、母親の黒いレースをした手（黒い手袋）が私の汗ばんだ額に置かれる……という記憶を横1列に追った作品。(中村)

B　作品の受け手による解釈

今回個展で触覚連画を見てくれた人（晴眼者）としゃべっていてやっと理解できた。×印は臍／胴体と考えれば納得だ。しかし、これら人体のパーツが横に並べられているのでその関連性が理解できなかった。指で触ることは、すなわち時間的経過をともなう。だから顔・心・臍・靴下・手袋を一まとまりとして認識しにくい。下の方のスカイブルーの線路・枕木のイメージは全く抽象化されているのでかえって流れとしては理解しやすかった。(光島)

C　作者・受け手以外の一人による解説

前作の水色の断片をベースに、顔や手などの形が並べられている。光島の水色は点字のトポロジーを面で表現したもの。中村の加えた要素は、そのときに中村のかかわっていた『えことばプロジェクト』に由来する絵文字。いずれも文字を背景にもった形態による、言葉以前の言葉。ハート型のなかの赤の強弱や、靴下の中の色の変化は、言葉で補わない限り光島に伝わらない、いわばルール違反。ルール違反の良し悪しは別問題として……(安斎)

でスタートした。種となった二つの光島作品は、スキャナによってデジタイズされ、安斎、中村それぞれによってデジタルの連画作品として作り変えられた。デジタル作品を光島さんに伝達するためには、ふたつの手法が用いられた。ひとつは、カプセルペーパーという熱を吸収して発泡する紙に画像をプリントし、熱処理で凹凸加工する方法。もうひとつは、デジタル画像から輪郭線を抽出し、カッティングプロッターという広告用POP制作などに使われる機械でカッティングシートを切り抜く方法。カッティングシートは、剥離紙がついたままの状態で光島さんに手渡されるので、光島さんの作品制作にそのまま部材として使うことができ、アナログ的であるにもかかわらず連画的な作業が可能だ。

こういう技法的な制約もあって、このセッションは白と黒の二色だけの表現でスタートした。ところがあるところで私は、ついカラーを使ってしまった。この色彩のついた絵を受け取った光島さんか

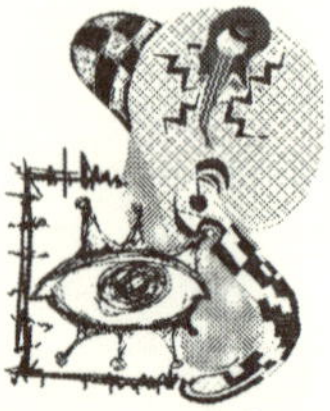

『触覚連画Ⅱ』より「幸せを運ぶクモ」（中村）

『触覚連画Ⅱ』より「弦楽器」（光島）

『触覚連画Ⅱ』より「アリア（ゴルトベルク変奏曲より）」（安斎）

ら、きっぱり絵の説明を求められた。とりあえず、画面左から順番に言葉で説明してゆく。奇妙な経験だ。いままで絵を描いたあとで、なにが描かれているか、なんて質問されたことがない。なにをテーマに、なにを表現したのか、という問いには慣れっこなのだが。それ以来、寡黙な連画メールがうってかわって、絵の題名だけではなくて、なるべく絵を説明した解題が数行交換された。さらに、後日、作品を送受信する当事者の二人だけでなく、それを見ている一人を加えた三人がそれぞれに解題する実験もしてみた。おのおのの視点から作品について解説を加え、作品がどのように見えるか、どのように触れるか、どのように意図されているかなど、各自のやり方で言葉を加えた（八三頁、上図参照）。

伝わる・伝わらない、わかる・わからない、ということは、触覚連画の楽しさや興奮にともなって、いつもついてまわる問題だ。一九九九年の九月、ＮＨＫの番組と連動して『触覚連画Ⅱ』のセッションが始まった。バッハのゴルトベルク変奏曲「アリア」の冒頭の二小節の音符をもとに作られた安斎作品からスタートし、練馬の安斎宅、京都の光島宅、多摩の私の作業場には、エトヴェシュというギタリストがギター編曲した「ゴルトベルク変奏曲」のＣＤが流れ、なかなかいい感じでセッションが進行した。

音符にギターの形を混ぜて、光島作品「弦楽器」ができる。私はそれを受けて「幸せを運ぶ蜘蛛」を制作。ここで、安斎さんとちょっとしたバトルが発生した。安斎さん曰く、「この色面の違いは、光島さんにちゃんと伝わるか？　果たしてこれらのあいまいな線をデータ変換して、カッティングシートに切り込み線として反映させることができるか？」。

イメージを輪郭線データに変換してプロッターで切り出す仕事を安斎さんに任せきりだった私には、痛い指摘だった。このときばかりは、触覚表現を意識して制作することが、自分の表現に制限を課すものに感じられて投げ出したい気分になる。自分の表現を我慢して相手にやさしい表現をする、というのがどうしても我慢ならない。そこで私は目先を変えてみた。色の違う面を、網点分解の網を極端に大きくし、その網の密度で塗り分けた。ほとんど水玉模様に見えるくらい大きい網点で、視覚的な面白さと触覚的な面白さを併せ持った自分にとって非常に真新しい表現になった。

他人には、こうした表現が無謀にうつるかもしれないのだが、無謀なのは決して私だけではない。光島さんもさるもので、大胆な表現を試みはじめる。例えば、透明アクリル板の両面から触れる作品は、視覚的に重なった効果も計算されている。透明な点字テープや、音声を一種のバーコードにしたテープなど、伝達のための部材が絵の要素として貼られ、「機能する絵画」も誕生した。

光島さんはオンラインマガジン誌上のインタビューで、こんなことを言っている。

「障害は個性という人もいるけれど、僕は異文化論的なものだと思います。大学時代、障害者運動などに係わっていた時期がありました。見える人との間に存在する壁を何とかして壊したいと思って、同じことをやりたいとか、いっしょに何かしたいとか、むやみにもがいていたことを思い出します。触覚連画を始めるようになって、〈違いをいっしょに楽しみたい〉、〈違っているのが面白い〉という気持が生まれました。これは、僕にとって大発見です」（ASCII 24 2000/3/27）

2・5　安斎——交換不可能な感覚

光島さんとのつきあいの中で、はっとする体験がいくつもあったが、そのなかでとりわけ印象深いのは女性の胸の形についての彼の言葉だった。あるメーリングリストで、二十代の頃は今と違って痩せた女性が好きだった、などといった下世話な話の流れに彼は、

「その話題は僕にとって非常に微妙です。見ることと触ることは違いますから」と返してきた。

触覚連画のやりとりなかで、彼はしばしば「作品を見ながら……」というように「見る」という動詞を自然に使っている。われわれもいつか、脳に投影される空間のアフォーダンスは、たまたまその入り口が指であるか眼であるかにかかわらず同じであるという発見に慣れ始めていた。しかし、見るという行為は見られる側にとって匿名でありうるが、匿名の触覚はありえない。眼は見られる眼と視線を合わせたときにだけ相手とかかわり合うが、触る行為は常に決定的に相手にかかわる。身体同士がかかわりあう空間の中で、視覚と触覚は交換可能な感覚ではない。

触覚連画のなかで、「わかる・わからない」の座標軸は決して単純ではない。たとえば異国の風景画が、作者の象徴的表現なのか、それとも異国の風習の描写なのか判別できないのと同じで、わからなさがどこに由来するのか、相手なのか相手の属する文化なのかを読み解く作業が必要になる。光島さんは、わからなさがわれわれの表現に由来するのか、それとも見える世界の暗黙裡の符丁に由来するのか、それを解読するのに時間をか

ける。

他に見えるのに触れないもの、たとえばカラス、富士山、ものの輪郭など。逆に、触れるのに見えないもの、体の中の凝り、動物の毛並、輪郭の裏側など。これら視覚と触覚の世界観の差を読み解きながら、たんに異文化なだけでない光島さんの独自性、われわれの個性が次第に見え始めてきたという地平が、触覚連画の現在である。

3・1 中村——気が付くとメディアアーティスト?

私のアーティスト稼業の最初は、油絵と彫刻からはじまった。一九九〇年以降は、ただのアーティストの前にCGというオプションがついた。しかしそのオプションもほんの数年で危うい存在になった。お次は、「連画」という新しい遊びにはまって、一九九四年後半から火がつき始めたインターネットの爆発的な拡がりが、才能豊かなコラボレーターとの出会いや独特な連画セッションの機会となって、しばしばネットワークアート「連画」と称され、ついでに私もネットワークアーティストとよばれた。そして、一九九六年以降、システム開発やコンテンツ制作、いろいろなことに首を突っ込む。するとぴったり収まる型もなくて、最近では、メディアアーティストとよばれることが多い。中身を作っていたはずが、いつのまにか入れ物を作っている、という感じもある。中身を作らずに入れ物を作ってどうするんだ、という感覚も、実はつきまとう。中身から見ると、入れ物は「裏方」のようなものだからだ。

一九九七年あたりから、連画環境支援ツールの研究開発がはじまった。連画は、うまい描き手とパソコンとネットワークがあればとりあえずできる。しかし、三人以上のセッションになるとネットワークやデータをコントロールする裏方の存在が非常に重要だ。実は、この人たちなしには、セッションが成立しないといっても過言ではない。連画という名前の由来である連歌や連句の世界では、こういうマネージャを「執筆《しゅひつ》」とよぶ。執筆の存在は、円滑な座を囲む上で不可欠なのだ。こういうマネージメントをなんとか無人化して、いつでもエレガントに連画を遊ぶことができないだろうか、という切実な願いをもった。コラボレーションを支援する空間やプログラムを作ることができないか。そして気が付いてみると私達は、連画だけでなくいろいろなネットワーク・アートプロジェクトを仕掛け、運営する側にまわっている。『夢鍋』のプロデュースや『天球連画』のような大胆で大掛かりなF1級のセッション、最近の大きなプロジェクトは、なんといってもTheWall、そしてInterwallなど。驚くべきことに、メディアアートと言ったとたんに、裏方仕事が表舞台に大逆転する。

私たちに起きた肩書きのこうしためまぐるしい変化をどこかで楽しみながら、実は、アーティストというのは肩書きや職業じゃないんじゃないかと思う。

その時代時代に、直感に逆らわず、すでにそこに存在するすべての情報―手触り、風景、におい、音、気持、気配といった自分を取り巻く環境の中に、ふと、何かを発見する。チャンスがあればどんなジャンルにも節操なく手を出し試行錯誤を繰り返す。最新テクノロジーの本質を器用に嗅ぎわけ巻き込んでは、表現するための技法、メディウムを発明し、とりあえず一つ答が出ても、答は決して一つではないと、またうろうろし始める。気が付くと、同じ追求をしているのは別の肩書きをもった別の職種になっていることもある。

わたしたちのメディアアーティストというとりあえずの看板も、そろそろ居心地が悪くなってきた。いつか気が付くとメディアという曖昧なオプションが何かに変わるだけじゃなくて、アーティストということさえ、いつのまにか脱ぎ捨てていたりして、と思うのだ。

3・2 安斎――響きあう絵画空間

仲の良い音楽の演奏家が何人か集まると、アンサンブルを楽しむことができる。が、仲の良い絵描きが何人か集まって合作をするという習慣は、どこにも育ったことがなかった。それは絵描きが音楽家よりも陰気だから、というわけではなく、音楽の空間はハーモニーを可能にするのに対して、絵画の空間はテリトリーを意識させる特性を持っているからだ。連画といういわば誰でも思いつきそうな方法が絵画の歴史にかつて出現しなかったのは、必要に応じて空間を増やせるデジタルのマジックなしでは、作者の異なる作品同士がお互いの自由を侵食せずに、かつ空間的に関係し合うことができなかったからだ。

であるなら、物理的な拘束を離れたところには、連画以外にもさまざまなコラボレーション可能な絵画空間が無数にあるはずである。たとえば、もし筆で描く線と線が排他的にふるまわずハーモニーをもたらせば、線による合奏が可能ではないか。あるいは、このような想像をしてみる。もし人間が海中の生物だったら国境があっただろうか。もし絵画が透明な立体の中に描かれたら、共有キャンバスはもう少し自由ではなかったか。ソフト開発と実験セッションを軸にしたわれわれの一連のメディアアート系プロジェクトは、そのような発想から出発している。

ネットワーク・ペイントシステムの基本形は、共有キャンバスをもったサーバーに複数のクライアントがぶら下がり、同時に加筆できるというものだ。天井に巨大な筆で落書きできるmoppetやプラネタリウムのドームに作画できるMagic Keplerなどで用いた私のプログラムは、いずれも広大な物理空間に投影された共有キャンバスを対象としたシステムだが、複数の人間の筆跡はいわば非連画的に混ざり合う。このシステムをたとえば数人の小学生に与えると、A君の描いていった線をB君が後を追いかけて消していくなど、ほとんどの場合陣取りゲームの様相を呈する。共有キャンバスはそれがアナログであれデジタルであれ、無数の匿名の痕跡が残るばかりで、雑踏の喧騒のように対話を読み取ることができない。

もし線が匿名でなく、デュエットの旋律のようにオーナーが明示されたら、線はどのように絡み合うだろうか。『砂絵交信機』は、ネットワークを介して接続した二人が、砂地のような質感の面をはさんで向かい合う。自分の筆は、砂地に棒で描いたような凹の痕跡を残す。同時に描いている相手の筆は凸の痕跡になる。描き終わった後も、二人の対話は発信者が（この原稿がそうであるように）明示的に残る。これだけの違いで共有キャンバスは性格を変え、連画的な対話とはやや異なるものの、相互に依存しあったポリフォニーを実現する。

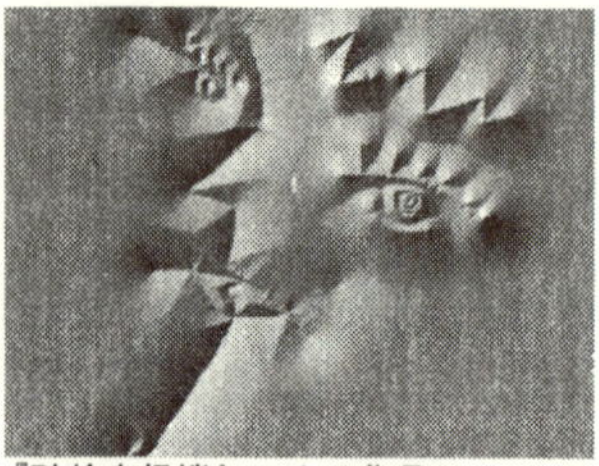
『砂絵交信機』による作品

The Wallは、さらに強い連画的な要求が満たされるべく設計された。すなわち個々の表現が誰から発せられたか分かり、対話の履歴が明示され、しかもじっくりと孤独な作業として空間に向かうことができること。そこで、次のような仮想空間が考えられた。

パノラマ状に包囲する円筒のキャンバスがある。参加者はそこに直接絵を描くのではなく、キャンバス上に浮遊する不定形の透明板を作り出し、その上に描画する。それぞれの透明板は作者だけのもので、他の作者が手出しすることはない。また作業中の透明板の上に他の透明板が被さることがないように、エリアはロックされる。描き終わるとそのエリアは公共に返され、その上に透明板が重なっていく。これが多人数並列で進行し、バームクーヘンのような多層空間が堆積する。

The Wallのセッションは、透明板が重ねられるごとに変遷するパノラマの履歴として、Web上に公開されている。円筒の表面には、画面の中心という位置がなく、あたかもいくつもの連画の話線が絡みながら、ときに物語が生まれ、描き描き返すバトル、シニカルなメッセージ、エロティックな悪戯などが咲き乱れた。

3・3 中村――さまざまな〈壁〉ドラマ

The Wall最初のセッションは、一九九八年一〇月、ポール・サーマン（英）、アンドレア・ザップ（ドイツ）、パスカル・シュミット（仏）、伊藤澄夫（日本）、安斎、中村の七人が〈壁〉を取り囲んだ。〈壁〉をオープンすると、世界に散らばるアーティストがそれぞれ都合のいい時間にアクセスして痕跡を残していく。最初にやってきたのは、好奇心の強いフランスのパスカル。エロティックで挑発的な絵を残していく。そこに日本から伊藤澄夫が絡んでくる。打ちひしがれる男に銃口をむけ、戦車から派手に弾を撃つ。少し〈壁〉を回すと、天使を射落とそうと虎視眈々と狙いながらも、リボンをブラジャーにしてしまう安斎や、喧騒にかかわりなく子守唄をアルファベッドで並べる

『The Walll』

アンドレア・ザップ。

いままで経験した連画セッションの多くは、一つないしは二つの種が明確などこかからやってきた。これに比べてこの〈壁〉には、四方に違う作家の絵に取り囲まれて、それをまとめてミックスした種が出来たりするし、二つのイメージをつなぐ補完的なイメージを作ったり、〈壁〉の中のはまりどころを見つけて陣取ったりする。支離滅裂な一巻の物語を作りあげているような気分にもなる。なぜか、メールで一枚ずつ送りあう連画よりも、かえってはらはらせず気分に余裕があるのが不思議だ。

同じシステムを用い一九九八年一〇月、小学校のパソコンクラブ二八名の子供たちでセッションをしてみる。LAN接続したネットで、お互い顔の見える距離で輪を囲んだせいか、歓声と罵声の飛び交うすさまじいバトルになった。誰かがイメージを〈壁〉に定着させると、どこかで必ず歓声やどよめきが飛び交う。あちこちで起こる「送れ送れ」コール。これはイメージを定着し領域を開放せよ、という意味だ。自分の絵が誰かに変えられて興奮する子。顔を半分描いて、あと半分の加筆を待っている子。セッションはますます加速し〈壁〉がすぐいっぱいになってしまうと、怪獣のような子供たちは、もっともっと大きな〈壁〉がほしい、もっともっと早く友達の絵が見たい、と叫ぶ。

Interwallは、子供たちが至近距離で遊びきったThe Wallの進化形だ。至近距離の仲間が集まると、無線LANで自動的に接続しあい〈壁〉が立ち上がる。一九九九年にスタートした開発チームのメーリングリストは、平日、休日、昼夜問わず、脳細胞フル回転で進行する。

そんな中、横浜市立大口台小学校の「屋外での体験&発見学習」でInterwallを使うという話が舞い込んできた。野島公園（横浜市金沢区）は、周囲二キロメートルに満たない人工の島で、五〇メートルくらいの展望台のある小山と、浅瀬の砂浜、キャンプ場などがある。ここで児童一三八人が六つのグループに分かれ、自分の見たものをデジタルカメラでとらえ、Interwallで共有、交換しようというのだ。

私はまず、身長一四〇センチ前後の鉄砲玉のような彼らに、どんな装備を与えれば野山を気ままに走り回れるかと考え、さっそくこんなゲリラな仕様に耐える「モバイル小学生」のためのデジタル画板を思い浮かべてスケッチをおこしてみた。開発チームとも綿密に歩調を合わせながら、PCのスペックや、バ

モバイル小学生スケッチ

モバイル小学生完成（撮影＝遊佐辰也）

ッテリーの稼動時間、ＰＣの放熱を検討。無線ＬＡＮの電波の届き具合を現場で試したり、人が走り回れる最低の重さや、動くときの機材と人の絶妙の重量バランスなどを観察し、時には実際に子供たちを実験台にしたりしながら装備の試作を重ねた。

いよいよ二〇〇〇年一〇月一一日体験学習当日、六つのテーマが設定され（ねこ、人、風景、ゴミ、鳥や虫、木や花）、そのテーマに沿ってグループ分けされた子供たちが一斉に野島公園に散っていった。浅瀬の砂浜に潜る海の生物を撮影する子、なぜかたくさんいるネコにそっとにじりよる子、カラスの群がるゴミを恐る恐る覗き込む子。十分二十分と経過するうちに、小さい島とはいえ蜘蛛の子を散らしたような子供達の行動は、監督する先生や私たちInterwall開発チームが携帯電話片手に連絡とりあっても、把握しきれない。ひとしきり情報を狩猟したあと、同じテーマで動いている仲間に出会うと自律的に〈壁〉が出現して、デジカメで撮影したものや手書きメモなどを瞬時に交換、共有できるはずだ。

そんな中で、ちょっとしたケンカが起こった。ゴミをテーマに動いていたチームのうち、三つのＰＣ（各ＰＣに数人がついた）はうまく出会えたのに、ひとつのＰＣだけ島の裏側にでも行ってしまったのか、みつからない。本来は、三つだけでも出会えば〈壁〉が立ち上がり、残りの一つは単独でも別の〈壁〉を作ることもできた。集合時間がくれば、二つの〈壁〉をマージしてしまえばいいだけの話なのだ。しかし、噛み合わないふたつの〈壁〉を混ぜれば、写真が写真を隠したり、意味のわからない結合が生まれたりする。

この日はそういうジレンマから、四つの構成メンバーすべてが集まってはじめて〈壁〉が出現する（これをドラゴンボールモデルと呼んだ）という制限を故意に与え、子供たちに使ってもらったからさあ大変。三つのＰＣに群がる子供たちは、ゴミそっちのけでぶつぶつ猛烈に怒りはじめた。行方不明のひとつのＰＣが気になってしかたがない。ＰＣが集まると〈壁〉が出現し一斉に情報を交換できる、という最大のクライマックスを「僕達だけ経験できない！」。すっかりやる気の失せたゴミチームであった。

狩猟への意欲は、その成果を仲間に見せたりプレゼントしたりというところにあると想像する。子供たちに人気のポケモンのモンスター交換も、ドラゴンボールを集めるとシェンロンが現れる漫画も、ひょっとするとヒットしている商品の多くは、猛烈に狩りの興奮をヴァーチャルに経験する仕組みをもっているのかもしれない。

3・4　安斎——p2pからカンブリアンの海へ

Interwallの土台をなすp2p（peer to peer）という技術は、ネットワークに接続した要素がみな同格で、監督や指揮者にあたるサーバーをもたないシステムである。サーバーがないということは、あらかじめ王将のない将棋のようなもので、負け知らずできわめて強靭だ。反面将軍のいない軍隊のように歩調合わせが不得手で、情報の同一性を保ち全員が同期しようとすると、いくつもの工夫が必要になる。サーバーをもたないInterwallでもっとも苦労したのは、みなが同じ仮想的な壁に向かうことだった。しばしば壁は分裂し、個別の進化を遂げてしまう。するとそれらをふたたび接合するのは困難になる。

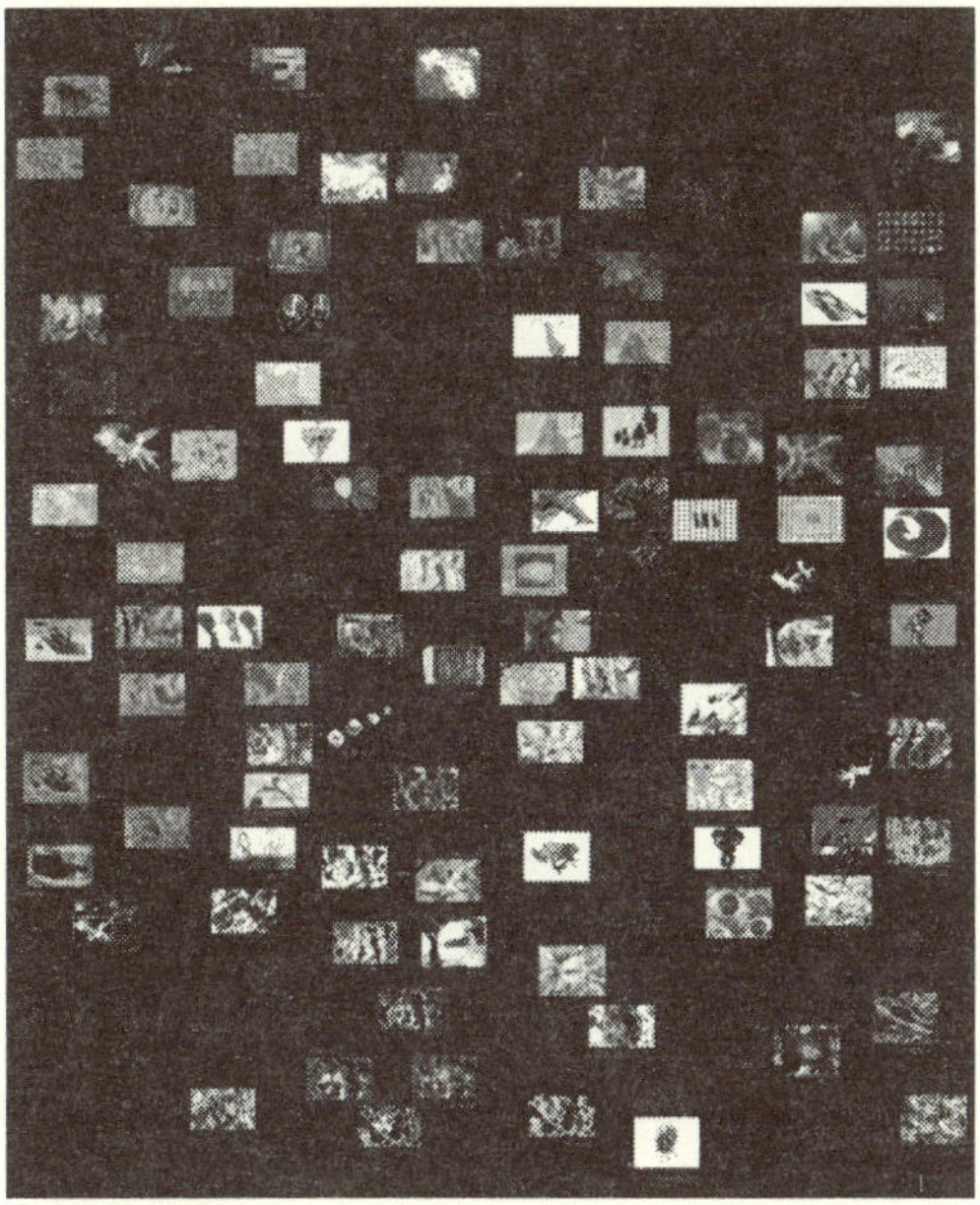
『二の橋連画』

　p2pは、発信者が苦労しなくてもオリジナル情報を多数に流布する負荷分散を得意とするシステムであると考えられているが、実は故意の改竄やノイズに非常に弱い。むしろ情報が分裂し改変され多様化していくのを特徴とするシステムである、と割り切ったほうがp2p本来の特質を生かすことができる。こういう想像をすればよい。pという無数の要素が、同期を気にせずどんどん勝手に親pの情報を書き換えて子pに伝えていったら、いったいどんな情報空間が広がるだろうか。その答は、実は連画そのものにある。

　一九九四年、エリザベスというアメリカの少女の落書きを種にして、二〇人のクリエーターが二〇の変種を生み出し、さらにその二〇枚を種に第二世代を生み、さらに第三、第四と世代を重ね、そして一〇一枚のイメージから成るクラスターを作りあげた。『二の橋連画』と名づけられたこのセッションは、最終

夢鍋の模式図

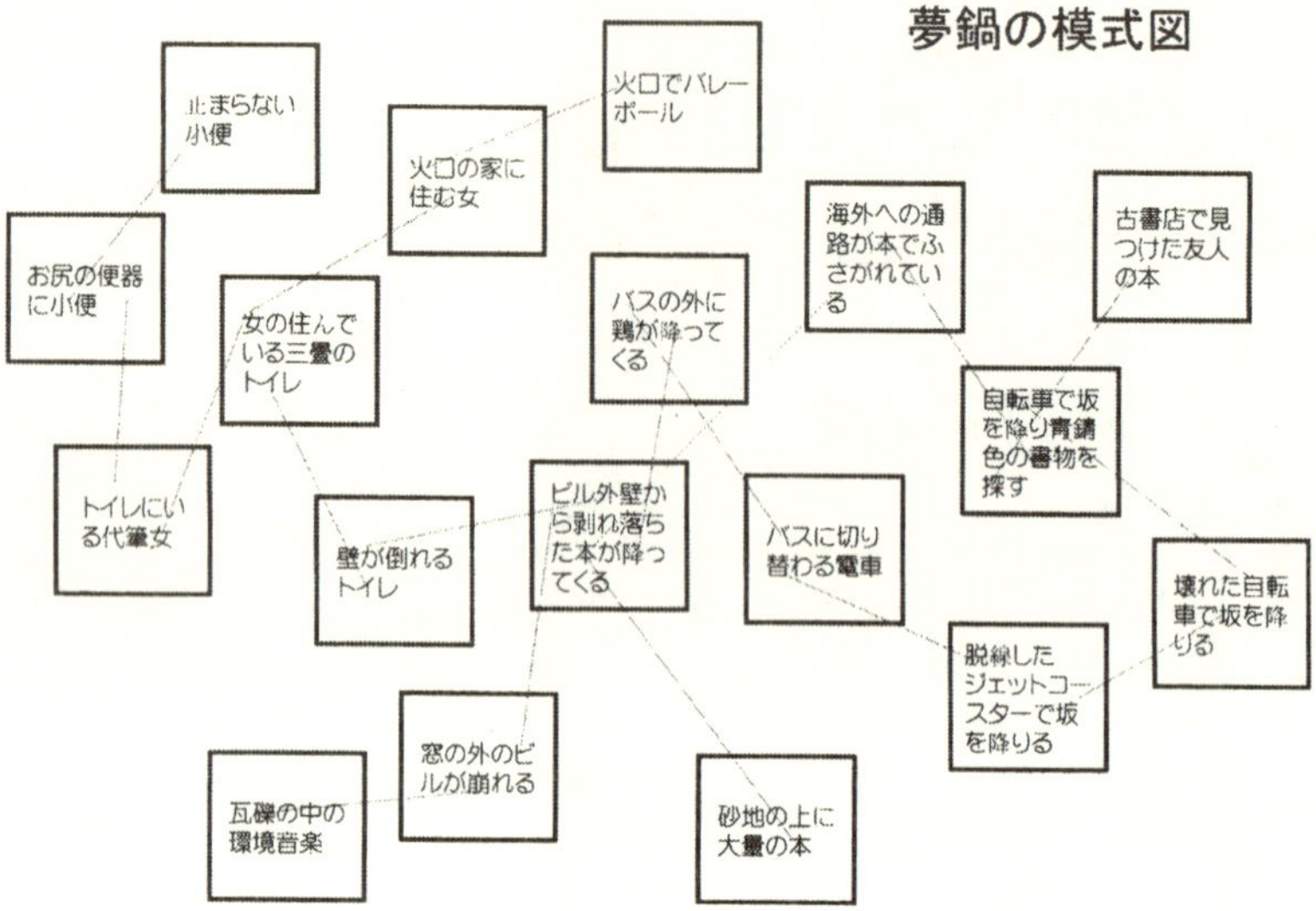

的な成果を壁一面の樹形図として展示した。あたかも多くの異本を残す口承文学の伝播成立過程を俯瞰する地図が、そこに出現した。

『夢鍋』における「夢の樹」もまた、多数の人間の相互作用による大きな無意識の地図である。夢鍋は、投稿された夢をノードとし、夢と夢をキーワードでつなぐ小さいウェブ構造が成長する。私の見た犬の夢から伸びた小径をたどり、ほかの誰かが見た犬の夢にたどり着く。夢の電柱から別な夢の電柱へと連絡する。そもそも夢は、AからBの連想、BからCの連想というように場当たり的な展開をし、AからCへの必然はない。夢そのものが、局所的関係で成り立ち大域的な計画がないために、私の中の論理的不整合と、他人との接合部における論理的不整合にはあまり差がない。その結果、融けあった多数の夢が壮大な夢のクラスターを形作った。

二〇〇二年の春、東大安田講堂で行われたメルプロジェクトのシンポジウムにおいて、われわれは悪戯めいたゲームをたくらんだ。およそ一八〇人の聴衆のなかに六枚の大判の台紙を配置し、掌大の粘着紙（Post-it）とサインペンを配布した。種となる絵を粘着紙に描き、台紙中央に貼っておく。参加者はなんらかの関連のある絵を描き、元絵の近傍に貼り矢印を引く。多義的な連想を誘発する絵からは、複数の絵が分岐する。生物の進化において種の多様性が爆発的に増加したカンブリア紀になぞらえ、『カンブリアン・ゲーム』と名づけられたこのゲームは、

『New Year's Cambrian 2003』

単純なルールを説明しただけで発火し、会場はほんの三〇分の間に大爆発の様相を呈した。『カンブリアン・ゲーム』は、その後も学校などで爆発が追認され、成果の写真が多数メールで送られてきた。

粘着紙によるカンブリアン・ゲームは、『カンブリアの庭』というシステムの開発によってインターネット上で行うことが可能になった。『カンブリアの庭』は、パソコンのフォルダにある情報の要素を、矢印のついた有向グラフ構造として編集・閲覧するソフトウェアである。新しい情報や新しいリンクが加わると、物理シミュレーションによる自動レイアウト機能によって個々の要素は浮遊する水草のように新しい隙間を作り、最適な配置を探索しはじめる。さらにこのグラフ構造をもったファイル群は、ウェブサイトを通して外部に姿を晒すことができ、同時にそのウェブサイトを通して外部からの投稿を受け付ける。このシステムを用いて、二〇〇二年末には、二九二葉からなるツリーが成長した。また、二〇〇三年には国境を越えた六百人の小学生による大カンブリアン連画セッションが進行している。

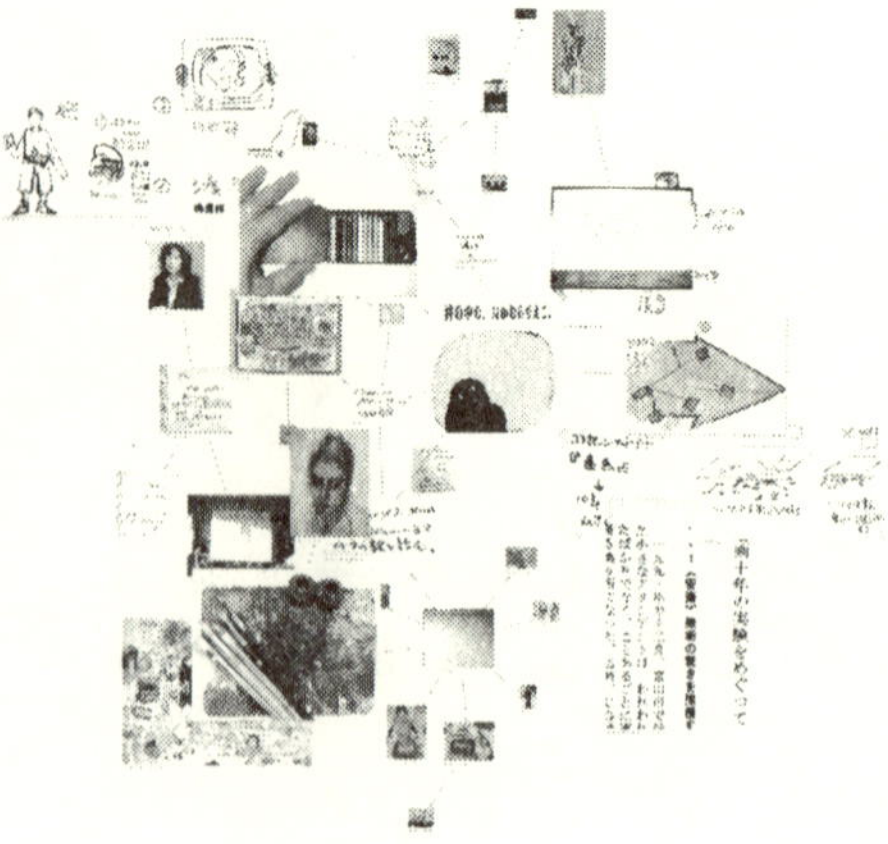

『井の中の中村理恵子』

同じソフトウェアを用いた別の世界が、いま成長しつつある。中村理恵子による『井の中の中村理恵子』と題された作品は、個人的に集めた画像や資料、思いつき、スケジュールなど自分をとりまく無数の要素が、カンブリア空間の中で水草のようにゆったりと絡み合い、日々変容するプロセスそのものが作品となっている。カンブリアの庭にただよう無数の要素の連結を見ながら、私は十二年前の無垢の驚きにふたたび捉えられるのを感じる。すなわち、自明の境界をもつ閉域としての「私」が形を失ったあとで、揺れ動く海中の水脈構造のなかに井戸のような「私」が立ち現れるのである。

主な連画セッション、プロジェクト、システム

1 『気楽な日曜日』1992/04/17-04/27　中村・安斎。六作品。連画の処女セッション。フィリップ・ケオー著『Le Virtuel』1993（邦訳『ヴァーチャルという思想』ＮＴＴ出版）で紹介される。

2 『春の巻』1992/12/08-1994/01/02　安斎・中村。一八作品。一年以上の長期にわたり、じっくりと進行した第二セッション。一九九四年二月には、モンテカルロで開催されたＣＧの国際的会議「IMAGINA'94」に招かれ、作品を発表する。

3 『オルランドの夢』1994/06/15-12/04　中村・安斎。一〇作品（夢のテキストを含む）。中村が見た夢の風景を表現したテキストからスタートした。途中Siggraph'94の会場で行われたライブ連画として、二作品が制作されている。

4 『一日連画』1994/07/16　安斎・中村。五作品。「連画展」会期中に併催された「一日連画会」は、はじめて公開の場における制作を行ったライブ連画。一作品二〇分という持ち時間を決めてやりとりを行った。

5 『Siggraph'94国際連画』1994/07/21-07/29　二六作品。キュレーターの草原真知子をコントローラーに迎え、Siggraph'94会場と、東京多摩のT-BRAIN CLUBの「連画展」会場を繋ぎ、世界各国のアーティスト二〇数名を集めて行われた。

6 『二の橋連画』1994/09/06,09/08　一〇一作品。ＮＴＴ／ＩＣＣのワークショップとして、公募により選抜された二〇人の連衆（れんじゅ＝メンバー）による連画。同年一一月、影響関係を示す地図や、解読のためのオリジナルな検索システムとともに、「二の橋連画　影響のコラボレーション」展として展示された。

7 『神南クリスマス連画会』1994/12/25　安斎・中村・南光英・伊藤澄夫・酒井利佳子。一九九四年一二月二五日、ＮＨＫ・ＢＳ-

２で放映された四時間の生番組「SimTV-2: GLOBAL CHRISTMAS」において、スタジオの一角で行われたライブ連画セッション。

8 『四ッ谷連画』1994/12-1995/09 「二の橋連画展」「神南クリスマス連画会」と連動し、ＮＴＴ／ＩＣＣが運営するパソコン通信ホスト上で展開した一般参加のオンライン連画。

9 『クロストーク連画』1995/05/22-1996/02/09 安斎・中村。一八作品。月刊誌「CAPE-X」（アスキー刊）上の連載。毎月二人の二作品とテキストが掲載され、翌月は前月の二つの絵と二つのテキストが、それぞれの作品にわずかに混信（＝cross talk）する。

10 『ICC-ISEA RENGA'95』1995/9/13-9/24 Marie-Claude Caille・Mariette Tome・Marie-Claude Caille・Patrick Bourque・Dominique Laurent・安斎・澄夫 G.O.N. 伊藤・中村・モリワキヒロユキ。一二作品。一九九五年九月、カナダのモントリオールで開催された「ISEA'95」の会場と、日本のICC-Netを結んだ国際連画セッション。

11 『1996元旦連画』1995/10/18-11/06 俵万智・中村・安斎。七作品（和歌含む）。和歌から開始されたセッションで、共同通信社の一九九六年正月特別企画として全国の新聞社に配信され、主な地方新聞の元旦の紙面を飾った。

12 『Visual Jazz』1995/11/30-12/02,12/07-12/09 中村・安斎。二二〇作品。六日間、合計一二回にわたるライブ連画セッション。自分と相手の作品プールから断片を取り出しては即興的に新しい作品を作り、再びプールに返す。全体で二二〇の小品が制作された。

13 『北京連画』1996/05/02-06/01 高峡・中村・安斎。一四作品。中国西安在住の現代書道家である高峡と、安斎・中村によるアナログ作品とデジタル作品混合で行なわれたセッション。後半は、「ビジョン・クエスト1996北京」展（北京国際会議センター）でのライブセッション。

14 『デジカメ連画』1996/07/13 安斎・中村。発売間もないデジタルカメラを用い、日常生活のアイテムを撮影。相手の映像を再構成し、作品を作った。

15 『夢鍋』1996/10-1997/02 夢採譜＝滝谷真樹、夢追写＝松本ジュディ&恒男・Coppice、夢大工＝るじるし、企画＝安斎・中村。投稿された夢日記の断片を収集し、夢断片間の共通する言葉にリンクを張り（夢採譜）、夢の集塊を作る。夢にインスパイアされた絵（夢大工）や、夢と同じ風景を現実に求めた写真（夢追写）もリンクした。

16 『パ・ド・ドゥ』1997/02/09-03/30 安斎・中村。六作品。作品制作過程の中間ステップを各自が保存し、公開した。自分自身の内的な連画的対話を発見しようとする試み。

17 『GLOBAL COLLABORATION RENGA 1997』Holly Lee（香港）・安斎・Lee Ka-sing（香港）・Pascal Schmitt（フランス）・Barbara Nessim（アメリカ）・Andrea Zapp（ドイツ）・中村。七作品。牛に食べられる話、牛の中に住む男、など牛をめぐってテーマが展開し、後日『プリオン連画』とあだ名されている。日本テレコム主催。コーディネート＝柳沼結美。

18 『未来の標本箱』1997/11 中村・安斎。六作品。朝日新聞の一九九八年元日特集「二十一世紀を詠む」の一面を飾るセッション。未来の明暗をテーマにした。

19 『天球連画』1998/08 中村・安斎。東京渋谷の五島プラネタリウムにおいて行われた『プラネタリウムジャック』（1998/8/27 プロデュース＝木原民雄・ＮＴＴ）では、ドーム投影型のペイントシステム Magic Kepler（開発＝安斎）を用い、ライブペインティングが繰り広げられた。天球連画は、このイベントのために用意されたドーム型キャンバスでの連画で、星座の再構築を目論んだ。

20『触覚連画Ⅰ』1998/01-1998/10　光島貴之・中村、七作品。光島・安斎、七作品。光島の触覚絵画を巻き込んだ実験。二つのセッションが同時進行し、途中セッション間にイメージの交差がある。

21『インターウォール連画』1998/11/15-24 38断片　ポール・サーマン（英）、アンドレア・ザップ（ドイツ）、パスカル・シュミット（仏）、伊藤澄夫（日本）、安斎、中村。TheWallの包囲空間の中でのインターネット連画。

22『触覚連画Ⅱ』1999/09-2000/07　光島貴之・安斎・中村。三人の連番で進行。音楽をテーマにスタートし、視覚対触覚の対話の中に聴覚的な要素がしばしば混じった。ミックストメディアの光島作品には、音をバーコード化したテープも登場する。

23『駒場放牧連画』1999/11/22　石川浩二・草原真知子・井上佳子・ヲノサトル・安斎・中村。あらかじめ用意された一五〇〇のビジュアルな単語（アトム）をコンポジットし、作品を作るセッション。木原民雄（ＮＴＴ）、安田浩（東大先端研）との共同研究である『えことばプロジェクト』の一環として実施。

24『Tabla』1997　体を動かして走り回ることによって天井に絵を描く大型描画システムmoppet（ＮＴＴ）のために作られたマルチユーザー・ネットワーク・ペイントシステム。設計開発＝安斎。

25『砂絵交信機』2000/07　対話型ネットワーク・ペイントシステム。「二十一世紀夢の技術展」2000/7/21～8/6 ＩＢＭの展示ブースにて、二台のＰＣによるシステムを公開。設計開発＝安斎。

26『TheWall』1997-1998　パノラマ空間ペイントシステム。ＭＭＣＡの助成で一九九七年に開発を開始し、九八年十月横浜市立大口台小学校にて第一回の実験を行う。設計＝安斎。開発＝中山真樹、㈱コバルト。セッション運営＝中村。

27『SpeechBalloon』1998-　ネットワークオブジェクトが、中心をもたず自律的に接続を再構成し、関係の深いもの同士がクラスターを形成するモデル。設計＝安斎・斉藤隆之（ＤＶＬ）。アプリケーション企画＝中村。

28『Interwall』2000-　ｐ２ｐ型ネットワーク・ペイントシステム。アドホックなネットワークを自律構成するシステム「ＡＮＣＬ」をベースに、TheWallの機能を構築した。開発＝中山真樹、㈱情報数理研究所、㈱アンクル、安斎。セッション運営＝中村。

29『カンブリアン・ゲーム』2002/03 模造紙と粘着紙を使った簡単なゲームの体裁をとる連画。東大安田講堂での大セッションを皮切りに、教室、宴席など小グループでのリクリエーションゲームとして各地に広まる。発案＝安斎・中村

30『カンブリアの庭』2002/11 ウェブ連携機能をもったグラフ構造編集ツール。カンブリアン・ゲームをオンラインで実施することができる。設計開発＝安斎

31『New Year's Cambrian 2003』2002/12/26-2003/01/08 オンライン参加の二九名　二九二葉　『カンブリアの庭』システムによる。

4

メディア アート コミュニケーション

――北欧と日本、メディアの夢

アスケ・ダム　小川明子 訳・解題

アスケ・ダムは、一九四一年、デンマーク生まれ。一九七〇年代以降、日本のメディア・アートやニューメディアをめぐる営みのあちこちに彗星のように現れ、足跡を残し、ふたたび消え去って、また姿を現すということを繰り返してきた。北欧らしい、グローバルで、混成的なスタイルと、鶴見俊輔のいった「限界芸術」を地でいくような活動を展開しながら、若くて才能のあるアーティストや地域のメディア表現者たちを、暖かい笑顔ではげまし、ずば抜けた行動力で支えてきた。しかしアーティストでありプロデューサーであるアスケ・ダムという彗星がどのような軌道を描いてきたのかは、これまで茫漠として誰も知らなかった。この論考でアスケ・ダムは、自らの軌道をはじめて明らかにしてくれた。水越伸、小川明子が長時間のインタビューをおこない、それを小川がダムに確認しながらまとめなおして出来たのが、この論考である。文末には小川の解題をつけてある。

プロローグ　東京オリンピックとやきもの

一九六四年に開かれた東京オリンピック。私はその時、五〇〇〇メートルトラック競技のデンマーク代表として初めて日本に降り立った。デンマークの王立芸術アカデミーでアートを専門にしていた私は、会場のあちこちに飾られていた日本の伝統美術品や生け花などに興味を持った。このとき触れた日本文化の独自性、とくに素朴な陶器（やきもの）がとても気に入って、もう一度ゆっくり日本に滞在したいと思うようになった。デンマークを含め、ヨーロッパは基本的に磁器の文化であり、それらの多くは王室との関連を持つようなよそゆきのもので、庶民の日常生活とは一線を画した存在だ。しかし、やきものには、日本の人々の暮らしとの密接なつながりがあり、日常に存在する美がある。私はヨーロッパの磁器にはない、そのぬくもりのある感覚が気に入ったのだ。

私は翌年、二〇〇〇メートル、五〇〇〇メートル、一万メートルのデンマーク記録を残して陸上を引退した。そして文部省の招聘で来日して、東京芸術大学に三年半あまり滞在した。その間、加藤土師萌に師事しながら、日本でやきものの創作活動に取り組んだ。

六八年にデンマークに帰国した。ところがあれほど情熱を持って取り組んだやきものが、故郷ではそれほど評価されなかった。生け花、食事の器として、日本の生活とやきものは切っても切れない関係にあり、ごく当たり前に存在している。しかし、デンマークでは事情が異なる。最高の出来と信じたやきものを友人にプレゼントしてみたが、それが灰皿としてしか使われていなかったりして、非常に落胆した。結局、そうした文化の違いが超えられず、私は祖国でやきものを焼いて生きていくことに挫折してしまったのである。

ビデオ・アートの模索

次の表現手法として、私は写真に取り組み、その延長で、映像にも興味をもつようになった。最初にビデオに出会ったのは六九年だった。当時のビデオは、現在と異なり、最先端のテクノロジーであった。はじめは美術制作のプロセスを記録するために用いていたのだが、まもなくアート表現そのものとして認識されるようになっていった。初期にビデオに興味を持ったアーティスト達は、録画したイメージや生のパフォーマンスをいくつかのスクリーンにすぐに再生してみせられるという点に表現の可能性を見出していった。ヨーロッパでは、七〇年代前半までは、ほとんどが白黒映像で、延々と同じような映像が流れつづけているのが普通だった。今日ではあたりまえになっている編集も、当時は到底思いもよらない夢の作業であって、テクノロジーの限界に大きく枠付けられていた。ビデオはこうした限界を持っていたため、われわれがどれほどテクノロジーに表現形式を枠付けられているかということ自体を表現する芸術的なツールにもなった。私はそれから「ビデオ・アート」という表現方法を模索することになる。翌年、私は母校である王立芸術アカデミーの助教授になり、七七年まで、ビデオ・アートのワークショップをスカンジナビア各地でたびたび開催した。

やきものからビデオへ。読者はそのアートとしての表現方法が飛躍しすぎていると思うかもしれない。遡れば、私は絵画から美術に入り、グラフィック・アートも経験していた。私の中では、やきものもビデオも、また絵画もグラフィック・アートも、頭に浮かぶイメージを具現化する表現方法であることに変わりはない。もちろん、やきものであれば、手で形をひねり出さないといけないし、ビデオ・アートであればもう少し抽象的、概念的なものを表現するのに優れている。それぞれ表現できるものは異なっているが、どれも「ビジュアル・コミュニケーション」という点では共通しているのだ。

七七年には二度目の日本長期滞在を果たした。今度は国際交流基金の招聘で、日大芸術学部映像コースに客員研究員として二年間勤めた。当時、スカンジナビアにはまだカラーのビデオ機材がなかったのだが、日大には進んだ機材が数多くとり揃えられていたので、ビデオ・アートに積極的に取り組むことができ、その初期の可能性を存分に模索することができた。ビデオ・アートが本当に面白かったのはこの頃、つまり七〇年代後半までだったように思う。この頃までに概念や可能性の芽が出尽くしていて、これ以降、ビデオ・アートは、既にどこかで見たことがあるようなものが多くなってしまったし、アーティスト自身もテクニックや技術重視の方向に走ってしまったり、閉ざされたエリート主義的アーティスト集団ができあがっていったりして、徐々に社会からかけ離れた存在になっていってしまったように思う。

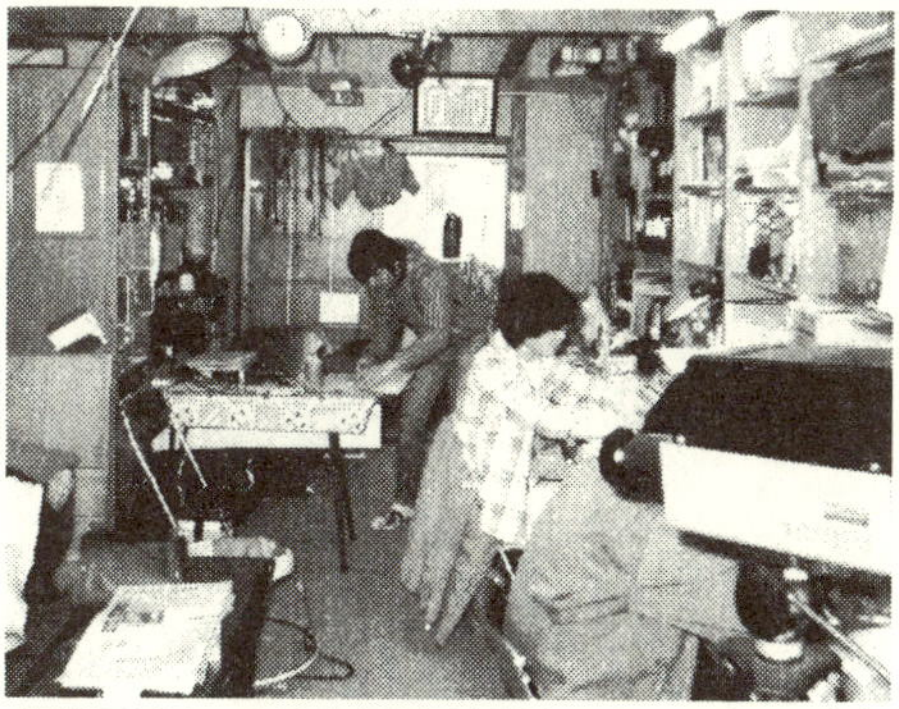
東伊豆Hi-Catの局内と庄司夫妻らスタッフ（1979年）

ケーブルテレビ・自主放送の衝撃

そんなわけで、私は徐々にビデオを用いた「コミュニケーション」のほうに関心を移し始めた。そんな時、アメリカから日大に来ていたリチャード・ヴァーナーという人類学者が、日本のローカル・コミュニケーションについての調査をするというので、彼と一緒に日本中のケーブルテレビ局を視察して回った。

一番印象的だったのは、静岡県の漁村にある稲取・東伊豆ケーブルテレビ（コール・サイン Hi-Cat）。私はこの小さなケーブルテレビ局で行われていたことに非常に感銘を受けた。同局は、行政からの補助金で運営されているタイプの局ではなかったので、物置のような小さなスタジオと、驚くほど簡易な機材しかなかったが、それはそれは立派な地域報道を成立させていた。

当時からそこで中心的な役割を担っていたのが、地域ジャーナリズムに関して優れた才覚を持つ庄司晃だ。当時、日本各地の自主放送を支えていたのは彼のように才覚と情熱のあるパイオニアたちだったが、その中でも、庄司を含むHi-Catのスタッフ二、三名は小さなスタジオを飛び出して、街中を駆けずりまわって取材し、なんと一日一時間の番組を作り上げていた。七、八名のスタッフがいても、一週間に一本くらいの番組しか作れない局が多かった中で、とにかく彼のセンスと取材力は抜群だった。

象徴的だったのが、一九七八年に起きた伊豆近海地震の際の報道だ。静岡県は、研究者の難しい専門用語をそのまま使って、防災無線で余震への警戒を呼びかけたのだが、そのことばの伝わりにくさが原因になり、各地でパニックを引き起こしてしまった。対照的に庄司は、とっさに、この類の情報は伝わりにくいと判断し、専門用語を住民にわかりやすいことばに置き換えて放送したり、役所にカメラを設置して、そこで発表される情報を逐一黒板に書き入れていったりして、情報の混乱を防いだ。そのかいあって、稲取では他の地区のようなデマやパニックを最小限に食い止めることができた。また、県域の民間放送が流さないような稲取の町の水事情、通行止め情報などの、必要とされるきめこまかな生活情報をすばやく流していた。[1] 彼は、まめに役所などに足を運び、コミュニティの事情に精通していた。彼のように、地域コミュニケーションがどうあるべきか知り尽くした人が、コミュニティ・チャンネルの成否の鍵を握っているのだと思う。

兵庫県淡路島の鮎原ケーブルテレビ[2]も面白い番組を放送していた。私の好きだった局のひとつだ。ここは農業協同組合が主体になって設立されていて、松下電器の設備を備えたきれいなミニ・テレビスタジオを持っていた。ここでは主に日々の農業情報が網羅されており、小さな黒板に野菜やコメの価格が書き出されていた。週末の番組で、警官が「このまちの誰々さんが飲酒運転をしています。」などと発表してしまったりして、その素朴で単純なチャンネルにはなんとも言えないリラックスした地元のぬくもりを感じた。

当時、これらの小規模局では、情報を手書きで黒板に書きこむなど、どこでも手作り感覚のあふれた素朴な機材が活躍していて、例えば、「テロップ・マシーン」と言われるものが各局で使われていた。先進的な感じのする名前とは裏腹に、手書きの絵や字が書いてあるテロップ・カードを順番にめくっていけば、紙芝居のように次から次へと物語やニュースが現れるという画期的、かつ原始的な発明だった。やきものに惹かれたときと同じように、当時の自主放送は、生活感とぬくもりのあるテレビ・メディアとして私の目に映った。

ビデオ・ドキュメンタリストとしての経験

その後、私は日本とスカンジナビアを往復しながら、アメリカのインテリ層が読む『TVダイジェスト』という業界紙の記者や、スウェーデンの放送局の仕事も始めるようになり、それらの取材活動を通じて、日本で七〇年代から八〇年代半ばにかけて盛り上がっていたニューメディア事情を見て回るチャンスに恵まれた。その際、通産省主導で行われていた奈良県東生駒での Hi-Ovis（Highly Interactive Optical Visual Information System）

の実験や、多摩ニュータウンでの郵政省のＣＣＩＳ実験、そして農水省のＭＰＩＳ（農村多元情報システム）などの国家的で大規模な取り組みも取材した。

でも、東伊豆のHi-Catのように、素朴でありながら、住民が的確に町の情報を伝えるメディアの方に私は興味をひかれた。人々が、自ら町の様子や伝えたいことを手作りで伝える。その感覚がなんとも私には好ましく感じられたし、同じ「テレビ」であっても、地上波とは全く異なる可能性を模索していたからだ。

同じ頃、スカンジナビアでも新たなメディアとしてケーブルテレビに対する関心が高まっていた。当時、私は日本の状況を先進事例として何度か記事にしたが、新聞記者らも何度か日本に視察に訪れることがあった。私は国家的なプロジェクトばかりではなく、なるべく彼らをこうした小規模局に案内するよう心がけ、記者たちもまたそれが気に入ったようで、よく地元北欧の新聞に記事が掲載されていた。

ところで、スウェーデンのテレビの仕事を始めたことで、アートとして用いていたビデオを、ジャーナリズムの一環として用いる方法を学んだ。私が特派員として映像を送っていたのは、「Windows to the TV world」という番組で、世界各国から番組を取り寄せて、世界中の人がどんなテレビ番組を、どういうふうに、何のために見ているのかを明らかにするという面白い企画だった。私はこの番組でも、自主放送を行っている稲取などの小さなケーブルテレビ局の様子から、Hi-Ovisなどの大掛かりな実験まで、テレビをめぐる様々な日本の事情を北欧に送った。

この番組の関係で、当時は日本以外の国々にもたびたび取材に出かけ、印象的なプロジェクトをいくつか目にする機会に恵まれた。アメリカ・ニューヨークで「ダウンタウン・コミュニティ・テレビジョン」というビデオ制作組織を運営していた津野敬子[3]のところにも取材にでかけた。番組制作は、初心者にとってハードルが高い。ところが彼女のところでは、無料でワークショップを行って、市民、特にマイノリティにカメラを持つ機会を与えていた。そして、面白かったのは、毎回スタッフが初心者を指導するのではなく、スタッフに指導されて番組を制作し、経験者となった、いわば「教え子」が、今度は「教師」になって初心者に教えるという方法を取っており、多くの初心者を活動に巻き込んでいくことに成功していた。こうしたちょっとしたアイディアひとつで、活動の方向性が決まっていくのだから面白い。

衝撃的だったインドの実験・衛星テレビ

「Windows to the TV world」の取材で印象的な出来事と言えば、七〇年代後半から八〇年代初頭にかけて、インドの衛星放送を取材した際に出会った「アーメダバッド」という実験プロジェクトのことを忘れることはできない。当時、インドはアメリカの衛星を借りて、五〇〇を越すインド各地の村に、パラボラアンテナと白黒モニターを設置していた。人々は地べたに座って、主に農業、衛生など、よりよい生活が何かを伝えるテレビ――いわゆる「開発番組」――を見るのだ。このアーメダバッドの番組は、国営放送とは別に、近くのケダ地方に向けて実験的に放送されていて、具体的には、インドの伝統的な人形劇の手法で水牛の種付けの時期を知らせる番組や、マラリアの予防法などを知らせる番組などを放送していた。ここでの番組制作では、ロケの際に通常のカメラ、音声担当などのクルーのほかに、社会科学者や栄養学、農業の専門家などが付き添い、好ましくない状況は極力映さないよう厳しくコントロールしていた。子どもの数が多すぎる家庭は映さないよう要請したり、医薬品の受け取りの場面が適切な場所で撮影されるように指導したりするのだ。

また、村人たちが自分たちの物語を描き、ドラマに出演する、いわゆる住民参加型の番組があったことにも驚いた。学校の教員など、それなりの教育を受けている村人が「村の表現者（village writer）」となる。そしてアーメダバッドでテレビ制作の技法と開発の視点、双方の指導を受け、その村での生活やできごとを描いたドラマを書くのである。ドラマは実際にプロの俳優が演じるのだが、多くの村人もまた出演者になる。「村の表現者」はその衛星放送センターに「村の大使」として出かけてゆき、プロの俳優にその村や執筆したドラマのことについて尋ねたりする。

とにかく、インドでのこの経験は、私が目にしたことのあるスカンジナビアや日本のテレビとは全く異なったもので、驚くと同時に、テレビを通じたコミュニケーションに関して様々な可能性を考える契機にもなった。

例えば、取材の過程でこんなエピソードも耳にした。その村で行われていた不正のあれこれを、取材に来ていた放送制作者に告発したカーストの低い村人が、番組放映後に殺害されてしまったというのだ。この話を聞いて、自らの仕事とも重ね合わせながら、テレビの可能性とタブーについて、深く考えることになった。これほどまでの事例ではないにせよ、現在の先進国のメディアであっても、ジャーナリズムは多かれ少なかれリスクを負っている。地域社会において明るみに出せる悪とそのままにしておいたほうがよいもの。取材対象者を守るために、ジャーナリストなら常に考えねばならない難しいバランスだと、今でも常に気にかけている。

手作りケーブルテレビの開局

八〇年代初頭、スカンジナビアでは、「ローカル・デモクラシー」について語ることが一種の流行となっていた。おそらく政治家が言い始めたことだと思うが、「近所づきあいを大切に」「スモール・イズ・ビューティフル」というような美しいスローガンがあちこちで叫ばれていたのだ。もちろん、そういうコンセプトはよいに決まっているのだが、現実には理想に終わりかねない。実際、政治家たちも、ローカル・デモクラシーを喧伝しつつ、そんなことが実現するとは当時はつゆほども思っていなかっただろう。

ところが、八三年春のこと。私が日本から送った記事を見たという市民グループが、日本の稲取や鮎原のようなケーブルテレビ局を自分たちも作りたいので手伝ってくれないかと打診してきた。ドキュメンタリスト・ジャーナリストとして日本各地、そして各国をめぐって、市民、地域のメディアについて考えてきた私は、その提案に二つ返事で協力することにした。彼らの「できるだけ早く作りたい」という熱意に押され、結局、新しいケーブルテレビ局（カナル・フューン）の開局は、その年の一〇月をめざして始められた。

デンマークの地図。中央部の島がフューン島。
●のある都市でダムがケーブルテレビを開局した。

八三年八月。童話作家アンデルセンの生まれた土地として名高いデンマークのフューン島のオーデンセ市で、私は、教員、学校中退者、ジャーナリストなどの草の根運動に関わっている普通の人々、そしてローカル新聞社の人々という、様々な背景を持つアマチュア二〇人とともに、ケーブルテレビ局設置に取りかかった。費用はテレビジャーナリズムに進出を試みようとしていた地方紙数紙が大方負担してくれたし、電話会社が持っていた小さなスタジオをひきつぐこともできた。設備・機材はヨーロッパの放送市場で用いられていた規格ではなく、地域コミュニケーションのスタイルにあう日本式のVHSやベータ方式を採り入れた。ビデオ機材などは日本からなんとか安く調達し、一〇〇〇軒に向けて放送できるようにした。

番組は、日本の稲取や鮎原、津山のような小規模局をモデルに、地域ニュース、地域でのエンターテインメント、それに郷土史や島の自然の紹介などの内容だった。その際、私はHi-Catのことを思い起こし、制作をする人々に、カメラとともになるべく外に出て取材することと、既存のテレビの真似をしようと思わないこと、と指示をした。真似をしようとすると、往々にして能力を超えて失敗してしまうこともありえたし、結局、既存メディアの二流としてしか評価されないと考えたからだ。

そして、二〇人のボランティアたちは、たった二ヵ月の準備期間で、本当に予定通り一〇月一日の開局にこぎつけたのだった。

カナル・フューンで編集をおこなう著者（1983年）

大反響！

最初はケーブル放送でしかなかったカナル・フューンだが、二ヵ月後には、UHF波を発信できるようになり、オーデンセ市周辺の約一〇万人に番組が行き渡るようになった。当時、オーデンセ市近くでは、デンマークの地上波一局と、スウェーデン二局、ドイツ三局の番組を見ることができたのだが、七〇パーセント強の人々がカナル・フューンを見たことがあるという調査結果も出た。

ところで、この局の開局寸前に、労働組合と、労働運動と関係のある社会民主党が、ケーブルテレビ局を一〇局、ネットワークにして設立したいと私のところに訪ねてきた。カナル・フューンの成功がおぼろげに見えていたので、この労働運動の計画にも、私は喜んで協力することにした。結果的には、TVボーンホルムをはじめ六局開始しただけだったが、一局開局すれば、その次、と延々と続くので、思ったよりも随分骨が折れた。費用は労働組合が担うことになっていたが、それでもなるべく安い機材を組み合わせて用い、このときはケーブルをひいたり接続したりすることまで自分でやった。そのため、費用的にも当初見積もりの何十分の一かで安く仕上げることができた。

しかし、当時、スカンジナビアでは広告放送が認められていなかったので、運営費をどうやって捻出するか頭のひねりどころだった。そこで、「テレビ・ビンゴ」を始めることになった。私は当初、この試みに大反対したのだが、結果として、企画は大当たりしてしまい、高齢者の住宅では、この「テレビ・ビンゴ」をやるために家族みんなが集まって一緒にテレビを見るようになったという意外な誉め言葉もいただいた。ちなみに、この「テレビ・ビンゴ」は一年ほどで与野党すべての反対で禁止されたが、この間、およそ五〇〇〇万ドルを稼ぎ出し、五〇〇万の視聴者を持つデンマーク国営放送に次ぐ、一〇〇万人規模のメディアとなった。これは、当時の新聞購読者よりもはるかに多い数字だった。

結局これら六局は、共同で番組を制作したりして、連携はしていたが、保守党の反対で、ナショナルなニュースを流す「ネットワーク」としては認められないままだった。

残念だったのは、これらケーブルテレビ局が時が経つにつれて政争の道具として用いられるようになっていったことだ。しかも、こうした地域ケーブルテレビ局の発展を通して、理想として語っていればよかったローカル・デモクラシーの形がおぼろげながら見えてくると、美しいスローガンを唱えていた彼らも、本質的には分権的な政治システムに反対なのだということがわかってしまった。政治家たちは、地方に多くのメディアができて、それらすべてをコントロールできなくなることを恐れ始めたのだ。私は真摯に地域の文化的成功を考えてきたつもりだが、最終的に、政治家は権力のことにしか興味がないのだとわかって、このときはかなり失望してしまった。一九八五年、私はデンマークからノルウェーに居を移した。その後も懲りずにノルウェーで二局を開局したのだが。

私が知る限り、商業化したり、放送を中止してしまったり、アメリカの資本に買収されたりした局もあるが、比較的うまくいった局は、稲取のようなスタイルを守った局で、少なくとも三局は今でも運営していると聞いている。

アマチュアとアーティスト

アーティストが徐々に社会から乖離していくことに不満を感じていた私にとって、こうした経験は、ビデオというメディアの可能性を社会のなかに見出していく作業として、非常に意味のあることだった。実際、アマチュアとともに局を作り上げるという経験は、プロとの仕事に比べて何倍も楽しい。時にはひどく失敗もするのだが、プロとの仕事では見えてこない、ビデオというメディアの本質的な可能性が徐々に見えてくるから不思議だ。

少し横道にそれるが、私がカナル・フューンの取材で、地域のダンスパーティーを撮影していたときのこと、私のうしろで一時間もの間、じーっと仕事を眺めている若者がいた。そこで気になって、その撮影を彼に任せることにしてみた。後にわかったのだが、彼は当時高校を中退して、何もすることがなくぶらぶらしていたらしい。数日後、彼はケーブルテレビ局に現れて、そのときの映像の編集も手伝ってくれた。その三週間後には、彼は友人とともにロックの番組を作り上げてしまい、これを放送してくれとテープを局に持ち込んできた。このときはその飲み込みの早さと撮影内容の非凡さに非常に驚いた。もっと驚いたことには、数年前に、その彼とデンマーク国営放送で偶然再会したのだ。中退してぶらぶらしていた彼が、なんとデンマーク国営放送で編集の仕事に就いたらしい。ちなみにカナル・フューンの出身者で現在、地上波テレビの仕事をしているのは、彼だけではない。

話を戻すと、私がビデオで取材していたことによって、彼はその仕事に興味を持った。一見あたりまえの出来事であり、たいしたことはないようにみえることだが、私は、アーティストの役割として、実はこうしたささいなことも重要なのではないかと感じている。つまり、当時、多くの人にとって、映像制作はプロの仕事であり、ビデオは未知の最先端の技術であり、自らとは関係がないものと思われがちだった。しかし、ビデオ制作の作業や、テレビの仕事も、一度多くの市民にその仕事を見せてあげれば、彼らも身近な表現方法のひとつとして興味を持ってくれるのではないかと思う。アーティストは、そういう意味でもフロントランナーであるべきなのだ。

レーザーディスクへの傾倒

振り返ってみれば、私が六〇年代から八〇年代にかけて、見たり、したりしてきたことは、映像メディアの新たな活用方法を模索する試みだったといえる。そして次に私が目をつけたのはレーザーディスクだった。一九七九年ごろにアメリカのMITで「インタラクティブ・ビデオ」と呼ばれていたレーザーディスクを目にして、その可能性に惚れ込んだからだ。当時、レーザーディスクは双方向メディアとして注目を浴びていた。八〇年代半ばごろには、双方向メディアに興味のある人々が、ネブラスカ大学で行われるシンポジウムなどに世界中から集まり、そこで、興味深い議論を重ねていた。考えてみれば、レーザーディスクは、ビデオ（映像）を、編集し構成しなおすことで、新たに利用しなおせるメディアであるから、まったく新しいメディアというわけではなく、ビデオの延長上であったように思う。

私はこのメディアの可能性を二通りに考えていた。一つは、アートとしてレーザーディスクを用いる可能性である。この新たなメディアを用いて、アーティストと鑑賞する人々がインタラクティブにイメージを往き来させたり、鑑賞する人にその次を考えてもらったりということができるようになるのだ。そしてもう一つが、この双方向性を教育に用いるというアイディアだった。

最初に手がけたのは、産業界で必要とされる教育やワークショップ——例えば安全教育など——を行う際に、レーザーディスクを用いるという試みだ。それまでの教育では、主にテクストによって説明がなされていた。しかし、それらを俳優が演じたりしてナレーションをつけ、映像化し、可視化してプログラミングすることで、よりわかりやすく説明ができた。また、利用者が評価テストを受けながら、理解度を確かめることもできた。

まさに双方向メディアの特長を生かした試みで、教育効果も高く、また時間短縮にも役立った。聴覚障害者用のレーザーディスク制作を行って、その可能性を模索したこともあるし、ヨーロッパの各国が協力して進めたプロジェクトもある。これらレーザーディスクをめぐる試みは非常に順調に進み、私はその後一〇年もの間、私財を注ぎ込んで最新機材を購入し、月に一枚のペースでレーザーディスクを制作しつづけた。四名のスタッフを抱えて、単純なものから複雑で洗練されたものまで、計三〇〇枚以上も制作した。

夢中になっているうちに、私は情況を見失っていた。いずれフルデジタルになっていくことはもちろんわかっていたのだが、おかしなことに、レーザーディスクだけは当分大丈夫だろうと思っていたのだ。機能だって悪くはないし、何より人々がこれほど愛していると。ところが、市場は無常にも、後継メディアが定まらないまま突然寝返ってしまった。その波は私にも容赦なく襲い掛かり、とうとう九五年に破産に追い込まれてしまった。

銀行は資金になるものをすべて持っていったが、将来を絶望視された八台のレーザーディスクプレーヤーと、夥しい数のレーザーディスクは、幸か不幸か手元に残された。

そんなわけで、九〇年代後半はコンピュータの性能や規格が急激に変化したこともあり、その利用方法や技術を学んで静かに過ごした。その間、放送と通信の融合が進んだこともあって、ヨーロッパ各地のさまざまなメディア事業体が将来のヴィジョンについて相談に来たので、コンサルタントをして過ごすことになった。

新たなプロジェクトへの期待

ここからは、私が現在手がけていたり、始めようとしているプロジェクトを簡単に説明しておきたい。まだ体系化されていなかったり、アイディアだけのところもあるが、いくつかのモチーフはこれまでの活動と結びついている。

一つ目は「未来の図書館プロジェクト」だ。

これは、数年かけて、ノルウェーの図書館に「多目的デジタル会議室」を作るプロジェクトだ。「多目的デジタル会議室」では、超高品質のスクリーンやオーディオが備えられ、ブロードバンドや衛星放送などを通じて世界につながっている。これは、スウェーデンで始まりつつあるデジタルシネマのように、暗いところでみんなが黙って映画を見つめるわけではない。また、ただ遠隔会議ができるという類のフォーマルな会議室でもない。私が考えているのは、地元の人が同じ空間に集まって、一緒にスポーツ中継やコンサート中継を見て、声をあげたり、話をしたりすることもできるようなリラックスした公共的な空間だ。

私たちは、デジタル・メディアが溢れかえる中で生活をしていながら、今日、デジタルのパフォーマンスを誰かと共に体験することができる公の場はほとんどない。「集う」こと、「話し合う」こと自体が少なくなっているのだ。もう一度、地域の人々がスクリーンを媒介に、集い、語ることのできる場があってもいいのではないか。そこで目をつけたのが公立図書館だ。もともと、図書館というのは、人々のローカルな知的コミュニティの中心として存在してきた歴史がある。図書という知と同様、デジタル・メディアによってもたらされる世界の知をローカルに共有し、また自らも発信できる——そんな場を構想している。

二つ目は「TV Anytime」だ。

TV-Anytime Forum[4]はソニー、マイクロソフト、BBC、NHK、フジテレビなど、ソフト系、ハード系さまざまな各国企業によって構成されたフォーラムであり、各企業から派遣された優秀な人々が二ヵ月に一度世界のどこかに集まって、ホームサーバーを用いた新たなコンテンツ流通をめぐる国際標準についての議論している。中心になるのは、ホームサーバーやメタ・データだが、未来のメディア、暮らし全般にもわたる面白い議論が繰り広げられている。

TV-Anytimeが描く未来のコンテンツ流通に関して、特に私が期待を寄せているのは、人々の数え切れない写真やビデオがヴァーチャルな市場で見つけられ、見も知らぬひとのもとへ流通されてゆくかもしれないという可能性だ。

これまでの市民メディアにとって一番問題になるのは流通だった。しかし、メタ・データとホームサーバーをうまく連動させてゆければ、バーチャルな市場を通じて、自分のコンテンツを必要としている世界の誰かのもとに届けることができる。つまり、ホームサーバーは、単にマスメディアのコンテンツを記録する媒体としてだけではなく、映像発信という別の方向からも可能性があり、デジタル化がさらに進めば、人々がお互いに一対一（peer to peer）でコンテンツを流通させることのできるチャンスになるのではないかと思っている。

デジタル化の潮流にあって、世界中でコンテンツ不足が叫ばれているが、視聴者の元に届くのは、『ミリオネア』をその典型とするような、先進国——特に米英——のマス・メディアがフォーマット化し販売している番組やスタイルばかりだ。どれも画一化していて独自性に欠ける番組になってしまっている。地域の人々が各地で制作している番組や映像は、見栄えは良くないかも分からないが、それぞれが頭をひねって育て上げたアイディアや内容でできあがっている。これらを世界中の誰でも触れられるような環境に置くことで、より映像文化が面白くなるのではないだろうか。今、私はそんなことを考えている。

もちろん、これからのデジタル社会には問題も多い。インフォメーション・パニックが起きたり、犯罪やテロに使われたり、プライバシーが侵害されたりする可能性もある。コマーシャリズムや政治権力には注意しなければいけないが、そこから広がる可能性のほうが大きいのではないかというのが、私の楽観的な予想だ。

エピローグ　デジタル時代におけるアーティストと社会科学者の役割とは

現在、世界中どこでも、メディアの商業化が進み、目先の数ヵ月のことしか考えられなくなっている。長期的視野でメディアを考えるという想像力が欠落してしまっているのだ。今こそ、最初に想像力を働かせてメディアのあり方を大まかに形作っていくのが、アーティストと社会科学者の役割だろう。

社会科学者には、市民の権利が侵害されないように、厳しく見守っていくことを期待したい。そのためには、テクノロジーに理解を持つ新たなメディア研究の流れが必要になるだろう。テクノロジーの進化を理解しなければ、長期的な見通しや将来への想像力にも乏しくなり、市民の権利を守ることも難しくなるだろうから。

一方のアーティストの現代的な役割とは、人々が潜在的に求めている新しいシステムやアイディアを形にして作り出してみせることだと思う。そういう意味で、人々の日常生活から遠くかけ離れたところで活動していては、本質的に優れたアートにはなりえないのではないかと私は思う。

一九二〇年代のやきものの例に戻ってみよう。柳宗悦は、日常の民藝品のなかに「用の美」を見出し、バーナード・リーチ、濱田庄司や河井寛次郎との交流をはかりながら、それを積極的に収集し、支援し、普及活動に努めた。そうすることで、彼らは日本のやきものの「フォーマット」を作り上げていったのである。

デジタル・メディアに囲まれた現在、アーティストには、普通の人よりも広い視野を持ち、メディア表現のフロントランナーになることが求められているのだと思う。そのメディアがどのようなコミュニケーションを可能にするのか、その限界まで探り、そのコミュニケーションの新たな「フォーマット」を最初に作り出してみせるという役目が課されているのだ。「フォーマット」とは、既存メディアがすでに作り上げたかたちとは全く異なる、例えば、番組やコンテンツ形態であり、システム構築のありかたのことを指している。新しい「フォーマット」を作り出す職人のようなアーティストが、独自の「メディア・フォーマット」を形にすることができれば、話したいこと、表現したいこと、伝えたい経験、政治についての一言などを抱えた市民がそれを利用するかもしれない。そうすれば、体制的なマスメディアとは全く異なる、日常に根ざしたメディアとして育っていくだろう。そうしたフォーマットを生み出すことが、アーティストの仕事だ。

アーティストには今、新たなメディア・ランドスケープのなかで、人々にメディア・リテラシーについて考えてもらう案内役として、また浅薄なコマーシャリズムへの対抗軸として、数え切れないほどの新たな役割が用意されている。

未来のアーティストのありかたを模索する試みとしてモデルになるのが、坂根厳夫が手がけた岐阜県大垣市にあるＩＡＭＡＳ[5]かもしれない。彼はアーティストであり、建築に通じたジャーナリストでもあるので、アートと社会の関係、アーティストが社会で果たすべき役割について意識的だった。地元出身の学生と日本各地から集まったアーティストたちが出会い、感化しあい、コンピュータという新たなメディアを利用して新たなものが生み出される空間だった。もちろん手で描くのもいいのだが、アーティストにとって、コンピュータをはじめとする様々な新しいメディアは有効な表現ツールとなる。

その際、アーティストは、自分たちだけの世界に閉じこもるのではなく、研究者やジャーナリストなどとも連携をとって、社会の中で活動する必要があるのだろうと思う。なぜなら、私たちの社会で、まだ誰も知らないこと、気付いていないアイディアや新たなセンセーションをいち早く、ツールや方法を駆使して表現して見せること。それが、いつの時代もアーティストに求められる一番の役割なのだから。

訳注

1　このときの事情については次を参照されたい。藤岡伸一郎「真只中の稲取ＣＡＴＶ」『総合ジャーナリズム研究』一九七八年春号、七九—八七頁／リチャード・Ｅ・ヴァーナー「Hi-Ovis & Hi-Catの比較的研究」『季刊映像』一六号、一九八〇年、二三—二七頁、に詳しい。

2　当時は農業組合が運営していたが、現在は、五色町に運営が移り、『淡路五色ケーブルテレビ』として放送が続けられている。

3　近著に津野敬子『ビデオで世界を変えよう』草始社　二〇〇三年

4　TV Any Timeについては次を参照されたい。http://www.tv-anytime.org/

5　ＩＡＭＡＳとは岐阜県大垣市にある岐阜県立情報科学芸術大学院大学と県立国際情報科学芸術アカデミーとの総称。科学と芸術の幅広いジャンルを横断する学際的なカリキュラムが特徴となっている。

解題——地域メディア研究のゆくえ

アスケ・ダムの経歴を追ってゆくと、やきものとケーブルテレビ、それにデジタル・メディアという全く異なる「メディア」がひとつながりの意味を持って立ち現れてくる。彼にとって、アーティストとは、まさしく人の先を走るフロントランナーであることなのだ。周知のとおり、新たなメディアや表現方法は芸術でいち早く取り入れられ、時代の空気は芸術の世界において最も早く表現されてきた。今では「ニュー」メディアとは言いがたい「ビデオ」も、彼が初めて取り組んだ頃には、最先端のメディアであった。

彼は、それらをスノビッシュなアートに仕立て上げるのではなく、ビデオやケーブル、送信システムなどの技術を複合的に用いて、人々が使いやすいケーブルテレビをデザインし、身近な「地域」「コミュニティ」と接続してゆくことに面白みを見出す。

おそらく、デンマークにできたケーブルテレビ局の数々と、それを用いて表現する人々のインタラクションは、人々の日常を舞台にした、スケールの大きなアートなのだろう。彼自身が語っているように、「ケーブルテレビ」というメディアのフォーマットを地域住民に使いやすいように作り出して見せ、それを彼らにゆだねたわけだ。そしてそこを舞台にして、「やきもの」同様、日本の農漁村の素朴なケーブルテレビで見出した「日常の美」が生み出されるのを望んだのだろう。作者である彼の想像を超えて増殖する、アートとしての地域コミュニケーションなのだ。

私の知る限り、日本のケーブルテレビの自主放送が遠く北欧に飛び火し、新たな展開を見せたという事実は、これまで日本ではまったく知られていない。メディア研究では、何かと欧米の事例が先進事例として取り上げられることが多いが、ダムは、日本の多くの研究者が、ひとくくりに「失敗した」と振り返りがちな日本の地域でのニューメディア導入のなかにも、様々な可能性の芽を見出していた。実際、彼は訳者とのメールのやりとりの中で、繰り返し、当時、正統なメディア教育、ジャーナリスト教育を受けていない市民が自らの手で始めた放送の面白さや先進性について強調している。彼の実践は、メディアの新たな可能性が私たちの足元にもたくさん眠っているということに、改めて気づかせてくれる。

ところで、ダムがモデルにした日本のケーブルテレビの自主放送の多くが、現在、苦境に立たされている。家庭のテレビには華やかな消費文化や最先端のものごとがあふれ、欧米や東京はその中心地として圧倒的な魅力を伴って表象される。そして多くの住民が、東京を頂点としたヒエラルキーのもと、大都市のニュースや話題に目を奪われ、自らの地域の話題には興味を持ちづらくなっている。自主放送はこうした地域住民の意識の壁に阻まれ、研究者から参加型地域コミュニケーションの一例として期待されていながら、九〇年代以降、外資や巨大資本がらみの同業者、ブロードバンドや衛星放送などの競合する他メディアとの勢力争いのなかで苦戦している。

政府や自治体が大々的に進めた地域情報化政策――それらは主に、ニューメディアという新たなテクノロジーを地域に導入し、そのことで地方の情報格差を是正しようという試みだったといえる――においてもケーブルテレビは中心的な役割を担わされてきたが、それも予想された結果を得られなかった。それと呼応するように大都市、特に東京への人口流入や情報の集中は、今も留まることがない。

地域メディア研究において、自主放送のような参加型の地域メディアに期待をかけた研究者も、また地域情報化論を支持した研究者も、どちらも方向性を見失って戸惑っているように見える。地域メディア研究が、新たなヴィジョンを提示することはできないのか。

地域メディアの研究者が、アスケ・ダムの力強い実践や、アーティストへの提言から学ぶべきことは多い。結論を先取りすれば、私は、本書で提案されるようなメディアの「実践」的研究が、今こそ、地域メディア研究に必要だと感じている。

一つには、地域メディアをアカデミックな立場から支える現実的なニーズがある。多くの市民が地域のメディアに表現の可能性を見出し、また地域メディアも地元の視聴者・読者に求められるメディアでありたいと志向しているにもかかわらず、少人数、小予算で成り立つ地域メディアは、規模の経済に飲み込まれていく危険と常に向かい合っている。研究者が、言論の多様性を確保できるメディア空間を理想とするのであれば、それらが資本の渦に巻き込まれるのをただ眺め、記述するのではなく、アカデミックな知識を背景に、地域メディアの意義や可能性を現実的にきちんと示してみせることが必要なのではないか。

その際、そのメディアがどのような技術やテクニックの組み合わせで成り立ち、いかなる可能的様態を有しているのかを踏まえて議論できる研究者はそれほど多くないだろう。人文社会科学系の研究者は、どうしてもメディアの技術について無頓着になりがちであるが、ダムの指摘どおり、未来や可能性を考察していくには、研究者もその可能的様態に意識的である必要があるに違いない。その点について、彼は、住民とともに自ら実践することでケーブルテレビやビデオというメディアの可能的様態が見えてきたと語っている。これらは、文献や机上の論理だけでは得られにくい経験的な知だ。

ケーブルテレビやレーザーディスクに関わる中で様々な出来事が降りかかったにもかかわらず、これほどにダムが楽観的に未来を語ることができるのは、彼が実践を通じて、様々なメディアの可能的様態を理解し、未来の状況にこれらの知を柔軟に対応させていけるという自信があるからではないだろうか。

実践的研究を必要とするもうひとつの理由は、事例研究だけでは、そのメディアの置かれた政治経済的、歴史地理的な磁場を深く理解するのが難しいという、地域メディア研究に内在的な理由だ。

「地域メディア」を研究するにあたり、次のような問いが立ちあがる。つまり、地縁・血縁に縛られないコミュニティが積極的に模索される世界において、なぜ「地域」「地域メディア」に注目するのか。「地域」に関しては、その範囲や定義をめぐる混乱が尾をひく一方、インターネットなどが地理的近接性の重要性を低下させるという状況をどう研究に組み込んでゆくのか。また、マスメディアからパーソナル・メディアまで視聴者に重層的にのしかかるメディア環境をどのように分析するのか。そしてその地域の歴史性や産業、特性、それにメディアの企業風土や担当者の性格など複雑な個別事情や膨大な変数をどう分析してゆけばよいのか。今、こうした問いを前にして、地域メディア研究は明確には答えを出せないでいる。

しかしながら、考えてみれば、その「個別性」こそが「地域」なのだ。個性を持った地域やメディアの数々を一般化、理論化しようとする過程で見失ってしまうものは数多い。しかしまた事例研究や量的調査を積み上げるばかりでは、そこで生成するコミュニケーションについて深く理解することは難しいだろう。細かな、しかし重要なノウハウが現場でどのように生み出され、積み重ねられるのか。現場がどのようなポリティクスで動いているのか。また、その地域住民がどのような環境でどんなメディアに接しているのか。これらを、数日のヒアリング調査に基づく事例研究だけで理解するのには限界がある。

何度も積極的に現場に足を運び、できることなら、メディアの現場や、他の地域メディア、行政、まちづくりなど他分野の研究者や活動家、またはアスケ・ダムのようなアーティストとともに、議論を重ね、ともに試行錯誤することで、これらをより深く理解することができるに違いない。その積み重ねによって、対象メディアや地域に、何が特殊で何が一般的な問題なのかを区別することもできるようになるだろう。自らを現場に投げ入れることで、地域コミュニケーションやメディアに関して、よりダイナミックで、広い見取り図を描けるようになるのではないだろうか。

II

メディア・リテラシーと社会の回路

5

カナダにおけるメディア・リテラシーのデザイン

バリー・ダンカン
ニール・アンダーセン
ジョン・Ｊ・プンジェンテ・ＳＪ
坂田邦子 訳・解題

最近、日本のマスメディアなどでも取り上げられるようになった「メディア・リテラシー」をキーワードとするメディア教育。もともとイギリスやオーストラリアの多文化的な土壌の上で育まれてきたが、その中でユニークな発展を見せるのは、なんといってもカナダである。この論考は二部構成になっており、前半部分は、カナダのメディア教育の発展に多大な影響を与えてきたオンタリオ州のメディア・リテラシー協会（ＡＭＬ）のメンバーである三人の教師——ＡＭＬを創設したバリー・ダンカン、創設とその後の活動の中心的な役割を担ってきたニール・アンダーセン、そして本文にも登場する「スキャニング・テレビジョン」のプロデューサー兼司会者であるジョン・プンジェンテ——の共著により、カナダにおけるメディア教育の展開の実態とその背景についてその全貌を明らかにしようと試みられている。後半部分は、バリー・ダンカンが二〇年以上におよぶＡＭＬの活動と自らの経験をもとに、これからのメディア教育に対する提言を行っており、日本のメディア教育の行く先を考える私たちにとっても学ぶべきところが大きい。

カナダという枠組みを越えて世界中に波及している彼らの活動や貢献を余すことなく伝えることはほとんど不可能に近く、本論も全体像のスケッチにとどまっているが、マクルーハンを師とするバリー・ダンカンを中心に書かれたこの論考は、それ自体が「クールなメディア」として私たちの想像力をかきたて、カナダにおけるメディア教育の実践のリアリティに思いをめぐらすと同時に、ダンカンらの言葉の一つ一つを、日本に暮らす私たちのメディア教育へとパズルのピースのように当てはめながら読み進めることを要求されている、そんな感じのする論考である。

1　はじめに

一九二二年、ハリウッドのプロデューサー、ルイス・セルズニックは、「カナダに映画化するのにふさわしい話があれば、企業はこぞってカナダに進出しているだろう」と述べた。セルズニックのこの高慢な言葉は、カナダなんかに面白い話などあるはずがないと思っているアメリカ人の態度として決して珍しいものではない。しかしながら北米のメディア教育におけるいくつかの非常に興味深い出来事は実際にカナダで起こっているのである。

カナダのメディア教育とコミュニケーションについて理解するためには、まず、私たちカナダ人の集団性と隣国アメリカとの関係について認識しておく必要がある。カナダのトルドー元首相は、アメリカの隣で暮らすことを「象の横で眠るねずみ」にたとえた。ねずみは、象が寝返りを打つたびに押しつぶされないように走って逃げなければならない。私たちがアメリカの親戚たちと、そんな煩わしくもアンビヴァレントな関係を持っているところで何の不思議があるだろう。

カナダ人はアメリカに対して多くの矛盾する感情を持っている。私たちは、彼らのがむしゃらで冒険心に満ちたリスクを厭わない精神とともに彼らの大衆文化を好ましく思っている。しかし一方で、ヤンキーたちの傲慢で帝国主義的なやり方に対しては批判的である。カナダ人は、礼儀正しい人々であると思われているが、愚鈍さゆえの謝罪を迫られる場合もしばしばあった。「ごめんなさい」という謝罪の言葉がカナダのスローガンであると言ってもよい。カナダ人は基本的に保守的で、法を守る人々である。国連の調査で、カナダが世界で最も住みたい国として常にトップにランク付けされているが、カナダ人は決して得意になることはない。

カナダでは、カリフォルニア州の人口よりも少ない全人口三〇〇〇万人が大陸を横断する四〇〇〇マイルほどの「狭っくるしい」地帯に暮らしていることもあり、コミュニケーションの重要性が強く認識されている。カナダ人は、コミュニケーション・テクノロジー（通信衛星アニクや、テリドンというビデオテックスシステムの開発）、メディア理論（ハロルド・イニス、マーシャル・マクルーハン、ダラス・スミスらの功績）、メディア制作（国立映画評議会、カナダ放送協会および映画産業）において重要な貢献をしてきた。カナダは世界で最も多文化な国の一つでもあり、トロントやバンクーバーのような大都市では、近い将来、主流である白人よりもマイノリティが目立つようになることが予測される。この文化の織物のような社会に対する移民たちの絶え間ない貢献は、多様で推移するカナダ人のアイデンティティの中にも見られる。文化的な混成は、活力に満ちた健全な状態なのである。

カナダ人は自分たちを「自分たちが何ではないか」によって定義する傾向がある。その結果、マクルーハンの「クールなメディア」という概念にも似た、明確な定義を持たず、隙間を想像力で埋めなければならないような、まとまりのない漠然とした集合体となる。マクルーハンは「カナダ人の計算されたアンビヴァレンスこそが、他人の空想を受け入れるために必要な態度を維持するためのもっとも効果的な方法である」と述べている。

アメリカとのこのような付かず離れずの関係は、コメディ業界にも刺激を与えてきた。そこには、遊び心のある流動的で漠然としたポストモダンなメディアと文化についての理論に対する知的な実態がある。カナダ人が皮肉をもってアメリカの大衆文化を見ることは、我々の集団性の弱点でもあるが、一方で、私たちのほとんどがこれをある種の能力であると考えている。アメリカのテレビや映画を見ながら、「あれは自分たちじゃないけど、なんて似てるんだろう!」とつぶやくカナダ人がいることだろう。

このような状況は、そのままカナダのメディア教育の発展へとつながる。アメリカでメディア教育が義務づけられている州は数えるほどしかないのに対し、カナダでは、すべての州でカリキュラムにメディア教育が義務づけられている。カナダでメディア教育が始まった背景には、主に二つの要因がある。一つは、急速にカナダに浸透していくアメリカの大衆文化に対する危機感であり、もう一つは、全国的な教育システムに新たなパラダイムを導入するための環境整備が必要とされていたことである。

2　カナダにおけるメディア教育の歴史

一九六〇年代後半、カナダでは「スクリーン・エデュケーション(映画教育)」の名のもとに、メディア教育の第一波が押し寄せた。カナダ映画教育協会(CASE)は、一九六九年のトロントのヨーク大学におけるメディア教師による第一回会合のスポンサーとなっている。その後の予算削減と「基礎へ帰れ運動(back-to-basic)」の中で、一九七〇年代初期には、この最初の動きはいったん途切れることになった。しかしながら、カナダ全土で英語教育カリキュラムの一部にメディア教育が義務づけられるようになったことを受けて、二〇〇〇年までには、初等教育および中等教育のメディア教育に新たな動きが生じている。

カナダの一〇の州と三つの北部準州は、各州の責任のもと独自の教育システムを持っている。

(1)　カナダ西部——ブリティッシュ・コロンビア州、アルバータ州、サスカチェワン州、マニトバ州、ユーコン準州、ノースウェスト準州

一九九一年、教育者とメディア専門家によるグループがバンクーバーに集まり、カナダ人のためのメディア教育の実現、メディア教育の促進、メディアにおけるカナダ文化の表現の推進を目標として、カナダ・メディア教育協会(CAME)を発足させた。CAMEは二〇〇〇年二月に行われた最初の州会議のスポンサーとなっている。

一九九六年、ブリティッシュ・コロンビアは、カナダ西部で最初に言語教育カリキュラムが導入された州である。メディア教育には、幼稚園から第一二学年まで（K‐12）のすべての言語教育課程に義務づけられ、その三分の一を占めるものと、K‐12のすべての教科における横断的なカリキュラムである「総合リソース・パッケージ（IRP）」[1]の一部となっているものがある。

ブリティッシュ・コロンビアでは、このような変更の効果を引きだすため、引き続きリソースの開発を続けている。また、どの州についても言えることだが、メディア教育における教師養成が主な課題となっている。

アルバータでは、一九六〇年代初めから学校におけるメディア教育の重要性に気づいていた教師が何人かいたが、一九八一年になって初めて、第一学年から第一二学年の英語教育プログラムの構成要素である〈読む〉〈書く〉〈話す〉〈聞く〉に、〈見る〉という要素が加えられた。

一九九三年以降、アルバータ・メディア・アウェアネス協会（AAMA）[2]はメディアに対する意識を高めるための活動と毎年のワークショップを続けているが、地方政府、州政府、連邦政府による大幅な経費および人員の削減により、活動は依然として小規模なままである。AAMAは、「ウェスタン・カナダ・プロトコル（WCP）」[3]の中の、英語教育の発展のためのカリキュラムの枠組みに対し、アルバータ教育委員会の代表を通じて、継続して批判的かつ発展的な働きかけをしており、その結果、アルバータ教育委員会はK‐12の英語教育カリキュラムを改訂し、メディア教育の義務について強調するとともに、初めて「メディア・テクスト」という言葉を用いた。

サスカチェワンでは、メディア教育は共通必修科目の一部であり、基礎的な言語教育の構成を支える分野の一つとなっている。英語のコアコースであるメディア学習には、現在、第一〇学年でビデオ、第一一学年でラジオ、第一二学年でプリント・ジャーナリズムについての学習が盛り込まれている。

サスカチェワンでは、第一一学年の英語教育に必要とされる単元の他に、メディア学習、ジャーナリズム、クリエイティブ・ライティングの三つのオプションが義務づけられている。教師たちは、メディア教育のリソースをアップデートすることに熱心で、現実的に対応してはいるものの、正規の教師養成が急務とされている。

マニトバの新しい言語教育カリキュラムには、〈見る〉ことと〈表現する〉ことがメディア教育として義務づけられている。マニトバ・メディア・リテラシー協会（MAML）[4]は、社会におけるメディアの役割についての検討をサポートする目的で一九九〇年に設立された。MAMLは、マニトバの学校に対して、発表やワークショップの援助やメディア教育プログラムの開発をサポートするなどの現場支援を行っている。

ユーコンとノースウェスト・テリトリーズは、カナダ西部の言語教育のためのコンソーシアムのメンバーである。この地域では、言語教育プログラムにおけるメディア教育の発展に力を入れている。教師の中には、メディア教育をコースに導入するために独自に働きかけをしている者もある。

(2) カナダ大西洋岸——ノヴァスコシア州、ニューブランズウィック州、プリンス・エドワード島、ニューファンドランド島、ユーコン準州、ノースウェスト準州

大西洋岸の州では、カナダ西部の言語教育のコンソーシアムと同じように、一九九五年、メディア教育を特徴とした共通の言語教育のカリキュラムが作られた。報告によると、メディア教育は言語教育のカリキュラムに不可欠な要素であり、すべての英語コースの一部となっている。ノヴァスコシア美術デザイン大学教育学部では、メディア教育という問題について考えるための要素がコースに組み込まれている。また、マウント・セント・ビンセント大学には、メディア教育のサマーコースが設けられている。

ニューブランズウィックでは、一九九〇年以降、メディア教育コースは、卒業する学生のためのオプションコースとされている。一九九二年、州の教育庁は、第一二学年のコースを教える教師に対して教材の割り当てとカリキュラムの提案を開始した。また教育庁は、メディア教育を行う教師がいない学校や学生の登録人数が極端に少ない学校に対して、オンラインで利用できる「メディア学習12‐0」を提供している。

大西洋岸の州の共通のカリキュラムの作成とともに、ニューブランズウィックでは、全学年の言語教育の教師に対し、少なくとも担当している授業の三分の一の授業で、メディア・リテラシーのスキルを何らかの形で取り入れるように奨励された。同様に、共通カリキュラムによって、社会科学習のコースでも何らかの形でメディア教育が取り入れられるようになった。

また過去二年間で、教育庁は、専門家養成のための夏期コースにメディア・リテラシーのコースを導入した。ニューブランズウィック大学は、これからメディア教育を担当することになる教員とすでに経験のある教員に対して、メディア・リテラシー教育のコースを提供している。

(3) カナダ中部——ケベック州、オンタリオ州

カナダの全人口の半分以上がオンタリオ州とケベック州に住んでいる。ケベック州の教育省が作成した改訂版カリキュラムは、一九九九年までに、初等および中等教育で用いられるようになった。これからのメディア教育は、いくつかの教科を横断するカリキュラムを取り入れることによって、基礎的な技術と能力が身に付くものと考えられる。

カナダの全人口の三分の一以上が住むオンタリオは、北アメリカでカリキュラムにメディア教育を義務づけた最初の地域である。一九八七年、オンタリオ州の教育省は、新たなガイドラインを発表し、正規の英語教育カリキュラムの一部としてのメ

ディア教育の重要性について強調した。

一九九五年、オンタリオ州の教育省は学習内容と学習時期についてのアウトラインを作成した。第一学年から第九学年の言語教育では、〈読む〉〈書く〉〈話す〉〈聞く〉〈見る〉〈表現する〉という要素が必要とされている。一九九八年にオンタリオの言語教育カリキュラムはさらに修正され、第一学年から第一二学年までの初等および中等教育において、メディア教育は必修科目とされた。

このようなオンタリオにおけるメディア教育の継続的な発展に関与しているグループがある。一九七八年にトロントで開かれたメディア・リテラシー協会（AML）[5]の設立集会に集まった七〇名のメンバーである。一九八〇年代の終わりまでに、メンバーは一〇〇〇人を超え、AMLは著しい成果を残している。

一九八六年、オンタリオ州の教育省とオンタリオ教員連盟は、一〇名のAMLメンバーに対して教師のための「メディア・リテラシー・リソース・ガイド」の作成を依頼した。二三二ページにおよぶこのガイドは、英語圏の多くの国で使用され、フランス語、イタリア語、日本語、スペイン語に翻訳されている。[6]

このリソース・ガイドの発行に先立ち、教育省からの働きかけにより、AMLの著者らは、オンタリオ州の教師に対して現場指導を行っている。一九八七年以降、AMLのメンバーは、カナダ全土とオーストラリア、日本、ヨーロッパ、ラテンアメリカおよびアメリカで教師向けのワークショップを行った。

オンタリオのリソース・ガイドには、メディア教育について、マスメディアを理解し利用するためのプロセスと関連していると述べられている。またメディア教育とは、マスメディアの性質、マスメディアが用いる技術やそのインパクトについて、生徒の知識に基づいた批判的な理解を促すことでもある。さらにメディア教育は、生徒のメディア制作の能力を伸ばすことを目的としている。

AMLは、一九八九年、オンタリオにおけるメディア教育のさらなる発展について話し合うための招待者限定の会議を開き、一九九〇年と一九九二年には、グェルフ大学におけるメディア教育に関する国際会議を成功させている。各会議には世界中から五〇〇名以上の参加者が集まった。

一九九二年には、カナダの各州のメディア教育に携わるグループの代表がトロントに集まり、カナダ・メディア教育協会連盟（CAMEO）[7]を発足させた。この協会の目的は、カナダにおけるメディア教育を促進し、メディア教育に携わる全国の組織をつなぐことにある。

AMLは、二〇〇〇年五月にトロントで開かれ、成功のうちに終了した国際会議「サミット二〇〇〇——子ども、若者とメディア」の主催者の一つである。「サミット二〇〇〇」は、五五ヵ国からの一五〇〇名の代表にとって、メディアを利用しメディアを教える人々がメディアを制作し流通させている側の人々と出会い、話をする稀少な機会となった。

3　メディア教育の理論

カナダの教師たちは、他の知識豊富なメディア教育者と同じく、折衷主義的である。私たちは熱心なプラグマティストで、批判的、文化的、教育的な豊富な理論の中から、授業に必要なものだけを選択し、フィルターにかける。教育を受けた教師の数が少ないこともあり、多様なリソースの中からほんの断片、――マクルーハンからの多少の引用、英語研究、ニール・ポストマンの痛烈な批判、ノーム・チョムスキーの言葉の一片、そして、リソース・ガイド、マスメディアについての教科書、論考、テレビ・ドキュメンタリー、ニュース番組などからの抜粋、といったもの――しか使用しないことも多い。

一般論として、メディア教育をカルチュラル・スタディーズの影響の濃いイギリスの枠組みの中に位置づけることには世界的な合意があるようである。カルチュラル・スタディーズは、メディアのテクストと表層におけるジェンダー、人種、階級の表象を問題化する知の構築に対して学際的なアプローチをとる。イギリスのメディア教育研究者であるレン・マスターマンに大きく影響を受けた私たちのリソース・ガイドとメディアの教科書――そのほとんどがAMLの委員によって書かれたものだが――の前提となる批判的な態度は、オーストラリアとイギリスから広まった同種の文献とも矛盾しないものである。そして、最も影響があったのは、イギリスのほとんどの文献に記述されている教師養成に関する部分である。

「テクストの快楽」の重要性を前面に置いてきた。オーディエンス研究は、複合的な主体性を持つ社会的主体としての視聴者に対する認識を支えてきた。同様に、現在では、テクスト自体が多義的で、多くの意味を伝達し、多様な読みを引き出すものとして捉えられるようになっている。

オーディエンス研究によって、私たちは北アメリカのテレビ番組に関する掲示板、昼間のソープオペラや「Xファイル」、「ザ・シンプソンズ」などに関する情報やゴシップを満載したウェブサイトなどの解釈共同体について学ぶことが可能になった。教師たちが、オーディエンス論の知見を通じて生徒の文化実践について考察しようとすると、教室内の力学に変化を生じさせてしまうことになる。その際、生徒らがメディアについてすでに何を知っていて、メディアをどのように理解しているかということを発見することに重点を置くことが、メディアを教えるすべての教師にとっての出発点となる。イギリスのメディア教育研究者であるデイビッド・バッキンガムと同僚たちはこのような考え方において多大な貢献をしている。

メディアのグローバル

トランスナショナルなメディア企業の出現や最近のメディア企業の統合・合併といった動きとともに、文化のグローバル化はさらに進行している。このような傾向の中で、文化主権や民主社会といった考え方に対する重要な理論的および現実的な問いかけが生じている。

「クリティカル・マーケティング」と新保守主義

教育分野において、カナダの保守的な州政府の中には、批判的考察に基づく実践や文化的批判、そして価値観やイデオロギーの形成に関する知見に対して恐怖感を抱いているものもある。メディア教育者は、とりわけ政府と企業によって構成された情報に民主的にアクセスできる権利について、知識に基づいた視座を持つ必要がある。一九九四年、レン・マスターマンは、「クリティカル・マーケティング」教育というメディア教育への新たなパラダイムを提案している。

メディア教育とデジタル・リテラシー

新しいコミュニケーション・テクノロジーの出現とそれらの融合によって、学校においても、コンピューター・テクノロジー部門が、技術的な言説とともにある種の勢力を持つようになると同時に、多くのメディア教育者がその変化についていけない状況が生じている。教育者や技術者は、伝統的なメディアから借りてきた古いパラダイムの考え方に頼る傾向があり、新たな可能性について頭を切り換えられなくなっている。マーシャル・マクルーハンが喚起するように、私たちは「背後の状況も見ながら運転しなければならない」のである。[8] これまでメディアの基本概念が示してきたことは、デジタル・テクノロジーと新しいリテラシーにとっても同様に当てはまるのである。

4　メディア教育の実践

カナダの学校教育におけるメディア教育にはいくつかのアプローチと役割がある。その一つとして、生徒たちの空想と現実との関係および世界そのものを区別できるような、存在論的な機能を持っている。

また、メディア教育は消費者意識を高めるものでもある。サイコグラフィックス、人口統計学、市場占有率などのマーケティングのコンセプトを理解することによって、生徒たちは、マスメディアが彼らの生活の中で果たす役割や社会経済的なシステムにおいて果たす役割について理解するようになる。

メディア教育のもうひとつの視座として、とりわけ消費主義との対比において市民社会について扱うものがある。生徒たちは市民権の役割について考え、メディアのメッセージを理解することが、どのように市民性の回復につながるかということについて考えることができる。

メディアのメッセージについて文化的な視点を持つことは特に有効である。カナダ人のアイデンティティやアメリカ人のアイデンティティという問題について考えることは、自分たちが誰で、どのようにローカルかつグローバルな共同体に適応するべきかという理解につながる。

そしてどのアプローチにおいても、社会的な文脈に即した学習にとって、オーセンティシティ（authenticity）は重要である。オーセンティシティとは、メディア・テクストの研究が生徒の生活に直接結びつくことで生徒に興味を抱かせ、社会的な意味を持つことを意味する。

学校における教育実践

学校の授業におけるメディア教育には、主として四つの方法がある。どの方法についても、構築／脱構築の繰り返しが有効である。

①メディアによるアプローチ

特定のメディアの性質、利点および欠点について考える。たとえば、新聞の一部分または一ページについて検討、分類し、それにタイトルを付けるようなことから始めることができる。

②テーマによるアプローチ

いくつかのメディアについて考える。例えば、ジェンダー表象などの問題について検討し、多様なメディアの中でそれがどのように伝達されるかについて検討することができる。

③独立型のアプローチ

多くの教師にとって、メディア学習は英語コースの中の独立した単元である。つまり、教師たちはジャンルまたはテーマを選択し、二週間ほどの期間に、集中的にそれを学習することができる。

④複合的なアプローチ

メディア学習を他の授業の活動と一緒に行うことは、社会的な文脈に即した学習を行ったり、テレビまたはウェブサイトといった新しいメディアと、プリント・メディア、話し言葉などの古典的なコミュニケーションの形態とを関係付けるためにも有益である。

繊細な問題

メディア教育は、生徒や教師がメディア表象、性表現、暴力などについての微妙な問題について理解するのに役立つ。例えば、家族という変遷する概念の中で絶えず変化する男女の役割について、メディア表象は議論と分析を行うためのちょうどよい足がかりとなる。また、エスニック集団の表象に関する議論は、生徒たちがこれらの問題を理解し、カナダ社会における自分たちの役割について考えるために役立つ。家庭や学校で得た価値観とメディア表象を比較することが、問題の理解につながるのである。

評価

すべてのカリキュラムにおいて、評価は実践とオーセンティシティを担保するための主要な要素である。ＡＭＬのクリス・ウォースノップはメディア評価を自らの研究と著作の継続的なテーマとしている。彼の著書『メディア学習を評価する

（Assessing Media Work）』によって、多くの教師たちがオーセンティックなメディア評価についての理解を深めている。

授業の実施

授業レベルでのメディア教育の実施は、地域または各学校によって様々である。メディア教育を優先的に位置づけ、継続的な現場支援を行ったり、メディア・コンサルタントに依頼している学校もあれば、教師に任せっきりにしている学校もある。

教師が個人的に実践を行うことは、学校におけるメディア教育の程度と質に多大な影響を与える。オンタリオのＡＭＬなどの組織は、メディア教育に関する補足的な専門知識とアイデアを必要とする教師に向けた継続的な支援を行っている。

リソース

一九八七年以降、カナダ人によって書かれた多くの優れたメディア教育の教科書がある。例えばバリー・ダンカン他編（一九九八年）『マスメディアと大衆文化（Mass Media and Popular Culture）』第二版、デイビッド・ブース他編（一九九八年）『メディア・センス（Media Sense）』などがある。後者は三つのパートに別れていて、それぞれ四年生用、五年生用、六年生用である。

また現在では、著作権による制限を回避するための画期的な方法がある。「メディア・アウェアネス・ネットワーク」[9]は、教育用の資料を集める情報センターとして設立され、劇的な成功を収めた。このカナダ国内および国際的なネットワークは、多くの場所から集められた授業用のサンプル資料のデータベースとあわせて、子供たちがインターネットを賢く利用するための独自のリソースを開発している。

『スキャニング・テレビジョン』[10]は、四〇のショート・ビデオから構成されていて、そのうちのほとんどが授業用に著作権処理を行ったドキュメンタリーである。大部分は中等教育の授業用にデザインされており、『メディア・リテラシー・リソース・ガイド』で取り上げられたメディア教育に関するすべての主要な問題を扱っている。

三五のケーブル・ネットワークが参加するカナダの「ケーブル・イン・ザ・クラスルーム」は、アメリカに比べるとまだ新しい試みだが、教師にとって非常に有益なリソースを提供してくれる。「ケーブル・イン・ザ・クラスルーム」の提供する番組は、授業で使用するために、放送日より最低一年間の著作権について処理されている。教師たちは、商業的な要素のない早朝の番組を自由にテープに録画し、必要に応じて生徒たちに見せる。番組の多くに教師によるガイドが付いており、インターネットでも見ることができる。カナダ全土でメディア・リテラシーが義務付けられているため、「ケーブル・イン・ザ・クラスルーム」に参加している局の中には、自分たちの制作した番組が全国的に活用されるということで、メディア教育関連の番組制作に力を入れている局もある。

国内に多くの専門チャンネルを持つチャムテレビは、メディア教育と非常に近い位置にある。チャムテレビは副社長（当時のサラ・クロフォード）をメディア教育担当として任命した最初の局である。

チャムテレビの音楽チャンネル『マッチ・ミュージック』は、音楽教育についての番組を毎月制作している。これらの番組は、音楽と社会問題や市場問題などを組み合わせた内容である。このような組み合わせは、若い人たちにとっては魅力的であり、教師にとっても社会に即した教材を探すのに非常に役立つ。最近では、ＨＩＶが患者の家族にもたらす衝撃について取り上げたもの、たばこ会社やビール会社がミュージシャンやコンサートのスポンサーになること、ミュージック・ビデオの中の性差別や暴力について扱ったものなどがある。

またチャムテレビの『ブラボー！』というカナダの新しいスタイルのアート関連番組は、一九九七年から『スキャニング・ザ・ムービー』という番組を放送している。ジョン・プンジェンテが制作および司会を務めるこの番組は、毎月封切りした主な映画についての検討を行っている。また、この番組では教師および両親のための『ブラボー！』のウェブサイト[11]のスタディ・ガイドを提供しており、映画をより深く理解するための手助けとなっている。

5 おわりに

世界中でメディア教育についての研究が行われているが、メディア教育を正しく発展させるためには、以下の九つの要素が重要である。

(1) メディア・リテラシーは、他の革新的な教育プログラムと同様、草の根的な運動でなくてはならず、教師は率先してロビー活動を行う必要がある。

(2) 教育当局は、カリキュラムにメディア教育を義務づける、ガイドラインやリソースブックの作成、カリキュラムの改善と資料の確保など、教育プログラムに対する明確な支援を行わなければならない。

(3) 教育機関は、この分野において将来的な教師を養成できる力を持つスタッフを補充しなければならない。また、カリキュラムの作成や持続的なコンサルタントについて第三者的な組織からの学問的な支援が必要である。

(4) 地域レベルでの教師向けの現場指導が、実施されるプログラムの一部に取り入れられなければならない。

(5)　各教区は、メディア・リテラシーに造詣が深く、コミュニケーションのためのネットワークを構築できるコンサルタントを必要とする。

(6)　国や地域に即した適切な教科者および視聴覚教材が確保されなければならない。

(7)　ワークショップ、会議、広報誌の配布、カリキュラムの改善などを目的とした支援のための組織が設立されなければならない。このような専門的な組織は、学校や地域を跨ぎ、メディア・リテラシーに関心を持つ様々な領域の人々に関与してもらうようにしなければならない。

(8)　適切な評価手段が必要である。

(9)　メディア教育には、多様な技術、専門性が必要となるため、教師、両親、研究者、メディア関係者が協働してこれを行うことが重要である。

メディア教育という領域においては、オーストラリアとイギリスが先導的な役割を果たしてきた。カナダは、これらの国が持っているような長年の経験には欠けるが、メディア教育の発展に必要な多くの要素があることは明らかであると言えるだろう。[12]

メディア・リテラシーのメニュー2001
――成功するメディア学習のための材料

バリー・ダンカン

以下の所見は、メディア教育とメディア学習に関する中心的な考え方について、その本質を探るための試論でありかつ挑戦でもある。過去一〇年間のメディア・リテラシー協会の経験に基づき以下に提案するアイデアやリソースによって、今後の議論をさらに活発化することができれば幸いである。

私たちは、メディアの授業において、メディアに対する綿密な分析を行おうとするが、その際、授業内で行った議論と考察が新たな知識を構築するための土台となっていることを確信する。この文脈において、教室は、意味についての交渉が行われる「闘争の場」となる。イギリスの教育者レン・マスターマンは、メディア学習が探求心に満ちた共同的な学習であり、ある特定の価値観を押しつけることのない平等で対話に基づいた学習であることを主張している。

1　教師は、教育に利用できるメディアを発見する様々な方法を考えなければならない。面白いと思うメディア・テクストやメディア・イベントを見つけたら、とにかくそれを使ってみよう。それこそが、メディアはどのようにリアリティを構築しているか、メディアのコードと手法がどのような役割を果たすのか、オーディエンスの本質、メディア産業の役割、価値観やイデオロギーがいかに避けがたいインパクトを持つかといった、メディアの基本概念を実際の情況に即して説明する最も適切な方法である。以下のような主要なメディア・イベントについての膨大なメディア報道を比較しながら、掘り下げた学習をしてみよう。

(例)ダイアナ妃の事故死、クリントン大統領のスキャンダル、九・一一テロ事件、コロンバイン襲撃事件、『タイタニック』、『スターウォーズ』などの大流行映画、最近流行しているアーティフィシャルなスタイルのバンド

多くの質問をしながら、生徒たちがよく知っている事例を見つけよう。

2　メディア制作を授業に取り入れよう。イギリスの教育者エディ・ディックが指摘するように、私たちは「批判的実践と実践的批判」の両方を行わなければならない。従って、カムコーダーとマルチメディア・デジタイジングを利用した実践的な活動と分析的な試みを関連づけるようにしなければならない。絵コンテを作成しながら映像の順番を考えることは決して難しいことではない。

3　メディア・テクストを脱構築するために必要なメディアについての基本概念を適用しよう。コード、手法、美的にはよくできていても、以下のような点が無視されていることがしばしばある。

①視聴者――性別、文化、人種、個人的および集団的な必要性等の背景に従って、私たちがそれぞれに異なる文脈でメディア・テクストを理解していること[13]。

②制度――社会、文化および政治的な関係性への関心。例えば、学校、病院、軍隊などのメディア表象について。

③産業――所有、支配、トランスナショナルな企業やグローバル経済について。例えば『スターウォーズ』の多様なメディアを利用したプロモーションなど。トピックが抽象的にならないように、コカコーラやマクドナルド、ナイキについてのドキュメンタリーを利用しよう。生徒が、企業独占や広告・宣伝に企業がどの程度の予算を使うか、広報による宣伝活動の力などを調査する手助けをしよう。「クリティカル・マーケティング」は、現代のメディアを考えるための重要な視点である[14]。

4　カルチュラル・スタディーズが呈示するより広範な視座の中に、メディア・リテラシーを位置づけよう。大衆文化への文学的なアプローチを取り入れよう。

5　メディアを楽しむことの重要性についても、それが問題

であるか否かにかかわらず、率直に捉えよう。メディア消費に対する個人的な満足や、バックストリート・ボーイズに憧れたり、「フィルム・ノワール」と呼ばれる一種独特の映画を片っ端から見るといった行為まで、ファンとしての喜びがあることも認めなければならない。そうでなければ、メディア・リテラシーに対する口うるさい保護主義的なアプローチが支配的になってしまうだろう。教師は自分自身の持つはっきりしない矛盾のある情熱を認めることから始めなければならない。そして、それが適切であれば、その情熱を共有できるようにしなければならない。生徒が自分自身の感じるメディアの楽しさについての綿密なレポートを書いたり、自分のメディア日記（Media Log）をオープンエンドなやりとりに利用したりすることを奨めてあげよう。

6　メディアと大衆文化を実際の動向の中で捉え、その領域を広げるために、メディアの専門家から学ぼう。自分たちの暮らすコミュニティの中でスピーカーとなってくれそうな人や現場見学ができそうなところを見つけよう。映画、テレビ、音楽のプロデューサー、写真家、ジャーナリスト、広告会社、広報エージェンシー、メディア研究者がいないだろうか。見学できる映画、テレビ、マルチメディアの制作現場は近くにないだろうか。また、定期的に放送される番組の録画テープが見られる機会はないだろうか。ショッピングモールやテーマパーク、ゲームセンター、複合型都市施設などを見学に行こう。本屋、ポスターショップ、漫画コーナーなどをチェックしてみよう。メディア・リテラシーという概念を、バービー人形、アクション・フィギュア、ポップでキッチュな雑貨などにまで広げてみてはどうだろうか。メディア教育を広義に捉えることは、コミュニティにおける学校からの視点をより豊かにさらに多様にしてくれるだろう。

7　可能であれば、メディアに関する概念や重要なテーマについても教えよう。特定のジャンルに限定するのではなく、表象、ナラティブ、オーディエンス、メディア産業といった幅広い分野について検討しよう。

8　メディア・テクストを脱政治化することはやめよう。メディアを「通じて」だけではなく、メディアに「ついて」教えよう。メディア・リテラシーに関する多くのあまり興味深くもない成果が報告されているが、メディアの授業には、モラル・パニックとともに加熱したメディア・バッシングに荷担することのない、開放性、知性、熱意、そしてリスクを厭わない姿勢が必要とされている。

9　主流のメディアに対する「対抗的な読み」を促そう。湾岸戦争や最近のアフガニスタンでの戦争に関するトピックや、たばこ産業のピーアールが支配的なメディアを通じていかに社会的な同意を捏造しているか、といった話題を利用しよう。まずは、人気のあるテレビのテクストに対して「支配的な読み」をしてみよう。次にいくつかの「対抗的な読み」を考えてみよう。生徒たちにメディアの授業の中で得た洞察力を、学校運営の政治、家庭内の力関係、仕事の世界といった異なる領域にも応用させてみよう。そうしなければ、メディアの授業で得たことは、限られたインパクトしか持たないだろう。

10　メディア表象についての学習に関する異議や論争を直視しよう。表象は、通常あらゆるメディア研究において中心的な問題と考えられており、私たちはこの問題の持つ複雑さを媒介して伝えなければならない。例えば、人種とメディアについての学習は、ある集団や「他者」を本質主義的に捉えたり、ステレオタイプに頼ることで差異の本質を限定してしまったりといった危険を伴う。昨今では、多文化的な社会における生活の産物として、アイデンティティとは、混成的かつ流動的な進化する概念として捉えられるようになった。教育学者のヘンリー・ジルーが、私たちがみな越境者であることを私たちに思い出させてくれたような適切な言説を見いだす必要がある。私たちはみなグローバル・ビレッジに住んでいるのだ。

11　メディアに関するプロジェクトを行う際、生徒たちは独自のリサーチを行うべきである。テレビ番組、ロックバンド、スターの人気の理由についてリサーチするような場合、エスノグラフィの手法を用いれば、生徒たちは参与観察、インタビューなどによって、個人や集団の意見や口述を記録する効果的な方法を学ぶことができる。生徒を熱心な研究者にすることは、最終的には学校の社会的なダイナミクスを変えることにつながるだろう。

12　オーセンティックなメディア評価を行うために、適切な道具と説明を使おう。メディア学習の信頼性を高め、生徒の学習に対する専断的で主観的な評価の危険性を回避するために、評価についての体系的なアプローチと簡易なモデルが必要である。キャスリーン・タイナーが述べるように、教科の基準、授業内容、生徒の評価のバランスが保たれれば、学習が成立したと考えることができるだろう[15]。

13　主流のメディアに対する多くの有意義なオルタナティブなメディアの可能性を発見しよう。メディアの結びつきについて考えるために、インディペンデント映画や実験的アートを見たり、主流のメディア報道に対するオルタナティブな本や定期刊行物を探したりしてみよう。

14　社会に即したメディア教育のためには、マルチメディア、ニンテンドーのゲームからインターネットまで、新しいコミュニケーション・テクノロジーと融合するテクノロジーを包括的に考えなければならない。新たなメディアは、メディア言語を再形成し、混成的なアイデンティティと多様なリテラシーを生じさせる。そして、マクルーハンが言うように、他のメディアを取り込みながら、古いコミュニケーション言説を廃退させる。テクノロジーという言説は今や至る所に流布していて、マイクロソフトは相変わらず世の中を支配している。このようなことはすべて、メディア教師にとっては興味深い事柄である。メディアの基本概念を適用しつつこの巨大なサイバー・ドメインに介在することによって、どのような重要な洞察が得られるだろうか。残念ながら、学校現場では、しっかりした実証的なデータに基づく厳密な分析はまだほとんど行われていない[16]。

15　メディア教師は互いに連携しなければならない。この領域に携わる人間はまだ少なく、教育の領域における私たちの勢力には限界がある。私たちの解釈共同体をつなぐことは非常に重要である。メディア・リテラシー協会の成功の要因は、教科書やニュースレター、メディア教育における到達目標の設定、教育機関のための新たなコースの作成、各種のワークショップや「サミット二〇〇〇」のような国際会議の開催において、広い分野からの協力を得たことが大きいと言える。

注

1　「総合リソース・パッケージ」には、各州に必要なカリキュラム、授業のやり方、本、ビデオ、その他電子データ等の学習のためのリソース・リスト、生徒に対する評価方法などが含まれている。

2　http://www.bced.gov.bc.ca/irp/ を参照。

3　「ウェスタン・カナダ・プロトコル」は、マニトバ州、サスカチュワン州、アルバータ州、ブリティッシュ・コロンビア州、ユーコン準州、ノースウェスト準州の各教育担当省が、K‐12の基礎教育における協力関係を結ぶため、一九九三年一二月に調印したものである。その後二〇〇〇年二月には、ヌナヴート準州が加入し、共通カリキュラムの枠組みの開発等、いくつかの共同プロジェクトを展開している。http://www.wcp.ca/を参照。

4　http://www.aama.ca/event.htmlを参照。

5　http://www.aml.ca/を参照。

6　カナダ・オンタリオ州教育省編、FCT訳『メディア・リテラシー——マスメディアを読み解く』リベルタ出版、一九九二年

7　http://interact.uoregon.edu/MediaLit/CAMEO/index.htmlを参照。

8　①メディアはすべて構成されたものである。
②メディアは現実を構成する。
③オーディエンスがメディアから意味を読みとる。
④メディアは商業的意味を持つ。
⑤メディアはものの考え方（イデオロギー）と価値観を伝えている。
⑥メディアは社会的・政治的意味を持つ。
⑦メディアの様式と内容は密接に関連している。
⑧メディアはそれぞれ独自の芸術様式を持っている。
——（FCT訳〈一九九二〉より引用）

9 http://www.media-awareness.caを参照。

10 『スキャニング・テレビジョン』は，昨年秋にパート2が発売されている。http://www.harcourtcanada.com/school/english/media.htmを参照。

11 http://www.bravo.comを参照。

12 カナダのメディア・リテラシーに関する詳細については、CAMEOのウェブサイトを参照。
〈http://interact.uoregon.edu/MediaLit/CAMEO/index.html〉

13 Buckingham（1990), Duncan（1996)

14 Klein, Naomi（2000)

15 Worsnop, Chris (1996)

16 Marshall McLuhan, Sefton-Green's（1998)

参考文献

Branston, Gill (1999) *The Media Student's Book*, Routledge

Buckingham, David (1990) *Watching Media Learning: Making Sense of Media Education*, Taylor & Francis

Duncan, Barry et al. (1996) *Mass Media and Popular Culture*, Harcourt-Brace, Toronto

Kellner, Douglas (1995) *Media Culture: Cultural Studies, Identity and Politics Between the Modern and the Postmodern*, Routledge

Klein, Naomi（2000） *No Logo: Taking Aim at the Brand Bullies*, Random House

Masterman, Len (1994) *Media Education in 1990's Europe*, Council of Europe Press

Morgan, Robert (1997) "Messing with Mr. In-Between: Multiculturalism and Hybridization" *English Quarterly* vol. 29, no 1

Sefton- Green, Julian (1998) *Digital Diversions*, UCL Press

Schiller, Herbert (1991) Culture Inc.: *The Corporate Takeover of Public Expression*, Oxford Univ Pr on Demand

Tyner, Kathleen (1998) *Literacy in a Digital World: Teaching and Learning in the Age of Information*, Lawrence Erlbaum Associates

Worsnop, Chris (1996) *Assessing Media Work*

上杉嘉見（二〇〇二）「カナダ・オンタリオ州におけるメディア・リテラシーの教師教育」『日本教育方法学会紀要「教育方法学研究」第二八巻』

カナダ・オンタリオ州教育省編、FCT訳（一九九二）『メディア・リテラシー——マスメディアを読み解く』

菅谷明子（二〇〇〇）『メディア・リテラシー——世界の現場から』岩波書店

解題

私が最初にこの原稿を読んだ時、そして翻訳を終えた後、「この次」が読みたい、もしくは「この奥」が読みたい、と思わずにはいられなかった。私はいわゆるメディア教育者ではないし、メディア・リテラシーを専門としているとも言えず、むしろ、ここ数年間、ダンカンらのように、身体で、現場で、メディア・リテラシー活動（「メディア教育」というのはおこがましいので「メディア・リテラシー活動」としておく）に携わってきた者として、そして研究者として、断片的な事実よりもむしろ、その事実を裏付けているものに関心がいってしまうのである。何事もなかったかのように成長した木を遠くから見ていると、ついつい木を植えるための場所探しや土作り、できるだけ大きく甘い実がなるようにと捧げてきた努力と苦しみ、そしてその大きな木が落とした種子が新しく芽吹き、新たな果実をたたえることもあったのか、といったいわば事実の周辺にあることをもっともっと知りたくなってしまうのである。そして、カナダのメディア教育の発展の裏側にはきっとそんな数々のエピソードが隠れているのだろうと思わずにはいられない。

ただし、そう思ってしまうのも、見ている場所が異なるからかもしれないとも思う。ダンカンらは一九七〇年代頃から、イギリスとはまた異なるカナダの文脈において、メディア教育というものの重要性に気付き、一心不乱にその波及につとめてきた。イギリスの場合と異なり、カルチュラル・スタディーズなどの思想的な背景や研究者などの後ろ盾もない中で、ダンカンらのような現場における学校教師、教会牧師らが中心をなして、草の根的でボトムアップな活動を行ってきたのである。そういった当時の激流の中では、当然のごとく、思想的背景に気を配ったり、失敗をおそれたりまた振り返ったり、ということのためにその場に踏みとどまってそれらを検討しながら体系的に活動を行うといったことはできなかったのではないだろうか。

これに対して、メディア教育やメディア・リテラシー活動といったものが緒に就いたばかりの日本から見れば、イギリスやカナダにおけるメディア教育はすでに確立されたものとして捉えられてしまう。だからこそ、その隙間が気になったり、明確な理論的背景があるはずだと思ったりしてしまうのかもしれない。こちら側から見ればすでにできあがった一筋の道筋のように見えるカナダのメディア教育の発展も、当事者からすれば、その軌跡は未だに一つ一つ断片的な実践の連続でしかないのかもしれない。

研究者は時に、事実を後回しにして、事実の裏側にあることばかりを一生懸命に探ろうとすることがある。遠くや裏側ばかりに目がいってしまい、自分の立っている場所を見失いそうになることもある。ダンカンらはそうならないように、現場で足元ばかりをみつめながら一歩ずつ実直に進んできたのだろう。彼らの原稿からはそういった実直さが読みとれる。決して派手ではないし、現場主義的で感情的でさえあるが、カナダのメディア教育の成功は結局のところその地道な実践の賜物なのである。

そして、今になって自らの活動を振り返り、それらを関連づけてみようとする時、それこそ今度は、例えばカルチュラル・スタディーズの思想の一つ一つがカナダにも当てはめられることにダンカンは改めて気付いたのではないだろうか。だからこそ、論考の後半でダンカンは「試論でありかつ挑戦である」と述べながら、カルチュラル・スタディーズの知見とこれまでのカナダのメディア教育実践を互いに絡ませながら次のステージに向けた「提言」という形で自らの活動の総括に替えたのだろう。また、この論考の随所には、メディア教育における遊び感覚や実践の重要性など、この「メディア・プラクティス」に通底する概念とも共通項が見られるが、実は、ダンカンは二〇〇二年三月に来日し、日本のメディア・リテラシー活動を視察しており、この後の水越・山内の論考で紹介されるメルプロジェクトのシンポジウムにも参加し、意見を交わしている。また、その際に参加していた次の論考の著者でもある呉翠珍とも台湾のメディア教育ついて意見交換をしている。その時のことが少なからず彼らの活動にも影響を与えているのではないだろうか。

このように、イギリスやオーストラリアのみならず、日本やアジアのメディア教育の状況と照らし合わせながら、相対的にカナダのメディア教育について考えたことがこの論考のきっかけになったのではないかと思われる。そして、それらを踏まえたそれぞれの論考はメディア教育全般に対する提言であると同時に、メディア教育の将来に対する彼ら自身の意志表明とでも言うべき力強い宣言としても読み取ることができる。彼らの熱意は、現場の教師だけでなく、行政やメディア企業、研究者を巻き込みながらカナダのメディア教育をさらに発展させていく原動力となることだろう。

そして最後に、言わずもがなではあるが、私たちは、ここで示されたようなカナダでの実践をアジア、日本という文脈に置き換えて捉えていく必要がある。言い換えれば、カナダにおけるメディア教育実践自体を「クールなメディア」として捉え、その隙間を、私たち自身の文化や価値観で埋めながらさらに自分たちの実践を作っていかなければならない。イギリスでもカナダでも日本でもエッセンスは同じなのだ。後はそれを私たちの味付けにしていけばよい。そんな私たちのメディア・リテラシー活動はアジアでも日本でも新たな展開を見せている。

6

媒体素養《メディア・リテラシー》の誕生[1]
——台湾におけるメディア教育の展開

呉 翠珍・劉 雪雁

二〇〇二年、人口二三〇〇万あまりの台湾には、少なくとも五〇〇以上の新聞社、六六〇〇以上の雑誌社、五つの地上波テレビ局、六四のケーブルシステム、一七四のラジオ局が存在している。一九八七年に行われた戒厳令の解除に続いたメディア規制の撤廃により、マスメディアの数が突如として数十倍にも膨れ上がり、台湾の人々は選択の権利と自由を手に入れた。

しかし同時に、限られた市場で繰り広げられる極度な競争は、メディアの品質低下という結果も招いてしまった。二〇〇二年一月に実施されたある世論調査によると、マスメディアを台湾社会の混乱の根源と見なし、メディアを信用しないという市民が三七パーセントにも達している。[2] このように、メディアへの不満、不信に由来するメディア批判、メディアウォッチ、メディア監督への社会的ニーズが、台湾の媒体素養教育の発達を促す要因となった。

本論は、まず台湾におけるメディアの発展と現状を切り口とし、メディア・リテラシーが提起された背景を分析する。つぎに、台湾のメディア・リテラシー教育、すなわち媒体素養教育の概念や目標を整理した上で、媒体素養教育の推進策を具体的な実践例を通じて説明する。最後に、台湾の媒体素養教育の課題を挙げるとともに、この分野においての香港や中国大陸などとの交流や連動について展望していくことにする。

1 台湾におけるメディア発展の歴史と現状

一九四九年、内戦に敗れ中国大陸から台湾に移ってきた国民党政府が、戒厳令を実施し、言論、出版、集会、結社および政治的自由を禁じた。一九八七年七月に戒厳令が解除されるまで四〇年近くの間、台湾のメディア発展は大きな制限を受けてきた。戒厳令の下で、新聞のページ数が制限され、新しい新聞社の設立は認められなかった。一方、テレビのほうは、一九六二年に台湾電視台（TTV）、一九六九年に中国電視台（CTV）、一九七一年に中華電視台（CTS）が、それぞれ政府、国民党、軍の資金主導のもとで設立された。この三つのテレビ局は株式会社組織の商業放送局であるが、経営権は政府と国民党が握り、政治宣伝の道具としての役割を果たしていたわけで、それ以外の放送局の設立は許可されなかった。その結果、台湾では新聞二紙（『聯合報』と『中国時報』）とテレビ三局による市場寡占と言論統制が続いていた。

一九六九年、電波が届かない地域の受信状況を改善するためにケーブルテレビが導入された。しかしまもなく、地上波三局が提供する番組を見る以外に選択の余地がまったくなかった視聴者のニーズと、ビデオやケーブルという新しい技術をいち早く利用して一儲けしようとする小規模業者の欲望が合致した。そして近隣の家庭とケーブルでつなぎ、月々安い料金で、海賊版ビデオや衛星放送から受信した番組を配信するケーブルテレビが、各地で広がったのである。政府の度重なる取り締まりを尻目に、このような非合法ケーブルテレビは発展し続け、一九八〇年代にピークを迎えたのである。

一九八七年の戒厳令解除に続き、翌年一月に新聞規制が撤廃され、新聞紙数やページ数が急増したが、テレビやケーブルテレビに対する制限は廃止されなかった。しかし、その時点で非合法ケーブルテレビはすでに従来の地上波三局による市場寡占体制を脅かす存在となるまでに成長し、地上波三局に対抗して第四番目の局を意味する「第四台」という異名もすっかり定着してしまった。ケーブルテレビは視聴者に豊富なエンターテイメント番組を供給したほか、戒厳令が解除されるまでは「非合法野党」だった民進党が政治的な主張を訴えるメディアにもなった。一九九三年前半に、ケーブル加入者は三〇チャンネルから六〇チャンネルが視聴できるようになった。その年の八月に「有線電視法」が可決され、ケーブルテレビの運営がようやく合法化されたが、それまでにすでに六〇〇から七〇〇が運営されており、台湾の全テレビ所有世帯の四五パーセントにあたる二一〇万世帯と違法な契約が結ばれていたのである。[3]

一九九七年、四つ目の地上波テレビ局、民間全民電視台（FTV）が民進党を中核として設立され、一九九八年には初の公共放送、公共電視台（PTV）が開局したことで、地上波テレビが五局に増えた。一方、ケーブルテレビは普及率をさらに伸ばし、二〇〇二年には八四・六パーセント[4]にも達し、一般家庭では九〇以上のチャンネルが見られるという[5]。台湾のケーブルテレビは、普及率もチャンネル数も世界でトップクラスとなっている。

メディアの自由化は、新聞やテレビチャンネルの激増をもたらし、政治、経済、文化、日常生活など台湾社会のあらゆる分野におけるメディアの関与度と影響力の増大という結果にもつながった。一九九〇年代以降、限られた市場での生存と発展を図るために、メディアの間で熾烈な競争が展開されてきたが、それにともなってさまざまな社会問題も引き起こされてきた。
新聞や雑誌といった活字メディアの分野では、経営不振のため有力紙が休刊に追い込まれたり、スキャンダルを売り物にすると明言した香港の週刊誌『壱週刊』と、同系列の新聞『蘋菓日報』（Apple Daily）上陸への対抗策として、従来の新聞や雑誌がレイアウトから購読料までを変更し、スキャンダルを含む三面記事に力を入れたりして、市場構造も報道内容も大きく変貌してきた。地上波テレビの場合、ゴールデンタイム（夜七時から九時まで）の視聴率はわずかながらケーブルテレビをリードしているが、九時から一一時台の平均視聴率はすでにケーブルテレビに追い越された。また、それまでずっと優位を保ってきた広告収入が二〇〇〇年にケーブルテレビに逆転され、厳しい競争に直面させられている。[6] ケーブルテレビは合法化の後に経営の自由を手に入れたが、各種の勢力がこぞって市場参入してきたため、資金力の弱い小規模業者の姿が消え、統合が進んでいる。今日、台湾のケーブルテレビ産業を支配している主なプレーヤーは、国内の企業グループ、政党、地域の暴力団や地方の政治や経済資源を牛耳る勢力、そして多国籍コングロマリットの四種類に分けられる。このうち、和信と力覇の二大企業グループがそれぞれ合従連衡を繰り返し、一九九八年の時点で、両グループが持つケーブルテレビシステムは全システム数の三分の一を占め、所有あるいは受託放送するチャンネル数は、全チャンネル数の四〇パーセントにも達し、ケーブルテレビ加入世帯数の大半を確保しているため、二大グループによる市場の連立独占の状況が非常に顕著になっている。[7]
九九・二九パーセントというテレビ受像機の普及率と、テレビ視聴が大多数の家庭にとって主要な余暇活動となっている生活スタイルからもわかるように、テレビは台湾の人々の生活に一番浸透し、最も大きな影響力を持つメディアである。このことは『天下雑誌』が行った調査の結果でも裏付けられている。メディア利用時間の中で、七三パーセントの人がテレビ視聴に最も多くの時間を使い（新聞購読を挙げた一四パーセントよりはるかに多い）、八一パーセントの人はテレビが社会に与える影響力が最も強いと思っている（それに対し新聞は五パーセント、雑誌は四パーセントに過ぎない）。[8] また、台湾の児童、青少年の一人当たりの年間テレビ視聴時間は一〇〇〇時間以上であり、学校にいる時間を超えている。このうち小学生のテレビ視聴時間を一日に換算すると、学習や睡眠以外の時間の半分近くを占めるほどである。[9]
メディアの解禁後、ようやく政治的な束縛から抜け出した台湾のメディアが、今度は商業的な足枷をされたのである。過度の競争によりメディアがコマーシャリズム重視の方針をとり、結果として品質低下を招いてしまうという悪循環に陥ったのだ。とくにテレビの場合、二四時間放送のニュースチャンネルが八チャンネルもあり、視聴率を稼ぐために、事件、事故、暴力、ポルノやスキャンダルなどセンセーショナルなニュースが占める比重が極めて高く、対立や衝突を煽るような報道が目立っている。しかし、政治的、商業的な要因に左右されない唯一の公共放送――公共電視台の力がまだ弱く、商業放送に対抗し、けん制できるだけの存在ではない。そのため、テレビを台湾社会の混乱の根源と見なし、信用しないという市民が多く、半分近くの親は自分の子どもがテレビニュースを見ることを心配し、あるいは子どもにテレビニュースを見させないようにしているという調査結果もあるほどなのだ。[10]

2 媒体素養教育の概念と目標

メディアに対する市民の不満や不信は、人々に対抗的な姿勢をとらせ、メディアの非を厳しく糾弾するメディア批判や、メディアウォッチ、メディア監督といった活動が活発化する背景となっている。しかし、「悪名高き」メディアを非難するという、一見同じようなことをしているように見えるこれらの営みには、実はその出発点や着眼点、そして主張などにおいてさまざまな違いがある。このため、今日のメディア批判は、メディアに対する批判的な受容を社会に浸透させる契機となりうる一方、人々がメディアに対して抱く不満を利用、懐柔し、メディア批判を保守化あるいは馴化させてしまう危険性も孕んでいると警鐘を鳴らす学者もいる。[11] また、メディアウォッチやメディア監督などの活動の多くは、家父長的な保護主義の意識のもとで、メディアの悪影響を防ぐことを目標とし、照魔鏡[12]のような視点から、個人とメディアの関係を監督する側、監督される側という図式内に限定してしまった。しかし、このような拒否的なやり方は、受け手がメディアの受容過程で持つ主体性と能動性を見落としたり、避けたりしてきたため、結果的に理論と、「メディアを非難しながら楽しんでいる」という現実のギャップがなかなか埋められないのである。

もしメディアを批判すること自体が目的ではなく、メディアおよびメディア環境の改善を求めるならば、「個人がいかにメディアを批判するか」という狭い視野を超え、コミュニティ、社会のレベルからメディアとの関係を考えなければならない。前出の『天下雑誌』の調査では、「今日の乱れたメディア状況の責任を誰がとるべきか」という設問に対し、「メディア経営者」が四三パーセント、「記者自身」が四〇パーセントに続き、「一般大衆」が責任をとるべきだと答えた人が三七パーセントもいる。[13] この結果は、健康的なメディア環境を営むことが、メディアだけではなく、コミュニティ、社会に生活する市民の共同責任でもあるという市民の認識を示してくれている。

一九九〇年代半ば以降、欧米を中心とする諸外国のメディア教育、メディア・リテラシーの概念と経験を参考にして、台湾のメディア環境に基づいた媒体素養教育の概念が提起された。「媒体素養」はMedia Literacyの中国語訳である。[14]「素養」という言葉には、長期間にわたって学びおぼえたこと、かねてから養っている力といった意味があるため、Literacyに含まれている「学びを通じて取得する能力」というニュアンスを表すことができる。

媒体素養教育の目的は、民主主義社会の中で、いたるところに存在する情報に対し、批判的思考とアクセスする能力を持つ能動的な「メディア市民」を育て上げることである。その目標は、大きく分けて「解放」と「賦権」という二つの内容によって構成される。

「解放（liberating）」とは、メディアの組織的、政治的、経済的な枠組や制約から市民を解放することである。具体的には、情報の内容やその価値がいかに構築されたものであるかを知ること、メディアによる再現の偏りと限界を考えること、オーディエンスとメディアの間は、単純な消費関係ではなく、文化的スタンダードをともに作り、維持する関係であることを再認識すること、メディア組織が文化商品を作り出す際の政治的、経済的意図を分析すること、といった内容が含まれている。

これまでのメディア発展の過程において、台湾の大衆はずっと「受動的な消費者」という役割しか与えられてこなかった。そのため、市民に自分たちがメディアにアクセスする権利があることを自覚させ、自分のメッセージを発信できる空間を賦与することもきわめて重要である。すなわち、「賦権（empowerment）」は、理性的な思考と対話を通じて、メディアに影響を与え、その内容改善を促すこと、さらにパブリック・アクセスを通じて、メディアとともに新しいスタンダードを構築し、社会全体の文化水準を向上させることを指している。

台湾の媒体素養教育は、「解放」と「賦権」を通じて、市民本位（citizen-based）の「ヘルシーメディア・コミュニティ（Healthy Media Community）」の構築を目指しているが、「ヘルシーメディア・コミュニティ」にはいくつかの条件がある。

①「ヘルシーメディア・コミュニティ」の主体は、市民（人間）であり、メディア・システム（組織）ではない。コミュニティのメディア文化を変えるには、まず人間の意識を変革することから着手しなければならないが、人間の能動力は媒体素養教育から獲得されることになる。

②市民の文化が健全か否かは、個人の要因だけによるものではなく、コミュニティ全体の文化、環境や、コミュニティ住民の社会的つながりなどにも影響される。

③健全な文化を持つコミュニティにおいてこそ、市民は健全な文化を持つことができる。

④市民は、健全なメディア知識を持つだけではなく、情報を獲得する能力と発信する能力も併せ持つ必要がある。メディア・リテラシーがあり、健全なメディア文化を伝える行動力を持ってはじめて、コミュニティで新たな雰囲気を作り出し、他人に影響を与え、自らの行動で「ヘルシーメディア・コミュニティ」という目標に達成することができる。

3　媒体素養教育の推進策と実践例

二〇〇〇年、台湾教育部は学校教育と社会教育におけるメディア教育の導入に関する研究を民間財団に委託した。すなわち、メディア批判やメディアウォッチ、メディア監督にとどまらず、メディアについて何を教え、何を学ぶべきかの模索が台湾で始まったのである。二〇〇一年の年末に起きた「璩美鳳VCD事件」[15]は、台湾社会、とくに教育界に大きな衝撃を与え、媒体素養教育が重要で切迫したものであることが広く認識されるきっかけとなった。二〇〇二年一月、教育部が「媒体素養教育始動」という記者会見を開き、媒体素養教育を積極的に推進することを宣言した。教育部の委託を受けたメディアや教育分野の専門家、学校教師などがメンバーとなる「媒体素養教育政策企画委員会」が、媒体素養教育の政策について検討し、四回の公聴会を開き、各界の意見を求めたうえ、四ヵ月間かけて報告書をまとめた。一〇月、教育部は『媒体素養教育政策白書』を公表した。

『媒体素養教育政策白書』には、媒体素養教育を推進するための具体的な対策が明記されている。

①課程の整合と融合

二〇〇一年に教育部の改革案、「九年一貫課程」が台湾の小、中学で実施された。「九年一貫課程」には、国語、健康と体育、社会、芸術と人文、数学、自然と生活・科学技術、総合活動の七つの「学習領域」と、情報教育、環境教育、性教育、人権教育、生涯発展教育、家政教育の六つの「議題」が盛り込まれた。[16]従来の課程標準に比べ、新課程は「基本能力」の育成を学習の目標とし、学科名の代替として「学習領域」の概念を導入し、学校が自由に裁量できる「弾性課程」（学習総時間数の一〇パーセントを占める）を設けるなどの特徴を持っている。

そのため、小学校と中学校で媒体素養教育を推進する場合、それを七つの学習領域と六つの議題にうまく織り込み、メディアとの関わりで取り上げるテーマによって違う学習領域の課程を整理し、結びつけていくことが重要になってくる。一方、高校では選択科目として、大学レベルでは選択か必修科目として媒体素養教育を導入するため、共同授業の実行や教材作りも必要である。

②教師と教材面での支援

教師教育システムや社会教育システムを利用し、媒体素養に関する長期的で系統的な教師育成支援を提供し、学校教師やコミュニティ講師向けの養成と研修を進める。

③生涯学習という全民運動の展開

子どもの保護者たちや一般市民向けに、生涯学習という理念に基づき、メディアに対し批判的思考とアクセスする能力を持つ能動的な「メディア市民」を育成していく。既存のさまざまな社会教育ネットワークを活用し、全民的な媒体素養教育運動を展開する。

④メディアと社会の連動関係を築く

メディアと社会の良好な連動関係を築き、プロのメディア関係者がメディア教育者でもあり、メディア組織が情報の生産機関であるだけではなく、情報教育の機関でもあることを、メディア事業に気づいてもらう。

⑤評価システムの確立

社会文化環境は開放的で互いに影響しあうシステムをなしているため、媒体素養教育を行う際に、調査研究、政策の実現、教育効果などに対し、評議し評価するシステムを設けて追跡する必要がある。

『媒体素養教育政策白書』に挙げられた媒体素養教育の推進策の一部は、白書の作成に主導的な役割を果たした台湾政治大学媒体素養研究室が行ってきた一連の実践経験に基づいている。一九九九年十二月、二年間の準備段階を経て、媒体素養研究室は台湾政治大学コミュニケーション学院に所属する正式な研究室として発足した。台湾政治大学媒体素養研究室は、大学や大学院の授業、研究会、フォーラム、国際シンポジウム、ウェブサイトなどのメディアを利用し、大学の研究者や学生、学校教師、社会教育関係者、社会団体や民間財団の関係者、マスメディア関係者、一般市民など媒体素養教育に関心を持つ人々を巻き込んで、媒体素養教育に関する研究、教育、実践を行い、媒体素養教育の政策立案を推進してきた。

ここで、媒体素養研究室がこれまで行ってきた代表的なプロジェクトをいくつか取り上げ、学校、コミュニティ、メディアでの実践例を見てみよう。

①媒体素養教育のリーダー育成合宿

媒体素養教育の知識は、伝統的な教育のように学習内容を中心とする知識（content-based knowledge）と異なり、一種の弁証法的過程で主体的に概念と価値を解釈する実践指向（praxis-oriented philosophies）を持っているため、教師と学生の間にインタラクティブな環境を構築することが重要である。これまでの媒体素養教育はしばしば、理想的な状態を求めることにとどまり、教室の中でその理想をいかに実現させていくかという現実的方策が語られないままでいた。多くの教師たちは媒体素養教育が重要だと認識はしているが、電波の公共性や番組と広告、オーディエンスの関係といったようなメディアに関する知識や、媒体素養教育の目的に対する認識を十分に持っているとはいえない。[17]そのため、一九九九年六月から七月にかけて、媒体素養研究室は台北、台中、高雄で、小、中学校の教師向けに媒体素養教育のリーダーを育成するためのトレーニング合宿（一泊二日）を行い、三地域で合計一五〇人以上の教師が参加した。

②「媒体素養概論」の開設とeラーニングの導入

二〇〇一年の時点で、台湾では二四大学の合計七〇の学部や大学院でマス・コミュニケーション関連の教育を行っている。[18]台湾のマス・コミュニケーション教育はアメリカ方式に従い、長い間、ジャーナリストやメディア従業者の育成を目的としてきた。一方、マスコミ業界がすぐに使える新卒者を求めるという就職市場からの圧力も、こういった職業訓練に傾いたマス・コミュニケーション教育に拍車をかけたのである。しかし、メディア、マス・コミュニケーションに関する教育は、専攻学生だけを対象とするのではなく、一般的な教養知識としても行うべきであるという教官側の反省と、複雑さと混乱さが増すメディア環境の中で自分とメディアとの関係をとらえたいという学生側のニーズから、ここ数年、媒体素養教育が台湾の大学で重視されるようになってきた。

台湾政治大学コミュニケーション学院はジャーナリズム、広告、放送の三つの学部を設置しており、台湾におけるマス・コミュニケーション教育の代表的機関である。二〇〇〇年九月、放送学部とジャーナリズム学部の教師四名が共同で担当する教養類選択科目――「媒体素養概論」が開設された。「メディアを認識し、批判的に思考し、アクセスし、影響を与えていく」ことを目標として掲げる「媒体素養概論」の初年度の履修希望者は三五〇〇名にものぼったが、定員の二〇〇名しかこの授業を履修することができなかった。この状況を改善し、さらに教育資源が共用できるプラットフォームを立ち上げ、媒体素養という科目の影響力を広げていくために、二〇〇一年四月、eラーニングの導入が台湾政治大学と医科系大学である慈済大学で検討され始めた。そして、七月に一六単元から構成される「媒体素養概論」のeラーニング教材が「媒体素養概論」担当教師四名によって制作された。二〇〇一年九月、台湾政治大学と慈済大学の二校で「媒体素養概論eラーニング」(一学期に四回の対面授業を含む)が同時にスタートした。台湾政治大学では正式に登録した履修者は二四〇名だった。一方の慈済大学は、台湾の大学で初めて媒体素養を必修教養科目として導入し、新入生全員が「媒体素養概論eラーニング」を履修することになった。

③「別小看我(「甘く見ないで」)」[19]の企画と関連教材開発

「別小看我」は、公共電視台(PTV)が二〇〇一年二月より放送を開始した媒体素養教育番組である。番組は一〇歳から一四歳という年齢層の子どもをターゲットとし、毎週日曜日午後六時半から七時に本放送、翌週土曜日午前八時半から九時に再放送される。従来の大人が一方的に子どもに教え込む、説教臭い子ども番組と違い、「別小看我」は子どもの思考や判断を重視し、とくに実践の中から学ぶことを強調した番組となっている。

三〇分間の番組はスタジオ部分とロケ部分によって構成される。まず一般公募から選ばれた中学生が扮する子ども記者たちが、スタジオ内でメディアに関する素朴な疑問を出し合い、相談し、関連する情報を集めてからロケに出かけていく。テーマによってロケ内容もさまざまであるが、子ども記者がメディアの現場を体験したり探訪したりすることもあれば、専門家にインタビューしたり同年齢の子どもたちの意見を聞いたり、さらにメディアに関する実験をしたりすることもある。ロケでさまざまなことを学び、そこで得られたことがらをスタジオに持ちかえる。それらについて子ども記者たちは自分の意見を述べ、議論をし、その中からメディアへの認識を深めていく。番組の司会者としてスタジオで子どもたちの相談役を務める唯一の大人、沈春華は、ライバル局である中国電視台（ＣＴＶ）ニュース番組の看板キャスターである。彼女は高い知名度があり、経験も豊富で子ども番組への理解も深いため、公共電視台が特別出演を依頼したという。

媒体素養教育番組「別小看我」（「甘く見ないで」）の関連教材、VCDやゲームセットなど

台湾政治大学媒体素養研究室はこれまでの研究結果をもとに「別小看我」をサポートしただけではなく、番組全体の企画にも積極的に関わってきた。台湾の子どもにとってテレビの影響力が極めて大きいため、「別小看我」で取り上げられたテーマの中でテレビ関連の内容が占める比率はやはり高いが、年間計五二本のテーマは、メディアのアクセス権、コマーシャル、ネットサーフィン、メディアのオーナーシップ、アクション映画、アニメ、ホラー映画、ニュース、テレビ中継、スキャンダルとプライバシー、ステレオタイプ、ドラマ、バラエティ、選挙広告、ポップカルチャー、アイドル、少女マンガ、テレビゲーム、ダイエット、世論調査、災害報道、報道写真などで、実に多種多様な内容が扱われた。

番組と連動する形で、二〇〇一年一二月に、媒体素養研究室が開発した「別小看我媒体教育互動教学手冊（教師用ハンドブック）」とＶＣＤ、および親子用、子ども用教材や、すごろくのようなゲームセットが出版された。そして二〇〇二年一二月に、小中学校教師八人とともに執筆した「媒体素養行動派——別小看我九年一貫互動教学手冊」という教師用ハンドブックも新たに出版された。媒体素養の教育内容を、「九年一貫課程」の七大領域と六大議題のなかに融合させ、従来のようにメディアに対して防御的なやり方を教師が押しつけるような、上意下達の教育法を乗り越え、個人とコミュニティの文化的経験に近づけることを強調し、生徒と教師が対等な立場で対話することを重視したことが、このハンドブックの特徴といえよう。またハンドブックでは、「ニュースと情報」「広告と消費」「メディアの中のステレオタイプ」という三つのテーマを中心に学習単元が組まれたほか、「媒体素養は何を教えるか、どのように教えるか」という媒体素養教育の内容と教授法も提示された。

④「真実と再現」――民放連プロジェクトへの参加

二〇〇二年度日本民間放送連盟メディア・リテラシー・プロジェクトの福岡実践[20]が、異文化交流の角度から行われることが決まり、台湾政治大学媒体素養研究室は東京大学大学院情報学環メルプロジェクトからの依頼を受け、パートナーとして参加した。福岡と台北の子どもたちが、同時進行の形でおたがいの都市に対するイメージ・コラージュを制作、交換、解読し、そして自分の都市を紹介するビデオ作りなどの活動を通じて、メディア・リテラシーを身につけていくという構想に従い、媒体素養研究室は「真実と再現――中日児童媒体素養表現創作実践プロジェクト」と名付けられた台北バージョンを企画し、政治大学付属小学校六年生の「芸術と人文」授業枠内で実践を行った。

子どもたちがメディア表現という具体的な操作段階に入る前に、メディア・リテラシーの角度からの、より深い意味を持つ学習目標を設ける必要がある。すなわち、表現の目的は、メディアによる再現がオーディエンスの世界観に及ぼす影響を考えさせることにある。子どもたちに主体的な動機づけをさせるため、メディアが自分たちの日本あるいは台湾に対するイメージをどのように作り上げているかに気づき、実際に生活している都市のリアリティと比較し、その違いを発見してから、自分たちのリアリティを積極的に表現するという展開をとった。情報を収集し、見分け、分析し、発信するプロセスの中で、異なる文化環境にいる子どもたちが、メディアという概念に対し新たな視野を持つことができた。

⑤コミュニティとマイノリティ・グループにおける媒体素養実践

二〇〇三年六月二六日、台湾政治大学コミュニケーション学院の学生が運営する「政大之聲」ラジオ局（FM放送）で、「外籍新娘（外国籍花嫁）→台湾媳婦（台湾のお嫁さん）」という一時間のスペシャル番組が放送された。

現在、タイ、ベトナム、ミャンマーなど東南アジアの国々から台湾に嫁いできた女性は一一万人にものぼる。しかしマスメディアではこれまで彼女たちがお金目当てに台湾にやってきた「外籍新娘（外国籍花嫁）」だというステレオタイプしか存在していなかった。メディア・リテラシーの概念と理念を広め、マイノリティの人たちにメディアのアクセス権を与える試みとして、媒体素養研究室のアシスタントをしている三人の政治大学の大学生や大学院生たちが、六人の東南アジア出身の「お嫁さん」と一緒にこの番組を作った。ラジオを選んだのは、中国語は話せるが漢字があまり読み書きできない「お嫁さん」にとって、ラジオが一番アクセスしやすいメディアであるためだ。番組の中で、「お嫁さん」たちは台湾に来た経緯や、台湾での日常生活、子育てなど個人的な経験を語ったほか、台湾で受けた差別やメディアに充満する「外籍新娘（外国籍花嫁）」というステレオタイプについて自分の考えと意見を述べた。また、それぞれの故郷の歌や風景も紹介した。この番組は一回きりのスペシャル番組だったのだが、媒体素養教育が学校という枠を越え、コミュニティとマイノリティ・グループの中で展開されうる可能性を示したといえよう。

4　媒体素養教育の課題と今後の展開

以上のように、台湾では媒体素養教育がさまざまな形で実践されてきたが、その認知度と広がりがまだ十分ではないのが現状である。

学校教育の分野では、「九年一貫課程」が実施されてから、合併により時間数が減らされた歴史、地理、公民などのような伝統科目が十分な授業時間数を確保しようとするため、媒体素養教育には狭い隙間しか残されていない。学校というシステムの中で媒体素養教育を認知させ、正規な科目としての地位を獲得させていくことを、これからも推進しなければならない。

また、媒体素養の能力は一般の能力と異なり、非常に個人的で、どこでも誰にでも適用できる一般的評価基準はない。そのため、教師や同級生たちは学生一人ひとりのメディア経験、メディア内容への好みや観点を尊重しなければならない。多くの教師は、自分の権威が試されることになるかもしれないこのような教え方にはまだ慣れていない。

このほかに、台湾のメディア事業者の媒体素養教育への理解をいかに向上させるか、媒体素養教育の理論的水準をいかに向上させ、その理論を実践の基礎にするかなどの課題も多々ある。

したがって、媒体素養教育をさらに推進するには、まず次のような課題を認識する必要がある。

①媒体素養教育の正当性を確立するためには、美辞麗句や実現可能性もない空理空論だけでは足らない。この新しい分野を切り開くためには、順を追って漸進することが大切である。

②媒体素養教育を広げるには、情熱と感性だけでは不十分である。また、メディアがミスを犯し人々の反感を買ったときの一時的な盛り上がりだけでも、それを根づかせることができない。

③媒体素養教育は、講座をどれぐらい開き、トレーニングをどれぐらい行ったかという「教える」側の数字だけでは満足のいく成果に結びつかない。学習者の態度変化や学習効果をより重視する必要がある。

④媒体素養教育の研究と実践は、個人のレベルではできない。媒体素養教育を一つの制度、あるいは国レベルの教育目標にするには、議論と協力ができる体制を作らなければならない。研究、理論的発展とデータベースの支えが必要である。

さらに、媒体素養教育を展開していく上では、ほかの国や地域との連携も不可欠である。例えば香港では、一九九〇年代末からカナダの影響を深く受けたメディア教育が大きな発展を遂げた。二〇〇一年五月の時点で、香港ではメディア教育に携わっている組織は一八二もある。そのうちの八四・一パーセントは学校（特に中学、高校が占める比率は高い）であり、一一・五パーセントは青少年機関や社会奉仕機関である。香港のメディア教育の特徴として、教師およびソーシャルワーカーが推進役を務め、新社会運動の性格をなしていることが挙げられる。[21]

一方、中国大陸では二〇〇〇年以降に媒体素養と似たような意味合いを持つ概念が現われてきた。例えば、『基礎教育課程改革綱要（試行）解読』『二〇〇〇年上海青年発展報告』といった本や報告書の中に、「信息素養（情報リテラシー）」や「媒介素養（メディア・リテラシー）」という概念が提起され、それに関する説明もなされている。現段階で、中国大陸で語られている情報素養や媒介素養は、ほとんどメディアを使用する技術的能力しかカバーしていないのが実情であり、メディア受容能力とメディア表現能力を含めた複合的な媒体素養教育は、まだ展開されていない。しかし台湾や香港の経験が中国大陸に導入され、この分野における三つの地域の間での交流と連動が実現するまでに、それほど時間を要することはないだろう。一方、欧米のメディア・リテラシーの経験を参考しつつ、自国のメディア環境に適した媒体素養教育の展開を模索している日本や韓国などの国々にいる、同じような志を持つ仲間たちと連携していくことも、これから媒体素養教育を推進していくうえではますます重要なことになってくるだろう。

注

1 本稿は、呉翠珍「台湾媒体教育的実験與反思」（中華傳播学会発表論文、香港浸会大学、二〇〇一年七月）、「台湾媒体素養教育概念形成與社会実践的思維」（二〇〇二年度東京大学大学院情報学環メルプロジェクト・シンポジウム「メディア表現、学びとリテラシー二〇〇三――メルプロジェクトの衍生《えんせい》」講演〔中国語版〕、二〇〇三年三月）、劉雪雁「台湾のメディアリテラシーは今」（メルプロジェクト公開研究発表会、東京大学、二〇〇二年五月）などの論文や発表を素材にして再構成し、劉雪雁が台湾のメディア事情に関する全体的な説明を書き加え、日本語で書き下ろしたものである。

2 『天下雑誌』二〇〇二年一月号。

3 シュー・リン・エベレット「越境テレビによる多チャンネル環境下での視聴者――台湾でのケース・スタディ」、原由美子・服部弘『台湾・多チャンネルテレビ視聴者と番組――台湾の多チャンネル化と日本』、NHK放送文化研究所（部内報告）、一九九七年、六三頁。

4 交通部電信総局のホームページ参照。http://www.dgt.gov.tw/

5 劉雪雁が二〇〇三年一月一六日に行った台湾廣電人市場研究株式会社への電話インタビューによると、二〇〇三年一月の時点で、台湾地域では全部で一六七のチャンネルがあり、五つの地上波チャンネルを除くと、すべてがケーブルテレビチャンネルである。そのうち、スクランブルがかけられているチャンネルや、特定の地方システム限定のチャンネルも含まれるため、一般のシステムで見られるのは九七チャンネルである。

6 陳炳宏「台湾電視産業市場結構與経営績効之関連性研究」、中華傳播学会発表論文、香港浸会大学、二〇〇一年七月。

7 陳炳宏「台湾有線電視産業集団化趨勢研究——以和信與力覇企業集団為例」、『廣播與電視』十四号、政治大学廣電系、一九九九年、八九—一一〇頁。

8 『天下雑誌』二〇〇二年四月号特集「弱智媒体 大家一起来誤国?」。

9 呉翠珍主編『別小看我 媒体教育互動教学手冊』、財団法人公共電視文化事業基金会、二〇〇一年、六頁。

10 同注8。

11 馮建三「媒体批評在台湾的発展」、陳光興主編『文化研究在台湾』、巨流図書公司、二〇〇〇年、三三九—三七二頁。

12 中国語では「照妖鏡」と書く。『封神演義』や『西遊記』などの神話伝説によく登場する法具であり、どれほど巧みに変化能力を持つ妖怪であっても、この鏡に照らされると正体が明かされるため、妖怪を降伏させ魔よけの効力があるといわれる。隠れている悪や不正行為などを見破ることができるという比喩的な意味を持つ言葉として日常的にもよく使われる。

13 同注8。

14 台湾では、**Media Literacy**を「媒体識読」と直訳して使っているところもある。例えば、「媒体識読推廣中心(メディア・リテラシー推進センター)」という、子ども向けに「賢いテレビ視聴者になる」ためのメディア教育活動を展開している団体もある。

15 元ニュースキャスター、台北市議も務めたことのある女性、璩美鳳が自宅寝室で複数の交際相手とのセックスシーンをCCDカメラで盗撮され、週刊誌『独家報道』はその盗撮VCDを付録にして発売した。このVCDは発売直後に政府管理部門によって押収されたが、インターネットに流れダウンロード可能になり、台湾の学生の半分以上がパソコンを使って盗撮VCDを見たといわれている。また、関連ニュースは二ヵ月以上にわたってテレビや新聞をにぎわせた。

16 『国民中小学九年一貫課程暫行綱要——六大議題』、教育部、二〇〇一年。

17 教師が媒体素養教育への認識について、呉翠珍「台湾媒体教育的実験與反思」に詳しい。中華傳播学会発表論文、香港浸会大学、二〇〇一年七月。

18 翁秀琪「台湾傳播教育的回顧與願景」、『新聞学研究』第六十九号、政治大学新聞系、二〇〇一年、二九—五四頁。

19 番組のタイトルである「別小看我」を日本語に直訳すれば、「わたしを軽視しないで」となる。劉雪雁はメルプロジェクト公開研究発表会(東京大学、二〇〇二年五月一一日)における発表「台湾のメディアリテラシーは今」で、「別小看我」を「甘く見ないで」と訳し、本稿もこの訳語を使用するが、日本語訳に省略された「我(わたし)」には、「メディア」と「視聴者」という二重の意味合いが込められていることをここで一言補足しておく。ちなみに、番組の英語名は**Mighty Media**である。

20 民放連メディア・リテラシー・プロジェクト福岡実践の全貌については次を参照されたい。水越伸、劉雪雁ほか著「民放連メディアリテラシー・プロジェクト福岡実践報告」、社団法人日本民間放送連盟・東京大学大学院情報学環メルプロジェクト『二〇〇二年度民放連メディアリテラシー・プロジェクト研究報告書——宮城・長野・愛知・福岡4地区におけるパイロット研究について』、二〇〇三年三月、一三九—二〇一頁。

21 香港の媒体素養教育について、李月蓮「香港傳媒教育運動——「網絡模式」的新社会運動」、『新聞学研究』第七一号、政治大学新聞系、二〇〇二年、一〇七—一三二頁が詳しい。

7 松本サリン事件と高校放送部

——送り手と受け手の対立と対話

林 直哉

1 はじめに

二〇〇四年で、松本サリン事件から一〇年が経つ。

一九九四年六月に起こったこの事件で、マスメディアは、程度の差こそあれ、第一発見者である河野義行氏をあたかも容疑者のように扱った。社会にマスメディアが登場してから、幾度となく「冤罪に荷担する報道被害」は繰り返されてきたが、この事件ほどマス・コミュニケーションに内在する「冤罪を生む構造」を、一般市民の前に短期間に、明確に示した例があっただろうか。

私は事件発生時、現場となった松本市北深志から一キロほど離れた松本美須々ヶ丘高校に勤務し、土屋美晴教諭とともに高校放送部を指導していた。私は書道を教える教諭であったが、大町北高校に勤務している八七年からビデオ作品の制作に興味を持ち、放送部を立ち上げて生徒と協働した作品制作にのめり込んでいった。カメラや装置が面白かったわけではなく、社会に存在している問題を取材し、作品化していく過程が楽しかった。こうして生まれた作品は、市民運動ともつながっていき地域社会でも評価されるようになった。松本美須々ヶ丘高校に転勤してもこの活動は続き制作力も向上していった。事件当時、松本美須々ヶ丘高校放送部は全国トップレベルの作品制作力を持っていた。九二年には、一年間の新聞記事から高校生の記事だけを抜き出しそのジャンルを分類、市民の関心とジャンル別の記事量が相関しないことを検証した作品「高校野球ばかりがなぜもてる」等を制作し、マスメディアから送り出される情報に対して一定の距離を置き、批判的な立場で活動していた。事件は、そんな放送部の目と鼻の先で起こった。私たちは、松本サリン事件発生の早い段階から第一通報者を容疑者扱いする報道に疑問を持ち、各メディアが謝罪を行った翌年の六月以後、河野義行氏やその家族、長野県内全てのテレビ局（NHKを含む五局）で報道に関わった記者等、関係者にインタビューを行った。そして、彼らの証言をもとにした七分間の音声作品「テレビは何を伝えたか」[1]を制作、さらに約一年後の九七年、三人の報道部長に再発防止の対策を追加取材し、二〇分間のビデオ証言集（同名）に改編し、マスメディアの送り手を含む各方面から注目を浴びた。

この一連の実践を貫いていた願いは、「報道被害を起こさない送り手と受け手の関係」を見つけることだった。放送業界は松本サリン事件後に、この報道被害を教訓とし、九七年第三者機関「放送と人権等権利に関する委員会機構（BRO）」を設立、その後設置された二つの機関を統合し二〇〇三年には「放送倫理・番組向上機構[2]（BPO）」を設置する。このような機構的な進展はあったが、この一〇年の歳月の中で、マスメディアと情報の受け手の関係、特にテレビメディアにおける報道と視聴者の関係に大きな変化は起こったのだろうか。言葉を変えると、はたしてテレビメディアの送り手は、「松本サリン事件における冤罪に荷担した報道」を教訓に変わったのだろうか。

松本サリン事件後六年間にわたる松本美須々ヶ丘高校放送部の実践を、限られたページで記述することは難しい。ビデオ証言集の制作や放送部の生徒が放送局と共同して行っていく授業についてはまた別の稿で深めることとし、本稿では、放送部の生徒たちが事件から一年後に放送局の記者を取材し、送り手の論理やテレビメディアの構造に触れることで、当時の記者の人間性や報道の権力性を発見していく過程を明らかにしながら、松本サリン事件から一〇年たった現在の「テレビ報道と視聴者のありかた」をもう一度考えたい。そして、「はたしてテレビメディアの送り手は変わったか」という素朴で基本的な問いの答えを論じてみたい。

2　疑問

2・1　松本サリン事件

一九九四年六月二七日深夜、松本サリン事件は起こった。長野県松本市北深志、松本城から北に五〇〇メートルほど離れた閑静な住宅街で、裁判所の官舎を含むアパートや民家など数十世帯が、「サリン」と推定される化学物質の散布によって襲われた。住民は目の前が暗くなる「縮瞳」、呼吸困難などの症状を訴えて次々と倒れ、救急車で病院に運ばれる。「サリン」とは第二次世界大戦中ドイツ軍が使用し、最近ではイラク軍がクルド人殲滅に使用したとされる神経を麻痺させる化学兵器だった。この事件の被害者は、死亡者七人・入院患者五六人を含む五九〇人あまりに達した。二八日早朝にかけて閑静な住宅地は地獄絵と化し、路上や庭先に小鳥や飼い犬などの死骸、池では魚や

7月30日	早朝	義行さん退院	
	退院直後	義行さん事件関与否定の記者会見を行う	
	9:30	松本警察署に行き、事情聴取を受ける（医師から体調のことを考え事情聴取は2時間が限度という診断書を携行させられたにも拘わらず、事情聴取は午後まで行われる）	
	夕方	義行さんようやく帰宅　自宅は記者らで包囲される	
7月31日	10:00	義行さん　事情聴取をうける（自白を強要される）	

8月6日　自分の潔白・警察の捜査は見込み違いであることをマスコミにわかってもらうために、テレビ取材を受け入れる

9月6日　信越放送で特集「サリン深まる謎」が放映
（義行さんに疑惑ありと受けとれる内容）

9月10日　永田弁護士の「中央の警察情報に強い読売新聞の取材に応じて方向転換を促す」という判断で河野さんは取材をうける。

9月15日　地元・市民有志による「マスコミ報道のあり方と警察捜査の問題点を考える」集会

9月27日　読売新聞朝刊特集「松本サリン事件から3ヶ月　だれが、なぜ…晴れぬナゾの霧」
会社員関与説から大きく転換し、
事件を一旦白紙に戻して解明していくスタンスの記事であった。
この読売新聞の記事が契機となり全国紙のスタンスは「河野＝犯人」という見方から
事件を調べなおしてみるという方向性に転換していく。

1995年

1月1日　新聞報道「山梨県でサリン残留物質検出」
2月6日　義行さん　社会復帰のため記者会見を開く
3月3日　義行さん　日弁連親権擁護委員会に人権救済申し立て
3月20日　信濃毎日新聞社を提訴
地下鉄サリン事件
3月22日　オウム真理教を強制捜査
4月21日　朝日新聞社が義行さんに謝罪、5月31日まで新聞各社の謝罪が続く。
謝罪記事にくわえ、冤罪報道の検証記事を掲載する新聞社もあった
5月16日　麻原彰晃逮捕
5月31日　永田弁護士テレビ各局に内容証明郵便による照会文書送付
6月1日　捜査当局「松本サリン事件をオウム真理教の犯行と断定」
信越放送が謝罪
6月2日　信濃毎日新聞社、一面に「河野さん事件と無関係」と謝罪記事掲載
河野さん、信濃毎日新聞社との和解案を受け入れる
日本テレビが謝罪、テレビ局各社の謝罪が続く
6月19日　野中広務自治大臣・国家公安委員長と会見し、野中氏が「個人として政治家として」謝罪。
9月　松本美須々ヶ丘高校放送部「報道について」作品制作開始

1996年

2月4日　河野義行氏インタビュー
2月9日　元松本県ヶ丘高校教頭　吉田氏インタビュー
松本深志高校教頭　猪熊氏インタビュー
3月18日　ＮＨＫ長野　安田昌彦記者インタビュー
3月31日　河野仁志さんインタビュー
4月1日　河野真澄さんインタビュー
6月7日　河野義行氏インタビュー

3月～6月　長野県５局（ＮＨＫを含む）の以下の記者を２度ずつ取材。
ＮＨＫ長野　安田昌彦記者
テレビ信州　大浦圭治記者
信越放送　中島克彦報道部長
長野朝日放送　唐沢真理子記者
長野放送　浅輪清記者

7月25日　第43回ＮＨＫ杯全国高校放送コンテストラジオ番組自由部門　全国優勝

1998年

1月24日　第20回東京ビデオフェスティバル　グランプリ（日本ビクター大賞）受賞

松本サリン事件とテレビ報道関連年表

1994年

6月27日	22:40	サリン散布、河野家の犬2匹死亡
		義行さんの妻、河野澄子さん意識不明
	23:09	119番通報
	23:14	救急車、河野家に到着、協立病院へ搬送
	24:00	松本市深志の現場付近から多くの患者が搬送される
6月28日	朝方	おびただしい数のヘリコプターが松本市上空を飛ぶ
		警察、河野家訪問（音は？　時間は？　など聴取）
	午前中	病院へ刑事訪問（義行さん聴取断る）
		警察、現場検証
	11:00	長男仁志さん、長女真澄さん事情聴取（薬品庫案内）
	昼過ぎ	池の周りの木々が枯れているのを発見
		池に「立ち入り禁止」のロープ張られる
	18:00	強制調査決まる（被疑者不詳のまま）
		松本署と県警は河野家を被疑者不詳のまま殺人容疑で家宅捜索
		（化学薬品類数点を押収）
	22:00	長野県警捜査一課長、記者会見
		「会社員宅から捜査令状により薬品数点を押収した。
		被疑者不詳　罪名は殺人」とコメント発表
	夜遅く	義行さん個室に移動、松本警察署長が状況説明
	夜明け	家宅捜索終了
6月29日	家宅捜査再開	
	義行さん早朝から事情聴取	
	各メディアが一斉に「第1通報者宅を、被疑者不詳の殺人容疑で家宅捜索」と報ずる	
	新聞報道	「惨事、なぜこんなことを、数種類の薬品混合か」
	朝刊	「会社員卓から薬品押収、農薬調合に失敗か、松本ガス中毒」
		「隣人が関係、除草剤作りの会社員が通報、松本ガス中毒死」
		「毒物と隣り合う暮らしの怖さ」
		「前代未聞の猛毒、住民に戦慄?松本のガス?」
		「第1通報者宅を捜査『薬剤調合間違えた』と救急隊員に話す」
		「松本市のガス中毒　通報の会社員宅捜査　薬物数点を押収」
	夕刊	「松本ガス事故、住宅街の庭で薬物実験!?　会社員宅の薬品押収『殺傷力ある』」
		「会社員関与ほのめかす　家族に対して『覚悟して』薬品20点鑑定急ぐ」
		「原因特定へ捜査詰め　危険物扱う資格者　知識豊富な通報の会社員」
		「押収薬品、青酸カリなど20種　松本ガス中毒事件」
		「素人の調合に危うさ　酸混入でガス　松本ガス中毒死事件」
		「松本市の農薬中毒事件　通報の会社員を聴取　押収薬品20点余」
		「納屋に薬品20数点　以前から収集か　会社員を聴取へ」
6月30日	新聞報道	「松本毒ガス　事件直後に会社員が薬剤使用ほのめかす　退院待ち聴取へ」
		「有毒ガスゆっくり移動　濃度高まり被害拡大？松本中毒死」
		「『男性会社員』家宅捜査……住民やっと安堵の表情」
		「松本の有毒ガス、調合ミスで発生　長野県警が見方固める」
		「樹木に薬品 効き目なく『自分で希釈中ガス』松本の中毒事件で会社員供述」
		永田弁護士と面会
		「私を犯人扱いしているテレビがあるようだがすぐに名誉毀損で訴えたい」
		と話す
7月1日	信濃毎日新聞の朝刊に「（会社員が弁護士に）直接関与を全面否定」と小さく報道	
	河野さん、永田弁護士と面会（事件発生の状況を聴取）	
7月3日	捜査本部記者会見「原因物質はサリンと推定」	
7月4日	新聞報道	
	「松本ガス中毒　神経ガス『サリン』検出　押収品に触媒物質、捜査本部、入院会社員聴取へ」	
	「市販薬でも作れる猛毒　知識や経験あれば可能　サリン材料　難しい販売規制」	
7月23日	中断されていた病院内の事情聴取再会	
7月29日	義行さん　松本警察署の警部と退院後の出頭について話す	

ザリガニが浮いていた。

発生当初の報道は大きく揺れた。事件発生地は、第二次世界大戦時には陸軍の駐屯地になっていた場所であり、ちょうどこの日は七三一部隊写真展が市内で行われていたこともあって、「ガス漏れ」から「旧日本軍の残していったガス弾の爆発」「七三一部隊の生き残り陰謀説」まで、原因不明の事件に対する憶測が飛び交った。翌二八日午後に「被疑者不詳のまま殺人容疑で第一通報者宅の家宅捜索」が決定し、一八時から深夜にかけて家宅捜索が行われ、物々しい捜索の様子が断続的にテレビ中継されブラウン管から流れた。河野氏宅の周辺にはおびただしいテレビカメラと取材陣が押し寄せ、ただでさえ狭い道路は関係者の車や中継車で身動きがとれないほどだった。翌日の朝刊の一面は家宅捜索の様子を報じた。ショッキングな事件の上に「被疑者不詳の殺人容疑」という聞き慣れない言葉が、さらにこの事件を不可解にした。しかし「被疑者不詳」とはいえ第一通報者宅が家宅捜索されたことを受けたその後のマスメディアの報道は、第一通報者があたかも容疑者のような印象を与えるのに十分だった。多数の死者を出し、無差別に一般市民を巻き込むテロのような事件だけに、世論は早く犯人を捕まえてほしいと願う。警察は確証に至らないまでも相当確かな証拠を押さえていて、早々に「第一通報者宅の家宅捜索」に踏み切ったと思われた。だれもがこの段階ではそう感じたに違いない。もちろん私も、この時は同じ思いだった。

2・2　メディアで表象される事象への違和感

しかし、翌日二九日の新聞が伝えたニュースは、様子がおかしかった。その見出しは――

「第一通報者宅を捜査『薬剤調合間違えた』と救急隊員に話す」
「松本市のガス中毒　通報の会社員宅捜査　薬物数点を押収」
「松本ガス事故、住宅街の庭で薬物実験!?　会社員宅の薬品押収『殺傷力ある』」

さらに二九日のテレビ報道は、数社が「農薬調合ミス」を伝え、農薬調合に使われたとされる「スミチオン」のボトルを紹介する。そして、事件から約一〇日後、原因物質が化学兵器に使われる「サリン」と判明し、報道機関の興味は「河野氏宅から押収された薬品でサリン製造が可能か否か」に移っていく。サリン生成については「大型プラント必要説」から「バケツで合成可能説」まで諸説が飛び交った。松本サリン事件では、この数日間の警察の初動捜査と報道機関による初期報道が、「事件の大きな輪郭を規定した」といっていい。

この時松本美須々ヶ丘高校放送部の部員二一名は、七月下旬に行われる放送コンテスト全国大会の作品提出を終えほっとしていた時期だった。放送部は以前から「メディア」「教育」をテーマとした作品を制作していた。マスメディアに対しても距離を置いた見方をしており、放送部員の中に河野さんの長女、真澄さん（当時高校生）と共通の友人をもつ羽根田綾子がいたこともあって、この事件に対して他の高校生たちとは異なった接し方をしていた。むしろ、河野家に近い情報が聞こえてくる状況を背景に「第一通報者（河野氏）が容疑者のように扱われる報道」に疑問を持つようになっていく。私自身、「農薬調合ミス」の報道が「殺人容疑の家宅捜索」と矛盾するように思われ、「スミチオンで疑われたら、園芸に興味のある者にとってたまったことではない」と感じていた。誰でも購入でき、アブラムシ退治に使う農薬として、家庭菜園や園芸を営む家庭には常備されている農薬だったからだ。私も家に常備していた。この報道から、私は一連の事件報道に関して強い違和感をもち始めた。疑問を持った上で報道を見ると、マスメディアを通じて明らかになる情報は不思議なことが多く、私たちの目と鼻の先で起こった事件として「肌で感じ取っている感覚」と、「報道されていることがら」との間に大きなギャップを感じるようになっていった。「これで第一通報者が容疑者でなかったら、マスメディアはどうするつもりか?」。私がそう思い始めた七月中旬、羽根田綾子が友人を介した真澄さんの話として、「報道が大変なことになっている、まるで私の父（河野氏）が犯人の様な扱いになっているのはおかしい」という彼女の声を伝え、「このまま報道が続いたらどうなるのか」と尋ねてきた。私は、「確たる証拠があるわけではないが、報道に違和感がある」ことを話し、作品化も視野に入れた新聞とテレビ報道の観察を始めるよう言った。

マスメディアが初期報道で固めた方向性は、「農薬調合ミス」の報道以後変わる様子はなく、河野氏退院後の記者会見では「河野氏の名前や顔を出すか隠すか」「容疑者なのか被害者なのか」マスメディア同士がさぐり合い、任意の事情聴取前後のニュースは、公式・非公式の警察情報やリーク情報に揺れながら送り出されていった。そして、報道機関を含め社会一般の興味は、「河野氏の逮捕はいつか」という一点に絞られていった。

2・3　冤罪を作り出す捜査と報道、そして謝罪

「河野氏逮捕のXデイ」が囁かれながらも、新しい事実が現れることもなく九四年が暮れ、一九九五年元旦、読売新聞は「山梨県でサリン残留物質」というスクープを載せる。この報道をきっかけに、マスメディアの矛先は一気にオウム真理教に傾いていった。それは、事件発生当初河野氏に向けられた視線と同じく怒濤のような取材攻勢だった。そして九五年（平成七年）三月二〇日、「地下鉄サリン事件」[3]が起こる。その地下鉄サリン事件が起こった二〇日の同時刻、河野氏は数人の記者と共に信濃毎日新聞社の提訴[4]のため裁判所にいた。この時同行していた記者が「やはり河野氏ではなかったと改めて確信した」と述べたように、何人かが予測したとおり、第二の事件が起こらなければ河野氏の疑惑は晴れることはなかった。

その後、マスメディアと警察に対し、河野氏は永田弁護士とともに粘り強く人権回復の要請を行った。このような行動によ

って九五年四月二〇日、朝日新聞社は河野氏に謝罪し、続いて他の新聞社を含む活字メディアが次々と謝罪した。そして、永田弁護士は民放各局に内容証明郵便による「人権侵害の有無を問う」照会文書を送付する。これに対し「捜査当局が松本サリン事件をオウム真理教の犯行と断定」と発表した六月一日から翌日にかけて、今度は一転して、一斉にかつ争うようにテレビメディアは謝罪放送を送り出した。提訴されていた信濃毎日新聞社も同じく六月二日、一面に検証記事をのせ、数日後に河野氏と和解した。警察においても国家公安委員会委員長、野中広務氏（当時）が「政治家として個人としての遺憾の意」を直接河野氏に伝えた。松本サリン事件における一連の「冤罪を作る捜査」「冤罪を引き起こす報道被害」については、これで表面上一区切りがついた。

3　証言集「テレビは何を伝えたか」制作

3・1　マスメディアを批判する検証作品をつくる

当事者だけではつかめないマスメディアの全貌

松本美須々ヶ丘高校放送部の「松本サリン事件に関する報道検証番組」制作は、まさに新聞社の謝罪がでた時点から本格的にはじまった。マスメディアが公に非を認めたことは、マスメディアを題材にした作品が放送されなかった経験がある放送部にとっては好都合だった。今回制作する作品はその憂き目にはあわせたくなかった。資料収集は部員全員で分担したが、担当者は疑問を投げかけた羽根田綾子[5]と、少しおとなしいが作業が速い渡辺知史の二人になった。彼女たちは、高校生と報道被害の接点を探ろうと、河野氏のインタビューの他、被取材者であり警察の事情聴取も受けた長男の仁志君と真澄さんにも「高校生としてのマスメディアに対する率直な想い」を聞き、二人が通った高等学校の教頭にも高校のマスメディア対応について取材した。しかし、河野さんからは生々しい取材体制の一面を聞くことはできても、学校関係者からはこれと言って新しいことがらを知ることはできなかった。真澄さんが在籍した松本深志高校の教頭を取材した後、渡辺は「今になると、みんな始めから河野さんではないと思っていたと言う」と不機嫌だった。私たちが明らかにしたかったことは、「冤罪や報道被害を生むマスメディアの構造的な問題点」であり、「なぜ人権に配慮される情報化社会において、このような報道被害が起こったか」、その理由を検証することだった。しかし、今となってはその時の苦悩や対応を当事者以外から聞くことはできなかった。全貌を知るにはほど遠く、取材は最初から頓挫した。結局、事件に関わったマスメディアの当事者への直接取材しかなかった。

テレビ記者が語る松本サリン事件――「テレビは何を伝えたか」

この事件では、ほぼすべてのメディアが間違いを犯した。羽根田と渡辺は、マスメディア全般を対象に検証作品を作ろうとしていた。一口にマスメディアと言っても多種多様である。初期報道を中心に、活字メディアを集めることはできたが、放送されたニュースについて収集することは不可能だった。「マスメディアすべてを」と言いながらも、記事が残っている活字メディア、特に新聞の検証が精一杯だろうと思っていた。連日二人は、新聞を読み返し年表を作りながら、「何が一番問題だったのか」について要素をひろいあげていた。新聞の初期報道を改めてたどっていくと、今さらながら「ひどい」報道だった事がわかる。渡辺は「この記事を書いた記者は今どうしているのか、どう思っているのか。ショックでやめようと思う人はいないのか」とめずらしく怒りをあらわにして話した。マスメディアを真正面から取材することは、この初期報道を批判し、取材方法や仕組みも批判の対象としていくことだった。しかし、私たちはマスメディアに毎日触れていても、ニュースの作られ方を何も知らないことに改めて気づいた。また、この分野は参考にできる本や資料も少ない。悩んでいる二人に、それでも比較的資料がある「新聞に絞ろう」と提案したその時、羽根田が言った——

「私は、調べることが必要だったから新聞を読んだけれど、河野さんが犯人だと言う印象を植え付けたのは、テレビのニュースの方が大きかったと思う」。

その通りだった。注意深く見ていくと、新聞とテレビはずいぶん違った性格を持っている。なぜ、新聞が早い段階(九五年四月)で謝罪したのか。それは、記事が残っているからか。現代社会の新聞とテレビを比べると、圧倒的にテレビの影響が大きく思えた。しかし、テレビはすべてをエアチェックしておかないかぎり、もし自分が報道されても自分で確認することさえ難しい。放送され、消えてしまえば、あえて振り返る、反省することもしないというのか。だから新聞社が謝罪しても放送局は無視していたのか。テレビメディアの構造的な問題点や疑問が話し合いの中で次から次とあがった。さらに渡辺は続けた——

「テレビは、原稿では容疑者と表現しなくても、映像で語ることが可能であり、それに、原稿については責められても、映像表現についてはクレームの出しようがない」。この意見も的確だった。映像の文法については評価方法も確立しておらず、この領域は作り手の独壇場だ。彼女たちは、アマチュアとはいえ映像の文法を知っており、モンタージュ効果を表現のひとつとして使う。しかし、編集などしたことがない一般の人が、テレビのニュースや報道特集を見て、どれほど作り手の映像表現の意図を見抜くことができるだろうか。さらに悪いことは、映像は流れて消えてしまうことだ。毎日ニュースをビデオに撮り、このカットはこのコメントに対して適切か否かと評価しながらテレビをみる人がどれほどいるだろうか。テレビは、映像で表現することでリアリティがあるように受け取られる。新聞に比べても総合的な情報量は多く、視聴者を「わかったような気持ち」にさせる。しかし、そこで伝えているものは、「イメージ」であり「印象」である場合が多い。結局テレビは、新聞より感覚に刺激をあたえるメディアではないか。この時、三、四時間集中して彼女たちとの話し合ったことは、今でも印象深い。

今までこのような報道被害が起こってもテレビ自身が系列の枠を越え、テレビ報道について検証したことがあっただろうか。テレビメディアが同じメディアを対象とし検証番組を制作するとは考えにくく、今回のようにテレビメディア全体に共通する傷をまとめるとはとうてい思えなかった。テレビメディアができないことを高校生がその特性を活かして制作する。完成すれば、そのこと自体に大きな価値がある。誰もが感じている疑問を取り上げることになり、きっとその作品のあとに優秀なジャーナリストの作品が続くだろう。私たちは先鞭をつけるだけでいい。そう思ったら、私自身は少し肩の力が抜けた。高揚している彼女たちに、「思い切ってやろう。でも、気負わなくてもいい」と私は言った。そして、制作する検証作品のタイトルを「テレビは何を伝えたか」に決めた。しかし、公開を目的とする放送部の作品では、新聞を引用するように放送された映像を自由に引用することはできない。この時点では、事件発生当時のニュースを録画することも、映像サービス会社を通じて放送の同時録画からコピーを集めることすらも難しかった。放送局からの同録テープの提供などはありうるはずもなく、初期報道の資料は新聞と違って手元に何も残っていない状態で制作しなければならなかった。引用も資料も使わず、どのような作品にするのか。タイトルは決めたものの、また大きな宿題を背負った。この頃のことを羽根田綾子は振り返る（大学時代のレポートより、九九年）――

当初はマスコミ報道に対する疑問に過ぎなかったものが、事件報道が進むにつれ、マスコミに対する怒りに変わってきました。それは事件当時の報道だけではなく、無実が証明された後の河野さんに対するマスコミの対応のひどさにも原因があったように思います。なぜ報道の切り替えができなかったのか、なぜしっかりとした謝罪をしないのか、そんな気持ちが膨らみ、河野さんの無実が証明されてから私たちの本格的な取材活動が始まりました。その時は「悪い人たちを懲らしめる」というような気分と、「これはすごい番組が作れるかもしれない」という期待でいっぱいでした。マスメディアに対する取材を始める前に、先生、部員で話し合い「マスメディア」の中でも、テレビ報道に注目することに決めました。テレビは新聞報道などと違い、音楽（ＢＧＭ）、カメラワーク（映像）、ナレーションなどの情報を総合したものであり、その組み合わせ方によっては本当の情報とは違った印象を視聴者に与えてしまうこと。また、一瞬一瞬のメディアであるため、印象だけを視聴者に残して消えていってしまうという特徴があると考えたからです。

そして彼女たちは、徹底的にテレビ報道を批判する作品、糾弾番組をイメージしたビデオの制作にとりかかった。私は、取材申し込みを担当。放送局とは利害関係のない「高校放送部の特性」を活かし、NHKを含む長野県内五つのテレビ局すべてを対象とし横断的な取材を行うことにした。テレビメディアは横並びの意識が強い。二社を説得できれば、すべて放送局の取材は可能だと考え、今まで関係があった記者を通じて取材を打診し感触は掴んでいた。しかし、取材対象については、最前線で取材した若い記者に絞った。初期報道の資料がない状況での作品制作では、音声・ビデオどちらのメディアを使用するにしろ、記者の証言を淡々とつないでいく表現方法しかとれない。だからこそ、私は取材対象を若い記者に絞ることにこだわった。彼ら若い記者が、テレビ局やジャーナリズムにあこがれて入社し、「サツ廻り」を経験しながら最初にぶつかった大事件であり、理想と現実の間のジレンマに苦しみながらこの事件に対峙したに違いない。報道の歯車となって動いた彼らの言葉から、これからのテレビ報道のあり方、ヒントが見えてくるのではないかと考えた。

「コンテスト作品として制作し発表すること、現代社会の授業に使用すること、後に文字化して残すこと」などを示し、私は各テレビ局に対して取材依頼を始めた。五局中四局の取材依頼は比較的順調に進み、取材対象も前線で取材にあたった記者となった。しかし、信越放送だけは簡単に事が進まなかった。電話でのやりとりのあと文書の依頼を求められ、依頼に対して部長会議を経て回答となった。結局、前線の記者の取材は断られ、「報道の責任は信越放送全体にある」と言う理由から報道部長が代表して取材に応じる対応に落ち着いた。信越放送は、放送局としては一番最後まで河野さんに疑惑をもった報道を行っていた局であり、私たちが最も話を聞きたい放送局だった。他の局とは異なるがこの条件をのむしかなかった。私たちは、五人に対し一回約二時間のインタビューを一ヵ月のインターバルをとり、二回行う予定だった。一回目のインタビューでは、事件が発生した六月二七日から、どんな場所でどのような取材を続けたか時系列で話を聞いた。

この記者に対するインタビューが、その後の作品制作や実践を積み重ねる原点となり、様々な発想を喚起する起点となっていった。象徴的なやりとりを記載しておきたい。（注＝インタビューを文字化し、論旨は変えずに、読みやすく編集している。すべて敬称は九六年当時のもの）

①厳しい送り手
――信越放送・中島克彦報道部長

羽根田、渡辺、カメラマンの野村を私の車に乗せ、インタビューの進め方を話し合いながら長野市に向かった。信越放送の応接間に通され、私達は照明やカメラの用意を始めた。「高校の放送部もイッチョマエの機材を持つようになったね」と茶化されながら、野村は中島報道部長にピンマイクをつけた。いきなり、中島さんは、このテープは何分録画できるのかと質問してきた。ハイエイトの業務用器機で二時間録画できることを伝えた。その時野村は、カメラのアングルを決め、テープを回しはじめた。テープの冒頭は、この言葉から録画されることになる――

「はっはっはっ。一二〇分もまわしたら、ろくなことにならないよ。はっはっはっ。」

カメラを回している野村の顔色が変わったのが横目で見て取れた。「私達は、放送局と同じことをしようと思ってこの取材を始めたわけではない。あなた達ができないから、私達がやっている……」と、いきなり言ってしまいたい衝動に駆られた――

林「だいたい、インタビュー終わったところから本音が出るんですけどねぇ」。

中島部長「はっはっはっ。はい、それじゃあいってみましょうか」。

取材が中盤にさしかかったころ、中島さんの威圧感のある答え方に羽根田と渡辺は言葉少なくなっていった。私も疑問に思うことがたくさんある。私からいくつかの質問をした――

Q　河野さんにずいぶん長く疑いをかけていらっしゃったわけですが、それはなぜですか？

A　転換する点が、なかなか見つからなかったからです。

私ども今思えば、何回かのポイントはあったと思います。一番のポイントは、（九四年）七月の初旬。あの、上九一色村で悪臭騒ぎがあった時です。これは、地元では、ほとんど環境問題のような扱いだったんです。山梨の新聞も取り寄せましたが、ごくごく小さい扱いで。それをさらに追求しなかったということですね。（すべての）マスコミに共通ですが、ターニングポイントとしてその時に上九一色村に行けば、「オウム」がもっと早く浮かんできたのではと思います。それから、松本の河野さんのお宅から押収した物質でサリンは作れない事がはっきりした時ですね。これもひとつの転換点ではなかったかと思います。（中略）年明けに、松本に宇宙服を着た男がいたという証言がでてきました。私どもが具体的にこの情報をつかんだのが、九四年の九月ごろだったんですがねぇ。オウム真理教という特定の名前があがって、その彼が、とにかくありとあらゆる薬品を集め、サリンの原料になるものも集めている、ということが出てきたのです。松本サリン事件について九月ぐらいからは、オウム真理教の影がちらちら出てきていたと言えるのですが、警察の壁やら、それらがみんな繋がらなかったのです。そして確かに一年近く、河野さんに疑いをかけたまま来てしまっていたというのは、まことに申し訳ないと思っています。

Q　どうして転換できなかったのかというところが一番お聞きしたい所です。

A　だから、それはその、真犯人があがれば、一番はっきりするわけです。（中略）六月一日に、私ども、松本サリン事件実行犯を特定できたと、全国のマスコミの中では最初にあげたんです。その段階で、「河野さんはまったく無関係である」ということを、私ども、確信を持って河野さんにお詫びしまして、放送でもお詫びしているという結果なんです。まあ、こちらで六月一日にやったというのは、テレビでは、全国で最初だと思いますよ。それから、県下のマスコミの中でも、最初に、具体的に出したという経過はありましたが。

Q　疑いはかけていたけど、どうも違うらしいという形で転換された。キー局（TBS）の「スペースJ」と「ニュースキャスター」がテレビでは重要な番組になりそうですが。

A　これも矛盾しますが、同じTBS系列の中でね、「スペースJ」というのは結局、報道局でやっとる番組なんですが。同じ報道局の中でも同じ系列の中でもみんな違う見解やるんだということです。私どもは私どもの取材範囲の中では、そういう結論的なことが情報としてあがっていた、という経過ですね。

Q　そういう事というのは？

A　うん、だから河野さんの最初の一定の疑いがかかった時に、かかった時のまんまできている、ということです。

Q　わかりました。

A　これは、生徒の勉強ですか、それとも先生の勉強ですか。

Q　両方です。

中島さんは憮然としていた。どうして高校の活動を世間は「生徒が行う活動と先生の行う活動」に分けるのだろうか。私はナンセンスだと思う。運動部の活動でも、共同作業があって成立するものだ。特に表現系の活動は生徒だけではとうてい深まらないし、もし生徒だけで行う活動をよしとするのであれば、それは放任以外の何ものでもない。学校の教育活動について、マスメディアの人たちはあまりにも無知だと思った。と同時に「待てよ」という思いが頭によぎる。学校も、テレビ局と同様で、誰でも知っているが誰にも見えていないところなのかもしれない。薄々感じていたことが、テレビ局の取材の中で、異なった形とテーマになって輪郭を持っていった。それが後々私達の活動を広げることになる。取材時はそう思えなかったが、このときに、中島さんから強く不快感を示されたことは、もしかしたら感謝しなければならないのかもしれない。

続いて、放送素材の検証期間について激論となった。

Q　たまたま河野さんの時は一年ぐらいで解決したからいいけれど、新聞も含めて冤罪を作る構造がマスメディアの中にあるでしょう。（中略）新聞の場合は一年経とうが二年経とうが記事は消えません。テレビの場合は送りっぱなしで、三ヵ月たったらもう検証することもできないわけじゃないですか。放送された人にとって。それで十分なのでしょうか。物理的な問題もあるかもしれないけど、テレビ業界の意識の欠如が、問題だと思うんです。

A　私どもの放送は一定期間で消えるからどうのこうのという意識は全然ありませんけれどね。一瞬出せばそれで同じだと思いますけど。

Q　どんな映像を使ったということは問題になってくると思うんですよね。

A　検証するチャンスを与えろってことですか。

Q　そうです。それについてきちんと答えるべきだと思うんです。そうでなければ報道され損で、被害を受けたものは絶対浮かばれない。

A　それはそうです。ですからそういう事がないようにしようという前提でやってますけど。

Q　でもおそらく繰り返されるでしょう。

A　私どもは繰り返さないようにしています。くりかえさないように努力はしてます。

Q　テレビメディアの持っている構造は変わりませんよね。

A　まあ、どこでもそうですけどね。そういう構造を含んでいるという指摘の主旨は受け止めましょう。検証する機会云々、具体的にいつまで放送素材を残しておくのかも含めてやるとすれば公的な施設でも作らないと難しいと思いますね。どうしても検証ってことになると裁判ってことになりますね。

Q　裁判になる前に放送したものを確認することが必要ではないですか。

A　三ヵ月ですからね。だから、そういう可能性があるときは三ヵ月間に直ちに行動を起こしてくださいよっていうことですよね。

しかし、このような取材になっても、放送局の人は、「一番早く伝えた」ことを強調する。放送素材の確認や視聴者との関係性など、放送局は一般市民の感覚から著しくはずれたところに存在しているように感じた。

②通信社の配信とキー局の情報を伝える
――長野放送　浅輪清記者

長野放送の浅輪記者は、放送部の活動がニュースになるかもしれないと取材クルーもつれて美須々ヶ丘高校に訪れた。取材を取材される奇妙な風景で、インタビューは始まった。

Q　サリン事件が起こったときに、長野放送はどのくらいの人数で取材をしたか？

A　夜の発生でしたから、私どもの松本支社の報道の取材体制を全部投入しました。具体的には記者が二人、カメラマンが三人、その三カメ二人の記者が全員現場へ入りました。と同時に次第に夜明けになるにつれて犠牲者の数や範囲が広くなって普通のガス漏れの事故ではない。どうも事件だという可能性がでてきたところで長野の本社から記者三名とカメラマン、それから中継が駆けつけました。テレビですから、中継技術と言いまして、現場からその全国へ向けて生で映像・情報が出せるように、現場の朝四時半か五時ぐらいにはスタンバイしました。そして、五時五〇分から「めざましテレビ」というニュース番組に一報を流し、現場から私がしゃべりました。五時五〇分の時点で事件のニュースを伝えたのはおそらく全国で長野放送が一番速かったのではないかと思います。それは偶然編成上五時五〇分からニュース枠があったと言うだけで、みんな他局は六時からですから。その日現場は四クルーか五クルーいたと思います。それ以外にもちろん応援の部隊も入りましたし、長野の本社でも電話取材とか周辺の取材に入りましたから、全社的にその日一日はこの事件だけに集中して取材しました。

Q　取材をしてくるうちに、流す情報と流そうかどうか迷う情報はありましたか？

A　あのね、まず何がどこで起きたかもわからなくて、状況もわからないんで、とにかくそこに関係した付近の方、目撃した方、実際に被害に遭った方から情報を集めて、どういうものを目撃したのか、見たのか、知ったのかをまず集めて、それを全部次々と長野にいるデスクへ上げていくんですね。で、それをまたフィードバックして、自分で聞きなおしました。特に僕の場合はニュースを現場から伝えるリポーターの役目もありましたので、まず朝の五時五〇分のニュースの第一報に何を入れるかって――これはもう犠牲者が出ていることと、原因がわからないこと、いわゆる都市ガス・プロパンガスの漏れはなかったということですから、犠牲者が亡くなったのが、水が原因なのか空気が原因なのか、まったくわからない状況で、ただとにかく事実としてわかったのは、人が亡くなっていること、大勢救急車で運ばれていること、三つのマンションとその近くの住宅に被害者が集中していること、これだけしか伝えてないと思います。

初動体制について、浅輪記者の話で細かくわかってきた。フジテレビ系列の特徴かもしれないが、ワイドショーへの出演など、一口に記者と言っても他社と役割の違いがあった。羽根田は、ワイドショーとニュースの違いや扱っている部署の違いなどを詳しく質問した。その後、「農薬調合ミス」の情報についてインタビューは進んでいく。

Q　長野放送では、事件が起こって報道が先走ったり、混乱したりしたことはありますか？

A　具体的に僕が現場で経験したことを通して話します。二七日の夜発生して、二八日昼間一日あって、その日の夜です。まだ何人の方が亡くなった位しかわかっていない中で、夜の一一時のニュースを中継するためにスタンバイしていました。そのときに、それまであちこち現場検証で出入りしていた警察の動きが、第一通報者の河野さんのお宅に集中したんです。その時点でもなんだかよくわからなかったです。いわゆる、家宅捜索かどうかはわからなかったです。現場は普通ではなく、何かこう警察が河野さんのお宅を重点的に捜索していることがわかりました。それを会社に突き返して（伝えて）いるうちに警察の方から発表がありまして、その一一時のニュースの直前に警察からの情報として、「第一通報者のお宅が発生源と見られる」「家宅捜索し薬品類を押収した」。その二点の情報が入りました。そこからいわゆる混乱したという話になりますが、私ども現場では薬品類を押収して警察が段ボール箱に入れて持ち帰った所も、自分たちで取材し映像に収めて事実確認を取った。もちろん警察が家宅捜索を終わって出てくるところもわかった。これは間違いない情報なのでそれは伝えたんです。ところがもう一つここで新しい情報で、しかも僕らを驚かした「会社員が薬品を調合してミスをしたらしい」という情報が入ってきました。この時点では「薬品を押収したこと」と「家宅捜索」の情報しかなかったのに、そこに河野さんが関わるような、「会社員がなんらかのミスをして、薬品でガスを発生させたらしい」という未確認の情報、私自身ではまったく掴んでいない裏付けのない情報が、東京発で入ってきたんです。東京発というのは系列のフジテレビからの情報であり、東京発の共同通信の情報でも「ガスを発生させるような調合ミスがあった」という情報が、不確かな情報として入ってきました。自分でもまったく事実かどうかわからないのですが、その時はやはり、それは「落としてはいけない情報」というか、「この事件の確信に迫る情報」だという勘が働きましたし、会社のデスクとも「それをニュースに入れろ」ということで、一一時のニュースの中でその情報を、自分では確認がとれてないけども、まぁ、会社で掴んで、しかも自分自身が伝えなければいけない情報だと思って、それを伝えました。そこが混乱の始まりだと思いますね。事実かどうかわからない部分のことを事実であるかのように報道してしまったということですね。

Q　そこは、浅輪さんとしては流してはいけないものだと思っていたんでしょうか?

A　うーん、その時は思わなかったですね。むしろ凄い情報がつかめたんじゃないか、自分はその時はアナウンサーみたいなものですよねぇ。一番最前線にいて自分の言葉で伝えるんですが、自分も含め系列の記者が掴んできた情報の中で、いままで全然わかんなかった部分にポーンと一つ事件の核心に迫る情報が入ってきたということで、それはもう裏が取れてる取れていないということを確認する余裕もなく、なんて言うのかな、他局、他社、または自分自身のなかで、誰も知らない新しい情報がここに飛び込んできたと、その情報に間違いがあるとかそんなことは思わないで、伝えるべき事実だろうと思って伝えましたねぇ。

Q　そういう所に、他局との競争意識があるのですか？

A　そうですね、事実は動かないもので、一つしかないんですけども、それを伝えるとともにそれを「速く伝えること」、そういうことに報道の携わるものとして使命感があると思うし、自分自身が掴んだ情報でなくてもそれはもう組織として会社で掴んでいれば、それはもう絶対間違いないし、自分の情報として自分で流す。そういう心持ちで普段から報道に当たっていますよねぇ。だから他社を意識してないっていうと、それは「うそ」であって意識して報道しています。

Q　東京の方のテレビ局（フジテレビ）とのつながりはどの程度のものですか？

A　実際はね、取材はまったく別々で、ルートも別々ですが、それを放送するときに一つのチャンネルで同じ時間でやっているんですよね。特にあの事件で長野放送の浅輪が伝えることは、全国のフジテレビを見ている人が受ける情報なのです。その時はフジテレビからの情報も長野放送や僕の所にどんどん入ってくるし、僕の情報もフジテレビにはどんどん入れるし、大きな事件を伝えるときは、普段は別々ですが情報を共有して一緒にニュースを作っている感覚はありますね。ですから自分が取材してなくても、フジテレビで取材ができてフジテレビの情報として入ってくれれば、それはもう自分の情報として僕も伝えます。

浅輪さんの話で、初期報道の混乱ぶりや、農薬調合ミスが東京情報だったことがはっきりした。羽根田も渡辺も共に、何度もうなずいて話に耳を傾け、渡辺は「どうして松本のことが東京で発表されるのか」不思議がっていた。また、共同通信社の存在や、キー局と地方局の関係、初めて聞く事ばかりで、二人はその後インタビューを整理するのが大変だった。

③人権には十分配慮した
――テレビ信州・大浦圭治記者

テレビ信州は、「富山長野連続殺人事件」の報道被害の二の舞は避けたいという倉田報道部長の意向もあり、結果的に「農薬調合ミス」「タクシー運転手の証言」など、河野氏を犯人扱いするような情報を流さなかったが、社として謝罪した。担当だった大浦記者はそれについて不満を持っていた。また、キー局である日本テレビとの関係は、他局と少し違っていた。

Q　大浦さんは、担当記者として犯人扱いしていないのに、なぜ会社は謝罪するんだろうと逆に思わなかったですか。

A　謝罪については、自分、現場にいる一人として、そういう人権的なことも十分配慮したつもりですし、ニュースの中では十分考慮したと思って、正直個人的な見解で言うと、謝罪が出た時は、「残念だな、現場でこれだけやったのに」という思いはありました。ただ、まあ全体的なニュースを見た場合、一般の視聴者の方には非常にわかりにくいでしょうが、東京キー局の番組を僕は作っていません。ローカル番組をメインでやっていて、ただそれを一般の人は一つの繋がりで見ますよね、六時から七時までのニュースで、ニュース全体の流れを見た場合に視聴者に誤解を与えかねない表現は確かにあったと言う事で、最終的には納得しました。まあ正直、個人的に言うと、やはり謝罪という結果は、現場で配慮してやったつもりですから「非常に残念だ」という思いは、最初はありました。

Q　警察があやしいと言っているのだから、「あやしい」まては伝えてもいいと思いませんでしたか。

A　確かに当初はありましたが、長野放送センターの報道の責任者ときちんと話して、あくまでも警察は「関心なり話を聞きたい」とは言っているけれども、テレビ信州としては、そのあやしいとかそういった表現やスタンスはとらないということでニュース報道はやりました。

Q　結果的にそれはよかったと思いますか。

A　当然それはよかったことだと思います。

Q　キー局である日本テレビから要望はなかったのでしょうか。

A　当然日本テレビからも、新聞やテレビでスクープが出た場合に「どうなってるんだ」ということはありましたが、「確認とれてないうちはできない」と、つっぱねて、極力テレビ信州としては未確認の情報は、きちんと確認とれてないところではやらなかったし、キー局自体もほぼテレビ信州との話し合いもあって、やらなかったのだと思います。ただ、日本テレビ放送網のテレビ信州以外のローカル局がどうなっていたかは、僕はわかりません。

Q　キー局との関係は大丈夫だったんですか。

A　大丈夫というか、確認とれてないんですからできないですよね。うちも含めて、ほとんどの社が警察に情報を頼っていました。その警察に対するマスコミの強さ（食い込み方）の程度もあると思うんですよ。テレビ信州は、そう強くなかったので確認がとれなかったのが一つの理由だと思っています。あれだけの大きな事件になると、情報の出所が警察だけになってしまうので頼らざるを得ないと思います。その情報を出すか出さないか判断するのが、それぞれの（局の）問題だと思います。

④この問題に出口なんかない

——長野朝日放送・唐沢真理子記者

長野朝日の唐沢真理子記者は、マスメディアと社会構造について、彼女自身も悩んでいる様子だった。

Q　今回の様なことが、もう繰り返されないと思いますか。

A　繰り返したくないですが、それは、分からないです。

Q　どうしてですか。

A　うーん。それは、そのつど事件に携わる人間が違いますから、また、長野県内で同じ様な事件、事故が起きて、同じような構造になった時に、「ちょっとまてよ」と思う人がたぶん多いと思います。ただそれが、別の場所で起きた時に、そこに携わる記者は別の顔触れですよね。いろいろ問題意識を持っている人達がそこに携われば、またいろんな方向へいくのでしょうが、ドワァーとみんなで行って、情報の少ない中でむさぼる様に取材していった時に、どういう結果になるかは分からないですよね。それに、一年後に地下鉄サリンが起きたけれど、松本サリン事件から一年も経っていないのに、その時の教訓が活きたとは私は思っていません。たまたまオウム真理教を逮捕して事件の証拠がでてきたから、まるく収まりましたが、あれが出てこなかったら、まるっきり松本サリンと同じことの繰り返しじゃなかったですか。そうは思いませんか。

Q　もしオウムが犯人じゃなかったら……

A　いや、犯人だったとしても、証拠が出てきているから、「あー、そうなんだ」と思うだけで、結局構造としてまったく同じだったと私は思います。

Q　このようなことは繰り返されるのか、唐沢さんの言葉で答えてください。

A　こういう出来事があって、みんないろいろ考えても、取材の方法や体制はなんら変わってないわけですよね。批判を受けた記者クラブ制度も、だからといって、記者クラブをなくそうなんて、怖くて私たちもできないですし、そういう問題が起きても、体制を変えるのはやっぱりできないと思うんです。これまで先輩方が培ってきたものがあり、そこに乗って私たちは取材をしていくのですが、それを覆し、新しいものを作ろうということは難しくて、取材体制を変えることはできないと思います。今の状況を見て、今よりもさらにいい取材体制、取材方法は、不可能に近いくらい別の方法がないと思うんですよ。ですから、結局同じ体制で取材していけば、個人個人の心掛けがあったとしても、結局マスコミ全体で、また世の中の情報を作り上げていってしまうのは、構造として変わらないから、「今回の事件があったので、私たちは教訓にしました。もうしません」とは言い切れないと思います。情報をみんなで作っていく怖さはあると思うんですよ。自分のところはこう言ったつもりでも、他のところは同じ事件に対して、違う見方で記事を出していけば、その新聞の読者や、TVの視聴者は、自分たちの出したものだけ見ていてくれるわけではありませんから。他の局のニュースも見るだろうし、新聞も読むだろうし、ワイドショーも見るだろうし、そういった中で情報が作られていくものだと思うんですよね。

ですから、私たちの取材体制が、もし変わったとしても、社会全体の構造は変わらないから、これは、うーん、出口ないような気するんですけどね。お答えにならなくてすみません。

Q　ありがとうございました。十分です。

A　そうかしら。

Q　出口がないって言葉がとても印象的でした。

A　だって、ないでしょ。ないでしょっていうか、あったら私が聞きたいですわ。本当に。

唐沢さんの言葉が、現在のマスメディアと受け手の関係を象徴していると思った。出口がない。だからずっとこのような問題は繰り返されてきた。そして、これからも繰り返すのだろうとインタビューの後、雰囲気は落ち込んだ。

⑤受け手と送り手が同じ土俵で
――河野義行氏

河野さんの主張ははっきりしていた。いつ話に行っても気持ちよく会っていただいたし、部員もかわいがってもらえた。

Q　マスメディアが誤報を訂正しないのはどうしてでしょう。

A　だから彼らは何で誤報をうつかということはすべて分かっているわけですよね。だから後はそれに対してメスを入れて直すか、それはやはりその気があるかということにつきると思うんですよね。ですから原因が分かってて直せない、直さない方がやはりメリットがあるのかないのかという、そういう部分になってくると思うんですよね。

Q　マスメディアと被取材者の関係はどうしていくべきですか。

A　同じ土俵で戦える一つのシステム、例えばプレスオンブズマンという制度、それからメディア責任制度というようなものがありますが、そういうものを日本にも、組織やシステムとして作って、弱い個人が、（マスメディアが）誤報をやったときに、すぐ気楽に持っていけるようなそんな組織を作らなければいけないなと思っています。そういうことに対して協力し、動きたいと思っています。

誤報に痛んでいる記者

これまで社会問題をテーマにした作品をいくつも制作してきたが、これほど多くの関係者に繰り返し同じ質問をぶつけたことはない。インタビューを重ねるごとに、六月二七日以降に展開された混乱や報道合戦の様子、記者の悩みやジレンマが輪郭をもってきた。また、今まではっきりしなかった報道の現場についても明らかになってきた。正直に言って、インタビューによって明らかになった地方局の報道実態は、私たちが想像していたテレビメディア、テレビ報道の姿とは異なっていた。記者の数は予想していたよりはるかに少なく、その制作過程は人間的でかつ原始的な作業のように思われた。

徹底したマスメディア批判の番組を作ると意気込んでいた二人は、インタビューが進むにつれ次第に寡黙になっていった。ひとつの理由は質問が核心にふれるような場面では、記者たちはインタビューの相手が高校生であることを忘れたかのようなきつい調子で対応するからだ。わからないから聞いているのに、彼女たちは、まるでしかられているようにうなだれた。二つ目は、構造的な問題に解決の糸口が見いだせず、問題の根深さばかりが見えてきて自分たちの手にあまるのではないかという不安が頭をもたげてきたからだろう。

それでも羽根田と渡辺は他の部員と手分けして一回目の取材をすべて文字化し、取材を通じて明らかになった状況をもとに、どのような構造的な問題がテレビ報道に内在しているか話し合った。報道の結果は糾弾され批判されても当然な状況である。しかし、この話し合いの中で羽根田と渡辺が第一に上げたのは「記者一人ひとりが、この事件でとても痛み傷ついている」という事実だった。特に初期報道の混乱に対する記者個人の痛みやジレンマに対して、二人は強く共感していた。記者の人間性や良心に触れることで、当初の「テレビ報道への徹底的な批判や怒り」が和らぎ、テレビ報道に対する考え方が変化したことに、関わった彼女たちが一番驚いていた。羽根田は次の様に記している――

最初は素直に自分が感じてきた、マスコミ報道の矛盾を記者の方達にぶつけていきました。「なぜあのような情報になってしまったのか」「なぜ報道の切り替えができなかったのか」「なぜちゃんと謝罪をしなかったのか」、聞きたいことは山ほどありましたが、インタビューのプロである記者の皆さんへの取材はなかなか思ったように進みませんでした。何より、自分が勝手に想像していたマスコミの動き、記者の仕事とは大きなギャップがあり、取材が進むにつれて、自分の考えが甘かったことに気が付かされました。なかなかうまくいかない取材活動の中で、ある記者から、「ちゃんと事件報道を調べた？　そうじゃないと、あなたたちも同じ事をすることになるよ」と言われました。そこで初めて報道という仕事の怖さに気が付かされ、報道に携わる人が陥りやすい部分を実体験したという感じがしました。そして、それと同時に記者の方達の葛藤を知りました。私たちの「この事件は教訓になりましたか？」という質問に対して多くの記者が「教訓にはなったけど、同じ事は繰り返されるのではないか」と答えています。印象的な言葉の中に長野朝日放送の唐沢さんが言った「出口がないような気がする」という一言がありました。私もこの取材を通して、マスコミに対する単純な怒りだけではない感情を持つようになってきました。

多くの記者の方達がマスコミという組織の中の一人であるにも関わらず、自分のした取材を情報として活かしてもらえない、どこから出てきた情報かわからないものを時間に追われ読み上げるだけのリポートをしていたと振り返ります。マスコミという体制の中で、一人ひとりの記者は私たちと同じ疑問や、矛盾を抱えながら取材をしていたことがわかりました。そして、松本サリン事件を経験した一人ひとりは、この事件報道を教訓にしようとしていることも痛いほど伝わってきました。

彼女たちは、「憤りや怒り」で取材に入ったものの、送り手の論理や現状に触れながら事件の初期報道に関する新しい発見をした。そして同じ人間として記者に対する共感が、システムや構造としてのテレビメディアに対する「憤りや怒り」を静めていった。しかし同時に、テレビメディアの送り手の傲慢さや、変わらない／変えられない組織への絶望感もこの取材で痛感していた。いずれにしても取材した彼女たちの中では、今までブラウン管という装置、またはテレビ局というあまりに不透明な巨大な組織が伝えてきたニュースが、「人が伝えるもの」としてとらえ直されていったことは確かだった。この感覚は共に取材している私たち放送部顧問にも共通しており、年齢差や体験差に関係なく起こる感覚の変化だった。この取材は非常に貴重な体験だった。

羽根田、渡辺と話しながら、そこまで言うのであれば、作品のコンセプトを「記者個人が人間の良心のもとで真摯に反省するテレビ報道」「松本サリン事件を教訓に変わるテレビ報道」に変更しようかと提案したが、彼女たちはその提案には同意しなかった。彼女たちが、一人ひとりの記者の思いや人間性に共感しながらも素直に首を縦に振れないわだかまりが、「テレビ報道と視聴者の関係」を象徴していた。私たちにとって、この段階の到達点は「松本サリン事件の報道に関係した一人ひとりの記者は傷ついていても、またどこかで同じ報道被害が繰り返されるであろう」という結論だった。取材は、部員のテレビメディアに対する認識を変え、私にとっては社会における情報の受け手と送り手のあり方を考えさせる密度の濃い時間になった。

また、送り手を取材する実践は、記者たちにとっても価値があったという。彼らが松本サリン事件の現場で展開した取材方法や構造的な問題を意識化し言語化して残すことは、彼ら自身の願いでもあり、また今まで取材するだけの立場が、まったく反対の立場にかわり、「ライトがまぶしい」ことや「短く言ってほしい」と言う要望がむずかしいことを体感したという。今振り返ると、この作業はマスメディアの送り手の意識を高める上でも必要な作業であったのである。

3・2　呪縛

一九九六年六月、放送部は、この到達点を七分間の音声作品としてまとめた。放送部が伝えたかったのは「痛みを抱えた記者が、個人として反省し報道被害の再発防止に心がけても、テレビメディアという組織に個人の良心は埋もれ、社会自体を含む同じような図式の中で報道被害が繰り返されるであろう」というテレビ報道に対する実感だった。それはテレビメディアに対する、一人の視聴者としての率直な感想であり、絶望感でもある。それが今回の作品ににじみ出るべきだと感じていた。私たちはあえて「私という一人の高校生」がテレビ報道に疑問を投げかけるスタイルをとり、インタビューは一人ひとりの記者の名前を出さない匿名的な扱いにした。そして作品の最終コメントは、流れているニュースにクロスフェードしながら「この報道も違うかもしれない、そうささやくもう一人の私がいる」として結んだ。

この言葉は、「テレビ報道に対する期待」の裏腹の表現であり、半年間の取材のまとめとして偽らざる気持ちだった。このコメントには送り手から異議を唱える人がいるだろう。しかし、どんなにあがいても、この「テレビメディアに対する出口の見えない絶望感」から抜け出す結論を「私たちの言葉」では見いだせなかった。この時点の私を含めた制作者の限界である。

私たちはマスメディアに対し決して好感を持っていない。それは、マスメディアが持っている権威性、特権性などに対する一般市民の抵抗であり強烈な批判に他ならない。しかし、そこには「マスメディアは報道機関として信じうる存在」であり、「中立・公正な報道を行う」、「行ってしかるべき」という「受け手の一方的な信頼、思いこみ」がある。言葉を変えれば、そう刷り込まれてきた歴史がある。その「呪縛」から抜け出すことが容易でないことを、作品制作の経過は示した。報道の送り手を取材し、「人間が伝えている」ことを肌感覚としてとらえても、簡単には「テレビメディアに対する呪縛」からは解放されない。そこに、マスメディアを対象とするメディア・リテラシーの難しさが隠れている。そして、羽根田綾子は、当時を振り返りながらこう結ぶ——

松本サリン事件のような冤罪報道が行われ、一人ひとりの記者がそれを教訓にしていても、実際の社会ではまた同じような報道が繰り返されています。それは、マスコミという集団になったときの体質そのものがその後まったく変わっていないことが原因なのではないでしょうか。もちろん、私たち視聴者の意識が改善されていかないことにも問題はあると思いますが。

4　おわりに

報道被害はマスメディアだけの責任で発生するものではない、その情報を消費していく受け手によってもつくられる。つまり、送り手と受け手の関係性の中で発生する問題なのだ。この視点から見ると、松本サリン事件から一〇年が経った現在でも「送り手と受け手の関係は変化していない」と言える。その後も報道被害は後を絶たない。インタビューの中で全ての記者が語った「経験した関係者は二度と繰り返さないように動く。しかし、未経験の場所、人の環境では繰り返される可能性が高い」という言葉は重い。

松本美須々ヶ丘高校放送部の「記者に取材する取り組み」には、「送り手と受け手が直接触れ反省する」ことで、今まで互いに持っていた固定観念を揺り動かし、「送り手と受け手の関係を問い直す様々な実践」を喚起する要素が含まれていた。放送部の取り組みは音声作品の制作で終わらず、一年後再発防止策を改めて取材して加えたビデオ作品を制作、その作品を活用した新たな取り組みへと進化していく。それにともなって担当した部員たちも、先輩の実践を肥やしとしながら新たな領域に踏み込み学習していった。私たちは、テレビ報道と視聴者の関係を「人間が伝え人間が受け取る」コミュニケーションの回路ととらえ、報道被害を繰り返さないためには、送り手側だけに変革を求めるのではなく、テレビメディアの特性を視聴者が知らなければならないという見解を導き出した。「テレビメディアの特性（弱さを含め）を受け手である視聴者が知るべきであり、多メディア化が進む社会では受け手自身が変わっていかなくてはならない」と部員たちは考えるようになったのである。

このような活動を、私はメディアとコミュニケーションの問題点を検証する活動の一環としてとらえ、非常に不器用なやり方で生徒と共に進めていた。しかし、一連の実践を「メディア・リテラシー」の取り組みとして指摘し評価する人がいた。

当時NHK長野放送局長だった清川輝基氏である。九七年一一月、私は「メディア・リテラシー」という言葉すら知らなかったし、指摘され書店の検索で探しても三冊程度しか購入できる本はなかった。それでも、メディア・リテラシーについて学習し、続けてきた実践をこの枠組みでとらえ直したとたん、もやもやしていた霧のようなものが晴れ、視野がぱっと開けたような気がした。今までバラバラに行っていた事が一気に形をなしてつながるような感覚だった。そして、送り手と受け手の回路の重要性や、読み書きを複合的にとらえる表現の循環性の回復に気づいたのである。この延長線上で「送り手と共に作るメディア・リテラシーの授業」[6]「証言集の演劇化」[7]などの実践をさらに重ねた。

そして、二〇〇〇年からは水越伸、山内祐平等が立ち上げた東京大学大学院情報学環メル・プロジェクト（メディア表現・学びとリテラシープロジェクト）へプロジェクトリーダーの一人として参加するきっかけとなる。取り組みはこのプロジェクトに引き継がれ、また新しいメディア実践の中で「送り手と受け手の対立と対話」を生みだしていくことになったのである。

注

1　七分の音声作品「テレビは何を伝えたか」は、第四三回NHK杯全国高校放送コンテストラジオ番組自由部門で全国優勝した。

決勝の講評では、一人称で語られるナレーションと記者たちの放送許可について厳しい講評がなされた。ビデオ証言集に改編した「テレビは何を伝えたか?——松本サリン事件のテレビ報道から」は、プロ・アマチュアを問わない国際ビデオフェスティバルである第二〇回東京ビデオフェスティバルに出品され、大林宣彦監督をはじめ審査員に絶賛されグランプリを受賞した。

2 以下、BPOウェブ〈http://www.bpo.gr.jp/〉より引用——

「放送倫理・番組向上機構(BPO)」は、放送による言論・表現の自由を確保しながら、視聴者の基本的人権を擁護するため、放送への苦情、特に人権や青少年と放送の問題に対して、自主的に、独立した第三者の立場から迅速・的確に、正確な放送と放送倫理の高揚に寄与することを目的にしています。

BPOは、従来から活動してきた「放送番組委員会」と「放送と人権等権利に関する委員会(BRC)」、「放送と青少年に関する委員会(青少年委員会)」の三つの委員会を運営する、放送界の自主的な自律機関です。BPO加盟の放送局は、各委員会から放送倫理上の問題を指摘された場合、具体的な改善策を含めた取組状況を一定期間内に委員会に報告し、BPOはその報告等を公表します。

3 「地下鉄サリン事件」=一九九五年(平成七年)三月二〇日乗客や駅員ら一二人が死亡、五三二一人が中毒症状を引き起こす被害を出した。都心の病院は死者や重体患者であふれた。午前八時すぎ、営団地下鉄、霞が関駅に近づく五本の電車のなかで、毒ガス「サリン」が広がり、通勤客や駅職員を襲った。東京・地下鉄サリン事件は、警視庁築地・大崎署特捜本部の調べで、オウム真理教が組織的に関与したことが明らかになった。

4 「信濃毎日新聞を提訴」=一九九五年三月二〇日、河野氏は、報道部長と会談の後信濃毎日新聞の正式な謝罪を待っていた。しかし、一ヵ月間謝罪を待ったが、なしのつぶてであり、この日「信濃毎日新聞社を相手取った提訴」に踏み切った。その日は、奇しくも「地下鉄サリン事件」と重なった。

5 羽根田綾子は、現在番組制作会社に勤務し、情報系のテレビ番組を制作している。

6 松本美須々ヶ丘高校放送部は、「高度情報化社会とメディアリテラシー」と題した授業パッケージをつくり、放送部の生徒が先生役を担当し、同じ学校の生徒や母親大会、文化祭の公開授業など合計二〇数回の授業を行った。非常に好評で、第二弾を企画。「テレビ記者の一日」として、テレビ信州の松沢記者が取材する生活情報のニュースオンエアまでを取材し、取材・編集・放送・反省会という一連の流れを授業で学習できるパッケージを制作した。これは、総務省が募集した「メディアリテラシー教材委託研究事業」として全国に配布されている。

7 松本サリン事件のテレビ報道を追った一連の実践を、平石耕一作・西川信廣演出で「NEWS NEWS——テレビは何を伝えたか」という演劇に制作し、長野県の高校生三万人が鑑賞した。現在、全国の市民劇場の鑑賞会で取り上げられている。

参考文献

磯貝陽悟『サリンが来た街——松本毒ガス事件の真相』データハウス、一九九四年

河野義行『疑惑は晴れようとも——松本サリン事件の犯人とされた私』文春文庫、二〇〇一年

永田恒治『松本サリン事件——弁護記録が明かす7年目の真相』明石書店、二〇〇一年

8

メルプロジェクトのパースペクティブ

——メディア表現、学びとリテラシー

水越 伸・山内祐平

この論考では、まず日本のメディア・リテラシーやパブリック・アクセスの課題を踏まえつつ、私たちが進めるメルプロジェクトの意義とパースペクティブを紹介したい。後半では、メルプロジェクトが進めている具体的な活動例として、「民放連プロジェクト」[1]という実験的なプロジェクトの概要を説明していく。

1　メルプロジェクトとはなにか

メルプロジェクト（MELL Project: Media Expression, Learning and Literacy Project）は、メディアに媒介された「表現」と「学び」、そしてメディア・リテラシーについての実践的な研究を目的とした、ゆるやかなネットワーク型の研究プロジェクトである。

デジタル化とグローバル化が同時進行し、混沌とした様相を呈しつつある東アジアの情報社会の中で、人々がいかにしてメディア・リテラシーを身につけていくか。どのようにしてメディアに媒介された表現や学びを展開していくか。多様性のあるメディアの生態系をいかにして市民が自律的にデザインしていくか。このような課題に取り組むために、二〇〇〇年度に東京大学で新たに設立された「文理越境型」の新しいタイプの大学院である情報学環の共同研究プロジェクトとして立ち上がった。二〇〇一年一月に正式に発足し、五年間という時限付で活動している。

メルプロジェクトでは、いくつかの「サブプロジェクト」と、それらよりはやや関係のゆるい「関連プロジェクト」を同時多発的に進めている。二〇〇二年度終了の時点でのおもなものをあげておこう。

まず、民放連メディア・リテラシー・プロジェクトである。この活動では、メルプロジェクトが差配をしつつ、ローカル民放テレビ局と地域の子どもたちを結びつけ、子どもたちがテレビ番組作りを進めた。その過程を通じて、地域のなかで送り手

と受け手がメディア・リテラシー、メディア表現を学び合っていく場を形成していったのである。二年間で宮城、長野、愛知、福岡の四地域でパイロット研究を展開し、その成果を報告書、書物、ウェブサイト、CD-ROMなどを通じて公開している。

次に、「東京都プロジェクト」。東京都の委託を受け、学校だけではなく公民館や博物館を使って行うことができるメディア・リテラシーのプログラムを作り、実践をし、その成果をマニュアルとしてまとめた。

このほか、「本づくりとメディア・リテラシー」、「粘土アニメ作りとメディア遊び」、博物館と病院の院内学級などを結びつけて展開される博物館アウトリーチ・プログラム、フィリピンと日本の大学生が映像制作を通じて協働し、異文化理解とメディア・リテラシーを自律的に学ぶ「d'Catch」、松本サリン事件におけるマスメディアの誤報と人権問題をテーマとした演劇「NEWS NEWS──テレビは何を伝えたか」の上演などを、たがいに連携させつつ、同時多発的に展開している。

メルプロジェクトのメンバーは、関わり方の度合いによって三つの位相に分けてとらえることができる。

まずこのプロジェクトの創始者たちであり、プロジェクト全体の差配をするプロジェクト・リーダーがいる。テレビ・プロデューサーの市川克美、博物館のメディア設計をになう境真理子、フリーランスのジャーナリストである菅谷明子、長野県の高校教諭である林直哉、メディア論の水越伸と、学習理論、教育工学の山内祐平の六名で、それぞれ違う領域にいながら同じ志を持ちつつ集まった。[2]

次にプロジェクトに参加し、研究を進めるメンバーが約七〇名いる。これは大学院情報学環のスタッフや大学院生を中心に、学校教諭、マスメディア関係者、ジャーナリスト、社会教育関係者、情報デザイナー、市民活動家、図書館司書、博物館学芸委員、オンライン業界人など、多様な人々から構成されている。

最後にメーリングリストなどでの情報提供を受けたり、研究会、シンポジウムなどに参加するサポーターが、二〇〇三年四月の時点で、約四五〇名いる。

これらの人々のコミュニティはウェブサイトや、月一回配信のメールマガジン「メルの環」などで情報を共有し、議論をしている。また月一回の作業ミーティングと公開研究会、年一回の夏期合宿セミナーとシンポジウムなどを開催している。

このほか大学院情報学環で山内と水越がそれぞれ担当する授業、「情報リテラシー論」、「メディア表現論」は、共同研究プロジェクトとは別系統の教育活動ではあるが、メルプロジェクトの研究実践と深く結びついている。[3] この授業では、大学院生たちがメディア・リテラシーやメディア表現を学ぶために、チームを作り、プログラムを組み立て、学校や社会教育の現場でワークショップなどを実践するのだ。すなわち、教えることで学ぶ。情報学環には、留学経験、社会人経験など多彩な経歴を持った大学院生がおり、彼ら/彼女らであるからこそ可能なプロジェクト型の教育実践だといえる。

2 日本のメディア環境の特徴とメディア・リテラシーの課題

私たちはなぜメルプロジェクトを立ち上げたのか。

その答えは、日本のメディア環境の特徴と、日本でメディア・リテラシーが抱える課題と密接に結びついている。ここでそれらを簡単に説明しておこう。

(1) 巨大で体制化したマスメディアと脆弱な市民メディア

第二次世界大戦後に発達した日本のマスメディア、わけても新聞とテレビはきわめて巨大で、精密なシステムを持って繁栄している。

たとえば読売新聞は一〇〇〇万部を超える世界最大の日刊発行部数を誇り、新聞の総発行部数は五三〇〇万部を超える。それらは勤労学生や主婦、外国人労働者の手によって全国津々浦々に精密に宅配されており、個別宅配率は九〇%を超え世界最高水準にある。

職員一万人以上を抱え、年間事業収入が六六〇〇億円を超える(〇二年度)NHKは、公共放送であるにもかかわらず世界最大級の放送事業体である。そのNHKと、東京を中心とする民間放送の五つのネットワークはこれまた全国を精密にカバーしており、テレビの影響力は圧倒的だ。しかも五大全国新聞が、五つの民間放送ネットワークと系列化している。そして新聞、放送の繁栄を、電通と博報堂という二大広告代理店がしたたかに支えながら、広告市場を牛耳っている。

アメリカ、イギリスをはじめ多くの先進諸国でも似たような傾向がある。しかしそのなかでおそらく最も中央集権的で、ナショナルなマスメディアの仕組みが確立している国が日本であろう。この仕組みは、二〇世紀前半から第二次世界大戦にかけての言論弾圧政策の一環として、メディア事業の寡占化が進められたことに端を発し、戦後産業的な発展のなかで確立したものだ。

一方で日本における市民的なメディア、地域的なメディアの力は、おしなべて脆弱である。日本が明治以降、国民国家として近代化する過程において、地域的、土着的、反東京的なメディアが徐々に排除され、中央集権的でナショナルなマスメディアが確立してきたことがその大きな理由だ。

たとえば市町村をカバーするような小さな地域紙は大変層が薄い。ケーブルテレビやコミュニティ・ラジオにおけるパブリック・アクセスは、いまだに法律で市民の権利とはなっていない。オルタナティブ・メディアの動きは鈍く、フリーランスで働くジャーナリストも少ない。日本の近代化の過程は、人々がマスメディアの社員である少数の送り手と、マスメディアが商品として提供する情報の消費者とにはっきりと区別されていく過程でもあった。特に大衆消費とメディアの文化が発達した一九六〇年代の高度経済成長以降、大半の人々は、メディアの豊かな消費者、受け手であることを甘んじて受け容れ、それ以外のあり方を想像することもなく生きてきた。市民自らが自律的に情報の発信者となったり、表現者となる機会とメディアを持たないできたのである。

外国からの露骨な文化侵略もなく、大幅な政治体制の変化もなく、平和にドメスティックに発達してきたマスメディアを享受するおとなしい消費者、受け手としての日本人。

このような状況の中では、英米流のメディア・リテラシーをそのまま輸入しても意味はない。そして日本の歴史社会的な文脈のなかでメディア・リテラシーを語り、実践することは容易なことではない。だがそれは進められなければならないのだ。

（2） 連携しにくいメディア・リテラシーの動き

メディア・リテラシーをめぐる教育と実践は、一般的に三つの系譜に分けてとらえることができる[4]。第一に、マスメディアが生み出すポピュラー文化を批判的に読み解いていこうという、伝統的なメディア・リテラシーの系譜である。これはおもに社会教育、成人教育、そして市民運動のなかで展開されてきたのだった。第二に、学校教育におけるメディア教育の系譜。これは第二次世界大戦以前のラジオ教育、映画教育以来、今日のコンピュータ教育にいたるまで続いており、子どもたちの学習を多様に促進するためにメディアを効果的に活用することが主な目的となってきた。第三に、近年の情報技術の進展に伴う、情報機器の技術的操作能力を育むという意味での、情報教育、コンピュータ・リテラシーの系譜である。この背景には、新しい産業労働者を必要とする国家や情報産業が控えている。

どの国でもある程度共通していえることではあるが、日本においてもこの三つの系譜はうまく結びついてきたとは言えない。たとえば学校は、なるべくポピュラー文化を排除しようとして来たため、教室の中でポピュラー文化批判のような活動はほとんどなされていない。一方で多くの学校関係者は、メディアや情報といえば技術的な教育だと早合点してしまう。たいていの小学校でゲーム機は持ち込み禁止なのに、おもしろくもない教育用コンピュータソフトは先生のあいだで大もてだ。学校は、子どもたちが空気のように接する大衆文化をなるべく校庭から排除しようとする。しかしポケモンにどのような価値観がもり込まれ、産業的意図が働いているか、またそれがどのような物語の構造を持っているのかといったことを批判的に読みとることこそがメディア・リテラシー教育のはずなのに、そうした教育実践はきわめて少ない。

一方で、批判的思考を中心とした「メディアの読み解き」の側面が強調されてきた伝統的なメディア・リテラシーは、日本においては啓蒙主義のイデオロギーが強い、ややヒステリックなアンチ・テレビの動きとして紹介されることが多い。それは、カルチュラル・スタディーズの影響を受けたポピュラー文化批判の豊かな知見と、十分に接合されてはいない。この動きは、一九九〇年以降の日本の政治文化とマスメディア業界の保守化した雰囲気のなかでは、政権与党である自民党や、保守的な体質を持つ各種団体による、青少年保護の大義名分を取った言論規制の動きと容易に結びつく危険性をはらんでいたのである。

少しカリカチュアしてみよう。学校の先生は、メディア・リテラシーの市民運動を、過激で政治的だと感じ、IT技術教育は国家的要請もあり必要だろうと思いながら、自分はできないと怖じ気づく。市民運動家は、学校など管理教育が徹底した自由のない場所で、メディア・リテラシーには向かないと決めつけ、IT技術教育にはまったく関心がない。技術教育者は、そもそもメディア・リテラシーの批判的思考の存在を知らず、学校はコンピュータやネットワークがなかなか導入されない、技術的に未開社会だととらえる。これが最近までの日本の現状である。これらの断層や亀裂を埋め、連携をしていかなければならないのだ。

3　メルプロジェクトのパースペクティブ

このような困難を抱える日本において、メディア・リテラシーや市民のメディア表現を持続的に発展させることはいかにして可能となるか。その問いかけに応えるためにメルプロジェクトは生まれたのである。

(1)　表現と受容が循環するメディア・リテラシー

私たちは、市民メディアが脆弱で、学校文化の規範力が強い現代日本においては、メディアの批判的受容だけに片寄ったメディア・リテラシーの実践は十分に根付かず、体制に歓迎される安易なアンチ・マスメディア運動に終わってしまいかねないと考えている。市民の批判的思考を十分に育むためには、市民の眠ったコミュニケーション能力を活性化させ、能動的な表現を積極的に促すプログラムが、まずは必要である。

表現と受容の二つの側面は、従来のメディア・リテラシー実践において十分に結びついてとらえられてきたとは言いがたい。読み解きを重視する人々は、メディア制作よりも批評の方法を教えた方が読み解きには効率的だと主張し、表現を重視する人々は批判的思考を軽視して、表現技術のみを教える傾向があった。

しかしこの二つの目標は、最終的に一人の人格の中に統合されるべきものである。どちらかが身に付けばよいというものではなく、この二つの側面の関係性をどう作るかが、教育として重要な課題になるのである。そこでわれわれは、この二つを統合するための学習モデルとして、表現と受容のらせん型展開モデルを考えた。(図1)

このモデルでは、まず表現することによって、自分の意図がかたちになって表れることを経験する。最初のうちは、操作や

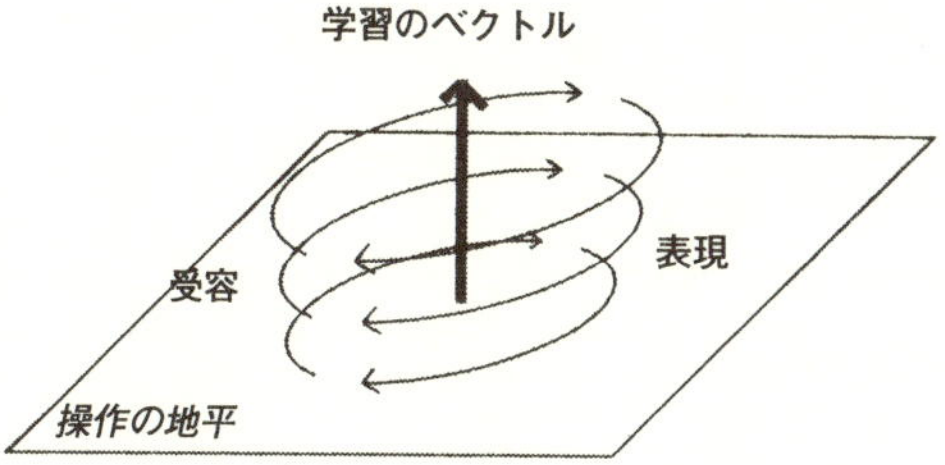

図1――表現と受容のらせん型展開モデル（山内祐平、2000年）

技法的なことに注意をとられるが、徐々に意図と表現との対応に意識が向くように学習をコーディネートする。このことによって、メディアが人間によって構成されていることが、身をもって理解できるようになる。

その身体的理解を元に、自分や他者が作った作品を批評し、自分たちの活動を振り返る。今度は、表現されたものから意図を抽出する活動になる。最初は自分と違う視点から構成された意図を読み解くことは難しいが、ディスカッションの中で、徐々に他者の視点が内面化され、意図と表現のつながりが深化する。

この「表現 - 受容ループ」を何回も回転させ、らせん型に上昇させることで、徐々に高度な内容、例えば、文化・社会・経済などの要因を考慮して分析したり表現したりできるようになる。これにより、具体的な表現活動に裏打ちされた深い批評的思考と、批評的思考に支えられた高度で力強いメディア表現が可能になるのである。

(2) メディア・リテラシーの基層としてのメディア遊び

メディア・リテラシーには、「正しいメディアの読み解き方や表現の方法」というイメージがつきまとう。これは、リテラシーという言葉がはらむ啓蒙主義的なイデオロギーによるものだ。もちろん、メディア表現には、人間が長年かけて培ってきたコードが多様に折り重なって存在しており、それを無視することはできない。どのような表現をすれば、どういう意味としてとらえられるかを学ぶことは重要である。

ただ、それが絶対的なもの、固定的なものになってしまってはならない。コードは、人間が作りだしたものであり、状況に応じて自律的に変更可能な存在だからである。正しい、硬直化したコードを信奉することは、リテラシーではなく、プロパガンダの営みである。

ところが日本においては、マスメディアのあり方や教育体制がいまだに画一的で規律された状態にあり、人々はともすればこのようにとらえがちだ。メディア・リテラシーに、風刺やユーモア、パロディなどといったプレイフルでハードファンな批判性が備わっていることが理解されにくい。また近代以降のほとんどすべての日本のメディアは、先進欧米諸国から輸入され、移植され、普及してきたために、市民自らが自律的にメディアをデザインし、コードを発達させてきたという歴史を持っていない。このことがメディアと人間の関係性を絶対的なもの、固定的なものとしてとらえてしまいがちな傾向の背景にある。

このような日本の状況の中で、市民がメディアのコードの可変性を学習するために、メルプロジェクトでは、メディア・リテラシーと同時に、メディア遊びの大切さを強調している。ここで言う遊びとは、メディアが商品化して提供する大衆娯楽のことではない。人々が想像力を働かせ、メディアのコードを自由に生みだし、解釈し、メディアと人間の関係性を組み替え、社会の体制を挑発していくような実験的な試みのことである。これはかつてヨハン・ホイジンガが、『ホモ・ルーデンス』のなかであらゆる文化の基層に位置づけたところの遊びであり、ヘルベルト・ブレヒトがいう「異化作用」の営みである。

日本においては、メディアの新たな意味生成のダイナミズムを生み出すこのようなメディア遊びが、メディア・リテラシーを支える基層に位置づけられ、促進される必要がある。

(3) メディア・リテラシーの志向性としてのメディア実践《プラクティス》

メディア・リテラシーは、それ自身が目的というよりも、最終的にメディア実践という蝶になるためのさなぎのようなものである。市民が、パブリック・アクセスの促進、デジタル・デバイドの解消、過疎地域の情報化、博物館や公民館を利用したワークショップなどといったメディア実践によって、自らのコミュニケーション生活を豊かにし、情報社会を変えていくという営みにつながらなければ、メディアについて学ぶことは意味を失ってしまう。

とくに近年の日本においてはメディア・リテラシーが一種の流行になりつつあり、その動きのなかには、十分なカリキュラムや教材もないままに進められるため、たんなる新聞記事批判、テレビ番組批判や、情報化が人間性を破壊するといった漠然とした情報社会批判に堕しているものが多い。私たちの大学の授業に参加する大学生たちの多くは、レポートの最後に次のように書いてくる。「メディアがいかに危険なものかを認識し、あふれかえる情報を取捨選択し、主体的に生きていくことが大切だと思います」。

なるほど、レポートとしてはよい終わり方だ。しかしこの学生が、深い次元でメディアの功罪をわかり、本当に主体的に生きていくためには、メディア・リテラシーの知識だけを一方的に受容するのではなく、自らが社会に働きかけ、新たなコミュニケーションの回路を切り開くような実践を経験する必要がある。市民的なメディアが脆弱な日本においては、なおさらそのことが必要なのである。

ところがこれまで、メディア・リテラシーとメディア実践は別領域の営みと認識されており、人的交流も少なかった。メルプロジェクトでは、メディア・リテラシーとメディア実践を連続した存在としてとらえ、それらを接続した活動を展開している。言い方を変えればメルプロジェクトは、オルタナティブ・メディアやパブリック・アクセスなどを含む、メディアをめぐる市民活動とメディア・リテラシーのプログラムを結びつけ、日本の情報社会全般を活性化させるという広い枠組みの中で活動している。

　以上のようにメディア・リテラシー、メディア遊び、メディア実践は循環的な関係性をなしており、この循環を日本のメディア環境の中で回復していくことが、メルプロジェクトのパースペクティブである。（図2）

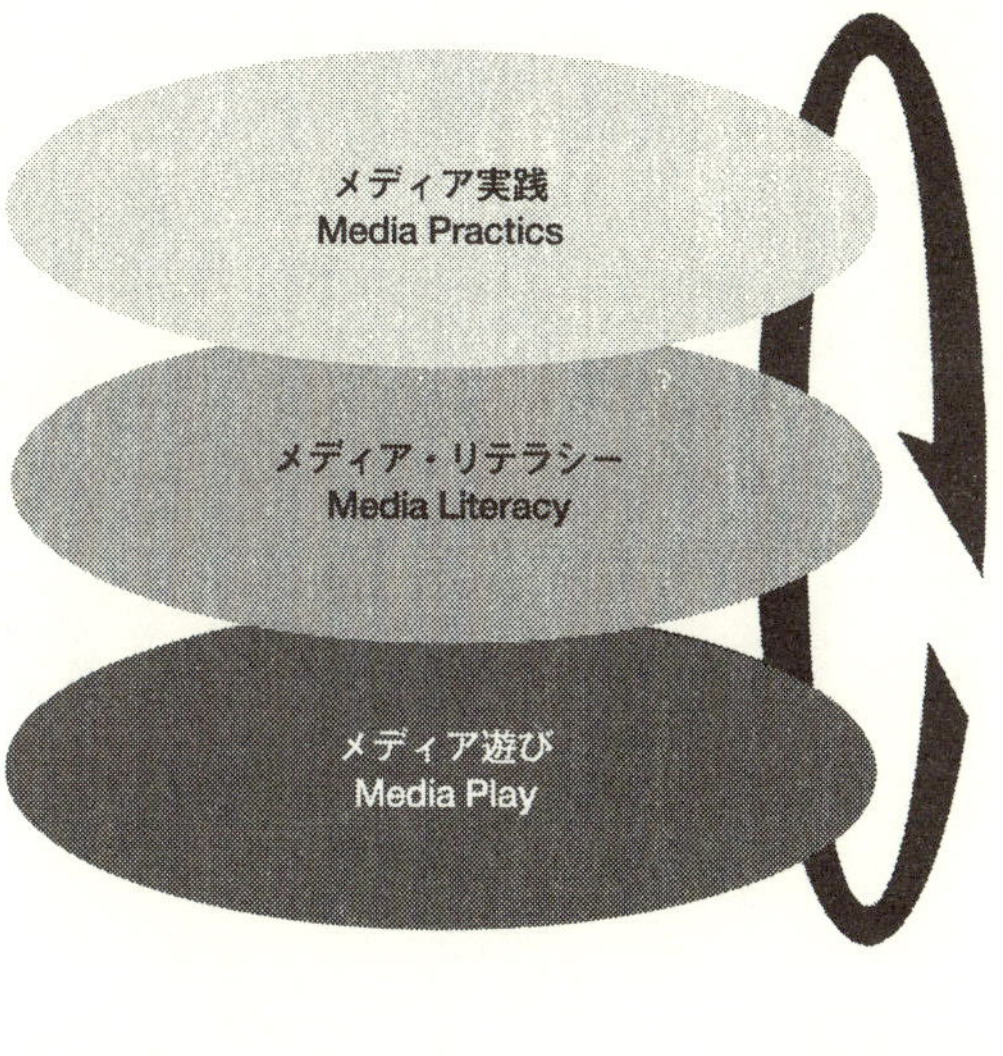

図2——メディア遊び・メディアリテラシー・メディア実践の関係図
（水越伸、2002年）

4　民放連プロジェクトの展開

　ここからはメルプロジェクトのサブプロジェクトの一つである、「民放連プロジェクト」について紹介をしていこう。[5]
　民放連は、日本の民間放送の業界団体であり、伝統的に民間放送の経営の安定と産業的発展を促すために活動をしてきた。その沿革からすれば、メディア・リテラシーの含意とは真っ向から対立する組織であった。しかし一九九〇年前後から相次いだ加盟局の不祥事に対する権力と市民の両側からの批判に対応する必要性を感じ、技術中心主義的に進められつつあるデジタル化の動きに対する危機意識が芽生えたなかから、メディアと市民をつなぐ回路作りの営みとして、メディア・リテラシーの重要性を認識しつつある。これは、アメリカのパートナーである全米放送事業者連盟（NAB）の状況などにくらべても、画期的な変化である。民放連は、一九九九年からは『てれびキッズ探偵団——テレビとの上手なつきあい方』という、放送に対する批判的な内容をも含んだシリーズ番組を制作し、加盟社での放送を実施した。
　そしてより本格的な活動を展開するため、二〇〇一年度から二年間にわたり、メルプロジェクトに実践研究の委託をしたのが「民放連プロジェクト」である。民放連プロジェクトでは、ローカル民放局と学校が、ともに番組を制作する中で、メディア・リテラシーを学び合うことを目的に企画された。作られた番組は実際に参加局で放送されている。

学校は、地方局とともに番組を作ることで、放送メディアの特性や番組構成のプロセスを学ぶことができる。一方地方局は、活動を言語化する中でメディア表現の営みを振り返り、自分たちがどのような存在なのかをもう一度とらえなおすことによって、送り手のメディア・リテラシーを獲得する。このような複合的な企図がこの営みには込められていた。放送局が視聴者に対して、撮影技法などを講習したり、視聴者が作ったビデオ映像を放映することは従来も行われてきた。今回の試みは、それらを組み合わせてメディア・リテラシーに関する学び合いを実現するというところに独自性があったと考えている。

二〇〇一年度は、これらの目標を実現するフィールドとして、長野県と愛知県の二つの地域を選んだ。この二つの地域は、放送局・学校ともに数年前からメディア・リテラシーに取り組んでおり、放送局側にも学校側にも実践の素地が整っていたからである。

(1) 長野県におけるパイロット研究

長野県では、テレビ信州と須坂高校、長野西高校、三郷中学校、清水学童クラブが共同して実践が行われた。

長野プログラムは、担任(プロデューサー役)と、番組作りの中心になる数人の生徒(ディレクター役)を主なターゲットにした、いわば「リーダー養成プログラム」である。

放送局側と学校側にそれぞれ、プロデューサーとディレクターを設定し、合計四人がそれぞれの立場の特性を生かし対等な関係で携わりながら三分の紹介番組を制作していく。

学校側は、自分たちの紹介したい内容を整理し、それをどのような方法で表現していくか学びながら紹介番組を制作する。局側は映像表現の手段を実践的にレクチャーしながら制作をサポートする。また、紹介番組が作られるまでを取材し、テレビの表現について理解していく様子や、テレビ局に対する意識の変化を追ったクリップを制作した。

放送枠は約一〇分間。放送時には学校側の関係者をゲストとして迎え、感想やテレビに対する感覚の変化を紹介しながら、紹介番組と制作のプロセスを放送し、局側の担当者の変化や、感想を織り交ぜていった。

この教育プログラムは番組を作る学校側だけが学ぶわけではない。番組作りのノウハウは職人技でマニュアル化しにくいと言われる。テレビ局の記者が、全く番組を作ったことのない視聴者を前にして、映像の文法を伝える立場に追い込まれたならば、何を考えるだろうか。感覚で理解していたことを、言葉に翻訳して伝えなくてはならないときに、仕事の「意識化」が始まる。また、映像表現に対して送り手として持っている固定観念が、視聴者を前に直接授業を行うことで壊されることもある。このプログラムは、「送り手と受け手の立場の逆転」を生みだすものなのである。

今回のプロジェクトで四つのコミュニティの教師役を務めた今村報道部長は、われわれのインタビューに対して次のように述べている。「先日、初めて小学生を対象に、メディア・リテラシーの出前授業を松本の清水学童クラブで行った。四年生から六年生の九人が私の話を聞いたあとインタビューを実践し、さあ編集。あらかじめキットにしてあったVTRをつないでいく作業の中で、五年生の男の子から出た驚きの一言。「そこ（映像）、ちょっと長い！」私もそう思った途端に出た一言だった。子どもの映像への感性の強さを改めて思い知らされた」。

「テレビは市民の一番身近にあるメディアなのに、テレビの内情があまりにも公開されていない。ここに送り手と受け手の乖離があるとすれば、それを解くのは送り手以外に考えられない。メディア内部の競争が激化し、勝ち残るためにも視聴者との太く強いパイプが不可欠だ。そんなことを思って民放連からの指名を受けた。林直哉先生に尻をたたかれっぱなしだったが、須坂高校、長野西高、三郷中学と回を重ねる中で、普段考えなしでやっていることを説明することの難しさや、毎日教壇に立つ先生たちの苦労を思い知った。逆に、テレビの持つ素晴らしい特性とその未来を改めて感じた」。

放送局とパートナーを組んだ教師はどう感じたのだろうか。三郷中学の小林教諭は、次のように語る。「以前からテレビで放映される番組というのは、沢山撮った中のいくつかのカットをつなげて作っているんだなぁと知識として分かってはいたんですが、またその、なんというかな。NHKならNHKの放送したやつがどうもいいところを撮っている、胡散臭いぞ、そういう思いはちょこっとあったんですけどね。今回、こういう経験をさせて貰って、ますますそういう思いは強くなりましたね」。

「子どもたちにそういうテレビの見方とかね、それから、もうちょっと気をつけて見なければいけないよというようなことを、こういう活動を通して、伝えたいと思うんですね。子どもたちにとってまだまだそこまで行ってないんじゃないかなぁ。あの、テレビの番組作りは意外に大変だなぁと子どもたちが分かったと思うんですが。そういう裏の裏までというと、もう数回やってみないといけないと思いますけどね」。

長野プログラムは、三時間という限られた時間の中で行うため、学習者全員が均一にある水準まで到達することは難しい。このプログラムは、あくまでもリーダー役の教師や生徒を育て、次のメディア・リテラシー実践につなげることを目的としているからである。そういう意味で、次に続けてやってみたいという思いと、実践に必要な知識・技能や人脈が作れれば、リーダー養成モデルとしては成功だといえるだろう。

（2）愛知県におけるパイロット研究

愛知県では、東海テレビと春日丘高等学校が、共同で三分間の企画ニュースを作る活動を行った。愛知プログラムは、テレビ局のスタッフと生徒が長期間共同作業し、一つの番組を作り上げていく、「密着した学習支援プログラム」である。

このプログラムは、一六名の高校一年生を対象に、九月から一二月にかけて「総合的な学習の時間」の授業として行われた。計画では、毎週五〇分一コマとして全九コマで終了する予定であったが、実際にはそれだけでは足りず、校外への取材活動や編集作業にさらに数時間必要になった。

プログラムでは、四人ずつ四つのグループに分かれ、高校生の視点からニュースのトピックとしての三分程度のニュース映像の企画案を考えた。生徒たちは、対象がテレビ番組、それも事実を伝えるニュースの企画ということで、どう計画すればよいのかとまどっていた。話し合いの中で企画の内容や構成、つまり「どんな」テーマを「どうやって」取材し、「どのように」表現するのかということを決めなければならない。企画や構成の立て方について春田デスクらからアドバイスを受けた上で、考えていくうちに出てきた疑問点を質問していった。

ここでは東海テレビのスタッフの意見を聞き、ニュースの企画を立てる場合に何が必要かを学んだ。企画意図はハッキリしているか、どんな視聴者を想定するのか、現実的に制作可能か、スポンサーの問題をどう考えるか。生徒たちは現実的な企画案を作る大変さに気づくとともに、テレビ番組は映像という形で表現できないと成立しないことにも気づいていく。

最終的なニュース企画案の候補は、「高校生とお金」「高校生と流行」「高校生と趣味」「高校生のイメージ」の四つであった。できあがった企画案を発表するプレゼンテーションを行い、テレビ局の方と話し合いながら、実際に制作するものとして「高校生とお金」をテーマにすることに決定した。

四時間目以降は、決定した企画案を番組にしていくことになる。生徒たちはつかみと全体説明、アンケート結果の提示、高校生にインタビュー、その親達の意見をインタビュー、結論、という構成を分担して取材し、撮影した。

それぞれのグループで撮影のアイデアについて話し合い、冒頭部分を担当する班は、人通りが多く高校生が利用する店舗がある春日井市内の駅周辺でお金を使うシーンを撮影し、その他の班はアンケート結果をどう表現するか考えたり、校内で高校生や保護者へのインタビューを計画した。

そしていよいよ取材開始。駅周辺で高校生がお金を使うシーンを撮ろうとしたグループは、店にアポイントを取っていなかったため、取材許可をもらうのに難航した。何とか許可をもらっても、肝心の高校生がいない。

アンケート集計担当は別のことで困っていた。当初、高校生とお金の取材の中で、不況がおこづかいに影響していることが見えてくると予想していたのだが、アンケートを集計してみるとそのような結果がでてこなかったのである。そこで、親からもらうお金の使い道のうち、一番多いのは携帯電話料金であるという結果から、携帯電話とお金の関係を中心にした内容に構成を組み立てなおすことにした。生徒たちは自分たちの体験から、携帯電話が登場したことでお金の使い道が大きく変わったのではないかと予測し、それを仮説とした。

ところが、実際にアンケートをとってみると、この仮説も間違っていたことが分かったた。大半の生徒は親に携帯料金の大部分を負担してもらっているので、お金の使い道に大きな影響が出ていないことが明らかになったのだ。「携帯電話によって高校生のお金の使い道に変化が出た」という結論を想定して原稿や映像を考えていた生徒たちは混乱していた。このままでは結論が書けないと考えた生徒たちは、どうすればうまくまとめられるのか春田デスクを交えておそくまで話し合い、最後に、「取材してみて、親も子供も携帯電話をうまく利用しようと努力している姿が浮かんできた。携帯電話とうまく付き合っていくことが、お金の有効利用につながっていくのではないか」という結論を導き出した。この構成に従って、映像の再撮影や編集が行われ、悪戦苦闘の末、三分間の企画ニュースが完成したのである。

最後に、この番組制作全体を振り返ってディスカッションの授業がおこなわれた。生徒たちは、このディスカッションにおいて、再撮とやらせの違いや、番組を意図的に構成することがやらせとどう違うのかということについて議論を戦わせた。

(3) 生徒たちは何を学んだのか

毎回の授業後に行われた評価シートの記述から、生徒たちが何を学んだのかを分析してみよう。

①企画段階での学び

生徒A：視聴率一%で約九万四〇〇〇人もの人が見ていることになる、ということなので、「三〇%を超えた」などといったドラマはものすごい数の人が見ているということ

視聴者や視聴率という言葉は一般的に使われているが、それがどれぐらいの数を指しているのか具体的にイメージを持っている生徒は少ない。視聴者という概念を理解することは、放送局の社会経済的なバックグラウンドを理解する上で必要不可欠なことである。

生徒B：今日、東海テレビの人たちが言ったことにすごく国語の教科との接点を見つけた。うまく何が同じだとはいえないが、すごく近いものを感じた

企画を立てることは、構成の知の発露である。構成は意図から表現に向かう活動であり、国語ときわめて近い関係にある。メディア・リテラシーがカナダで英語の授業の中に入っているのも偶然ではなく、表現と意図の関係を扱うからである。この授業は総合的学習の時間に行われているが、担当したのは国語の教師である。意図や構成の問題がメディア・リテラシーと切り離せない以上、このような知のつながりが自覚されたことは重要なことであろう。

②撮影段階での学び

生徒C：カメラマンというのは、いろいろな編集を想定して、

どの映像を使いたくなってもいいように、全ての映像一つ一つ大切に考えている

この意見だけではなく、撮影が漫然と行われているのではなく、構成や編集などの意図をシミュレートしながら行われていること、具体的な撮影技法と意図がどう対応しているのかについては、多くの生徒が気づいていた。

生徒D：見る側の人に、撮る側の人の伝えたいことを伝えるには、映像にすごくかかわってくると思う

映像メディアであるテレビは、何らかのかたちで映像にして表さないと構成することができない。感情や抽象概念など、形のないものを表す際には、さまざまな工夫が行われるが、やり方によって映像の伝わり方はかなり変わってくる。多くの生徒は、自分たちの企画の中で、映像になりにくい部分を映像にする際にどのようにすればいいかを悩む中で、このことに気がついていった。

③編集段階での学び

生徒E：買っているシーンの前に（買うものを）選んでいるシーンを使うと見る方が、何をしているのかという具体的なことが分かりやすくなる

編集では、映像の並べ方によって、意味がどのように変わるのかを編集のプロと一緒にシミュレートしながら学んでいった。ノンリニア編集機を利用したので、その場ですぐ映像を並び替え、見え方を確認することができた。

生徒F：映像の使い方がテレビでは視聴者に大きな大きな影響を与えているということがよくわかった。映像の使い方では、同じことをいろんな場面で誤解してしまったりする

この並べ替えの中で、生徒たちは並べ方を変えると、かなり違ったメッセージを送ることができることに気がついていく。日頃何気なく見ているテレビの中で行われている編集という行為が視聴者に与える影響の大きさを実感したようである。

④メディア倫理の自覚

生徒G：同じ場所ばかりでインタビューをしてしまうと、放送した時に見る側に不信感（やらせ？）を与えてしまう

生徒たちは、自分たちが作った番組が数万人の人に見られるという状況から、送り手としての責任を自覚せざるをえなくなった。受け手であった自分が、送り手になるという立場の逆転が起こったのである。この中で、人ごととしてやらせの問題をとらえるのではなく、自分に突きつけれらた課題として、映像構成とやらせの問題を考えざるを得なくなった。

5　メディア・ビオトープ作りへ——今後の課題と展望

二〇〇一年度に行われた長野と愛知の実践は、二〇〇二年度にさらに発展し、新たに宮城県と福岡県で、学校ではなく地域の子どもたちのサークルやＮＰＯが関係したパイロット研究が進められた[6]。それらの詳細については、ここで書く余裕がない

が、現在メルプロジェクトには、民放局だけではなく、公共放送であるNHK、地域のケーブルテレビなどのメディア、全国の学校や社会教育施設からも、このような活動を進めたいという依頼が数多く届いている。

民放連プロジェクトの成果は、メディアの送り手と学びの共同体をつないだメディア・リテラシーの学びの可能性を十分に感じさせるものであった。しかし、同時に多くの課題が残っているのも事実である。ここではその中から三点をとりあげ、今後の実践の方向性を示したい。

(1) 表現と受容のループを何度も回す

今年の実践では、長野プログラムも愛知プログラムも、時間の関係で、表現と受容のループのうち、表現のステージしか行えなかった。表現のステージだけでも、生徒たちはメディアが構成されていることなど、メディア・リテラシーの基本概念の多くを学んでいるが、まだ十分とはいえない。愛知プログラムの最後のディスカッションは、受容ステージの原型ともいえるものであり、話し合いや作品に対する内省の時間をもっと意識的に導入し、表現と受容のループを何回もまわすことによって、批評的思考と能動的表現がからみあった豊かで深い実践を試行したいと思っている。

(2) ジャーナリスト教育との接続

民放連プロジェクトでは、学校と放送局の双方が学ぶことを目標にしているが、今年のプロジェクトでは、送り手である放送局の側の学びはシステム化されていない。送り手の側の学びは、放送局側のスタッフのセンスと気づきに頼ったものであった。

しかし、このようなプロジェクトが永続性を持つためには、両側にきちんとした仕組みが必要である。学校側は教育プログラムという形でシステム化されているのだから、同様の仕組みを放送局側に作っていきたいと考えている。

メルプロジェクトでは、関連プロジェクトとして、Jワークショップというジャーナリスト教育プログラムとも連携している。これらのノウハウを取り入れ、放送局側の学びをより精緻化・システム化するために何が必要かを検討していきたい。

(3) メディアと学習共同体の多様化

二〇〇一年度の試みは、ローカルテレビ局と学校の組み合わせで行われたが、メディア側と学習共同体の組み合わせはこれだけではない。来年度以降、学習共同体として、メディアセンターなどの社会教育施設を候補にしたり、テレビではなくラジオを送り手側として考えるなどの多様化を行っていきたい。長期的には、放送メディアだけでなく、出版や新聞、インターネットなどもメディアの候補になるだろうし、学びの共同体の候補としては、教育NPOなども入ってくるだろう。

民放連プロジェクトが行き着く理想像は、現在分断されているメディアの送り手と受け手を、多様な文化の中で共存するメディア実践者・メディア表現者としてとらえなおし、その間に循環性をつくることによって、一種の「メディア・ビオトープ（Media Biotope）」をかたち作ることにある。ビオトープとは、人工的に作られた小さな生態系であり、このビオトープの循環原理の一つとして、メディア・リテラシーを学ぶことが位置づけられるのである。

注

1　この論考は、次の日本語原稿に加筆訂正を加えたものである。1～3を水越が、4～5を山内がおもに執筆し、全体を水越が調整した。Shin Mizukoshi and Yuhei Yamauchi, *Perspectives on Japan's Media Environment and the MELL Project*, Duncan, Barry and Tyner, Kathleen, ed. Visions/Revisions: Moving Forward with Media Education, National Telemedia Council, 2003, 159-178.

2　メルプロジェクトのはじまりの経緯については、次を参照されたい。水越伸『新版　デジタル・メディア社会』岩波書店、二〇〇二年、二七〇—二七五頁。

3　「情報リテラシー論」（二〇〇三年度）、「メディア表現論」（二〇〇二年度）は、eラーニング授業として東京大学大学院情報学環のウェブサイトで閲覧可能である。以下を参照されたい——http://iiionline.iii.u-tokyo.ac.jp/index.php/

4　水越伸、前掲書、一〇〇—一一八頁。

5　二〇〇一年度の民放連プロジェクトについては、次を参照されたい。（社）日本民間放送連盟・東京大学大学院情報学環メルプロジェクト編『二〇〇一年度民放連メディア・リテラシー・プロジェクト』報告書、二〇〇二年三月／山内祐平「メディア・リテラシーと民放連プロジェクトの取り組み」『月刊民放』二〇〇二年五月号、（社）日本民間放送連盟、三三—三九頁。

6　次を参照されたい。（社）日本民間放送連盟・東京大学大学院情報学環メルプロジェクト編『二〇〇二年度民放連メディア・リテラシー・プロジェクト研究報告書：宮城・長野・愛知・福岡四地域におけるパイロット研究について』二〇〇三年三月。

7　メディア・ビオトープについては次を参照されたい。水越伸『メディア・ビオトープ：メディア論のためのスケッチブック』紀伊國屋書店、二〇〇三年（近刊）。

Ⅲ

オルタナティブなメディア表現と社会実践

9

デジタル時代と新たなジャーナリズムの創出

野中章弘

「新しいジャーナリズムの流れを作りたい」。

そんな思いに駆られ、アジアプレス・インターナショナル（以下ＡＰＩ）を立ち上げてから、十数年が過ぎた。志はいまだ達成されてはいない。しかし、メディアの現状をみるにつけ、「ジャーナリズムの精神は危機に瀕しており、変革をせずにおくわけにはいかない」という思いは、ますます強くなるばかりである。

いまＡＰＩに参加しているジャーナリストはアジアを中心に約三〇名（日本人は半数）。発表媒体は活字からテレビ、インターネットまで幅広い。テーマや媒体によって、ペン（パソコン）、スチール・カメラ、ビデオなどという道具を使い分けている。最近は文字と写真に加え、小型ビデオを使ってニュースやドキュメンタリーを制作する、いわゆるビデオ・ジャーナリズム（ＶＪ）の仕事も増えてきた。メディアのデジタル化が進み、動画を扱えるジャーナリストの出現は時代の必然ともいえる。

ＡＰＩのジャーナリストたちは、「新しいジャーナリズムの創出を目指す」という理念を常に意識しながら活動している。ＡＰＩはメディア変革を主体的に担うことを決意しており、その意味では、たんなるフリーランスのグループ組織の枠組みには収まらない、明確な戦略的目標を持つ。目的達成への障害は多いものの、独立系ジャーナリズムとして登場したＡＰＩの存在意義はますます高まってきたように思う。

いま新聞、雑誌、テレビなど既存のマスメディアにおけるジャーナリズム精神の衰退は止めようもなく、メディア企業は時代の要請に応える能力を喪失しつつある。二〇年余り、マスメディアを仕事場としてきたジャーナリストとして、それは断言してもいいと思う。商業主義と官僚主義に蝕まれたマスメディアの現状は、無残と言わざるをえない。残念ながらマスメディアの自浄能力は失われ、自律的な改革を望むことはできない。自省なきマスメディアは緩慢な「死」に向かい、今後、それを回避するためのさまざまな試みが行われることになるだろう。
いずれにせよ、延命策の如何にかかわらず、既存のマスメディアの凋落は必ず起きる。その時まで、ジャーナリズムの命運を既成のマスメディアに委ねておくわけにはいかない。いまこそ、新しいジャーナリズムの創出が求められる所以である。
この稿ではそのような時代認識を踏まえながら、ＡＰＩの軌跡を論じつつ、メディア変革への具体的な取り組みとビジョンを明らかにしていきたい。

1　写真からビデオへ――ＡＰＩの誕生

ＡＰＩを設立したのは、一九八七年十月のことである。当時、私自身は新聞や雑誌に記事を寄稿するフリーの写真ジャーナリストだった。おもなフィールドはアジア、アフリカであり、軍事政権、独裁政権下の政治・社会問題を扱っていた。表現の方法として写真を選んだのは、いくつかの理由があった。まず活字のジャーナリストの場合、発表先は日本語の媒体に限定され、国際的な評価を得ることは難しいということ。その点、写真は言語の壁を越えて発表の場を求めることができた。日本人である自分の仕事を国際化できるという意味において、写真はもっとも可能性のあるメディアだった。事実、これまで三人いた日本人のピュリツァー賞受賞者はみな報道カメラマンであり、活字分野で国際的な評価を受けているジャーナリストはいまもほとんど見当たらない。また写真は取材をさせてもらう外国の人々に、自分の仕事を理解してもらいやすいという利点もあった。

八〇年代前半、私はカメラバッグをかつぎながら、駆け出しの写真ジャーナリストとして紛争地を転々と歩いていた。ポル・ポト政権崩壊後、大量の難民を流出させたカンボジア、少数民族の武装闘争が続くミャンマー、ソ連軍の侵攻に対し、激しいジハード（聖戦）を展開するアフガニスタン、内戦下で飢餓に苦しむソマリア、エチオピア――。冷戦構造の歪みはさまざまな地域で矛盾を噴出させており、ジャーナリストとして記録すべきことは多かった。

激動する世界の現実を自分の眼で見るという仕事は面白かったし、歴史の現場に立ち会える高揚感は何ものにも替えられない充足感をもたらしてくれた。金銭的な問題を抱えながらも、自分のもっとも関心のあるテーマをもっとも必要な時に取材できる、フリーという立場を選択したことに悔いはなかった。ジャーナリストである前に、社員であることを求められる日本のメディア企業では、自由闊達なジャーナリズム精神は窒息してしまう。自分を活かすためには、フリーでなければならない。その思いは年々強くなるばかりである。しかしその頃から、写真ジャーナリズムの限界を感じとっていたのも事実である。

一九八六年二月、フィリピンで起きたマルコス政権崩壊の事件報道は、「写真ジャーナリズムの衰退」という流れが不可逆的なものであることを証明していた。

戦争報道で有名なロバート・キャパやユージン・スミスを持ち出すまでもなく、写真ジャーナリズムを担ってきたのは、おもにフリーのジャーナリストたちである。日本でもその事情は変わらない。しかし、この「二月革命」と呼ばれたフィリピンの出来事は、写真というメディアがジャーナリズムの分野ではもはや傍流になりつつあること、そして従来のフリー・ジャーナリストの取材スタイルは、少なくとも国際報道ではまったくの時代遅れであるということを痛感させたのである。

このような事態を現出させたのは、むろんテレビ報道である。国際的な大事件になればなるほど、テレビの速報性と情報量は他のメディアの追随を許さない。

テレビは「二月革命」の一部始終をほとんどナマに近い形で世界中の視聴者に送り続けていたのである。雑誌はむろんのこと、新聞ですら、速報性、臨場感という点においては、所詮テレビとは勝負にならない。残念ながら、私の友人たちの写真・リポートが雑誌などに掲載される頃には、すべては終わっており、マルコス大統領がマラカニアン宮殿を去るクライマックス・シーンなどは、すでにテレビで何十回となく見ていた。テクノロジーの発達は現場からの二四時間ライブ中継を可能にし、「時代の目撃者」としてのテレビは他のメディアに対し、圧倒的な優位性を誇ることになった。

テレビのなかったロバート・キャパの時代はともかく、速報性、迫真力、情報量、影響力（視聴者の数）など、どれをとってもテレビは写真メディアを凌駕していた。写真メディアの衰退という流れは加速することはあっても、それを止めることは出来ない……。遅かれ早かれ、報道写真の時代は終わる。テレビとプリント・メディアの写真報道を比較しながら、私はそう確信せざるをえなかった。

「二月革命」に投入された取材陣の数とそれを支える資金力でも、テレビは活字メディアをはるかに凌駕していた。例えば米ABC放送は総勢二〇〇人に及ぶ取材態勢を敷き、細大漏らさず、時々刻々と事件を伝えていた。活字メディアとは桁違いであった。

もはやフリーのような単独取材では、ニュース報道の分野でテレビに太刀打ちすることは不可能だった。速報性だけでなく、取材の奥行きや多面性においても、テレビは急速に力を蓄えつつあった。今後、テレビが国際報道の主導権を握ることは疑いようもなかった。

その意味でも八〇年に誕生した米CNNが、この「二月革命」の報道で米三大ネットワークを凌ぐ評価を得たことは、その後のニュース報道の発展ぶりを考えると、きわめて示唆的な出来事だった。来るべきニュース戦争の覇者が国境を越える衛星国際放送であることを強く印象づけたのである。

テクノロジーの発達はテレビ・ジャーナリズムと社会の関係を大きく変え、衛星放送は情報のグローバル化を推進する主役を演じ始めた。赤道上空三六〇〇〇キロの静止衛星から降り注ぐ電波は、高度四〇〇〇メートルのチベット高原に住む人々にも、東ティモールの密林で闘う孤立したゲリラたちにも、パラボラ・アンテナさえ設置すれば世界中どこにでも、同じニュースを同じ時刻に送り届けることを可能にしたのである。

その後、天安門事件、東欧の変革、湾岸戦争など、歴史的な事件報道を通じ、CNNは世界でもっとも影響力のあるニュース・メディアとして脚光を浴びることになる。また九〇年代初頭には、英BBCも米国的価値観を体現するCNN報道に対抗するため、当時、世界最大のカバーエリアを持つ衛星国際放送として登場した、香港のSTAR TVにニュース・チャンネルを持つことになった。これにより、CNNとBBCという英米系メディアは、国際ニュースにおける支配的な地位を確立していくのである。

APIはこのような時代状況の中で創設された。一匹オオカミ的なフリー・ジャーナリストの方法論では時代の変化に対応できないことが明らかになる一方、メディア企業による情報の寡占化・グローバル化に対抗するためには、独立系ジャーナリズムを創出する必要があった。APIの定款に「いかなる資本や権力にも隷属せず、自立した表現を可能とする潮流を生み出すことを目指す。そのために国境を越えて、広くアジアのジャーナリストとの協働を計ることとする」と記されているのは、そのような理由による。

APIはアジアの独立系ジャーナリストたちのネットワークであり、ギルド的組織として船出をしたのである。私は設立の呼びかけ文に「巨大メディアのジャーナリズム精神が衰退する中で、私たちは表現者としていかなる資本にも隷属せず、いかなる権力からも自由であろうとする立場を築く努力をしてきました。そのために時代の記録者としての力量と精神を鍛えていくのは当然のことですが、同時に私たちは国境や民族の違いを越えて広くアジアの人々と結びついていこうと考えています」と書いている。

設立当初、APIに参加したのは二〇代の若い日本人ジャーナリストたちであり、やがて韓国、フィリピン、タイ、中国などメンバーの多国籍化が進んだ。この時点での発表媒体は新聞、雑誌などの活字メディアであり、テレビはまだ視野に入っていなかった。

APIの最初の転機は、創設三年後の九〇年一〇月に訪れた。民生用の小型ビデオを使って映像作品を制作するというビデオ・ジャーナリズム(VJ)との出会いである。

日本で初めてVJを導入したドキュメンタリー番組「フリーゾーン2000」を、朝日ニュースターというCS放送局が立ち上げたのである。そのプロデューサーである中山市太郎(現MXテレビ)から制作依頼を受けた時、新しい道具(小型ビデオ)を使った新しい表現の可能性に挑戦してみたい、と心が躍ったことを憶えている。

日本では八〇年代後半に放送衛星を用いたBS放送（NHK、WOWOW）が登場し、通信衛星を用いたCS放送も始まっていた。多チャンネル化時代の幕開けともいえる時期だった。

朝日ニュースターは朝日新聞とテレビ朝日の出資で設立されたニュース・情報専門局として八九年一〇月に放送をスタート。小規模テレビ局でありながらも、制作現場は「日本のCNNを目指す」という熱気にあふれていた。今では米国の二四時間ニュース専門局「NY1（ニューヨーク・ワン）」の方が有名になってしまったが、朝日ニュースターは世界でVJシステムをもっとも早く導入したテレビ局のひとつだった。

当時、使用したビデオカメラはHi8（ハイ・エイト）という八ミリ・ビデオカメラである。Hi8カメラは十数万円で売られており、数百万円というテレビ取材用のENGカメラとは比較にならないほど安い。操作も簡単で、説明書を読めば誰でも撮影することができる。画像の質は落ちるものの、中身が重視されるニュースやドキュメンタリーでは必要にして充分な解像度を備えていた。

番組の発案者だった中山は、八九年、東欧革命の最中に起きたルーマニアのチャウシェスク体制崩壊の記録ビデオを見たことから、小型ビデオによるドキュメンタリー制作の可能性に気づいたのだという。この作品は「チャウチェスク政権崩壊の記録」（NHKスペシャル）というタイトルで放映され、視聴者の大きな反響を呼んでいた。臨場感あふれる映像は、現地のジャーナリストたちが八ミリ・ビデオで撮影したものだという。カメラワークは拙く、画像は荒れ、手ブレも目立つ。しかし、それが逆に事件の生々しさを感じさせ、強烈な迫真力を持つドキュメンタリーに仕上がっていた。

「小型ビデオの機動性を活かせば、通常のテレビ取材とはまったく違うものを作れる」。そう考えた中山は社内の反対を押し切り、VJによるドキュメンタリー番組を日本で定着させようと試みた。日本におけるVJの歴史は、この「フリーゾーン2000」という番組の誕生とともに始まったといえる。

さまざまな意味で活字メディアの限界を感じていた私は、新しいメディアの中にこそ将来の可能性があるように思い、番組制作に積極的に関わることを決めていた。一九九六年までの六年間、「フリーゾーン2000」で放映された作品の数は七百本を超え、そのうち私が制作にたずさわったものは八二本。私自身が取材・撮影・編集したものは一四本である。

この番組に参加した作り手たちは、おもに六つのグループに分類された。

一番目は活字や写真のジャーナリストたち。ビデオを扱ったことはないものの、ライターやカメラマンとしての経験を持つ人たちである。APIのメンバーや、アフガン報道で活躍した佐藤和孝、山本美香、写真家の本橋成一など。

二番目は映像を職業としている人たち。おもに制作会社のディレクターや映像ジャーナリストたちを指す。記録映画監督の熊谷博子や岡村淳、高橋恭子など。

三番目は専門家グループ。ジャーナリストではないけれども、ある分野で高い専門性を持つ人々である。登山家の今井通子、モン民族研究家の安井清子やその他科学者・研究者など。

四番目は事件の当事者もしくは当事者に近い立場の人々。これは外国人労働者、難民、ゲリラなど、彼ら自身が自らのことを記録するケースである。在日コリアン二世の梁英姫、カレン民族のゲリラ闘争に義勇兵として参加した西山孝純など。

五番目はビデオ・アクティビストたち。ビデオを通じて市民運動の記録や自分たちの主張を世に問う人たちである。松原明が主宰するビデオ・プレスなど。

六番目はジャーナリスト志望の学生たちやビデオ愛好者など一般の市民たち。

作り手は総勢四百名余り。レギュラーとして活動したのは、四、五〇人ほどである。番組のテーマは千差万別、出来具合もでこぼこはあったものの、個性的な作品も多かった。

通常、テレビで放送されるドキュメンタリーは、テレビ局や制作会社のディレクターなど、少数のプロたちの仕事である。外部の人々が制作に関われる余地はほとんどない。「フリーゾーン2000」はテレビ局に独占されていたドキュメンタリーの新しい担い手を次々と発掘していった。多くの人々に映像表現の場を開いたという意味では、この番組の果たした役割は特筆すべきものがある。

APIのアジアのメンバーたちも、この番組からビデオ・ジャーナリストや映像作家として育っていった。中国の季丹、馮艶、高大明、韓国の安海龍、慶淑顕、フィリピンのレイ・ベンチューラ、パキスタンのモハメド・ズベルなど、ドキュメンタリー映画祭で賞を受賞する者も出て、彼らはいまも優れた作品を発表し続けている。VJのすそ野は東京からアジア各地へと広がりをみせていったのである。

VJの手法を活かした作品は、徐々に他局の注目を引き始め、ニュースなどの特集取材にビデオ・ジャーナリストとして出演する機会も増えてきた。また米国におけるVJの先駆者マイケル・ローゼンブラムの来日や、「NY1」の開局なども、VJという言葉が市民権を持つきっかけとなった。マイケル・ローゼンブラムは来日記念講演で、「小型ビデオは現代の活版印刷術だ。われわれはこの道具でメディアの歴史を変えるのだ」と述べ、VJ登場の意義を高く評価したのである。

一九九〇年代半ばにはビデオ・ジャーナリストを養成するための講座も準備され、職業としてのビデオ・ジャーナリストが意識され始めた。

2 オルタナティブなテレビ空間の開拓

一九九五年、VJを新しいジャーナリズムの流れを築く切り札とするため、APIは活動の重心をテレビ・メディアに移行させることになった。ただ当時、ＶＪを積極的に認知するテレビ局はほとんどなかった。ＶＪに消極的だったのは「撮影技術が未熟なうえ、画質も悪い」「ひとり取材のため、やらせなどが起きやすい」などという批判が局内にあったからである。また局内へのＶＪ方式導入についても、組合から「ディレクターがビデオカメラを持つようなことにもなりかねず、労働強化につながる」という懸念も表明されていた。

そんなテレビ局の多いなか、ＶＪ的手法に対し、もっとも的確に反応したのはＮＨＫである。「内容的に優れたものであれば、撮影技術や画質はあまり問題ではない」と考えるプロデューサーたちがいたのである。ＡＰＩはジャーナリストのグループであり、映像表現の経験は浅くても、取材そのものについてはＮＨＫの局員たちに引けをとらないという自負がある。テーマを選ぶときの視点の確かさ、取材対象との信頼関係の厚さ、取材にかける時間の長さ、現場に踏み込む取材力の強さなど、技術上の難点を補うだけのアドバンテージを持っていた。ＮＨＫと話し合いを重ねるうち、ＮＨＫの作るものと区別化、差別化できる内容があれば、ＡＰＩに番組枠を提供しようというプロデューサーも出てきた。

こうして実現したのがＮＨＫ・ＢＳ２「真夜中の王国」で放送された「ＶＪドキュメンタリー」シリーズである。この枠では三〇分のドキュメンタリーを八本制作し、私が作品の解説をしながら、ＶＪの特徴をアピールすることになった。

選んだテーマは、外国人労働者の国際結婚を扱った「ボク結婚シマス」、朝鮮の民族衣装であるチマ・チョゴリを考察した「梁英姫のビデオ日記」、消えゆく民族音楽を記録した「チベットに響く歌声」、パレスチナの闘争を支える女たちのルポ「パレスチナ・女たちと暮らした七百日」、中国人の視線で中国残留日本人女性を描いた「老いて大地に生きる」、皇軍兵士として戦った台湾人元日本兵の物語「台湾・花蓮県寿村」など、いずれもＡＰＩメンバーたちが長年取材してきたものばかりだった。

作品の完成度はともかく、内容的には個性豊かな作品が揃った。無個性（中立性）を装ったＮＨＫのドキュメンタリーに対置するため、徹底的に取材者の個性を打ち出すようにした。署名入りのテレビ・ドキュメンタリーといってもいいかもしれない。

ＮＨＫとの仕事を通じて再確認したのは、ビデオ・ジャーナリストはジャーナリストであって、ビデオ技術者ではないということである。ビデオを上手に扱えても、ジャーナリストの素養がなければ、ＮＨＫよりも良質な作品は作れない。逆に言えば、技術は拙くともジャーナリストの訓練ができていれば、ビデオ・ジャーナリストという職業との距離は近いということになる。

「ＮＹ１」のＶＪシステムをデザインしたポール・セーガンは、「ジャーナリストがビデオ・ジャーナリストになるには三日あればいい。しかし、ジャーナリストを育てるには三年かかる」

と言った。けだし名言である。事実、「NY1」に採用されるスタッフは、何らかの形でジャーナリストの経験を持ち、新卒はほとんど採らないという。

APIのメンバーは私も含めてほぼ全員、一度もビデオ撮影の訓練を受けたことがない。それでも、ビデオ・ジャーナリストとして世に出ている者も少なくない。APIではビデオ・ジャーナリスト志望者には、ビデオ技術を学習する前に、たくさんの活字を読み、できるだけ多くの文章を書くことを薦めている。ビデオ・ジャーナリスト育成はジャーナリスト教育と同義語であると思うからだ。

APIは、NHKでは「真夜中の王国」を皮切りに、BS1のドキュメンタリー番組「日曜スペシャル」やニュース番組の特集などに関わりながら、教育テレビなどの地上波にも発表の場を確保できるようになった。

印象に残っているのは、九七年七月から、教育テレビ「ETV特集」で放送した「ビデオ・ジャーナリストは見た」というシリーズである。「ETV特集」はNHKの中でももっとも良心的な番組枠のひとつであり、APIの問題意識を存分に発揮できる貴重な場だった。パレスチナ闘争に身を捧げる女たち、東ティモールの独立運動を闘う人々、中国国境に逃げてきた朝鮮民主主義人民共和国（北朝鮮）の難民たち、カースト制度に苦しむネパールの少女、ゲリラに誘拐されたウガンダの少女たち、ピナツボ山の噴火で故郷を追われたフィリピンのアエタ民族の物語、政府の厳しい弾圧下に置かれているトルコのクルド人たち等など……。国家の抑圧と解放闘争、貧困と差別など触れれば血のでるような生々しい現場から、臨場感あふれるドキュメンタリーやリポートを提供することができた。APIが「ETV特集」で放送した作品は計一六本。視聴率は一〜二％前後とはいえ、NHKの一％は約一〇〇万人にあたり、反響は活字メディアよりはるかに強い。テレビ・メディアの影響力の大きさを改めて知ることになった。

また地上波の番組である「ETV特集」を制作し始めたことで、逆説的ではあるがAPIのVJ的手法はマスメディアから実質的な認知を得たといってよい。

ただこの時点でも、APIにとって克服すべき課題は多かった。中でも一番切実な問題は、やはり人材の発掘、育成である。ビデオ・ジャーナリストは企画、取材・撮影、編集、仕上げ、スタジオの解説まで、通常なら四、五人のスタッフで分担する仕事をひとりでこなさねばならない。そのうえ、すべてのプロセスにおいて高い能力を要求される。ビデオ・ジャーナリストはもっともオールラウンドな力量を備えるジャーナリストでなければならない。そのため、人材の発掘、育成には多大な時間と労力が必要とされていた。APIに来たジャーナリスト志望者は、私自身が面接しただけでも二〇〇人をくだらない。そのうち、フリーのジャーナリストになるという決意をする人は一割以下である。経済的な面も含めて、フリーを選択することはそれほど難しい。また仮にＡＰＩに参加したとしても、フリーである以上、自分に必要なスキルは自分で身につけねばならない。一般的にいえば、ＮＨＫに登場できるようなレベルに到達するには、最低でも数年間の訓練や経験が必要だ。ＡＰＩもジャーナリズムの勉強会や研修を定期的に行いながら、メンバーのスキル・アップに努力をしてきたものの、ジャーナリスト促成術はないということを実感せざるを得なかった。

　ＡＰＩがＮＨＫなどで本格的に発表の場を確保し始めた頃、東京では朝日ニュースターに続くもうひとつのＶＪ専門局が開局しようとしていた。東京メトロポリタンテレビ（ＭＸテレビ）である。ＭＸテレビは東京最後の地上波（Ｕ局）といわれ、九五年一一月、東京都や東京商工会議所の肝いりで開局したニュース専門局だった。

　この局の最大の特徴は、ニュース取材を映像記者と呼ばれるビデオ・ジャーナリストが担当するということだ。六ミリ・ビデオカメラ（デジタル式）を使う映像記者は総勢二七名。さまざまな角度から東京を論じる〈東京ジャーナリズム〉の創造を目指すという、「ＮＹ1」スタイルの〈次世代型〉放送局として注目を集めていた。

　ジェネラル・プロデューサーとしてＭＸテレビのグランド・デザインを描いたのは、元テレビマン・ユニオンの村木良彦である。村木はまた「アジアの中のＴＯＫＹＯ」というコンセプトを掲げ、番組編成の中にアジア発のドキュメンタリーやニュースを織り込もうとしていた。「トウキョウを共通のキーワードに、アジアとの本格的な対話を始めたい」という。

　ＡＰＩはそのような意向を受けてＭＸテレビと契約し、四、五分ほどのアジアリポートを毎月十数本制作することになった。レギュラー枠の確保により、九八年秋までの三年間、ＡＰＩが担当したアジアリポートの数は約二三〇本にのぼる。

　ＮＨＫやＭＸテレビで足場を固めながら、九〇年代後半からＡＰＩは積極的に海外展開を図り始めた。活字メディアでは以前から、香港の英字週刊誌「アジアウィーク」やタイ、フィリピン、韓国の雑誌などに寄稿を続けていたが、テレビでも韓国のＫＢＳを中心に硬派のドキュメンタリーやニュース・リポートを定期的に放送することができるようになった。アジア各国のテレビ局は、特派員の数も少なく、海外取材の態勢が整っていないため、国際ニュースのほとんどは欧米通信社の配信映像で埋めざるをえない。アジアの視点で取材されたＡＰＩのリポートは、民主化の進展や経済成長とともに国際政治・経済に対する関心が高まってきた韓国、香港、台湾、タイなどで受け入れられる素地は充分にあったといえる。最近はメディア規制の厳しい中国でも調査報道的な番組が増えており、北京電視台などでＡＰＩの中国人メンバーたちによる番組制作が始まっている。中国には九〇〇以上のテレビ局があり、ドキュメンタリーや報道系の番組ソフトの不足は否めない。今後はＡＰＩのネットワークを活かしたアジア展開を一層強力に進めていきたいと思う。それはアジアのジャーナリストの発掘、育成を促進することにもなる。

3 デジタル技術を繰るビデオ・ジャーナリストたち

日本にVJが誕生して十数年――。新世紀の幕が開いた二〇〇一年は、VJにとって画期的な年として歴史に記されるだろう。APIも、VJの未来を予見させるような二つの出来事を体験したのである。

まず特筆すべきは、アフガン報道におけるビデオ・ジャーナリストの活躍ぶりである。二〇〇一年九月一一日の無差別自爆テロ事件以降、米国による報復戦争の舞台となったアフガニスタンの現場からいち早くリポートを行ったのは、佐藤和孝と山本美香だった。二人ともAPIに在籍したこともあり、アフガン取材ではもっとも経験のあるビデオ・ジャーナリストたちだった。彼らはタリバン政権が崩壊するまでの二ヵ月間、契約を結んでいた日本テレビの報道番組に一〇二回の立ちリポートを送っている。APIからは綿井健陽、刀川和也が現地入りし、やはり現場中継のマイクを握った。日本のテレビ局は「安全面の確保ができない」という理由から、特派員の現地入りが大幅に遅れ、その間、テレビにおける日本のアフガン報道はビデオ・ジャーナリストの独壇場となった。これほどフリーのジャーナリストがテレビ画面に登場したことはかつて記憶にない。

電話は言うに及ばず、電気すらないようなアフガンからのリポートを可能にしたのは、ビデオ・ジャーナリストの〈三種の神器〉ともいうべき最新のデジタル機器である。六ミリのデジタル・ビデオカメラ、ノート型パソコン、それにインマルサット(国際衛星電話)。小型ビデオで撮影した映像をパソコンで編集し、インマルサットを使って送る。まだ送信に時間がかかるとはいえ、動画をどこからでも送れるようにした技術の進歩は、まさに革命というべき変化をもたらそうとしている。

画質は落ちるものの、個人でライブ中継を行うことすら可能である。一〇万円ほどで市販されているテレビ電話、独自で開発したビデオ・フォン、それに「ネットミーティング」などのインターネット用ソフトを使う方法など、ひとりで持ち運べる機材で世界中どこからでも現場リポートをできる時代がやってきた。むろん、ビデオのフォト機能やデジカメで撮った写真なら瞬時に送信できる。

戦場など中継機器(フライアウェイ)を準備できない場所では、CNNやBBCもAPIと同じような機材しか持ちこめない。メディアの大小を問わず、取材条件はほぼ互角となる。「デジタル革命」は確実に進み、VJはそれを積極的に活かすことでテレビ・ジャーナリズムの最前線に躍り出ようとしている。

ハード面だけでなく、報道の質においても、ビデオ・ジャーナリストの進歩は目覚しい。日本のマスメディアは国際問題の専門家を育てようとはせず、新聞・テレビの特派員は三年ほどで任地を変わる。そのうえ経費削減のあおりを受けて特派員の数は減少傾向にあり、アフガン問題でもその地域の専門家といえる特派員はほとんどいなかった。それに比べ、長い取材経験と高い専門性を持つビデオ・ジャーナリストの存在感が急速に高まっている。タリバン政権と北部同盟の戦いが続いたアフガン内戦、インドネシア全土を揺るがしたスハルト独裁政権に対する闘い、インドネシア占領下における東ティモールの独立闘争、テロ撲滅を掲げたイスラエルのパレスチナ自治区侵攻作戦など、世界史的な事件の現場には、必ずビデオ・ジャーナリストの姿を見かけるようになった。二〇〇二年五月、中国・瀋陽の日本総領事館に亡命希望の北朝鮮（朝鮮民主主義人民共和国）の「難民」が駆け込むという事件でも、その情報を事前に入手し、あらかじめ撮影した「難民」の様子をメディアに流したのは、やはり朝鮮半島をフィールドにするAPIのメンバーだった。取材力や表現力においてトップレベルのビデオ・ジャーナリストたちは、大手マスコミの特派員を凌駕する力量を持ち始めている。

さらにVJの歴史で画期的な出来事となったのは、二〇〇三年三月に勃発したイラク戦争である。この戦争はアフガン報道以上にビデオ・ジャーナリストの独壇場だった。日本のマスメディアは新聞もテレビも早々と特派員をバグダッドから撤退させたため、三月二〇日の開戦から四月九日のフセイン政権崩壊までの間、空爆下のバグダッドで取材を行なった日本人は全員独立系のジャーナリストたちだった（共同通信のみ四月七日にバグダッド入り）。

APIの綿井健陽、ジャパンプレスの佐藤和孝、山本美香などアフガン報道で経験を積んだビデオ・ジャーナリストたちは、連日、主要なテレビのニュース番組で現地から生々しいリポートを送ってきた。ちなみに二〇日ほどの間に綿井が担当したリポートの回数は、テレビ、ラジオを合わせて九〇回以上にのぼる。

放送メディアの他にも、共同通信を通じてバグダッドのルポを連載したり、ヤフーのニュース・サイトでは毎日、写真付きで現地発の記事を掲載した。活字からインターネットまですべてのメディアがビデオ・ジャーナリストたちの活躍の場となった。

イラク戦争においては、攻撃を仕掛ける米英軍に従軍したのはマスメディアの特派員たちであり、攻撃されるイラク側に残ったのは全員独立系のジャーナリストだった。米国の情報操作に多分に踊らされたマスメディアに比べ、空爆下のバグダッドに踏みとどまり、戦争の実態を伝え続けた独立系ジャーナリストたちの仕事ぶりは高く評価されてよいと思う。

話をもう一度二〇〇一年に戻そう。この年を起点とするもうひとつの重要な出来事は、APIがブロードバンド（高速インターネット）専用サイトでドキュメンタリー作品を紹介するという新しい事業にチャレンジしたことである。NTT－Xが運営する「ｇｏｏブロードバンド」のサイトに提供したＡＰＩのビデオ作品は百本、総時間数は約一〇〇〇分。ブロードバンドだと映像をオンデマンドで見ることができる。おそらく世界でも類を見ないほど厚みのあるドキュメンタリーのアーカイブになった。

日本のブロードバンド回線数はすでに一〇〇〇万を超え、二〇〇五年には二〇〇〇万になると推定されている。それに伴い、ＶＪの発表媒体は近い将来、テレビからインターネットに移る可能性が高い。「ｇｏｏブロードバンド」はそれに着手するチャンスを与えてくれたのである。

ＡＰＩが他のメディア企業に先駆けて、動画によるインターネット事業を展開できた理由のひとつは、ビデオ取材を始めた当初から、映像素材の著作権を保持していたからである。日本ではドキュメンタリー系の映像素材を大量に持つところは限られている。民放はもともとドキュメンタリー枠が少ないし、制作会社は番組制作能力はあっても、映像の著作権をテレビ局に握られている。もっとも多くのドキュメンタリー素材を準備できるＮＨＫは、公共放送という性格上、民業を圧迫するような形ではインターネット事業を行うことはできない。また放送用に取材した映像をインターネットに転用するには新たな著作権上の問題が発生する。そう考えてみると、自由に使用できる素材を持つところは非常に少ない。

テレビ番組を制作する場合も、放映権のみを提供し、著作権は譲渡しないというＡＰＩの方針は、インターネット時代にこそ生きてくる。「たった一度の放送で映像を過去に埋もれさせるのではなく、なるべく多くの人々に見てもらいたい」というＡＰＩの思いとコンテンツを求めるＮＴＴの条件が折り合って実現した。

ただ残念ながらこのサイトは一年余りで閉じた。当初予定していたほどの広告が集まらず、ビジネスとして採算が合わないことが最大の原因だった。それでもＡＰＩにとっては、われわれの作品をネット上で公開したという取り組みは得がたい経験だった。

実はインターネットへのコンテンツ提供は、「ｇｏｏブロードバンド」が初めてではない。二〇〇〇年春、日本最大のインターネット放送局として立ち上がった「フォリンＴＶジャパン」にアジアプレス・チャンネルを一年ほど持ったことがある。といっても金銭的なやりとりは発生せず、こちらも経済的なリスクを負わない程度に制作協力をしていた。中身は四分程度のビデオ・リポートを十数本流していただけであるが。しかし最先端テクノロジーに触れる機会ではあり、オンライン・ジャーナリズムの未来を占ううえで、貴重な体験をさせてもらった。

ここで改めて日本におけるＶＪの歩みを整理してみたい。外形的にみれば、今までのところ、ＶＪの発展段階はほぼ五年間隔で三つの時期に分類できると思う。

まず第一期は一九九〇年代初期の八ミリ・ビデオの時代。この時期はＶＪの揺籃期ともいえる。発表媒体はＣＳ放送局などに限られ、ＶＪの未来像の輪郭もまだ不確かなものであった。

第二期はデジタル式の小型ビデオ（六ミリ幅のビデオテープを使用）が発売された九〇年代半ばから始まる。デジタル式ビデオは映像のクオリティを一気に向上させ、既成のテレビ局にＶＪが登場するようになった。職業としてのビデオ・ジャーナリストが一般的に意識され始めた頃である。

第三期はパソコンなどデジタル機器の発達により、ＶＪがデジタル・ジャーナリズムの最前線に立ち始めた二〇〇〇年代初頭に始まる。この時期、ＶＪはニュースやドキュメンタリーの分野に新しい方法論を持ち込む一方、オンライン・ジャーナリズムへの第一歩を踏み出した。そこには未来系ジャーナリズムの主要な担い手としてのＶＪの姿がある。アフガン、イラクと続いた歴史的な戦争報道を通じて、ビデオ・ジャーナリストはマスメディアの中でも完全に市民権を獲得したといえる。

4　オンライン・ジャーナリズムへの挑戦

メディア環境を周縁から眺めてみれば、新聞であれ、雑誌であれ、テレビであれ、マスメディアの衰弱傾向は年々、顕著になりつつある。それはマスメディアに対する信頼感の空洞化という事実にも現れている。そのような状況を踏まえ、ＡＰＩは硬直化、弱体化する既成のメディアからの離脱を準備している。その第一段階はオンライン・ジャーナリズムへの移行である。この論考の最後に、ＡＰＩが企画しているウェブ・ジャーナルについて触れておきたい。

二〇〇三年の夏、ＡＰＩはアジアプレス・ネットワーク（以下ＡＰＮ）という会社を設立し、本格的なオンライン・ジャーナリズムへの準備を始めた。

設立の狙いは「アジア全域のネットワーク化を実現することにより、米ＣＮＮ、英ＢＢＣに象徴される欧米メディアの情報独占を突き崩し、アジア地域におけるもっとも良質なジャーナリズムの担い手として、メディア変革の先駆的役割を果たすこと」である。

事業計画書に書いた基本コンセプトは以下の通りである。

①英語を中核言語とし、日本語、中国語、韓国語の多言語発信の実現。日本、中国語圏、韓国を中心にアジア全域のユーザーを想定。

②東アジアを中心にアジア全域で二〇〇人のジャーナリスト、知識人、オピニオン・リーダーのネットワーク化を図り、アジア各地から三〇〇の情報発信網を構築。

③編集の中核はＡＰＩ。一五年にわたりアジア報道の最前線で取材を続けてきたＡＰＩの人脈と経験、ノウハウを全面的に活かす。

④ナローバンド・ブロードバンド両方に対応型のウェブ・ジ

ャーナルとし、文字・写真に加え、ビデオ動画による情報発信。双方向性、アーカイブ機能を活かし、世界でももっとも厚みのあるウェブ・ジャーナルを創出。また速報性にも対応しながら、現場主義に基づく分析型のジャーナリズムを目指す。

中国・韓国・台湾・香港・フィリピン・タイ・シンガポール・インドネシアなどに、それぞれ三～一〇人ほどの中核メンバーを置き、彼らを軸にしながら寄稿者のネットワークを構築。寄稿者の核になるのは、おもに現地のジャーナリストたちである。

ＡＰＮは既成のマスメディアが伝えていないアジアの姿を、アジアのジャーナリストたち自身が記録し、世界に伝えていこうというものである。言葉を換えれば、「アジアからの情報発信」を実現するということでもある。マスメディアの一面的、単面的なアジア報道は、われわれの世界観を大きく歪めているばかりではなく、アジアの人々の相互理解を損なってきた。オルタナティブなジャーナリズムの創出により、そのようないびつな構造を変えていきたいと思う。このＡＰＮ構想は数年前から、実現のタイミングを図っていたものである。カネ、人材、ノウハウなどすべてが不足していることは否定できないが、見切り発車することにした。むろん、ブロードバンド先進国の韓国や米国でも、オンライン・ジャーナリズムの成功例がほとんどないことは十二分に承知している。死屍累々というべき厳しい状況だ。しかし、それでもオンライン・ジャーナリズムにチャレンジしないという選択はありえない。これまで培ってきたアジアのネットワークとジャーナリストとしての経験を生かしながら、未来型のメディアに賭けてみたいと思う。

ジャーナリズムの独立性を保つために、収益はユーザーからの課金を基本とするが、料金設定や課金システムなど、事業計画はこれからさらに検討を重ねることになる。資金的な面から見れば、事業の基礎ができるまでに最低三年はかかる。当面はデータベースを充実させ、まず収益構造を固めていきたい。今後は携帯端末への動画ニュース配信も視野に入れ、インターネットという空間でさまざまな可能性を探っていきたい。

ＡＰＩは設立から一六年目を迎えようとしている。この間、従来のマスメディアはジャーナリズムの原点を見失い、商業主義と官僚主義にどっぷりと浸ったまま、退潮傾向を露にしている。悪化するメディア環境の中で、ＡＰＩは他者に依存せず、独立系ジャーナリズムの流れを築く努力を続けてきた。自らの誇りを保つためにも、理念を放棄するつもりはない。

時代は必ず良質なジャーナリズムを求めてくる。その時、周縁にいる者たちにとって千載一遇の好機が生まれる。歴史の中にある自分の立ち位置をつねに検証しながら、変革の時代を歩んでいきたい。

10

メディアとサバルタン
――インドネシアのメディア実践

坂田邦子

はじめに

デジタル化やグローバル化の波に後押しされて、先進国で市民による様々なメディア表現やメディア学習といった営みが活発化する一方で、途上国では、メディア・リテラシーや市民のメディア実践に関するこのような活動が少ないというだけではなく、これを楽観的に導入することができないような状況がある。そこには、国家政治的な問題もあれば経済的な要因もあるが、それ以上に複雑な背景があるようにも思われる。もちろん途上国にもNGOやNPOを主体としたこのような活動が断片的には存在しているし、インドの女性の権利を主張するためのビデオ制作やフェミニズム運動に自主制作雑誌を利用したモロッコの事例など、一定の成果を上げている試みもある。しかしながら依然としてこのような活動は、先進国か自国のいわゆるエリートが主体として行ったものが多く、これらをおしなべて「市民のメディア実践」と呼ぶことはできない。このような状況の背後には、市民の言語能力や教育水準、経済的理由といった様々な要因があるが、途上国における市民による自立的なメディア実践の不在は、必ずしもこういった表面上の問題だけに帰するものではない。むしろ問われるべきは、先進諸国との間に歴史的に構築された社会構造や彼ら自身に内在する歴史や文化なのである。

本稿では、インドネシアのメディア実践を事例としてとりあげながら、メディア・リテラシーの功罪とともに自立的なメディア実践の難しさについてサバルタン・スタディーズ[1]の視点から論じていく。一九九八年に三〇年におよぶ開発独裁を行ってきたスハルト政権が崩壊し、その後民主化路線を歩んできたインドネシアだが、その歴史からは、「サバルタン」と称される人たちが創出されてきたプロセスを顕著に見て取ることができる。「サバルタン（subaltern）」とは、従属的な人々、周辺化された人々あるいは副次的な存在の人々を意味し、サバルタン・スタディーズは、一九八〇年代初頭、エリートが主体となって記述されてきた主流の歴史から排除され、常に歴史の周辺に追いやられてきたサバルタンたちに彼らの自律的な領域とともにその声を歴史の中心に回復するための試みとして始まった。しかしながらその後のガヤトリ・スピヴァクの介入により、サバルタン概念はシフトし、サバルタンは実体として捉えられるものではなく、言説と権力構造の関連性の中で創出されるものとして捉えられるようになった。本稿ではこのような概念の変換を念頭におきながら、メディアの周辺でサバルタン的な人々が創出される過程を明らかにするとともに、自律的な領域とその声を回復する手段としてのメディア・リテラシーとメディア実践の限界について論じていきたい。

1では、スハルト政権下の一元的な情報伝達を正当化してきたインドネシアの国家開発のイデオロギーとインドネシアの伝統的な社会・文化的な背景について論じながら、国家開発を促進するための情報政策と農村部で組織された「クロンプンチャピル」という視聴者・読者・聴取者グループの活動を取り上げ、農民たちがメディアや情報に対して、その主体性を喪失していく過程を検証する。そして2では、スハルト政権による開発独裁とその支配的なイデオロギーに対抗するための民主化運動において、ジャーナリストやNGOの活動家らによるインターネットを中心としたオルタナティブな情報発信が果たした役割とその限界について同時に考察する。これらの議論をもとに、3では、国家によるマスメディア政策と「市民」による民主化運動のためのオルタナティブなメディア実践の双方から疎外されたサバルタン的な人々と、彼らが自らの声を取り戻し、主体性を回復する可能性について、メディア・リテラシーとの関わりで論じていく。

そして、インドネシアに関するこれらの議論が、日本に暮らす私たちにとっても、そして地球上のあらゆるメディア実践についても、まさに相似形として立ち現れてくることを確信しながら、以下に議論を進めていくことにしたい。

1 国家開発とマスメディア
――〈反射笠〉の下のコミュニケーション

1・1 プロパガンダとしてのマスメディア

インドネシアのマスメディアは、国家開発と切り離して考えることはできない。人口約二億人を有し、一万以上の島からなる島嶼大国であるインドネシアでは、開発は建国以来の国家政策の中心であった。インドネシアの国家開発をイデオロギー的に支えたのが、「パンチャシラ（インドネシアの五原則）」[2]と呼ばれる国家哲学で、「パンチャシラ」は、インドネシアのナショナリズムを具現化し、国家開発を実現するための不可欠な概念装置とされた。そして、この「パンチャシラ」が支える国家開発のイデオロギーを「インドネシア国民」の間に浸透させる装置となったのが、ほかでもないマスメディアであった。特にスハルト新秩序体制下では、マスメディアは人々の意識を改革し、国家開発への参与を促すためのツールであると考えられた。

一九四五年の建国とともにインドネシア国営ラジオ（RRI）が、六二年にインドネシア国営テレビ（TVRI）が開局し、七六年のパラパ衛星の打ち上げに伴い、全国的な通信・放送ネットワークが構築されると、放送メディアは、事実上ナショナル・メディアとしての地位を確立した。とりわけTVRIについては、一九八九年に民放テレビ局が開局するまで、テレビ放送を独占していた。放送メディアは、スハルト政権が崩壊する一九九八年まで、国家の「安定」と「開発」という大義名分と「パンチャシラ」の名の下に、政府に完全に掌握され、政府のメッセージを直接国民に伝達するプロパガンダとして機能し続けた。新聞や雑誌についても、「SIUPP」と呼ばれる発行許可証を情報省が統制し、政府に批判的な記事を取り締まるなど、憲法で定められている報道の自由も事実上行使できない状態にあった。

そしてこのようなマスメディア体制と国家開発のヘゲモニーは、ほかでもないジャワの伝統的な権力観によって支えられていた。ベネディクト・アンダーソンは、ジャワの政治思想を「反射笠のついたランプから下に投影される光の束のイメージ」であると表現している（アンダーソン、一九九五）。つまり、権力の源泉としての光源とそこから遠ざかるにつれて次第に減少していく光を、国家構造と中心‐周縁関係に喩えているのである。このメタファーは、インドネシア国内の情報システムにも有効である。情報にはメディアという媒体があるものの、その一元的な情報の流れは一つの源泉から下方へ広がる均一な光のイメージと重なる。このようなインドネシアの政治文化を支配するジャワ的な概念は、農村部の行政システムにおいてもあらゆる点で反映されていた（スマルジャン・ブリージール、二〇〇〇）。そして、この〈反射笠〉的なコミュニケーション回路は、以下に述べるような「サンブンラサ・コミュニケーション」と称される情報戦略によって、さらに強化されていったのである。

1・2 「サンブンラサ・コミュニケーション」

一九八三年から一九九七年まで情報大臣を務めたハルモコは、国家開発における情報メディアの活用に特に力を入れてきた。とりわけ農村部の情報伝達に関しては、スハルト大統領自身も多大な関心を示しており、インドネシアの人口の過半数を占めながら、情報へのアクセスという点においても、情報の受容能力という点においても、国家開発に関する情報から距離があると思われる農民たちの意識を改革し、開発に動員することがマスメディア政策の最重要課題とされた。この背景には、八〇年代初めに行われた全国的な調査により、

①言語の問題により理解が困難である。

②メディアが伝達する情報が農村社会のニーズとかけ離れている。

③情報の中から問題点を明らかにすることが困難である。

④全体的に受け手が受動的である。

といった問題があり、マスメディアによって伝達された情報が農民たちに正しく理解されていないという結果が明らかになったことがある（Harmoko、一九九三）。

このような農民のメディア・リテラシーに対して、国家開発の情報を効果的に伝達するために、ハルモコは、送り手である政府およびマスメディアと受け手である農民たちとの間に、〈調和（in-tune-ness）〉のあるコミュニケーションの必要性を主張している。ハルモコはこれを「サンブンラサ・コミュニケーション」と称し、送り手と受け手がある種の〈共感（sympathy）〉を持ちながら行うコミュニケーション状況を想定していた。「サンブンラサ」とは、「精神・心情的なつながり（emotional linkage）」を意味し、TVRIの制作する農村開発番組のタイトルの一つになるなど、情報政策の概念的な柱として位置づけられていた。ハルモコは、さらに「サンブンラサ・コミュニケーション」における説得戦略の必要性を強調している。つまり、国民を自発的に国家開発に参与させるためには、〈説得〉というコミュニケーション戦略が不可欠であり、これを説得する側とされる側との精神・心情的な同意に基づいて行うことで、〈説得〉を円滑かつ効果的に行うことが可能になるというのである。

このような「サンブンラサ・コミュニケーション」政策の特徴として、農村社会の人々が受け入れやすいフォーク・メディアや対面式コミュニケーションをマスメディアの受容過程に取り入れた点があげられる。その最も特徴的な事例として、以下に「クロンプンチャピル」の活動を紹介するが、「サンブンラサ・コミュニケーション」は、単なる政策上の理念としてではなく、実際に農村社会の伝統文化や価値観とうまく〈調和〉しながら実践された点に、この情報政策の特徴があったと言える。

1・3 「クロンプンチャピル」

「クロンプンチャピル」とは、ラジオ、新聞、テレビの「聴取者・読者・視聴者グループ」を意味し、これらのメディアを通じて開発に関する情報を収集、議論し、さらにこれを実践していくことを目的としている。そして最終的に、農民を自発的に国家開発に参加させることを意図していた。

クロンプンチャピルは、村落やコミュニティ単位で組織されており、一般的には、週一回の集会と月一回の総会から構成されている。総会には、農業、衛生問題といったテーマに応じて、関連省庁等の専門家と、情報省地方局の「情報官」がスピーチを行う。他の専門家の技術的で専門的な指導に対して、情報官は、政府からの情報や指示を農民に伝え、クロンプンチャピルの活動が適正に行われているかどうかをチェックしていた。つまり、情報官の役割とは、マスメディアでは農民らに伝えきれない政治的なメッセージやイデオロギーを農民たちに直接伝えるためのコミュニケーション回路を確保することにあったと言える。

バンドゥン近郊に「パラサリ」と「マングラヤン・アスリ」というクロンプンチャピルがある。「パラサリ」は、スハルト政権の崩壊後、クロンプンチャピルの活動が停滞するなか、四〇～五〇代の女性を中心に、現在でも活発な活動を行っているクロンプンチャピルの一つで、洪水による農作物の被害の多かったパラサリ村で、防災のための植林活動という明確な目的から組織されたグループである。一方、「マングラヤン・アスリ」は「パラサリ」の場合と異なり、バンドゥンで行われたクロンプンチャピル大会に出場するために急遽組織されたグループである。現在でも活動を行っているが、メンバーは既存の農業組合と重なっており、活動自体も組合の活動を兼ねている。両者には、組織化の過程、活動内容、活動に対するメンバーの意識等に異なる点がいくつかあるが、活動に対する彼らの評価からはいくつかの共通点が見いだせる。

第一に、彼らにとってクロンプンチャピルの活動自体がソーシャル・コミュニケーションの場として機能していたこと、第二に、クロンプンチャピルを知識と情報を得、自らを成長させる場として捉えていたことである。「パラサリ」のメンバーである六〇代の女性は、次のように語る。

「ここに来るとみんなに会えるし、私たちはとても仲がいいの。クロンプンチャピルの活動のおかげでみんなとコミュニケーションがとれるし、いろいろな知識を得ることもできるわ。一緒に活動することで私たちの結束は強まるし、よりよい人間関係が作ることができるのよ。」

これは、「マングラヤン・アスリ」と「パラサリ」のメンバーの代表的なコメントでもある。実際、毎週の集会は「活動」というよりは茶話会のようなものである。同席する情報官も例外ではなく、それぞれが仲のよい友人か隣人同士といった感じであった。つまり、クロンプンチャピルの活動の背後には、一つにインドネシアの農村部に伝統的な家族主義的な文化、もう一つにメンバーらが口をそろえて主張する〈知識〉または〈情報〉に対する欲求であったと言うことができる。

1・4　抑圧されるメディア・リテラシー

このように、クロンプンチャピルを通じて農村部の情報伝達システムが再構築されていく背後には、上述したようなインドネシアの農村社会の伝統文化と生活実践を利用した「サンプンラサ」的な手続きがあった。ハンス・アントロフは、「スハルト政権下においては、政治的出来事はすべて文化的衣をまとっており、儀礼とイデオロギーを通じて政府の村落への介入を正当化している。つまり、調和、尊重、家族主義などといったジャワ社会の伝統的なプラスの概念を使って、イデオロギー的に住民を動員しているのである」（Antlov 一九九五）と述べるが、クロンプンチャピルは、このようなイデオロギー戦略をもっとも顕著に反映している。インドネシアの農村社会では、マスメディアが浸透する以前から、権力者である村長が村内の情報を統括しており、「コミュニケーションの二段階の流れ」モデルが奇妙なリアリティを持っていた。このような伝統を踏襲しつつ、クロンプンチャピルをオピニオン・リーダーとして、農村部におけるコミュニケーション・システムを再構築したことで、一層効率的な情報伝達が可能になったといえる。

また政府は、クロンプンチャピル組織化の過程において、農民たちの情報を読みとるリテラシーを問題にし、クロンプンチャピルを通じて彼らのリテラシーを矯正することを試みた。しかしながら、メディアの視聴・読解は日常生活の中で行われる一方で、クロンプンチャピルの活動のためのいわば儀礼として行われた。農民たちは毎日家庭でテレビやラジオを視聴しながら、個人の文脈において情報を〈解釈〉することを許されず、集会という切り取られた空間の中で情報を〈解釈〉させられ、さらに、情報官が指導を行い、その記録が政府に報告されるという圧力のもとで行われたクロンプンチャピルによる〈解釈〉が、農民全体の〈解釈〉として置き換えられる。つまり、実際には、国家開発の言説を疑いなく受容するための「農民たち」のリテラシーこそが政府にとって最も重要であったにもかかわらず、クロンプンチャピルにおいて「農民たち」が自らの文脈に則して行った自発的な〈解釈〉という側面のみが強調され、彼らの個々のリテラシーは切り捨てられてきたのである。

このように、クロンプンチャピルのあらゆる側面において、彼らのメディア・リテラシーを操り、農村の伝統文化や生活慣習を巧みに利用した国家的なイデオロギー伝達のための仕掛けがあった。そしてかかる一連の手続きを通じて、スハルト政府は、インドネシア国内のトップダウンのコミュニケーション回路を確保し、国民の過半数を超える農民たちを国家開発に動員することに成功した。これに対し、このような政府の巧妙な情報戦略は、農民たちを国家的な情報システムから疎外し、情報へ主体的に関与する機会そのものを奪ってきたといえる。そして裏を返せば、このような権力関係と社会構造が構築されていく背景には、インドネシアの農村社会に既存の歴史的、伝統文化的な社会構造があった。言い換えれば、インドネシア全体の中央集権的な政治文化そのものを支え、社会的な情報システムにおける自らの能動的な参与を妨げ、自らが抑圧され搾取されるような環境を整えてきた要因の一つには、皮肉にも彼ら自身に内在する歴史と伝統文化があったといえるだろう。このようにして、農民たちは社会構造において周辺化されただけでなく、彼らの内面においてもサバルタン化してきたといえるのである。

2　民主化運動とオルタナティブ・メディア
——疎外された人々

上述したようなインドネシアの閉じられたコミュニケーション・システムは三〇年以上続いたが、〈反射笠〉の下の光を攪乱することになったのが、グローバル化の波を味方に付けた九〇年代後半の民主化運動であった。抑圧的な開発独裁を行うスハルト政権に反発するジャーナリストや学生を中心としたNGO、NPOは、インターネットに代表されるオルタナティブ・メディアを駆使して、文字通りボーダレスな草の根の情報交換や情報発信を行った。そしてこのグローバルな情報による政治的陣地戦によって、九八年のスハルト政権の崩壊と民主化の達成へとインドネシアの歴史は大きく転回していったのである。

2・1　言論統制と開放政策「クトゥルブカアン」

スハルト政権時代、インドネシアのプレスもまた「パンチャシラ・プレス」と呼ばれ、「パンチャシラ」と国家開発のイデオロギーのもとに言論・表現の自由が抑圧されてきた。特に「インドネシア・ジャーナリスト協会（PWI）」や「SIUPP」と呼ばれる新聞・雑誌発行許可証等の制度は、政府が言論の自由を統制し、反政府的なジャーナリストを取り締まるために機能していた。そして、電話や呼び出しによる情報省の「指導」、さらには国軍によるジャーナリストの逮捕・投獄など、インドネシア社会の縦型の権力関係による圧力を通じて、ジャーナリストらは、自主規制・自己検閲を余儀なくされていた。このような手段を通じて、政府は、反体制的な報道や国民の間に政府に対する不信感を抱かせるような報道を排除してきたのである。

これに対し、九〇年代初め、インドネシアでは、経済や情報のグローバル化と規制緩和といった国際的な動向、そして政府と国軍の関係の悪化など、国内の微妙な政治的動向を背景に、一時的に「クトゥルブカアン（Keterbukaan）」と呼ばれる開放政策がとられている。「クトゥルブカアン」によって、報道の自由は緩和され、これまでタブー視されてきた内容やスタイルの政治報道が徐々に表に出るようになった。しかしながら、九四年六月、インドネシア政府は、人気週刊誌『テンポ』『デティック』『エディトール』[3]を「パンチャシラ・プレス」の原則に反したかどで、発行禁止処分にするという決定を下し、数年間続いた「クトゥルブカアン」に幕が下ろされた。

情報省は、それぞれの処分について理由を提示しているが、いずれも明確なものではなく、実際は、各誌が政治的なスキャンダルを極めてセンセーショナルなスタイルの報道を行っており、これらが国民に影響を与えるのを恐れたスハルト大統領とその取り巻きが、保身のためにこのような報道をこれ以上放置できないと考えたことが真の理由だと考えられている。

しかしながら「クトゥルブカアン」の開放的な雰囲気のなか、

自由の味を味わってしまったジャーナリストと市民は、もはや政府の圧力に屈することを望まなかった。この発禁直後、首都ジャカルタでは発禁に対するデモや抗議活動が多発した。デモには、ジャーナリストだけでなく、多くの学生や知識人、NGOの活動家らが加わり、抗議活動は全国に広がっていった。このような背景のもとに、マスメディアで報道されることのない政治的なスキャンダルや批判などのニュースに対する欲求がさらに高まり、オルタナティブな情報発信活動が活発化することになったのである。

2・2 インターネットによる民主化運動

以上のような状況下でオルタナティブな情報発信を支えたのが、九〇年中頃からインドネシアに普及し始めたインターネットであった。発行許可証を得る必要がなく、政府の規制も届きにくいインターネットを通じた情報発信は、その後のインドネシアの民主化運動を成功へと導いた。このような動きのなかでも特に中心的な役割を果たしたと評価されている「独立ジャーナリスト連盟（AJI）」による『スアラ・インディペンデン（Suara Independen）』とインドネシアの人権団体NGO「改革のための情報、ネットワークおよび活動センター＝ピジャール（PIJAR）」による『カバル・ダリ・ピジャール（Kabar dari PIJAR）』という二つのニュースレターをここで紹介したい。

『スアラ・インディペンデン』――「独立した声」

AJIは、九四年の三週刊誌の発禁直後、言論の自由と市民の情報へのアクセス権を主張し、あらゆる権力に対するオルタナティブな立場を主張する一〇〇人を越すジャーナリストによって組織された。AJIはSIUPPを取得することなく『スアラ・インディペンデン』というアンダーグラウンドのニュースレターの発行を開始した。『スアラ・インディペンデン』は、発行開始当初は、AJIのメンバー向けのニュースレターであったが、その後メンバーたちが他のマスメディアに載せることのできない情報を載せるための、「アウトレット・メディア」として一般の人々の間にも配信されるようになった。『スアラ・インディペンデン』は、ハルモコ情報大臣の所有するいくつものマスメディアの株式が実は賄賂であったというニュースや、スハルト大統領の後継者問題をめぐる政界の対立やスキャンダルといった、これまでの厳しい言論統制下ではタブーとされていた情報を大きく報道した。これに対し政府は、「憎悪を広げ、社会を欺くとともにインドネシア国民の間に社会的な不安と反政府的な風潮を煽った」として、発行禁止処分を決定し、三人のAJIメンバーを禁固刑に処した。この事件は、インドネシア国内はもとより国際的な人権団体などを通じて海外にも大きな波紋を広げた。

『スアラ・インディペンデン』の最高発行部数は一万五〇〇〇部を越え、読者の中には学生や知識人だけでなく、政府の役人や軍人などもいたという。このようなＡＪＩの影響力を恐れた政府は、あらゆる方法でＡＪＩに圧力を与え続けた。[4]

ＡＪＩがインターネットを通じて『スアラ・インディペンデン』の配信を始めたのは、一九九五年八月のことであった。上記のような状況のもと、印刷物による情報発信の限界を感じ始めていた当時の事務局長サントーソ（Santoso）は、インターネットの持つポテンシャル、すなわち、①検閲の目が届かない、②リアルタイムの情報発信が可能、③コストがあまりかからない、④海外のジャーナリストや活動家との情報交換が容易といった点などに注目し、政府の目が届きにくい海外のサーバを利用してウェブサイトを立ち上げるとともにメーリングリストによるニュースレターの配信を開始した。

オンライン・ニュースレターの内容は、印刷版の『スアラ・インディペンデン』と同様、スハルト政権や国軍に対する批判やインドネシア各地で勃発している民族運動や独立運動に関する記事が中心であった。ただし、印刷版がインドネシア語のみであったのに対し、ウェブサイトには英語の記事が掲載された。インターネット版メーリングリストの正式な加入者は知識人や活動家を中心に約一〇〇〇人、ウェブサイトへのアクセスも一日に約七〇〇件と、決して大きな数字ではないが、送付されたニュースは国内外で次から次に転送され、プリントアウトされたうえ、印刷版と同様、何部にもコピーされていたため、最終的にどのような層の読者に、またどれだけの読者に情報が届いていたかは、ＡＪＩのほうでも正確には把握していない。しかしながら、ＡＪＩはその反響などから、学生や知識人を中心とした相当数の読者がいたことを確信している。印刷版の『スアラ・インディペンデン』とともに、このメーリングリストによるＡＪＩのニュースレターの読者は二〇万人とも三〇万人とも見積もられている。

このように『スアラ・インディペンデン』は、マスメディアでは伝達することのできないオルタナティブな情報を必要とする市民の要求に応えるため、効率的に情報を伝えることができるインターネットという新たな手段を選択した。現実的には、一九九五年当時のインドネシアのパソコン普及率は非常に低く、ＡＪＩとしてもインターネットによる情報発信の限界を感じながらも、政府による妨害を避け、海外とのコミュニケーションを容易にするインターネットの利便性と将来的な可能性を信じて、情報発信を続けてきたという。しかし実際の効果は彼らの予想以上であった。このような動きは確実に市民の民主化に対する意識を覚醒し、国境を越えた民主化運動へと発展していくことになったのである。

『カバル・ダリ・ピジャール』——「ピジャールからのニュース」

ＡＪＩのプロフェッショナルな活動とは対照的に、学生やＮＧＯの活動家を中心に行われた情報発信の中で最も注目を集めた活動の一つに、ＰＩＪＡＲのオルタナティブな情報発信がある。一九八九年に設立されて以来、ＰＩＪＡＲの活動は、政府の政策に不満を持つ学生や若者を中心にした、スハルト政権に対するかなりアグレッシブで過激な批判活動で知られている。このようなＰＩＪＡＲの活動は、その後スハルト政権の崩壊を導く民主化運動の中心ともなった学生運動にとってもリーダー的役割を果たしている。

ＰＩＪＡＲは八九年の設立と同時に、『カバル・ダリ・ピジャール』というニュースレターの発行を開始している。発行当初は二〇〇〇部ほどだった発行部数も、九四年以降、オルタナティブな情報に対する市民の欲求が高まるにつれて急激に増加し、最高時で一万部以上が発行されている。『カバル・ダリ・ピジャール』も『スアラ・インディペンデン』と同様、ジャカルタ内外で、コピーがさらに何部にもコピーされて、人づてに配られたり道端で販売されたりしており、どのくらいの読者があったかは正確に把握されていない。ニュースレターの内容は、ＡＪＩのようにプロフェッショナルなスタイルのものではなかったものの、やはりスハルト大統領や与党ゴルカルに対する批判やスキャンダル、東ティモールその他各地で勃発した独立運動やデモといった、マスメディアで報道されることのないオルタナティブな情報の発信を目的としていた。

九五年三月、「インドネシアのカオスはスハルト大統領の責任である」という旨の記事を掲載した『カバル・ダリ・ピジャール』に対して、ＰＩＪＡＲの事務局長トゥリアグス・スサント・シスウォウィハルジョ（Triagus Susanto Siswowihardjo）が「公共の秩序を乱した」罪で逮捕され、二年間の禁固刑に処せられると、ＰＩＪＡＲの活動はインドネシア国内外から一層の注目を浴びることとなった。[5] トゥリアグスの逮捕以来、ＰＩＪＡＲには活動に関する国内外からの問い合わせが殺到し、ＰＩＪＡＲに賛同する海外の人権や民主化に関するＮＧＯとの連絡も急激に増加した。このような流れの中で、ＰＩＪＡＲ内部ではより効率的な情報発信とコミュニケーション・ツールの必要性が高まったという。九三年頃からいち早くインターネットを導入し、海外のＮＧＯとやりとりを行っていたＰＩＪＡＲは、『カバル・ダリ・ピジャール』に対する国内外からの反響に応えるため、九五年八月、本格的にインターネットを活用することを決定した。

『ＫＤＰネット』と称された『カバル・ダリ・ピジャール』のインターネット版は、『スアラ・インディペンデン』と同様、政府に検閲される可能性のある国内のサーバではなく、海外のサーバを何度も変えながら行われた。インドネシアの政治問題を扱う同種のメーリングリストとしては、九〇年代初めに始まった『インドネシアＬ（Indonesia List）』、通称『アパ・カバール（Apa Kabar）』（「お元気ですか」の意味）と呼ばれるものなどがあるが、ウェブサイトとして設立されたのは『ＫＤＰネット』が初めてであった。『ＫＤＰネット』は加入者に対し、一日に数件のオルタナティブなニュースを配信していた。九五年当時のメーリングリストの加入者数は五〇〇人ほどであったが、その後急激に増加し、九八年に英語版メーリングリストを開始した際には、英語版の加入者が四〇〇〇人、インドネシア語版が五〇〇〇人に達した。

『カバル・ダリ・ピジャール』には、プロフェッショナル・ジャーナリスト集団AJIの『スアラ・インディペンデン』とは異なる特徴がある。『カバル・ダリ・ピジャール』は情報を加入者に一方的に流すだけでなく、加入者も自由にメーリングリストに情報を投稿することができた。ストリートで起きた草の根のリアルタイムな情報は、時にプロのジャーナリストよりも新鮮で刺激的だったという。加入者もまた情報発信の機会を得ることで、民主化運動に参加しているという意識が高まったと考えられる。さらに、メーリングリストを通じて届けられる国内外の知識人による意見はPIJARの活動を支え導いた。『KDPネット』は、このような双方向の情報の流れを可能にし、AJIとは異なる方法でインターネットを利用し、反体制的な言説を創り上げてきたと言える。当時学生活動家だった現在のPIJARの若き事務局長、ケス・エファットは言う――「インターネットは政府の規制が届かない。彼らはインターネットで流れる情報に口出しできない。だから僕たちは自由に何でも言いたいことが言えたんだ」。

2・3 国境を越えたインターネット民主革命
――「市民」とは誰か?

AJIとPIJARに代表されるインターネットを駆使した九〇年代後半のインドネシアの民主化運動は、国際的なオルタナティブ勢力を巻き込みながら、マスメディアが創り上げてきた支配的な言説に対する対抗言説を創出することに成功したと言える。とりわけ、インターネットを通じた海外のNGOや知識人による外からの圧力は、その伝統的な価値観や社会構造によって、権力に対する下からの突き上げが困難なインドネシア社会において非常に効果的な手段であった。情報技術の革新とグローバル化の動きのなかでは、「反射笠のついたランプから下に投影される光の束」であった情報も、もはや一つの光源、すなわち情報源から上から下へと流れるものではなくなっていた。四方八方から差し込む光が、すでにその光の流れを撹乱し、不変だと考えられていた構造を少しずつ解体し始めていたのである。そして、このような状況と相互に影響しあいながら、インターネットというメディアは、「インドネシアに民主化を」という同じ目的に向かうエネルギーを、国境を越えたウェブ空間の中で一つのパワーとして集結させることを可能にした。このハイパーリアルな空間から飛び出したパワーは、スハルト政権がマスメディアを統制することで創り上げたナショナルな言説とそれが支えてきた社会構造を見事に根底から覆したのである。

最終的に九八年のスハルト政権の崩壊を導いたこのインドネシアの民主化運動は、ワシントン・ポストなどで「世界初の市民によるインターネット革命」として評価されている。

しかしながら、インターネットを駆使した民主化運動がこのような世界的な評価を得る一方で、ここで「市民」と称されたのはいったい誰だったのかという疑問が残る。実際に、オルタナティブな情報を発受信しながらインドネシア民主化運動の担い手となった人たちのほとんどは、国内外の学生や研究者、ジャーナリストといったいわゆるエリートたちであった。特に、オルタナティブな情報発信の中心的な役割を果したインターネットに関しては、その普及率（九八年当時で約〇・一％）を考えただけでも、これがインドネシアの市民全体に働きかけ、全市民的な意思を創出したと考えることはできないだろう。つまり、インターネットが草の根のコミュニケーション回路を実現し、民主化に貢献した一方で、これにアクセスすることのできない農民や労働者の多くの声が排除されてきたという事実についても、これを否定することはできないのである。

また、オルタナティブな情報が農村部にも伝達されていたとしても、それまでマスメディアによる国家的なイデオロギーに支配され、抑圧されてきた農民たちのメディア・リテラシーを考えると、彼らが能動的にこれを受容し、政治的選択を行ったと考えることは難しい。少なくとも、彼らにとっての「民主化」とは都市部のエリートたちが成し遂げたものでしかない。彼らにとって「民主化」とは、九七年のアジア危機以降深刻化した貧困から逃れるためのスハルト政権に替わるオルタナティブな手段として受け入れられたに過ぎなかったのではないだろうか。つまり、農民や労働者から見れば、このような民主化運動や政治というものは彼らの頭上で起こる出来事にすぎず、彼ら属すことのない空間で、彼らを支配する権力の新たなセグメントが創り出されただけだと考えられる。言い換えれば、スハルト政権が創り上げてきた言説体系の上に別の言説が上書きされただけだったということになるだろう。

このように考えると、結局それはエリートの再構築または階級制度の再現ということにほかならない。労働者階級の人々は最終的にこの民主化の過程にすら自らの意志によることなく動員されたと言える。スハルト政権によって抑圧されてきたと言われる農民たちだが、本当に彼らを抑圧してきた権力とはいったい何だったのだろうか。それは、必ずしもスハルト政権が行使してきたトップダウンの権力だけではなかっただろう。むしろ彼らを抑圧してきた権力とは彼ら自身の中に内在していたのではないだろうか。それは、歴史的にインドネシア農村部の社会が構築される中で、彼らの内部に深く埋め込まれてしまったものかもしれない。そしてこのような権力に対して客体化された彼ら自身が、または言説体系を維持してきた彼ら自身の歴史や文化こそが、自らを抑圧し、声を発することのできない、または声を発することを忘れた「サバルタン」としての歴史を創り上げてきたと言えるのかもしれない。

3　サバルタンのメディア・プラクティス

3・1　創出されるサバルタニティ

以上で見てきたように、政府はマスメディアとこれを利用したクロンプンチャピルの活動を通じて農民たちに対する教育や指導を行いながら、インドネシアの農村部における情報伝達システムと同時に、農民たちのメディア・リテラシーの矯正を試みた。そして、このようなマスメディアを利用した政府の情報戦略は、農村部における国家的なイデオロギー支配を促しただけでなく、これを通じて形成されたコミュニケーション回路と農民たちの情報に対する受容態度が、その後の民主化運動においてるオルタナティブな情報伝達においても受け継がれた。少なくとも、一元的な情報のあり方を自明のものとし、このような情報の流れに主体的に参与することのない農村部の人々にとって、オルタナティブ・メディアが都市部で創り出した対抗言説自体、スハルト政権時代にマスメディアによって浸透した国家言説の〈代替物＝オルタナティブ〉に過ぎなかったのである。

このようにして、インドネシアの農村部におけるマスメディアと、オルタナティブ・メディアがそれぞれ創り出した情報の二つの流れは、意図的であるか否かに関わらず、いわば共謀してそこから排除され抑圧される社会層を構築してしまったと言える。そこには、マスメディアによる情報の流れから周縁化され、オルタナティブな情報からも疎外された、社会的な情報システムそのものから周縁化され抑圧される存在としてのサバルタン的な人々がはっきりと浮かび上がってくるのである。「国家開発」と「民主化」というそれぞれのイデオロギーに無意識的に動員されてきた一方で、国家開発による経済発展もしくは民主化の達成という歴史的イベントの裏側で、これらのプロセスにおいて真に重要な役割を果たした彼らの存在は、歴史から忘れ去られようとしている。しかしながら、彼らには彼ら自身の歴史を構築するために自ら声を発し、記録する機会も手段もない。彼らは自らの声の重要性どころかその可能性にすら気づいてはいないだろう。情報とは上から降ってくるものだという人々の意識を象徴しているかのように、インドネシアの風物詩ともいえるパラボラアンテナは、今も変わらずに各家庭の屋上で空を見上げている。

しかしながら、そもそも彼らが自らその可能性に気づき実践することによって、彼ら自身のアイデンティティを回復し、歴史を再構築することは果たして可能なのだろうか。ただし、このことは決して理念的もしくは理論的な文脈でのみ捉えられるべきではなく、現実的な問題として扱われるべきである。つまり、サバルタン化した彼らの主体が、現実的なレベルで直接的に彼らの行動に影響を与えているということについて目を向ける必要がある。彼らにとって「能動的な受容」とか「メディア・リテラシー」といった概念が、「民主化」と同様、結局空虚な概念に過ぎず、彼らの能力を超えた歴史的、社会的な構造において客体化され、受動的な読みを強制されてきた彼らにとって、自らの社会的・文化的な必要性にしたがって情報を選択できないのと同時に自ら積極的に語ることができないということは、翻って彼らが自発的に情報を選択しない、積極的に語らないことを指すのである。そしてこのような彼らの態度こそが周縁化された自分たちの存在を維持し、抑圧され搾取されてきた状況に自ら荷担してきたと考えられるのである。

3・2 リテラシーのポリティクス

それでは、このような社会構造の中に組み込まれ、抑圧されながら歴史から忘れ去られようとしているサバルタンたちが、自らメディアを手に取り、その声とアイデンティティを回復しようとすることは果たして可能なのだろうか。インドネシアの場合のように、メディアという社会的なシステムを通じて疎外され、サバルタン化されてきた人々にとって、メディア・リテラシーを獲得するということは、メディアという社会構造を逆手にとり、支配的な権力に対抗するための手段になりうるのだろうか。そこに、サバルタンの発話の可能性を見いだそうとすることは妥当だろうか。

インドネシア農村部の人々のメディア・リテラシーは、彼ら自身それを認識することなく、弄ばれ、抑圧されてきた。このような状態は、インドネシア以外の途上国でも未だに多く存在していると同時に、先進国においてもまた異なる形で存在し続けている。ただし、この場合、メディア・リテラシーを単純に彼らの情報を読み解く能力、情報を発信する能力と捉え、彼らの「能力」のみにこの問題を帰結させることは、問題を矮小化することになりかねない。実際には彼らの能力を超えた問題が背後にあったのであり、彼らの能力では解決しようもない社会的な構造、歴史、文化、価値観など多くの要因が重層的に重なりあう中で、情報に対する彼らの受容が行われたことが思い起こされる必要があるからだ。

スピヴァクは、「誰が誰を代表するのか」(speaking for)、そして「どのように表象するのか」(represent)という非連続な二重の意味が込められた「representation」の問題とともに、サバルタンが発話の場のこのような権力構造にすでに組み込まれてしまっていることを指摘し、挑戦的に「サバルタンは語ることができない」と結論づけている。このようなスピヴァクの視点に立つとき、メディアを批判的に読み解き、表現する能力という第一義的な意味でのメディア・リテラシーを獲得することは、すなわち彼らの発話の可能性を意味しない。サバルタンがメディアを通じて発話しようとするとき、語る主体が自ら語る場合であれ、他者によって語られる場合があれ、それぞれに、語るという行為が一方通行ではなく対話という相互作用が前提とされているか、そしてメディアが彼らをどのように表象するかという問題が常につきまとう。つまり、サバルタンが支配的なメディアの表象に対する批判的な受容態度と発話するためのリテラシーを獲得したと仮定しても、なお、その行為を取り巻く言説的な力の不均衡の存在と、彼らを表象するメディアとそれを聞き取る私たち自身が、すでに言説の網の目のなかに組み込まれているという事実について認識する必要がある。言い換えれば、彼らが晒されているメディア表象が構築する支配的な歴史に対して「自律性」「独立性」を回復し、メディアを通じた彼らの発話の可能性を模索するとき、問われるべきは、むしろメディアを利用して発話しようとする「場」のポリティクス、つまり、自らを表象し、語るサバルタンと彼らを客体化してきた聞き手の間の言説的な権力関係であると言えるのである。そして、このことは彼らが支配的なメディアの表象に対峙する際に生じる権力関係と裏表の関係にあると言える。さらに言えば、彼らを啓蒙し、メディア・リテラシーを獲得させることによって、彼らに語らせようとする試み自体が、多くの場合、政治的であるか否かを問わず、「彼ら」を客体化する「誰か」のイデオロギーを反映していることを思い起こす必要があるといえる。このことは、インドネシアの事例においても明らかである。

このように考えると、重要なのは、決して彼らのメディア・リテラシーという単独の問題ではないことがわかる。むしろ彼らのリテラシーが問題とされ、行使される場所における言説的な権力関係が問われなければならないのであり、彼らを表象するメディアの権力もさることながら、その言説的ヘゲモニーの再編に荷担することなく、彼らの声を聞き取る私たち自身のリテラシーこそが問われていると言えるだろう。しかしながら、これまでマスメディアが周縁にある人々の声を排除するかまたは歪曲された表象としてステレオタイプを構築してきたのに対し、これにしたがって盲目的に彼らの他者としてのイメージの構築に荷担してきた受け手としての私たちがいる。このようなイメージは、マスメディアによって再構築されたものである一方で、実際には、長い歴史によって構築されてきたものの〈representation〉でもある。このような時間の連続の上に積み重ねられたイメージを脱構築することは決して容易なことではなく、これを単純にメディア・リテラシーの問題として取り扱うことは必ずしも適切であるとは言えないだろう。

スピヴァクは、言説的な関係性を脱構築するための戦術として、以下のような項目を挙げている。

① 「テクストを逆方向に撫であげながら読むこと」によるマージナルなものへの注目、

② 「リコンステレーション」、つまり違う文脈への置き換え、

③ 「カタクレシス」という術語で表されるような、特定の用語をその置かれた物語から取り出して新しい意味作用を産

出してしまう「誤用」の効用、
④二項対立を単に転覆するのではなく、対立そのものをずらすような交渉過程の重視、
⑤主体の徹底した脱中心化、
⑥コロニアリズムやオリエンタリズムの批判と、ネイティヴィズムや転倒したエスノセントリズムへの批判との共存
（『現代思想』一九九九、四三―四四頁）

これ自体、非常に難しい試みではあるが、少なくとも先進国と呼ばれる国に暮らす我々の責任において試みられることが要求されていると言える。つまりスピヴァクの言葉を借りれば、私たちはマスメディアによって創り上げられた彼らの表象とともに自らの特権的立場を文字通り「忘れ去ってみる（unlearn）」ことを要求されているのであり、このことは、すでに構築されている私たちと「彼ら」の関係性を脱構築するための試みであるとも言える。そのためには、スピヴァクが提示するような戦術とともに、表象やテクストの背景的、文脈的な文化やイデオロギーを読み解き、非本質的な立場からそのテクストを読解していくようなカルチュラル・リテラシーこそが要求されていると言えるだろう。

おわりに

「オルタナティブ」とか「草の根」「市民」といった言葉が、支配的な権力に対抗するものとして、常に正義と同義語として用いられることによって見逃されてきた権力構造の再編成に目を向けるとともに、その中でさらにかき消されていくサバルタンの声に聞き耳をたてることは重要である。インドネシアの事例にも見られたように、「市民」によるオルタナティブ・メディアとして賞賛されることによって、その裏側でさらなるサバルタニティを創出していながら、その事実が見過ごされている場合もある。重要なのは、主流に対抗するもの、周辺から生じたものが、なんとなく安全な「オルタナティブ」、もしくはなんとなく正しい「草の根」として、それ自体がプロブレマティックな権力関係を超越したものとして捉えられることにより、さらにその周辺で新たな権力関係が再生産される可能性を見逃さないことである。

サバルタニティは、途上国だけでなく先進国にこそ内在する問題であり、私たちの日々の生活の中で再生産され続けていることを忘れてはならない。そして、このような社会構造を脱構築するための第一歩として、私たち自身がどのように彼らの声に耳を傾けるかという問題は大きい。「彼ら」のメディア・リテラシーを問う前に、まずは「私たち」を取り巻く生活や文化の中に何気なく組み込まれている、他者としての「彼ら」の表象

を脱構築しながら読み解いていくためのリテラシーを私たち自身が身につけることを要求されているのではないだろうか。

注

1 サバルタン・スタディーズ＝ポストコロニアル研究の潮流の中で一九八〇年代初頭に始まったサバルタン・スタディーズは、エリートが主体となって記述されてきた主流の歴史から排除され、常に歴史の周辺に追いやられてきたサバルタンたちに彼らの自律的な領域とともにその声を歴史の中心に回復するための試みとして始まった。ランジット・グハを中心として展開したこのような試みに対し、その戦略的本質主義を批判してこれに介入したガヤトリ・スピヴァクは、サバルタンは政治的な自律性をもったアプリオリな存在として実定化されものではなく、非本質主義の立場から「権力構造の関連性」のなかに生まれる差違として決定されるものであると主張する。そしてスピヴァクは、問われるべきは「representation」の問題であるとし、「誰が誰を代表するのか」(speaking for)、そして「どのように表象するのか」(represent) という非連続な二重の意味が込められた「代表・表象」の問題とともに、サバルタンが発話の場のこのような権力構造にすでに組み込まれてしまっていることを指摘し、「サバルタンは語ることができない」と結論づける。

2 パンチャシラ＝「パンチャシラ」とは、イスラム教とジャワ文化の融合から生まれたインドネシアの国家哲学で、インドネシアの「五原則」を意味し、「唯一神の信仰」、「人間性の尊厳」、「インドネシアの統一」「代表者に導かれる民主主義」、「インドネシア国民全体のための社会正義」から構成されている。この「パンチャシラ」は、インドネシアのナショナリズムを具現化する国家開発の実現に不可欠な概念として、スハルト新秩序体制下で特に強調された。

3 『テンポ (Tempo)』＝一九七一年創刊。インドネシアの『ニューズウィーク』とも言われる教養の高い洗練された週刊誌。発禁当時の発行部数は約二五万部。読者層としては、比較的収入の高いエリート層が中心だと考えられている。

『デティック (Detick)』＝一九九三年創刊。一年後には発行部数四五万部に。学生活動家出身の若いジャーナリストを中心に、タブーとされていた報道領域に踏み込み、刺激的なスタイルと読みやすい文面により、知識人や学生だけでなく幅広い読者層の支持を得た人気政治タブロイド。

『エディトール (Editor)』＝発行部数は約八万部。政治的な報道が中心のセンセーショナルなスタイルを特徴とした週刊誌。

4 AJIの活動は常に国軍や警察によって監視されており、ジャーナリストの中には実際に身の危険を感じたものも少なくなかったという。AJIの事務所は常に数人の軍人や警察により監視されており、何かあるとすぐに事務所に踏み込んでは、事務所を荒らし、パソコンからフロッピーディスク、『インディペンデン』のバックナンバーなどあらゆるものを押収し、AJIの活動に対する激しい妨害工作を行っていた。AJIは一九九四年から一九九八年の間に四度も事務所を移転しており、最後にそばに小さな川のある事務所に移転したが、その直後から魚が釣れるはずのないその川になぜか釣り人が毎日何人も来るようになったらしい(もちろん、釣り人は軍人や警察官の変装である)。

5 PIJARの元事務局長トゥリアグスは、一九九五年に逮捕されてから一九九七年に釈放されるまでの二年間の投獄生活の間に五回も刑務所を移されたそうである。というのも、トゥリアグスは刑務所内でも記事を書き続け、看守に〈Under the Table〉を行っては、記事を刑務所から外に発信し続けていたからである。彼は、政治犯を収容する刑務所ほどネタがころがっているところはなかったと話す。刑務所内には、あのゲリラ的な東ティモール独立運動の指導者シャナナ・グスマオ（Xanana Gusmao）も収容されており、面白い記事が書けたとか。

参考文献

倉沢愛子(1998)「インドネシアの村落開発における情報伝達――「クロンプンチャピル」を中心に」『アジア経済39 - 9』

佐伯奈津子(1997)「インドネシアの国家権力とメディア――AJIの結成と民主化の模索」『マス・コミュニケーション研究No.51, 1997』

スピヴァク・G・C(1998)『サバルタンは語ることができるか』みすず書房

セロ・スマルジャン、ケンノン・ブリージール(2000)『インドネシア農村社会の変容――スハルト村落開発政策の光と影』明石書店

花崎泰雄(1998)『インドネシア開放政策下の民主化とプレス』時潮社

ベネディクト・アンダーソン(1995)『言葉と権力――インドネシアの政治文化探求』日本エディタースクール出版部

間苧谷榮(2000)『現代インドネシアの開発と政治・社会変動』勁草書房

「特集スピヴァク――サバルタンとは誰か」(1999)『現代思想 vol.27-28』

Antlov, Hans (1995) *Exemplary Center, Administrative Periphery*, Curzon Press, Surrey

Harmoko, H. (1993) *Information Strategy*, Yayasan Gebyar Aksara Mandiri, Jakarta

Jackson, Karl (1978) "Bureaucratic Polity: A Theoretical Framework for the Analysis of Power and Communications in Indonesia" in *Political Power and Communications in Indonesia*, University of California Press, California

Lewis, Peter (1993) *Alternative Media: Linking Global and Local*, UNESCO, Paris

Shanthi Kalathil and Taylor C. Boas (2003) *Open Networks, Closed Regimes: The Impact of the Internet on Authoritarian Rule*, Carnegie Endowment for International Peace, Washington, D.C.

11

「小さなマスメディア」のおもしろさとむずかしさ

――ドイツ日刊紙『タッツ』というメディア

林 香里

1 はじめに――「小さなマスメディア」の『タッツ』

私が取り上げようとしている題材は、一九七九年に創刊されたドイツの日刊全国紙『タッツ』である。ここでは、このやや風変わりなドイツの日刊新聞を紹介するというだけでなく、メディア実践《プラクティス》とマスメディアとの連続性と非連続性について、つまり、〈メディア実践の動機を、マスメディアという媒体の特性のなかでどのように、そしてどこまで追求できるだろうか〉という問いについて、考察を深めてみたい。

『タッツ』のドイツ語の正式名称は『ターゲスツァイトゥング』(*tageszeitung*)。略して「タッツ(taz)」と呼ばれている。その総発行部数は、二〇〇三年第一四半期の統計によると、六万八〇〇〇部ほどである。つまりそれは、一〇〇〇万部前後の公称売上げ部数を誇る日本の全国紙とは比べものにならない、ごく小規模な新聞である。その意味で『タッツ』は、「小さなマスメディア」と呼ぶことができよう。

けれども『タッツ』は、「小さなマスメディア」ではあっても、「ミニコミ」ではない。そのことは、『タッツ』の内容が特定のグループや思想を支持する媒体ではなく、不特定多数の人々を対象としていることから、明らかである。現在、媒体としての『タッツ』のアイデンティティは、ほかでもなく全国紙としての「マスメディア」にあるのだ。しかし、『タッツ』がこのアイデンティティを自ら受け容れるまでには、多くの試練と葛藤を経験しなければならなかった。

『タッツ』という新聞を考察していくと、さまざまな面で日本の一般紙の対極にあることが明らかになる。したがって、『タッツ』は日本のジャーナリズムとの関連性(Relevanz)をもたない、という声が聞こえてきそうだ。しかし、そう考えるのは早計であろう。日本の一般紙の編集では、これまで業界内で考えられている「失敗」というものが起こらないように、とにかく

「完璧な」紙面づくりをしようしてきた。そのために、あらゆる方策（記者クラブ協定の締結、発表ものジャーナリズムの忠実な紙面化、有名人中心主義、速報臨戦体制、頑なタブーの遵守、など）が採られている。日本の一般紙の紙面がほとんど同じ体裁をもつことは誰もが認めるところであるが、それはこの偏向的かつ一方向的「完璧」主義によって押し込められてできあがったひとつの「型」だと言えなくもない。日本の新聞の多くは、いったんつくられた「完璧」の基準の反対側（つまり業界的意味での「失敗」の側）に何があるのか、を問わず、現代の時流にふさわしい言論活動にはどのような別の可能性が潜んでいるのか、を探ることをしない。日本のジャーナリズムは、自己省察のメカニズムがほとんど作動できずに硬直している状況に置かれている。

その一方で、「失敗」ばかりして、何度も存続の危機に見舞われてきた『タッツ』のジャーナリズムは、「ジャーナリズム」という概念のさまざまな可能態を試してきたという意味で、ずっと強靭だ。壁にぶつかって「失敗」することで、もう一度自らとの距離をおいて自己のありかたを省察し、考え直し、軌道修正する。それでもまたきっと、次の失敗がやって来るだろうが、それは『タッツ』にとって、ふたたび自己省察の契機となるだろう。こうした「自己の対象化と観察」という作業は、ドイツの社会学者N・ルーマンが論ずるように、概念装置の抽象性を高め、概念の稜線を現出させる（Luhmann [1966, 206ff]）。そして、当然のことながら、「失敗」、さらにそれをもとにした「自己省察」は、近(現)代自由主義社会においてはじめて可能になったのであり、許容されるものだ。同じく自由主義社会であるはずの日本において、「失敗」と「自己省察」を繰り返してきた『タッツ』のジャーナリズムの例を、たんに「遠い国のもの好きな小規模新聞」として目を向けようとしないのは、研究者であれ、実務家であれ、残念な姿勢だと思う。日本のジャーナリズム概念の不毛な状況を鑑みればなおさらのことである。

ではこれから、さっそく『タッツ』について語っていこう。そのために次の手順を踏んでいく。まず、なにはさておき、『タッツ』のジャーナリズムの紹介をせねばならないだろう。細かな「発表もの」を誠実に記事にし、ジャンルごとにバランスをとりながら、整然とした紙面づくりを心がけている「完璧な」日本の一般紙に慣らされている目で見ると、『タッツ』ジャーナリズムは異質に映る。したがって最初に『タッツ』とはどのような新聞か、についてを知る手がかりとなるいくつかの特徴ある記事を挙げて、後の議論につなげたい（2）。

次に、『タッツ』という現象を生んだドイツの社会的風景を素描する。ここではまず、「新しい社会運動」とドイツの一九七〇年代の社会状況について。続いて、ドイツにおけるメディア実践と「メディア教育」へのまなざしについて取り上げる。とくにドイツにおける「メディア教育」の取り組みは、七〇年代の政治・社会状況をとおして、そして「新しい社会運動」との出会いを契機にして、「政治的教育（politische Bildung）」の一環として誕生した。それが『タッツ』を育てた土壌であったことに留意したい（3）。

そのあと、『タッツ』のこれまでの組織・経営構造の改革、ならびに紙面編成の変遷に焦点をあてる。社会運動の媒体がマスメディアへと転身しようとするとき、どのような困難や試練に直面するのか、を見てみたい（4）。

最後に『タッツ』の辿ってきた軌跡は、「『新しい社会運動』の制度化」という社会学的問題構制のなかで捉え直すことができることを呈示してみたい。その観点から示唆される、今後のマスメディア／ジャーナリズムの研究と実践への課題を確認する（5）。

2 「ラディカル」で「オルタナティブ」な『タッツ』のジャーナリズム

『タッツ』は、既存の新聞とは常に別の、つまり「オルタナティブ」なジャーナリズムをめざしてきた。そしてそれはまた、「ジャーナリズム」という社会の制度の根源的意義を追求しようとしている。しかし、そのことはまた、『タッツ』のジャーナリズムが創刊以来紆余曲折を繰り返した原因でもあった。『タッツ』を描くには、多くの言葉を費やすよりも、それを象徴するような事例をいくつか挙げるのが得策であろう。

2・1 「オルタナティブ」へのオルタナティブからの挑戦

「オルタナティブ」は、単に何かを批判し、反対するというだけでなく、そこに「別な」「もうひとつの」対案を用意することを意味する。『タッツ』が「オルタナティブ」なジャーナリズムである、という理由は、それがほかの新聞には掲載されないようなテーマを記事にしたり、異なった視点から「ニュース」という概念そのものを新しく定義したりして、既存の「ジャーナリズム」への対案を呈示しているからである。しかし、この姿勢はしばしば当事者からの反感も招いてきた。

例1　ホモセクシュアルのデモ行進

『タッツ』は創刊以来、オルタナティブな新聞として、社会のマイノリティ・グループのテーマを積極的に取り上げてきた。その取り上げ方は、単にテーマとして採択するだけでなく、そこに論争を巻き起こそうとするやり方である。

ホモセクシュアルをテーマにした例を挙げてみよう。九〇年代半ば以降、ドイツでは、ゲイ・ホモセクシュアルたちが街頭を堂々とパレードする社会運動が広がった。そこで『タッツ』の記者は、一九九六年六月二五日、ゲイ・プライド・パレードで屈託なく明るく行進する数万人の参加者について、「カーニバル以外のなにものでもない？　ゲイ・プライド・パレードに政治的モットーは必要か？」という見出しのついた記事を掲載した。記事が問いかけた問題は、「ホモセクシュアルとはそれ自体、政治的なものだろうか?」であった。

この記事は読者、とりわけホモセクシュアル当事者たちとの激しいディベートをひきおこし、ホモセクシュアル団体から厳しい批判を受けることになる。今日までのドイツ国内における「ホモセクシュアル」に対する抑圧と偏見とのたたかいは、「ポリティカル」以外のなにものでもない、というのがグループからの抗議だった。このような抗議は予想されていたにもかかわらず、『タッツ』はあえて、ゲイ・パレードを素材に「オルタナティブ」という概念の政治性の所在を問題にし、一般の公共圏での議論を挑発したわけである。

こうした、ともするとマイノリティを挑発的にテーマ化する手法は、たとえばフェミニズムの扱いにおいても見受けられる。『タッツ』は、ポルノグラフィの扱い方などの問題が原因で、決してフェミニストたちと友好的な関係にない。しかしながら、二〇〇二年一月二六日、二七日号では、ドイツのフェミニズムの代表的雑誌『エンマ』が創刊二五周年を迎えたのを記念して、フェミニストたちから嫌われる立場を自認しつつも、第一面、そしてそのほか紙面数ページ全面を費やしてフェミニズムの軌跡とその功績、賞賛、そしてまた批判を大々的に特集した。

このように『タッツ』はマイノリティについて積極的に取り上げる姿勢を示し続けている。しかしながら、それは「マスメディア」として、決してそうしたグループの当事者、あるいはシンパではないことを同時に表明している。とはいえ、当然のことながら、こうした論争を大きく扱う紙面であるから、政府要人の動向、あるいは政府や企業の発表ものなどのニュースは、影が薄い。

2・2　シニシズムとカリカチュア

『タッツ』の紙面の名物は、なによりもまず、その痛烈なシニシズムとカリカチュアにある。有名人の写真をモンタージュして、皮肉ることは定番。そのモットーは、「『タッツ』はタブーを恐れない。」当然のことながら、過ぎたブラック・ユーモアで社会の顰蹙を買うこともあるし、それによって言論自主規制機関であるドイツ・プレス評議会からも何度か譴責処分を受けている。

例2　ヒットラーの飼い犬

ドイツの政治において「極右」の存在は常に論争の的である。メディアは極右の存在に対して敏感に反応し、それに社会が反応する。こうしたドイツ社会の様子を皮肉り、風刺するのも『タッツ』のジャーナリズムである。次の例がそうである。

一九九四年、ベルリンで予定されていたサッカーの国際試合がキャンセルになった。試合が予定されていた四月二〇日はヒットラーの誕生日であり、そのために当日、ネオナチの暴動が起こるか、試合が彼らの威嚇舞台にされるのではないか、とメディアが不安を煽っていたのがキャンセルの原因だった。『タッツ』は、そのような理由で試合がキャンセルされるに至ったドイツ社会の過剰反応の様子を皮肉るために、サッカーが予定されていた四月二〇日に「ヒットラーの飼い犬、ブロンディの遺骸発見」という「フェイク」（うそ）の記事を掲載した。サッカーの試合の開催日とヒットラーの誕生日が重なっていることにヒステリックになることが、いかに非理性的なことか、を風刺するための作り話である。記事には工事現場にヒットラーが飼っていたとされる犬の遺骸が発見されると、工事関係者、土地所有者である大銀行、考古学者、そして政府当局者が右往左往する様子が「まじめに」「報道」されているのだが、それはドイツ社会とメディアの「ヒットラー」「ネオナチ」「右翼」への過剰反応に対する大いなる皮肉であった。

図1――世界に配信された『タッツ』によるブッシュ大統領訪独の1面記事
ブッシュ大統領の実質的内容のない空疎な演説を空白の吹き出しで皮肉った。この一面はロイター通信によって世界に配信され、米国でも反響を呼んだ。（2002年5月28日）

もちろん、これがうその記事である、ということは、最後までどこにも書いていない。

例3　ブッシュの「歴史的演説」

二〇〇二年五月、米国のG・W・ブッシュ大統領がベルリンを訪問した。この訪問の目玉は、ブッシュ大統領が「歴史的スピーチ」を行なうという前評判で、メディアや一般の期待と関心を大いに集めていた。しかし、その内容は一般的な米独関係に触れたもので、その演説の何が「歴史的」だったのか、は明確ではなかった。スピーチの翌日、タッツは一面で図1のように報道した。

『タッツ』はまた、異文化に対して、つねに意識的にテーマ設定をして論説をしている。しかもそれをビジュアルにアピールするよう、一面で写真とともに取り上げる努力をしている。それは二〇〇一年九月一一日に起きた米国同時テロ多発事件以降、いっそう明確に編集方針として打ち出している（図2参照）。

また日本に関するテーマにおいて特記すべきは、二〇〇〇年一二月に東京で開かれた「女性国際戦犯法廷」に、『タッツ』が自社の特派員をドイツから派遣したことである。同月一三日、『タッツ』はこれを「性奴隷制――法廷、日本に有罪判決を下す」という見出しとともに、一面トップでとりあげた（図3参照）。

そのほか、新聞ジャーナリズムとして変わった例としては、

『タッツ』は毎年一回、編集の権利を特定の社会グループ（外国人、子ども、一九六八年学生運動活動家など）に完全に委譲して自由に紙面を編集させてきたことがある。こうした試みは、別稿においても紹介したので（林［2002］）、ここでは列挙するにとどめておく。

以上からも明らかなとおり、『タッツ』のジャーナリズムが理念とするところは、中立性でも客観性でもない。『タッツ』のジャーナリズムの理念でもっとも特徴的な点は、それが現代社会において多元的かつ根源的なる〈政治的なるもの〉（ムフ［1993＝1998］）の所在を公的領域に顕在化させようとしている点であると言えよう。では、なぜ『タッツ』がこのような形で〈政治的なるもの〉に関わろうとしているのか、は『タッツ』創刊の歴史的背景と関係する。そこで、つぎに、『タッツ』が誕生した社会背景を見てみよう。

図2——世さまざまな人種、民族が毎日のように一面に写真入りで登場する。

図3——女性国際戦犯法廷が１面トップに（2000年12月13日）

3 『タッツ』創刊の社会的風景

3・1 「新しい社会運動」の一環として

「新しい社会運動」は、一九六〇年代以降の社会変動を分析する重要な概念として、社会学において多角的に研究されてきた。具体的には平和運動、自然保護・環境運動、生活改善運動、第三世界への支援活動、フェミニズム運動などを指し、場合によっては学生運動、あるいはエスニック・地域運動なども含まれる。「新しい社会運動」の定義は、意見が分れるところであるが、ひとまず、その目標が労働運動（これが多くの場合、「古い」ほうの社会運動、とされている）のように資本や資源の分配をめぐってではなく、より理念的、あるいは抽象的、つまり「ポスト・マテリアル」なテーマに置かれている、という点を強調しておこう。たとえば自然保護、平和、女性の地位向上、あるいはホモセクシュアルをはじめとするマイノリティの社会的認知などがそれである。つまり「新しい社会運動」とは、ドイツの社会学者、J・ハーバーマスの言を借りれば、「生活形式の文法の問題」（ハーバーマス［1981=1987（下巻）：412］強調は原文）であり、現代社会の新たな抗争である。別の観点から述べるならば、それは、市民社会を政府の介入から自立させ、市民の手による自律した各種のプロジェクトである、と捉えることができる。そして、『タッツ』を実現させた一連の活動も、まさにそのような一九七〇年代の「新しい社会運動」の一環として捉えることができる。それでは、「社会運動」としての『タッツ』とはどういうものだったのか。

一九七〇年代のドイツの言論界は、保守化、体制化の傾向を強めていた。当時の西ドイツは、地方紙市場では新聞社の集中化が進行し、他方で有力日刊全国紙は、『フランクフルター・アルゲマイネ』、『ディ・ヴェルト』、そしてタブロイド紙である『ビルト』など、ほとんどが保守系の新聞であった。また、テレビでは公共放送に政党色が強まっていることが問題にされた時期でもあった。このなかで左派、それも非教条的で無党派の左翼の若者たちは、自分たちの意見を表明できるメディアをもたず、言論界から取り残されているという焦燥感をもっていた。こうして彼らのメディアへの不満は募り、急進的なプロテスト運動がはじまっていった。彼らはとりわけドイツ最大の大衆紙『ビルト』(街頭売りの保守系タブロイド紙で発行部数約六〇〇万部)を敵対視し、その発行元であるアクセル・シュプリンガー出版本社の前でデモ、座り込み行動や、『ビルト』紙の搬出妨害を繰り返した。

一方、ドイツの七〇年代といえば、過激派「赤軍」によるアメリカ軍事施設への攻撃、そして裁判官や経済界トップ、あるいは政治家などドイツ社会の有力者たちを狙ったテロリズムが続発した時期である。特に一九七七年、赤軍は航空機ハイジャック、そしてドイツ工業連盟会長誘拐(後に殺害)を同時決行するという衝撃的事件を起こした。過激派の残忍なテロリズムは、社会不安を生み出し、当時のシュミット政権は、社会の安全を優先する対策を打ち出した。その影響はメディア政策にも及び、政府は新聞社、放送局ならびに通信社等マスメディア各機関に誘拐報道などにおいて、報道活動の自粛を要請。マスメディア各社は、政府の指示に従った。草の根の言論活動家たちは、政府による言論活動統制が進む重苦しい空気のなかで、この時期を「ドイツの秋」と名づけた。彼らは、政府に手なずけられた既存のメディアとは別の、つまりオルタナティブな、自分たちのメディアをつくる動きを模索しはじめた。

一九七八年一月、新しい社会運動の活動家たち二万人以上がベルリンに集結。オルタナティブ新聞創刊への決起集会「TUNIX」が開かれた。その翌月には、草の根の全国日刊紙を創刊することを目的とした全国的運動組織「オルタナティブ日刊新聞を作る友の会」"Freunde der alternativen Tageszeitung e.V."が結成され、本部がベルリンに設置された。この会こそが『タッツ』のはじまりであり、これが一九九一年まで『タッツ』の経営方針を決定する最高機関として存続し、「タッツ・ジャーナリズム」を創造していったのである。

3・2　社会変革のためのメディア・リテラシーの獲得

ドイツでは、日本にくらべてかなり早い時期から、メディア・リテラシーの獲得をめざす「メディア教育」（Medienpädagogik）の重要性が認識され、その取り組みがはじまっていた。草の根運動から出発した『タッツ』は、実はこのようなメディア教育への社会的取り組みをすそ野にもち、そのなかでの突出した市民のメディア実践の事例であったと捉えることができる。ゆえに、ここではドイツにおける「メディア教育」と「メディア・リテラシー」の考え方について、触れておきたい。

ドイツでは今世紀初頭以来、新しい技術が登場し、新しいメディア――たとえば、映画、ラジオそしてテレビ――が人気を博すたびに、その社会への影響が憂慮され何らかの対策の必要性が叫ばれてきた。「新しいメディアに古い歌」と言われるほど、「ニューメディア」に対して挙がる批判の声は、決まって失われた伝統とモラルへの郷愁が強く、学問的にはあまり根拠のないものが多かった。ところが六〇年代になって、メディアに関する教育は、社会全体が担う重要な課題であり、それを学問的に体系化する必要が社会全体で強く認識されるようになった。

ドイツ社会がそのような認識に至るまでには、大まかに二つの時代的背景が関連していると思われる。第一に、先にも述べたような、地方新聞の集中化現象、そして政党による公共放送の意見操作という問題が社会で表面化したことが挙げられよう。ドイツでは、歴史的に「マスメディア」、あるいは「マス・コミュニケーション」、そしてとくに「マス」という言葉に対して負の遺産を抱えている、という社会意識が強い。つまり、第三帝国時代、ヒトラーによるマスメディアを使った大衆操作、そして言論のグライヒシャルトゥング（統制）の歴史が「マス」という言葉の上に今日も否定的な影を落としている。ドイツの知識層の間には、民主主義社会にとって言論の多元性は必要条件であり、その確保のために、「マスメディア」というクセ者を社会的に監視すべきである、とする使命感にも似た考え方が支配的だ。そのような使命感は、『タッツ』創刊の理念にも見受けられるものだった。

第二に、六〇年代の半ばごろから、ドイツの思想界ではフランクフルト学派の批判理論が席巻し、人文・社会科学分野の研究の多くが、批判理論の立場から大衆社会や文化、技術に対する批判を展開したことが影響しているだろう。T・アドルノによる「文化産業」、またはH・M・エンツェンスベルガーによる「意識産業」という言葉に表わされているごとく、現代のマスメディアや情報産業は、単なる無色透明の情報伝達媒体ではなく、資本主義的な体制側のイデオロギーの生成装置であり、また維持装置である、という視点がもたらされた。

これらの六〇年代、七〇年代のドイツ社会の空気が、市民とメディアの規範的関係を問題にする「メディア教育」の体系化を後押ししていった。つまりドイツでは、この時期を起点にして、新しい技術の登場や特定のメディアの人気というような流行要因に左右されない、学問的方法論と制度的母体をもつ「メディア教育」の重要性が主張されるようになったのである（Hüther et al. [1997: 117, 243]）。こうして、ドイツの「メディア教育」は、「メディアは〈政治的なるもの〉である」という認識を強い動因として、幼稚園・学校から教会や成人教育の場まで、多種多様な場面で発展していった。この点でそれは、「子ども - メディア - 暴力」をめぐる因果関係の追求が強い米国の「メディア教育」とは、やや異なって発展してきたことに注目しておきたい。

　ところで、「メディア教育」の目的は、メディア・リテラシーの獲得にある。ドイツ語でメディア・リテラシーは、「メディエン・コンペテンツ」（Medienkompetenz）という言葉で表現される。そして多くの場合、ドイツではこの「メディエン・コンペテンツ」が問題にされるとき、議論はメディアの問題だけにとどまらず、それをより深化させた「コムニカティーヴェ・コンペテンツ」（kommunikative Kompetenz）、訳せば「コミュニケーション能力」の問題として捕捉されてきた（Schell [1993: 64ff]; Hüther et al. [1997: 235]）。このような「コムニカティーヴェ・コンペテンツ」の重要性を論ずる学者たちは、人間が人間であることの基本的根拠とは理性の行使にあり、そのような理性は人間どうしのコミュニケーション行為の相互作用のなかで止揚され、やがて市民社会の統治へと貢献するものである、という基本的認識の上に立っている。言うまでもなくこの思想は、ハーバーマスの了解志向性にもとづく「コミュニケーション的合理性」の概念に依拠し、それを発展させている（ハーバーマス 1981=1985-87）。この考え方では、「コムニカティーヴェ・コンペテンツ」という個人の能力の克服が図られてこそ、社会におけるさまざまな不満、不平等、そしてコンフリクトの平和的解決が可能となり、市民社会の活性化と民主主義の実現への第一歩が踏み出されると主張されるのである。それゆえに「コムニカティーヴェ・コンペテンツ」の獲得というテーマは、表象世界や言説（ディスコース）の偏向を問うだけでなく、現実における政治経済的な分配の不平等、あるいは社会・文化的関係の不公平の是正など、社会改革により深く踏み込んでいく社会運動的問題意識をもって論じられる。

　したがって、この文脈における「メディエン・コンペテンツ」、つまりメディア・リテラシーという概念は、現代のかくも細分化、多様化、拡散化した社会において市民を改革へと結集・維持させる力として、つまり市民のエンパワーメント（政治的自立と権限の強化）の重要な資源として、位置付けられるのである。それは明らかに、〈情報技術・処理能力〉といった「メディアに関する技能的知識」とはまったく異なる意味をもつ。

　話を『タッツ』に戻すと、それは「コムニカティーヴェ・コンペテンツ」による理性の原動力と人間の連帯を信じつつ、国家や資本から解放された自由なコミュニケーション空間の確立をめざそうとする現代民主主義のための新しい社会運動だった、と言えるだろう。売上げ部数に伸び悩む現実の『タッツ』の姿と照らしあわせてみると、かなりユートピア的な、そして遠大なプロジェクト、と言うほかはないが、それでも運動を推進した若者たちは、政治における言葉のもつ力、そして言葉がもつ政治性を真摯に受け止め、メディアを自分たちの側へ取り戻そうと抵抗を企てたのだった。その意味で、『タッツ』の創刊は、マスメディア・システム内部の改革だけでなく、社会そのものの変革を志向した、壮大なる試みだった。

4 マスメディアとしての『タッツ』の試練

『タッツ』の研究対象としてのおもしろさは、草の根レベルからはじまった理想いっぱいのメディア実践が、やがて「マスメディア」という大きなシステムに参入し、マスメディア・ジャーナリズムへと変遷していく、その過程にある。はたして現代社会において、既存のマスメディア・システムとの断絶を決め込むのでもなく、そうかといってその論理に全面降伏を宣言することもなく、マスメディアと協調し、かつ自律した表現活動というものを展開することは可能であろうか。その実現のためには、どのような困難が待ち受けているのだろうか。『タッツ』とは、この問いに正面から取り組んだ実験であった。

なお、『タッツ』のくわしい組織形態や財政構造は別の論考において詳述したので（林［2002］）、ここでは『タッツ』がどのような試練に直面しその軌道修正をほどこしてきたのか、という点に絞って記述していく。

4・1 「運動組織」から「会社組織へ」

大きな理想を抱いた『タッツ』は一九七八年九月二二日に0号（準備号）が発行され、その後一九七九年四月一七日より、本格的に日刊紙として始動した。活動家たちは旧来の新聞とは異なった、自分たちのジャーナリズムをつくることを誓い、そのためにまず、企業グループを組織した。企業グループの内部構造は当時のベルリンの文化政策による税制優遇措置の恩恵を受けるため、そして倒産のリスクを減らすために、複雑なしくみをとった。他方で、グループ各社の内部は、働くものたちの解放をめざして、社内ヒエラルキーや分業制を完全に排除したフラットなものにした。タテの関係を作らないために社員の給料は一律同額に定められ、役職もなし、必要な役割は分担制でもち回り、という形が敢行された。言うまでもなく、この設計は「新しい社会運動」の思想に依拠している。つまり『タッツ』の初期の組織は、「新しい社会運動」に典型的な「分節的、多中心的・分権的、網状」（高橋［1985: 5］）を規範とする「運動組織」としてのアイデンティティの上に設計されたのだった。

ところが新聞社経営のモデルとして、このデザインはすぐに破綻した。つまり職場のヒエラルキーの欠如は、命令系統および責任の所在を不明確にし、頻繁に編集作業に混乱を来たした。

組織の混乱は、そのまま『タッツ』のジャーナリズムに影響した。知らないうちに予定稿の新聞記事が何者かによってすりかえられていたり、内部対立があからさまになった内輪もめの手書きメモが記事として飛び出したり、記者の記事が制作部で勝手に書き換えられていたり、と『タッツ』のジャーナリズムが起こした「事件」は尽きなかった。そのたびに全社をあげた話し合いが持たれるのであるが、運動組織のモデルは社内問題の効率的解決の妨げになるばかりだった。一九八〇年代半ばには深刻な財政難に陥ったが、迅速な経営判断を下すことができずに問題が放置され、財政状態をいっそう悪化に追い込んだ。一九八〇年代前半の『タッツ』の状況をまとめるとすれば、それは新聞制作の素人が集まった「運動組織」が新聞社を「経営」したために生まれた、完全なカオス状態であったと言える。

しかし、一九八八年になると、編集部、営業部、技術部の三つからそれぞれ代表二人を選出してリーダー会議を構成する、というヒエラルキーを部分的に取り入れる譲歩案が可決され、混乱する社をとりまとめようとする動きが出はじめた。会社組織への転身の勢いは、それ以降、いっそう強まり、ついに一九八九年には、かねてから問題となっていた一律同額の給料も廃止され、経験や役職が賃金に反映されるようになった。

一九九一年には、編集綱領が定められ、『タッツ』発行社（広告や営業を担当するところ）と編集局との関係、編集長、副編集長、各紙面ごとのリーダーの選出方法、編集局内の組織や人事、編集局委員会の設置、そして編集局と社の他部門の関係などが正式に規定された。また、「新しい社会運動」のなかから組織された「オルタナティブ日刊新聞を作る友の会」は解散して、協同出資者による組合（Genossenschaft）が作られ、そこに『タッツ』への出資者が参加して、新しい組織構造と制度がつくられた。この改革とともに、『タッツ』は正式に「社会運動グループ」から「新聞会社」へと変貌し、新しいスタートを切り、今日に至っている。

4・2　広告に対する考え方の転換

そもそも新聞発行とは、初期投資がかさむ装置産業である。そのうえに全国紙は広い宅配網の整備が必要であり、その確立も容易ではない。つまり、日刊全国紙市場への新規参入は、それ自体コストと時間のかかる、困難な事業である。そのことと『タッツ』独自の組織的混乱状態が原因となって、赤字はこれまで年々蓄積されてきた。

『タッツ』は創刊当初、収入を広告から得ることをいっさい拒否し、購読料だけで賄うことをモットーにしていた。初期の『タッツ』では、広告は言論の矛先を鈍らせ、新聞記事の内容を操作する「資本主義の邪悪」であり、オルタナティブな『タッツ』紙面からは放逐すべきものである、と考えられていたからである。しかしながら、その考え方は理想のままで終わり、現実は、早くも0号（準備号）の時点から広告を掲載せざるをえない厳しい状況に立たされた。というのも、当初の定期購読者は目標の二万人をはるかに下回ってしまい、初期投資と制作コスト、さらには社員の給料一人分八〇〇マルク（約六万円）の二〇人分を払うためには、購読料だけでは事業が回転してゆかないことがすぐさま明らかになったからである。結局、時限つき、そして条件つきで、広告導入が認められた。条件は、広告量は週に六ページ以下であること、一号につき二ページを超えないこと、女性蔑視や人種差別的・全体主義的なものではないこと、あるいは人権を侵害する内容ではないことなどであった。時限のほうは、結局永遠に延長されて今日に至っている。

『タッツ』の収入構造をくわしく見てみると、一九八〇年代半ばまでは、広告収入が収入全体の約五パーセントしか占めていなかった。残りの収入は、定期購読料あるいは街頭の一部売りから得た収益であった。しかし、一九八〇年代後半になってますます赤字が累積すると、広告収入の意義を積極的に見直そうという意見が社内でしだいに強くなっていった。また、調査によって、『タッツ』の読者も広告に抵抗感を示さないということも確認された。こうしてやがて、広告に対する社内の制限は事実上すべて解除されて、原発関連産業、化学薬品産業、あるいは連邦国防軍のリクルート広告にいたるまで、さまざまな「クライアント」が『タッツ』の広告欄に名を連ねるようになる。

現在、『タッツ』の広告収入は全体収入の約一七パーセント、年総額六〇〇万マルクを超えるまでになった。しかし、それでもドイツの他の新聞社が広告に収入の五〇パーセント以上を依存していることを考えれば、この割合は、まだ少ない。ゆえに財政難に悩む『タッツ』は、広告営業部を充実させて積極的に読者の市場リサーチを行ない、企業のよき広告媒体として自らを宣伝しながら、さらに多くの広告獲得をすべく、努力している。

ところで、このような『タッツ』の広告に対する積極的な姿勢は、とりわけ編集部、つまりジャーナリストたちに支持されてきた。他方で営業部門や制作部門は、最後までそうした現実路線に大きな抵抗を示した。表現活動の理想に燃えるジャーナリストたちのほうが、営業担当者たちより現実的であったという点は興味深い。ジャーナリストたちが広告に対して一八〇度考え方を転換した背景には、資金が安定しなければ、プロフェッショナルなジャーナリズムを実現することはできないという、記者たちなりのジャーナリズムの経済規定性への現実的認識があった。良質な調査報道や分析、情報の真偽の確認、資料収集など、ジャーナリズムの基本的な作業には金と時間がかかる。そのような基本的作業ができなければ、読者からの信頼は得られず、また自由で独立した言論活動を営むことはできない—こうした意見が編集局の大半を占めるようになったことが「広告」を見る目を変えた原因なのである。

4・3　紙面構成の変遷

『タッツ』は批判的公共圏（kritische Öffentlichkeit）を作るこ

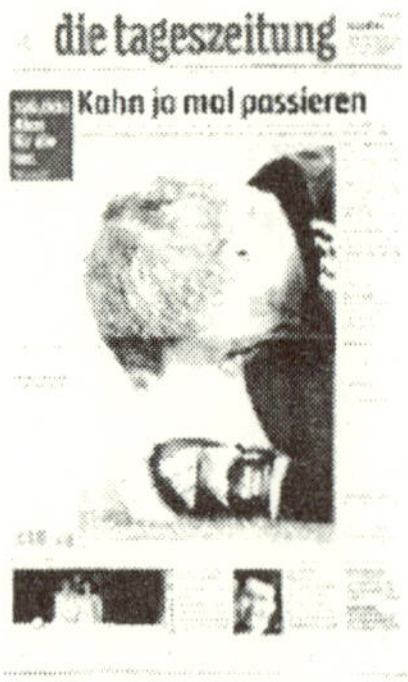

図4——2002年サッカー・ワールドカップでドイツ・チームはブラジルに惜敗。O・カーン主将への激励の言葉と写真が1面に——いまやスポーツ記事も1面に登場する。

とを任務とする。人権を擁護し発展させ、特に政治的権力者から聞き入れられない声を発信していく」。

これは一九九一年に制定された『タッツ』の編集綱領に掲げられた、『タッツ』ジャーナリズムの基本姿勢である。これは創刊以来、基本的に変わっていない。しかしながら、『タッツ』の紙面内容、編成自体はかなり変遷した。

創刊当初、『タッツ』は、紙面に読みやすさの配慮もしなければ、娯楽記事の提供もしなかった。そのような要素を取り入れることは、「ブルジョア新聞」への接近である、と否定的に考えられていたからである。紙面は「新しい社会運動」の関心事である草の根的ニュースや当事者によるルポルタージュを中心に構成されており、しかもそれらが一貫性なく並列されていた。つまり新聞の「編集」という機能が決定的に欠如していた。

しかしやがて『タッツ』のために結集した運動家たちは、新聞制作とはただ単に集めたニュースをならべるだけでなく、それらを編集して、一つの統一した言論媒体を作り上げていく作業であることに気づいていった。また読者を「新しい社会運動」の活動家しか想定せず、その他の社会を無視し続けていたままでは、『タッツ』ジャーナリズムは仲間内のおしゃべりに終わってしまい、真の意味での「論争する公共圏」を実現することはありえない。こうして『タッツ』のジャーナリストたちの多くが、『タッツ』のアイデンティティを「新しい社会運動」の立場から追求するのではなく、「全国紙」という媒体の特性から追求すべきではないか、と考えはじめるようになった。

すでに一九八〇年代の半ばには「新しい社会運動」のテーマで埋められていた紙面がずいぶんと変化していた。紙面は報道記事と解説とに分けられ、またスポーツ面やメディア・テレビ面が登場した。これらの娯楽紙面は当初、編集部員がボランティアとして日常業務の傍ら編集していたが、やがて毎日の紙面の大きな比重を占めるに至る（図4参照）。

二〇〇〇年に入るといっそう大胆な紙面刷新が行われ、より見やすいレイアウトが導入された。このレイアウトの刷新は、ドイツの他の高級紙を手がけた有名デザイナーの手にゆだねられた。また、週一回（月曜日）、「マネー面」も創設された。「リッチで幸せ・タッツといっしょに投資」というタイトルがついているこの面は、資産運用情報や金融情報が掲載されている。資本主義的生産関係を批判し、社会運動当事者たちに向けたエコロジーと平和主義の記事を柱としていた二〇年前と比べると、内容的、ビジュアル的に、天と地ほどの差があると言える。

しかし、『タッツ』が、マスメディア・ジャーナリズムへの転身を図ってきたとは言え、その他の新聞のジャーナリズムとはやはり異なる。そのことは、もう一度付け加えておくべきだろう。「『タッツ』は一般紙となった」という主張には、留保が付されなければならない。

現在『タッツ』がその特徴の前面に押し出しているのは、先にも述べたように、大胆にスペースをとった特集論説記事である。『タッツ』は、毎日特定のテーマ（それはスクープや事件だけでなく、思いもかけないささやかなテーマであることがある）を決めて、それを積極的に紙面で特集し、世論に問う。『タッツ』の第三、第四、第五、第六面は、毎日各一面につき、一テーマが割り当てられて、特集が組まれている。もともと取材のための予算が少なく、ドイツの他紙に比べて格段にページ数が少ないことから（『タッツ』は通常タブロイド版二〇ページ建てで、これはドイツの他の高級紙の約三分の一にあたる）、必然的に「包括的報道」という点で他紙と競争することをあきらめざるをえない。その難点を逆手にとって、かえって大胆な編集を敢行し、それを特徴として押し出しているのである。こうした戦略が効してか、『タッツ』ジャーナリズムは、業界内部では評価されている。独特のアングルをもつ記事はテレビや他紙に引用もされるし、また記者たちの仕事も注目されている（林［2002: 305］）。しかし、『タッツ』の一番の問題は、一般読者層への浸透である。

4・4　定期購読者数の低迷とその影響

ここまでは、『タッツ』がマスメディアの一員となるために、これまでさまざまな紙面変革や組織構造改革などを実施してきたことを述べてきた。さまざまなポリシーの転換をするたびに、『タッツ』創刊当時からの支持者や読者たちは、「かつての『タッツ』は死んだ」と厳しく批判し、『タッツ』から離れていった。しかし経営方針転換にもかかわらず、変わらないのは『タッツ』の経営状態で、それは依然として改善されぬままである。

その理由のひとつとして、『タッツ』がマスメディアの仲間入りをするために講じたありとあらゆる手段と努力にもかかわらず、一般的にはいまだに七〇年代後半の左翼反抗児たちの媒体であるというイメージから抜け切ることができずにいることが挙げられよう。つまり、ドイツ社会で『タッツ』は、一般読者の獲得に苦労しているのである。

『タッツ』はいまだに、自然健康食品、手編みのセーター、理想主義、フリー・セックスなどと同様、若者たちの閉鎖的コミューン内部の小道具である――そのような見方が一般社会に強い。「わたしたちはもはやそのような風景のなかにはいない。『タッツ』はもっともっと多くのふつうの人たちに読まれてほしい。」という編集長の言葉も、こうしたいったん社会でできあがってしまった媒体イメージの厚い壁に阻まれており、売上げ増加に苦戦している（林［2002］）。

以上のように『タッツ』ジャーナリズムを総括して述べるならば、「資金的基盤がない↓ジャーナリズムや販売網整備、媒体の宣伝にお金がかけられない↓新しい読者層を開拓できない↓魅力のない広告媒体のままである↓さらに経営基盤の改善が難しい↓ジャーナリズムにかけるお金が少ない↓読者離れが進む……」という悪循環が続いており、現在もその経営状態は危機的状況にあると言ってよかろう。良質で包括的な取材・報道活動ができないため、記者たちはアイディアで勝負せざるをえなくなり、大衆紙と同じように安直なキャッチフレーズと、安易な取材とで紙面づくりを間に合わせてしまうことにもなりかねない。こうした経営の混乱は、編集局内部の雰囲気をますます悪くし、『タッツ』ジャーナリストとしてのアイデンティティを貶めることにさえつながっている。そのことは「オルタナティブ」という理想の追求が現実にもたらした、あまりにも皮肉な帰結である。

5 まとめ――メディア実践とマスメディア制度との連関

『タッツ』は今日、小さいながらも「マスメディア」のひとつとなった。一九八〇年代前半に全盛だったアバンギャルド性や急進性を削ぎ落として、より広い「マス」に受け入れられることをめざしている。ときには奇抜な企画を立てて、他紙とは内容をまったく異にすることもあるが、現在、日常の『タッツ』は、日々、マスメディア・ジャーナリズムとして情報提供に努め、読者に親切な紙面づくりを心がけている。その意味で、『タッツ』は、かつての「急進的左派新聞」というプロフィールを弱めて、「一般紙」の姿へと変貌しつつある。しかし、私たちはそのことを、『タッツ』ジャーナリズムが牙を失ったと、ネガティヴに捉えるべきだろうか。

一般的に、「新しい社会運動」の周辺では、活動を「制度」へと収斂させていくことは、「運動」という概念と相反するもので、個人や運動主体の自立性を奪う行為であると否定的に捉えられがちである。ところが、社会運動というものは、抵抗することだけでなく、同時に「別の何か」を支持することでもあり、そのための新しい「制度」の構築をめざすことを理念として内在させているはずである。それにもかかわらず、「制度化」という言葉は、体制へのコンフォーミズムとして響く傾向がある。とくに一九八〇年代の「新しい社会運動」研究の多くの言説において、そのような「アンチ制度的勢い」(**antiinstitutionelle Impetus**)(**Rucht** [1997 25])があったため、それが「新しい社会運動」という対象の見方に今日も影を落としている。運動が「制度化」へと接近する現象が見られるたびに、「プロフェッショナル化」「商業化」「脱政治化」「体制化」「官僚化」という言葉が現われ、そこに「退潮」「堕落」「譲歩」という価値判断が付随していく。

『タッツ』の動向も例外ではなく、「新しい社会運動」の制度化およびその衰退論と重なりあって、否定的あるいは悲観的に議論されることが多い。これまで保守派だけでなく、左派内部からも、『タッツ』はもともと無理な計画だったのだ、とか、あるいは言及するにも値せぬメディアの失敗例である、という主張が繰り返されてきた。

しかしそのような断定は、社会のなかのマスメディアとメディア実践との関係を探るときに、何ら資する知見をもたらさない。メディアに関わる私たちにとっては、そのような価値判断や批判を下すよりも、『タッツ』の誕生から今日までの経緯をとおして、理念の共同体としての『タッツ』が、マスメディアとしての『タッツ』になるまでに、何を取捨選択してきたのか、を精査して記録し、そして、そこから現代社会におけるメディア実践、ジャーナリズム、マスメディアの三つはたがいにどのように接近し、協力し、そして反発するのかを観察し、その三つのありかたをあらためて構想することのほうが重要だと思われる。

『タッツ』がこれまで、組織運営や経営形態、そしてその収入源において数々の譲歩をしつつ改革してきたのは、現代社会におけるマスメディアの機能の重要性を認知し、そのシステムのなかに居続けてこそ、社会への対案を呈示し、改革を支援し続ける位置を獲得できるのだ、という認識の上に立ってきたからであろう。大きな革命を待つのではなく、堅実なる変革を実行すること、そこからしか理想へとつながる道はない――これは今日の『タッツ』がマスメディアという社会制度へ示す姿勢でもある。このような『タッツ』の現実路線は、過去約二〇年間の現実との葛藤と試練のなかで生まれた。しかしながら、理念をどこまで譲歩すれば、新しい可能性の展望が開けるのかは、なかなか難しい問題である。現代社会の社会運動とは、理想の実現を一直線にめざすものではなく、現実と理論との間を揺れ動きながら、その答えを探って実験を繰り返していくものだ、と捉えていくほうが妥当ではなかろうか。

「小さなマスメディア」である『タッツ』は、小さなメディアにしかできない言論活動のおもしろさと、それがマスメディアのなかに置かれたときのむずかしさとの間を揺れ動く、メディア実践の可能性と限界との間の葛藤の最前線を見せてくれる。『タッツ』のさまざまな経験の観察をとおして、草の根レベルでの言論活動とマスメディアとの関係をいかに構築するべきか、という問題が痛切に迫ってくる。とりわけ、だれもが容易に情報発信者になれる現代、今日までの『タッツ』の試練の軌跡は、多くの市民が当事者となって考えて行かざるを得ない多くの課題を呈示している。その意味において、『タッツ』をはじめとするさまざまな「小さなマスメディア」の動向は、メディアの「実践的活動」と「制度的保障」との今日的な緊張関係と矛盾の所在を探っていくことのできる、今後のメディア／ジャーナリズム研究におけるきわめてラディカル（根源的）な事例として目が離せないのである。

参考文献

Adorno, Theodor W. (1967) Résumé über Kulturindustrie. In: *Ohne Leitbild. Parva Aesthetica*. Frankfurt a.M.: Suhrkamp, S.60-70.

Enzensberger, Hans Magnus (1964) *Bewusstseins-Industrie*. Frankfurt a.M.: Suhrkamp.（『意識産業』石黒英男訳、晶文社、一九七〇年）。

ハーバーマス、ユルゲン（1981=1985-87）『コミュニケイション的行為の理論』上・中・下、平井俊彦、M・フーブリヒト、河合倫逸、徳永恂、脇圭平ほか訳、未來社。（*Theorie des kommunikativen Handelns*. Bd.1-2, Frankfurt a.M.: Suhrkamp.）

林香里（2002）『マスメディアの周縁、ジャーナリズムの核心』新曜社。

Hüther, Jürgen; Bernd Schorb; Christiane Brehm-Klotz (Hrg.)（1997）*Grundbegriffe Medienpadagogik*. Munchen: KoPad Verlag.

Luhmann, Niklas (1996) *Die Realität der Massenmedien*. Opladen.（『マスメディアのリアリティ』林香里訳、木鐸社より近刊）

ムフ、シャンタル（1993＝1998）『政治的なものの再興』千葉眞、土井美徳、田中智彦、山田竜作訳、日本経済評論社。（*The Return of the Political*. London, New York: Verso.）

Rucht, Dieter (1994) Öffentlichkeit als Mobilisierungsfaktor für soziale Bewegungen. In: F. Neidhardt (Hrg.) *Öffentlichkeit, Öffentliche Meinung, Soziale Bewegungen*. Wiesbaden/Opladen: Westdeutscher Verlag, S.337-358.

Rucht, Dieter; Barbara Blattert, Dieter Rink (1997) *Soziale Bewegungen auf dem Weg zur Institutionalisierung. Zum Strukturwandel "alternativer Gruppen" in beiden Teilen Deutschlands*. Frankfurt/New York: Campus Verlag.

Schell, Fred (1993) *Aktive Medienarbeit mit Jugendlichen. Theorie und Praxis*. München: KoPäd Verlag.

高橋徹（1985）「後期資本主義社会における新しい社会運動」『思想』No.737、一九八五年一一月、二一一四頁。

一次資料

Das Journal "20 Jahre taz", 17. April 1999.

taz 1986-2002 Archiv (CD-ROMs).

『タッツ』ホームページ http://www.taz.de

12

インターネットとＮＰＯのエンパワー
——ＪＣＡＦＥの軌跡と未来

対談＝浜田忠久・吉見俊哉

ＪＣＡＦＥ設立に至るまで

吉見　私たちは九〇年代の後半から、ＮＧＯや環境運動、平和運動などの中で、インターネットが非常に大きな役割を果たし、それらの運動の方法論や、市民と国家や大企業との力関係を大きく変えてくる状況を目の当たりにしてきました。浜田さんは、まさにそうした社会の大きな変化の現場にいて、ＪＣＡＦＥを中心に多くのＮＧＯの活動を情報という側面からサポートしてこられました。そこで今日は、これまでの日本の市民運動とインターネットの関係、それから今後、インターネットがこれだけ普及した中で、市民運動がどのような戦略を展開していけるのか、といったあたりのことについて、お話をお聞きしたいと思います。最初に、浜田さんが中心のひとりとなって運営されているＪＣＡＦＥについて、少々説明をしていただけますでしょうか。

浜田　ＪＣＡＦＥは、市民コンピュータコミュニケーション研究会という名前で、九三年の四月に設立されました。その準備段階からお話しします。九一年一月に湾岸戦争が開始され、それに対して日本のＮＧＯ、市民団体が結集して、ペルシャ湾の命を守る地球市民行動ネットワーク（ＰＡＮ）という組織を立ち上げ、私はボランティアとして関わりました。その活動の中で、ＮＧＯの国際ネットワークのＡＰＣ（Association for Progressive Communications＝進歩的コミュニケーション協会）という組織の存在を知りました。私自身は八八年に勤務先の研究所でインターネットを使い始めたのですが、そのコミュニティでは利用者の誰もがシステム作りに参加し、意見交換や合意形成ができる環境が提供されていました。この仕組みが自律分散的で柔軟なネットワークを作ったのです。これは市民社会を考える上で非常に重要なことだと感じました。つまり、市民一人ひとりが社会の仕組み作りに参加するという意識をもって行動することになれば、非常に望ましい社会ができると思うのですね。そうしたことは、これまでの日本ではほとんど考えられないことですが、すでにインターネットのコミュニティでは実現されていた。だから、インターネットを一般の市民が道具として使えるような環境ができれば、今の社会を変える大きな力になると思ったのです。

それで、すでに海外ではAPCのような市民のためのネットワークが存在することを知った時に、日本でも同じようなネットワークを作っていこうと考えました。PANの中では、私がすでにインターネットを使っていたこともあって、日本でのネットワーク作りを私が中心になってやっていくことになりました。そこで海外や国内のキーパーソンにコンタクトをとり、準備や議論を経て、市民コンピュータコミュニケーション研究会（当時の英文名称はJapan Computer Access＝JCA）の設立に至ったわけです。

吉見　APCは、浜田さんがお書きになった文章によりますと、平和、戦争の防止、軍国主義の排除、社会的経済的正義の擁護、貧困の除去、持続可能で公平な発展、直接参加民主主義の振興、そして非暴力による解決などの目的に向かって活動する人々に貢献するかなり大きなNGO組織ですね。二二ヵ国ですか、もうちょっと増えているのでしょうか、グローバルな組織になっていますね。このAPCの発展のプロセスについて、もう少し説明をしていただけますか。

浜田　八〇年代、サンフランシスコにピースネット（PeaceNet）とエコネット（EcoNet）という二つの市民運動のためのパソコン通信がありました。それぞれの名が示すとおり、ピースネットは平和運動の、エコネットは環境運動のネットワークでしたが、八六年に合併してIGC（Institute for Global Communications＝地球コミュニケーション研究所）と言う組織になったのです。そのIGCと、イギリスの市民BBSであるグリーンネット（GreenNet）が電子メッセージの交換を始めました。この二つのネットワークの情報交換をきっかけに、さらにスウェーデン、カナダ、ブラジル、ニカラグア、そしてオーストラリアのBBSが加わって情報交換の輪が広がります。これら七ヵ国のノードが中心になって九〇年にAPCが設立されました。

その後、いろいろな国々の同様のネットワークがつながり、私がAPCを知った九一年の二月にはすでに一六ヵ国が参加していました。「ノード（結節点）」と呼ばれる参加組織は、当時南北アメリカ大陸とヨーロッパ、オセアニアにしかなく、アジア、アフリカには一つもありませんでした。そういう状況の中で、日本からの情報発信が必要だということで、日本の市民団体が参加できるコンピュータ・ネットワークを作るためにJCAを設立しました。

吉見　浜田さん自身がJCAFEの設立への一歩を踏み出されたのは、湾岸戦争がきっかけだった。すると、その時にAPCというネットワークと出会われた。そして、そのAPCの発展を辿っていくと、おそらく六〇年代、七〇年代のカウンターカルチャー・ムーブメント、アメリカ西海岸やイギリスの平和運動や環境運動から発展してきている水脈に結びついていく。湾岸戦争は、現在のアメリカ主導の新たな権力体制を作っていった大きな契機だったと思うのですけれども、しかし同時に、七〇年代くらいから始まっているグローバルなネットワーク化の動きがあり、それが九〇年代、湾岸戦争の頃には日本の市民運動とも結びついていく。この二〇年間ぐらいの世界の動きの中で、JCAFE設立につながる動きの布置が明瞭に示されていて非常に面白いですね。日本の場合だと、九〇年代、インターネットと結びついた市民運動がまったく新しいものとしてNPO、NGOとして登場してくると思ってしまいがちですが、グローバルな流れで辿っていくと、六〇年代、七〇年代まで明瞭に遡ることができる。こうした二〇世紀後半の水脈は日本だけからでは見えてこない。しかし、地球規模でインターネットと市民運動のつながりを見ていくと、ここ一〇年というだけでない歴史の大きな地殻変動が見えてくるのかもしれない。

浜田　イリイチの思想に強い影響を受けてパーソナル・コンピュータを生んだフェルゼンシュタインが、市民主体の最初のコンピュータ・ネットワークであるコミュニティー・メモリー・プロジェクトをサンフランシスコで始めたのが七三年です。その四年後の七七年にパソコン用のモデムが発売され、各地で

JCAFEについて

特定非営利活動法人　市民コンピュータコミュニケーション研究会
英語名　Japan Computer Access For Empowerment (JCAFE)
URL　http://www.jcafe.net/
創立　1993年4月
（2000年1月特定非営利活動法人格取得）
〒101-0064
東京都千代田区猿楽町2-2-5 興新ビル206
Tel&Fax: 03-3291-0512
E-mail: info@jca.or.jp

■概要　インターネットを市民社会のものにすることによって、市民の声を広め、守っていくための活動を実施している。NPOや市民に対して、情報の収集、共有、発信に関する情報通信技術、情報・知識、そしてその有効な活用方法を提供している。また、IT革新から起こる諸問題に市民の視線で取り組み、市民社会のガバナンスを高めるために積極的な発言も行なっている。これらの活動を通じてNPO活動の発展と充実を支援している。

■主な活動

●サーバー・スペースの提供
Web、メール用のサーバーを、市民団体の活動に相応しい仕様で、かつ、手の届き易い価格で、ホスティングサービスとして提供

●情報通信技術（ICT）活用に関わる代行支援（情報収集、蓄積、発信、共有の促進）
データベース構築、Web制作その他情報基盤構築を支援

●ICT活用教育とメディア・リテラシー教育
PARC自由学校と共同でのインターネット活用講座、その他講習会、セミナーを開催

●ICT戦略のコンサルティング活動
NPOのICTに関わる助成獲得を支援

●メディア活用法のコンサルティング活動
メディア活用塾の開催

●情報の収集と情報提供に関する支援
ボランティア、市民活動の総合情報Webサイト「ViVa!ボランティアネット(http://www.viva.ne.jp/)」の企画･制作･運営。メールマガジン『ViVace!』発行（月2回）。

●社会インフラとの協働の促進
公共図書館、資料情報センターと共同でNPOの情報資源流通プロジェクトを実施し、その成果としてNPO／NGOの発信情報データベース「NPO Webdesk」を公開

●情報に関わる市民の権利の保障推進
情報社会研究会、情報プライバシー＆セキュリティ・プロジェクトなどでアドボカシー活動を展開

●ICTに関わる情報の提供，公開
海外の市民情報社会に関わる宣言類を翻訳してWebで提供。JCAFEやViVa!のWebでニュースの提供。

パソコン通信が始まりました。日本では、長らくモデムを電話機に繋ぐこと自体が非合法だったのですが、八五年の電気通信事業法で情報通信を事業として行えることになって、それまでアンダーグラウンドだったＢＢＳが、少しだけ市民権を得てきた。商用ＢＢＳとしてアスキーネット、日経ＭＩＸ、ＰＣ－ＶＡＮ、ニフティサーブなどがサービスを開始し、その中で市民運動の電子会議室も作られますし、草の根のＢＢＳでも、逗子市の池子の森の米軍住宅の問題を扱った「ＩＧＯＮ池子の森ネットワーク」や、脱原発運動の「れんこんネット」などができました。このように、市民運動の情報ネットワークは八〇年代から存在していたのですが、なかなか大きな流れにはなりませんでした。九〇年代、インターネットが爆発的な普及をみせて、やっと日本の市民運動の中で、情報ネットワークをもっと積極的に使おうという認識が広まったという気がします。

吉見　直感的な印象で言うと、日本の市民運動が効果的かつ日常的にインターネットなりＥメールなりを使って新たな戦略を築いていくようになるのは、九〇年代の終わり頃のような印象を私は持っているのですが、いかがでしょうか。

浜田　私たちが活動を始めた九三年頃は、「インターネット」という言葉自体が世の中に知られていませんでした。ですから、初期の活動は市民団体の事務所や市民集会にノートパソコン、モデムと電話のモジュラー・ケーブルを持ち込んで実演をすることでした。コンピュータ通信によって、海外との情報交換がいかに簡単にできるかという威力を実際に見てもらうことに集中したわけです。しかし次第に、コンピュータ通信の重要性については、私たちから言わなくても認識される時代になってきました。九五年の阪神・淡路大震災の後に、現地の情報をパソコン通信で発信する、また現地の人たちに必要な情報をネットから収集して提供するといった「情報ボランティア」と呼ばれる活動が始まりました。その二年後の九七年のナホトカ号の重油流出事故の際には、パソコン通信よりもむしろインターネットのホームページに情報があふれました。このあたりから、インターネットと市民運動との関係ががらりと変わったような印象があります。

吉見　ナホトカ号の重油流出事故が一つの大きな転換点だった、とみていいのでしょうね。

浜田　阪神・淡路大震災がまず転換点で、その時にまかれた種がナホトカ号の事故で成熟した、という気がします。

吉見　そうしたいくつかの段階を通して、浜田さんがＪＣＡＦＥでやっていた活動の形態もだいぶ変わってきたのではないでしょうか。

浜田　九三年当時は、通信の実演が大きな活動でしたが、徐々にインターネットの講習会を開くようになりました。私たちが活動を始めた頃は、まずそれを学ぼうという人がいなかったのです。特にコンピュータに対する抵抗感を持っている方が多かった。九五年になると、ＪＡＮＩＣ、ＪＶＣ、日本フォスター・プラン協会、国境なき医師団日本といった比較的規模が大きく、海外とのやりとりが必要なNGOからホームページ開設依頼を受け、私たちJCAFEのメンバーが制作しました。JCAFEのサーバーは私の自宅に置いていたのですが、その一部を無償で提供したり、さらにその団体のスタッフのために講習会を開き、彼ら自身がホームページをメインテナンスしていける体制を作るということをしてきました。今でもそういうニーズは高いのですが、最近は、情報戦略、情報活用、メディア・リテラシーといった、技術を使うノウハウの面でのサポートが増えています。

インターネットによる市民運動の変化

吉見　市民運動の側から考えると、インターネットが運動の道具として入ってきたことで、活動の方法論や議論の展開などが大きく変わった。もちろん一つには、今おっしゃられたようなホームページを通して市民グループが容易にメッセージを発信できるようになったことがあります。同時に、メーリングリスト等を使って、異なる組織、違う領域の専門家、異なる問題状況の中で活動をしている市民などがメールで情報をやりとりする可能性が多様に出てきた。そのことによって、それまで一部の人びとに囲い込まれて外に流れにくかった情報が、今までよりはるかに早く、簡単に流れていくようになった。もう一つ気がつくのは、インターネットのコミュニケーションだけで運動をしているところは少なくて、当然ながら、ある間隔を置いて集会を開いたり、実際に共同で活動する場があるわけですが、その集会と集会の間の継続性、たとえば前の会合で詰めることのできなかった問題について、ネットでのコミュニケーションで話を詰めて論点を明確にしていく、そして次に繋げていくというような展開もできるようになった。インターネットやメールのコミュニケーションが運動の中に深く入ってきたことによって、日本の市民運動の中で、どのような可能性が浮上し、またどのような問題が明らかになってきたのでしょうか。

浜田　まず、時間、空間を越えたコミュニケーションにより、運動に広がりが生まれ、地域だけに限定されていた運動の間で連携ができるようになりました。また、マスメディアに替わりうる公共的な言論空間をわずかなコストで作れることで、可能性がひろがっていると思います。ただ、課題としては、たとえばメールが使える人だけで会議のフォローアップを行うと、その中の情報交換は非常にスムーズに進むのですが、メールを使えない人に不利益（デジダルデバイド）が発生して、それに対するクレームが出て、最終的にメールの利用を止めてしまったといった例も聞きます。つまり、単に使えるだけでなく、インターネットというメディアを使いこなすノウハウが必要だと思います。コミュニケーションの特性をちゃんと認識して使うことが重要だということです。たとえば電子メールでは、単純な情報交換とかスケジュールの調整といった面には非常に役に立ちますが、立場が微妙に交錯する議論に使おうとすると、なかなか難しいですね。ですから、そういった特性を分かった上で、うまく使うコミュニケーションの技術を身につけることが必要だという気がします。

吉見 運動の関係者の間に潜在的な対立がある場合でも、直接会って丁寧に話していれば、いろいろな人間的なニュアンスのやりとりで調整されて、一緒にやっていけるということがある。ところが、運動のコミュニケーションがメールやインターネットに中心的に依存していくようになると、その対立が先鋭化するというか、もうほとんど調停不可能になってしまうということが、実際には、多々あるというふうに感じますね。

浜田 私自身もいろいろなコミュニティに参加してきましたが、そういう問題というのは、ほとんどどこでも起こっていますね。ですから電子メールの使い方を覚えたら、真っ先にメールによるコミュニケーションの限界とか、メールでは扱いにくい部分を認識しておくことが大事だと思います。単に技術的にやりとりができればそれでよしというわけではありません。

吉見 あともう一つ、九〇年代末以降、日本の市民運動でもかなりインターネットを使いこなすようになってきて、それぞれのローカルの運動体がグローバルな運動体と頻繁にコミュニケーションをしていくようになったのではないかと思います。言語の問題とか、社会の中でのメディアのあり方の違いとか、ハードルはいろいろあると思うのですが、それでもインターネットを通じ、ローカルな活動がグローバルな運動体に直結していく可能性はどのくらいあるのでしょうか。

浜田 現実には難しい問題だと思います。実際、地域で活動しているグループが、世界と繋がることによってどういうメリットがあるのか、という疑問を聞きます。もともと国際的な活動をしている団体にとっては、それまでの電話やファックスのやりとりから電子メールに変わり、コミュニケーションが非常に楽になるということはあると思うのですが、特に海外と繋がる必要を感じていない団体にとっては、インターネットで海外と、世界中とコミュニケーションできるといっても、それがメリットとは思わないのですね。ですから、それぞれの個人あるいは団体によって、何がメリットかは全然違ってくると思います。ただ、ちょっとしたきっかけでグローバルな情報に触れることで認識が大きく変わる、という可能性は大いにあると思います。

吉見 グローバルな国際機関や組織と連携することで、企業や行政に対して上方からも圧力をかけることが可能になってくる、というようなことはないのですか。

浜田 そういう効果はあるとおもいます。たとえば地雷廃絶国際キャンペーンや、最貧国の債務帳消しを求める「Jubilee 2000国際キャンペーン」など、世界中の草の根の声が多くの政府を動かす例が増えてきていますね。また、母乳育児支援の活動は粉ミルクなど乳児用食品企業に企業倫理を求める活動と表裏をなしていて、この分野における海外のNGOの動きは非常に活発です。一方、日本ではお母さんや助産士たちの草の根の活動が多い。この問題は子どもの健全な育成という人類共通の願いに基づいていますので、海外の活動と日本の活動とがうまくつながっていくと、吉見さんがおっしゃるような可能性を持っていると思います。

吉見　インターネットで、すでにあるグループの中でコミュニケーションを密にするのも重要ですが、問題意識を共有する離れたグループが、時にはグローバルに繋がっていくということも、大いにエンパワーメントになるのではないかと思います。そうした場合、インターネットを使いこなして人をつないでゆく一人ないし数人のキーパーソンの役割が、大変大きいと思います。ですから、日本の諸々の運動体やＮＧＯ、ＮＰＯで、そうしたキーパーソンであるネットワーク担当者がどのくらいいるか、あるいはもっとボランタリーな組織だったら、誰がキーパーソンになっているかが、その市民運動でインターネットがどれだけ戦略的な武器として有効に使われているかを、決定しているようにも思うのですが。

浜田　そうしたネットワーカーに関しては、九〇年代前半までの状況と現在の状況ではかなり様子が違っていると思います。以前は、コンピュータを使う人は、その組織の中の特殊な人、いわゆるオタクと見られがちでした。コンピュータのことは誰々が詳しいから彼に任せよう、というような団体が多かったのです。しかし最近は、組織全体として、あるいは特に組織のトップがネットワークの重要性を認識して、組織の正式な仕事として担当者を割り振る団体も出てきました。

吉見　たとえば、アメリカやイギリスと比べてみたときに、あるいはアジアの韓国やシンガポール、香港、中国などと比べてみたときに、組織の中でのネットワーク担当者、あるいはネットワーク系のキーパーソンの位置づけというのは、現在、日本の市民運動や市民団体の中でどのくらい確立しているのでしょうか。

浜田　残念ながら、諸外国と比べると日本はまだまだです。認識が変わってきたとはいえ、海外の同じくらいの規模の団体と比べても、情報にかけるコストや人員は数分の一じゃないでしょうか。市民社会における情報の流れの重要性を明確に認識する必要を感じます。海外では、特にアメリカや韓国は進んでいます。アメリカは、コンピュータにしてもネットワークにしても早くから進んでいて、特にパソコンなどは、カウンターカルチャーの中で道具として生まれたという歴史があります。韓国では、この二、三年爆発的に普及してきています。二〇〇二年四月にソウルで開催された日韓市民社会フォーラムというシンポジウムに参加してきたのですが、今の韓国では、市民運動を民衆が強く支えているということが、日本と大きく違うという印象を受けました。日本ではＮＰＯ、市民団体の経済的な基盤は、行政や企業、財団などの支援が入っている場合が多いですね。ところが韓国では、そういった支援はほとんど受けずに、会費や事業収入に負うところが多いようです。しかも団体の規模も、日本と比べて数倍から一桁くらい大きいです。さらにインターネットの活用に関しては、ほとんどすべての市民団体がホームページを持っていて、さかんに情報発信をしている。背景には、日本と比べてメディアの規制が強く、既存のメディアでは真実が伝えられていないと市民が思っていることがあります。ですから、真実を知るためには、市民団体自らが発信しているインターネット上の情報を見るということが一般認識となっているようです。既存のメディアへの不信があるために、オルタナティブなメディアとしてインターネットの重要性が一般の市民に強く認識されているという違いがあるように思います。

吉見　日本のメディア規制が韓国よりも緩いか、自由な言論や表現が本当に実現しているのかは、かなり微妙なところだと思います。近年のNHKや読売新聞などの例を見れば明らかなように、日本のマスメディアは九〇年代を通じ、一方ではグローバル化に対応して海外戦略を展開しながら、他方では身を固めて内部のジャーナリストからの自由な言論や表現を封殺するような隠微な統制の仕組みを強化してきたようにも私は感じています。ですから、マスメディアに関していえば、必ずしも韓国よりも日本が自由だとは思えない。そうであるにもかかわらず、まさに今のお話のようにオルタナティブなメディアとしてのインターネットの可能性は、日本よりも韓国のほうではるかに草の根的に認識され、活用されている。おっしゃられたように韓国の市民団体の規模が全体として日本の数倍だとすると、日本と韓国の人口や経済規模の差を考慮に入れるなら、市民団体や市民運動が社会の中で占めている重さの違いというのは、さらに大きいのではないでしょうか。国民国家なり産業国家としては、日本はたしかにアジアのトップランナーだったかもしれませんが、新しいネットワーク型の市民社会に向かう先端的な動きは、旧帝国の日本ではなく、むしろかつての植民地として帝国日本の残影と戦ってきた韓国のような社会、そしてまた八〇年代以降、民主化闘争を広範な草の根レベルから進めてきた経験を持つ韓国のような社会の中でこそ生じているのではないでしょうか。

国家によるメディア規制の強化

浜田　まさにそのとおりですね。日本にも強いメディア規制や、メディアの一極集中、権力の固定化といった問題があると思います。ただ、日本のメディア規制はより巧妙に洗練されていて、多くの日本人はそれを仕方のないこととして受け入れてしまい、オルタナティブなメディアを希求する想いが弱いように感じます。

吉見　その一方、九〇年代末以降の日本社会では、インターネットが社会の中でもつ意味が、八〇年代から九〇年代前半くらいまでとはかなり違ってきているのではないでしょうか。九〇年代前半までは、インターネットがまさにボランタリーに立ち上がっていく段階で、どちらかというと社会の中心的な権力というか、ヘゲモニーの外側ないし周縁でネットワークが立ち上がっていったと思います。企業や行政でも、どちらかというと変わり者がとりあえずコンピュータ管理を任されてやっていた。ところが九〇年代末になるともう、組織のトップが担当者を配置するようになってきたということは、それだけ重要性を増したということでもあるし、同時にその社会の中心的な構造の中にネットワークが組み込まれていったということでもあると思うんですね。盗聴法とかそれから最近の個人情報保護法とか、つまり国家によるメディアへの介入が、特にネットワーク型のメディアに対する国家的な監視とか規制の動きが強まってきている。こうした状況を浜田さんはどういうふうにご覧になっているのですか。

浜田　コンピュータ・ネットワークが社会を変えてゆく力を持っていることに、最初に気づいたのは、市民だったと思います。九〇年代前半までは、大企業はインターネットとかパソコン通信にあまり注目していませんでした。ところが、インターネットの持っている可能性に政府や大企業といった巨大組織が気づき、それをビジネスの道具、あるいは支配の道具として使おうとする状況が出てきた。それで特に九〇年代の後半から、コマーシャリズムがインターネットに浸透してきたと思います。それに付随して、市民の個人情報がビジネスの道具として扱われるようになり、それに伴って個人情報漏洩の事故などが、どんどん増えてきていますね。そのことが非常に危険なことだという認識が、一般市民には希薄です。いろいろな個人の情報が、一つ一つの情報はたいしたことなくとも、結合され、組み合わされて、ある人物の全体像が見えるような情報にまでなるわけです。それが一体だれの手に渡るのか、一人ひとりの市民には分からない。こういう傾向が続くと非常に怖い社会になってしまうと思うのですが、マスコミもそのようには扱いませんし、そのことに対する意識が足りないと思います。

吉見　個人情報に対する国家的な規制を強めようという動きが急ですね。メディアや大学の研究に対しても、情報の扱いに対する規制が強化されつつある傾向にある。そのあたり、個人情報の保護ということ一つとっても、話は一筋縄ではいかないようです。いわばインターネット社会が監視社会になる危険性を監視するという名目で、もうひとつの監視社会が亡霊のように立ち上がってくる。このあたりを、浜田さんはどんなふうに考えられていらっしゃいますか。

浜田　今の個人情報保護法の背景にあるのは、九九年八月に改正住民基本台帳法が可決された時に、たしか公明党が留保をつけて、政府が無制限に個人情報を扱うことに対して歯止めが必要であり、そのために個人情報保護法が必要だという議論をしました。それで、そういう条件のもとに住基法が通過したはずなのです。しかし、今になって出てきている個人情報保護法は、そうした本来の趣旨とはまったく違うものになってしまっています。そこに大きなすり替えがあったということが、市民の側にちゃんと伝わっていないと思います。個人情報を扱う機関は、必要最小限の情報を、必要最小限の期間のみ保持するというのが原則なのです。どのような情報が収集されているかを私たち市民が把握でき、間違った情報を訂正できるしくみも必要です。

吉見　情報が著しくネットワーク化され、操作可能なものになっていく。すると、それを誰が使うのか。誰がそれにアクセスできるのかといった問題が先鋭化してきます。JCAFEや市民のネットワークの中では、こうした国家との関係、国家とメディア、国家と情報管理やアクセス権の関係というのは、いまどういう風に受け止められているんでしょうか。

浜田　たとえば、JRのSuica（スイカ）のようなICカードにいろんな情報を載せられるようになってくると、一人ひとりの個人の行動が簡単に追跡できるようになる。そのICカードの情報を誰が扱うか、それがその人の知らないところで外に出ていく可能性はないのかなど、かなり大きな問題を孕んでいる。しかし、そういう議論がなされないまま、便利ですよというかけ声のもとに、いろいろなサービスが始まってきている。それに対して、特に情報通信の技術という面から、負の側面にもちゃんと注目していく必要があることを訴えたいと思っています。監視システムは、たいていの場合、他の便利さや効率性を謳うシステムの副産物として静かに導入されるものです。技術は常に人々や社会に有益であるとは限りません。情報通信技術がどのような影響を及ぼす可能性があるかを、プラスとマイナスの両面から評価すべきです。

吉見　もう少し広げると、プライベートなものとパブリックなものの関係が組み替えられつつあるのではないかと思いますね。ネットワークの発達によって、これまでマスメディアや国家によって一方的に提示されてきた公共性とは違う次元の公共性への回路が、この日本でも可能になり始めている。ところが同じネットワークの発達の中で、プライベートとか個人というもののもつ意味も、大きく変化してきている。つまり、私的領域や個人の社会的な現象の仕方が変化している。その場合、情報の量といいますか、企業や国家、あるいはより多くのリソースを持っている組織が、情報をコントロールしがちになるし、これはひょっとするとコンピュータのネットワークのあり方全体を変化させていってしまうかもしれない。インターネットで流れる情報の両面性をちゃんと問題にしていかないと、せっかく可能性をもって現れたメディアが、その可能性を十分に生かしきれずに、監視と抑圧の道具になりかねない面もあるのではないでしょうか。

浜田　いわゆる情報というものは、人々がつながったり、何かを共有したりする道具として、いわば市民社会の通貨としてあると思います。それと同時に、吉見さんがおっしゃったように、権力や富が集中するのを加速させる面も持っています。特に情報サービスに関しては、実際に物を売買することと比べ、簡単にコピーして流通させることができ、コストがほとんどかからないという特性を持っているので、集中が起こりやすい分野だと思います。もちろん情報を作るのに、時間やコストがかかっているわけですから、それに対して対価を求めること自体は、非難されるべきものではない。ただそれが知識や富の極度の集中をもたらす面を防ぐ仕組みが必要ではないかと思います。今のままだと、先進国の大企業にいっそう富が集まって、発展途上国はますます貧しくなるという状況が加速されることになりかねないと思います。私がひとつ提案したいのは、たとえば、ある情報サービスに関して、そこで得られる利益に上限を設けて、そこまではコストを回収して一定の利益を得ることは許されると思うのですけれども、あるレベルに達したら、その情報は人類の共有財産とみなして無償で配布するというような仕組みを考えてもいいのではないかということです。現実の世界ですぐに導入するのは難しいと思いますが。

吉見　情報ネットワークという新しい経済のシステムの中で、いかに民主主義を実現するかという問題ですね。この民主主義は、けっして一国的なものであってはならない。グローバルに民主主義が実現されるためには、あるルールが情報や知識の集中に対して課されなければならない。

浜田　そうですね。知的所有権、著作権の問題とからむと思うのですが、たとえば、アメリカの著作権の保護期間は過去四〇年間に一一回も延長されています。これはディズニーが著作権の法改正のロビー活動をして、ミッキーマウスの著作権が切れそうになると著作権の保護期間を延長させているからです。ディズニーは今持っている権益を守るために、弁護士を大勢雇ってルールそのものを変えさせたのです。もちろんディズニーはそれで利益を守るのですが、そうするといろいろな所に影響が出てくるのですね。たとえば日本の著作権法もなぜかアメリカに追従していますから、著作権の切れた作品のテキストを、ボランティアが打ち込んで無償で公開するという青空文庫のようなもので、今まで公開できていたものがいきなりできなくなってしまうなど、世界の公共の文化に影響を及ぼすようなことを、一企業が行ってしまう。それは大きな問題だと思います。そもそも著作権というものは、企業が永続的に独占的な利益を得るためのものではないはずなのですが。

情報ネットワークと民主主義

吉見　こうした問題というのは、ＪＣＡＦＥに限らず、日本のネットワーク型の市民運動の中では、どのくらい、あるいはどのように認識されているんでしょうか。

浜田　こういう問題に具体的に取り組んでいる団体は、わたしはほとんど知りません。とくに情報通信の課題は、今までの日本の市民団体のテーマには入っていないところです。やはりこういう分野にちゃんと対応できる専門家の集団が必要です。そこに、特に法律面での支援ができる体制が望まれていると思います。

吉見　たとえば、日本でも自然保護運動は比較的よく発達していて、全国的なネットワークを持ったり、それぞれの地域で頑張ったりして、そんなに悪い状態ではないと思います。ところが特にメディアとか、情報に関わる運動とか、あるいは市民的な監視の眼、それを変えていくパワーという面が圧倒的に弱い感じがするんですね。海外で、そうした情報のアクセスとか共有をめぐっての運動の広がりがどのくらいあるのか分かりませんが、パブリック・アクセスやメディア・リテラシーの運動はもちろん、情報をめぐる公共的なルール作りにおいても、市民社会的な批判の基盤を強化していく必要があるのではないでしょうか。日本のように、明確な独裁権力はないにもかかわらず、情報が一方的に操作されて流通し、人びとの発話が枠づけられている社会では、そのように自分たちの発話を条件づけているメディア的基盤が有している可能性や政治的危険性について、もっと市民社会自体の批判的認識を喚起していく必要があるように感じています。

浜田　ええ。それはまったく同感です。

吉見　たとえば、森が壊されるとか、ダムや産業廃棄物の処理場ができるとか、反対しなければならない、目に見える変化がある場合には、非常に切迫した問題として現れてくるから、反対運動を組織しやすいし、その中で手段としてインターネットを活用していくこともできる。しかし、もう少し問題が見えにくくなり、抽象的になってくると、非常に重大な問題でも市民運動が組織しにくい。これをどう考えたらいいのかが、大きな問題だと思うんですね。たとえば、先ほどの盗聴法や住基法から今回の個人情報保護法に至る動きは重大だし、また情報をめぐるルールが一部の企業等に左右されることも重大な問題です。それから、いまの日本のマスメディアをみると、そこに流れてくる情報が、本当に露骨に操作され、方向づけられている。公共性の観念の揺らぎとともにメディアのたがが外れ、新聞やテレビ、週刊誌は、ますますはっきりプロパガンダを前面化させてきている。こうしたことに対して批判的な意識をもったより多くの市民が、外に開かれた形で語っていく必要があります。インターネットはそうしたオープンな発話の場にどこまでなりうるのか、そのような方向を追求した時の限界は何か、それを考えていかなければならないと思います。

浜田　やはり目に見えなかったり、直接の生活とのつながりが分かりにくいと、市民が自ら危機を感じて行動に移すことがないので、市民運動として警鐘を鳴らしても、それに気づいて集まってくる人が増えないという問題があります。ここ三、四年の間に、不正アクセス禁止法、プロバイダー規制法といった法律が成立するなど、インターネットを規制しようという動きが強まっています。しかし、そういう動きを市民の側で危機感を持って受け止める部分が欠けていると思います。一つには、コンピュータの専門技術に関わることですので、そういう技術に詳しい人でないと規制の動きの意味が分からない。さらに、コンピュータ技術に詳しくて、しかも法律に詳しい人というのは非常に少ないのです。市民運動の中にはほとんど見かけません。そのような背景もあり、情報をめぐる新しい公的なルールが作られていくのを、市民の側から問題にしていくのは、なかなか難しい状況です。ですから、そういうところに危機意識を持っている人たちと、弁護士のグループ、技術者たちとが一緒に運動をやっていくのがいいと思います。たとえば、「社会的責任を考えるコンピュータ専門家の会（CPSR）」という、アメリカに本部をもつ団体が八一年から活動しています。私も関わっていますが、日本にはメンバーが少なく、なかなか支部を形成するまでに至らなかったのですが、このほどやっと日本支部が設立される見込みです。これで専門家の間で社会的責任に目を向けるという意識が広まればいいと思っています（二〇〇二年八月に日本支部が設立された）。

吉見　情報をめぐる法的な規制の問題とともに、そうした情報への市民の側からのアクセスの可能性という問題がありますね。たとえば、日本でも最近、テレビ研究をする若手研究者はかなり増えてきています。ところがそうした研究にとって最大の障壁は、日本にきちんとした放送番組の公共的なアーカイヴがないことです。当然のことながら、テレビ研究をしようと思ったら、過去のテレビ番組が閲覧できるような図書館のような装置がないと研究なんかできません。ところが日本のテレビ局は、自分が放送した番組も一定期間が過ぎると棄ててしまう。棄てない場合でも、外に公開することにはきわめて消極的ですね。肖像権とか著作権の問題を持ち出してきて、放送が終わった番組を外部にはもう見せない。映像が既存の放送という仕組みの中では流れても、それを超えてパブリックな情報財、公共財としての映像にはなってないということですね。放送された映像を公共的な財とみなし、それに対して一定のアクセスを広く保証していこうという意識が全然ないのです。今日のデジタル技術は、実はそういう映像についても巨大な公共のアーカイヴを可能にしていく技術的な可能性を開いていると思うのですが、これまでのメディアの仕組みが、そうした情報の公共化を阻んでいる。むしろ、現在前面に出てきているのは、ものすごくプライベートな市場の論理です。著作権であるとか肖像権であるとか、そういうロジックが非常に強調され、映像はこれまで以上にそれぞれのテレビ局に囲い込まれてきている。同時に、このように私有化された情報を今度は国家の側から規制する。つまり映像に対するパブリックな領域というものが成立しないところで、一方では徹底的にプライベートなもの、それから他方では国家的なものが強化されていく。しかし、浜田さんがおっしゃったように、諸々の市民運動の実践の中で、情報をパブリックに共有することの意味は大変大きいわけで、放送された映像に対しても、過去に遡って市民のアクセスを保証する何らかの仕組みが必要だと思うのです。

浜田　同じように、特に日本の場合は、行政の情報が公共的な情報として公開されている部分が非常に少ないと思います。それから商用のデータベースも、たとえばアメリカでは、図書館でデータベースを購入し、市民は無料で利用できる。同じことが日本では一部でしか実現していません。

吉見　情報はそれが公共的に使えることによって、実践的な可能性にフィードバックしていくのです。九〇年代の後半から市民運動が活発化したことは、行政的な情報の壁に少しだけ風穴を開けたというか、情報が横に流れるようになったことが影響していますし、浜田さんがおっしゃった、行政情報の公開の問題にしても、やはり一次情報といいますか、生のデータの情報がなかなか得られないことが多い。いろいろ行政が脚色したり、解釈したり、編集した情報というのは、山のように流れてくるのですが、ではその委員会で誰がどういう発言をしたのかとか、意思決定がどのような具体的なプロセスでなされたのかとか、争点となっている問題についての一次的なデータや経験的な数値といった生の情報が非常に流れにくい傾向があるような気がします。

浜田　そのとおりですね。それに加えて、世の中にある様々な情報を、今度は専門家の立場から分析して、それを市民に分かりやすく伝えるという、二次情報も非常に少ないと思います。今、マスメディアで提供されている情報は、ひどく一面的な情報でしかないと思います。

吉見　日本のマスメディアは現在、著しく機能不全を起こしてきています。新聞にしても、テレビにしても、国民国家の枠組みのもとで、情報が上から下へ、中央から地方へ、国から民間へと流されていく。日本のマスメディアは基本的に、ＮＨＫから民放、全国紙まで、この枠組みに乗って自らの地位を確保してきたように思います。その国家の仕組みを変えていく動きがいろいろ起きている時に、マスメディアは自らの仕組みを変えられるかというと、変えようとする方向にはあまり向かっていない。このようなメディアの問題の多い状況に、市民のネットワークの側も、まだ十分対応しきれていないのではないかという感じがあるのですね。

浜田　そういう市民運動の要素というのは、日本の市民社会全体の問題だと思います。たとえば、さきほどお話しした韓国の場合は、民衆が市民運動を基盤から支えているのですが、そういう面が日本では非常に少ないです。社会というのは自分たちで作るもので、自分たちで変えられるのだという意識が市民にあまりないのです。それがあれば、積極的に市民の活動を支援し、一緒に参加することが起きると思うのですが、日本ではまだ、市民活動や市民運動に関わっている人の層が非常に薄い。ここが、日本の市民運動の根本的な課題だと思います。

吉見　全体的な流れとしてみると、九〇年代の後半になって、情報の持っている政治性といったものが、以前より先鋭化しているような気がする。七〇年代以前だったら比較的すっぱりと分かれているように見えていた、オルタナティブな自由の領域とマスメディアによって確保されているナショナルな領域の関係は、複雑に相互浸透していくことによって、情報は誰のものか、誰が提示するのか、どう記憶しているのか、誰が意味づけているのかといったことが、それ自体ものすごく政治的なことになってきた。それをめぐって国家的な介入とか、法制度も整備されてきている。

では、それに対する市民運動の対応が十分できているのかというと、まだマスメディアが支えている支配的な体制を周縁部で浸食するところにとどまっている。もちろん、それも大切なのですが、もう一歩先まで踏み出すところまでいっていない。

浜田　インターネットは、市民社会を新たに作っていく可能性をもったメディアだと思うのですが、それにも増して、既存のメディアや権力がこのメディアをうまく使い始めています。また規制についても、犯罪防止など誰もが反対しにくい名目で制度化が進んでいます。

ＪＣＡＦＥの今後の展開

吉見　そういう中で、浜田さんはこれからＪＣＡＦＥを拠点に日本のＮＧＯの情報ネットワークに取り組むとして、どういう作業が必要で、ご自身がどういうことをやっていかれるということをお考えになってますでしょうか。

浜田　今後は特に市民団体のエンパワーメントという視点を強化していこうと思っています。かつての英文名称 Japan Computer Access（JCA）を現在の Japan Computer Access for Empowerment（JCAFE）と変更したのは、市民セクターの情報通信面でのエンパワーをサポートしていくことを明記する必要性を感じたからです。また、情報通信をめぐる社会的な問題に対しても、人びとが目を向けるような形にしていきたいと思っています。行政に対しても、別に敵対する関係ではなくて、市民団体のパートナーとして、一緒によりよい社会をつくっていくために、協力しあう関係をつくっていきたいと思います。その中で、行政がもっているいろいろな情報を、きちんと市民社会に開いていく形にもっていきたいと思います。

吉見　本当は行政も、それぞれの地域の市民と連携して、インターネットを活用しながら、情報をどんどん公開していけば、コミュニティの運動や地域の自然保護運動、あるいは福祉の問題でも、これまでとはかなり違う形のコラボレーションを展開していけると思いますね。現代日本の社会の中で、公共的な情報が何であり、それは誰のものなのかを定義し直す必要があります。それからもうひとつは、グローバルなネットワークとローカルな運動との関係が、変わってきていると思うのですね。実際の現場の中で、国際的なネットワーク組織とそれぞれのローカルな運動体が繋がりやすくしていくような仕掛けを、今後お考えになっていますでしょうか。

浜田　まず、様々なレベルでの市民活動のネットワーキングやノウハウの共有を支援することが重要と考えています。インターネットの普及によって、ここ数年の間に多くの分野で地域の活動がつながって全国的な連絡会が作られています。それがグローバルなネットワークに繋がる時に一番問題になるのが言葉の問題です。英語が世界的な、特にインターネット上での事実上の標準的な言語になっていて、日本の国内の運動の中でも海外との連絡は、どうしても英語が得意な人が担当者となって、情報チャネルを独占してしまうということがあります。本来その運動で中心的に動いている人よりも、海外との関係では、連絡担当者の方が中心に見えてしまう。それによって運動の本質がうまく伝わらないことも実際に起こっています。この部分は情報技術よりもむしろ人間が解決すべきところですね。そういう時に忘れていけないのは、私たちはどういう社会を望んでいるのかということです。単にその技術で便利になればいいのではなくて、そのことによってどういう社会になるのか、そしてそういう社会を自分たちは本当に望んでいるのかどうか、ということを常に振り返りながら、新しい活動をやっていきたいと思います。

吉見　最後の点はとても大切で、インターネットは道具で、それを使いこなすことによって情報の発信ややりとりが今までになく容易になるでしょうが、コミュニケーションは、単に情報の伝達ではないのですね。問題意識の共有とか、共有された問題意識の発見、あるいは自己発見——自分たちがこういう存在なんだということを発見していく契機を常に含んでいる。そうした時に、手探りで、いろいろな地域でネットを使いながら市民運動を始めている方たちはいるんですけど、その人たちが、自分たちがおぼろげに抱え込んでいる問題意識や悩みや問いというものを、ネットワークが繋がることによって、グローバルな社会の中で位置づけ直すことができる。つまり、これまでのマスメディアが提供してきた情報や、ナショナルな教育システムの中で習得してきた思考の枠組みを超えて、自分たちの位置を自分たちで発見していくことができるようになってはじめて、国境を越えて、言葉の壁はあるけれども、問題意識が共有していることを発見でき、そのことが自分たちの活動にとって反省的な契機になっていく。そうした時に、まさに日本の市民運動にとってインターネットが、本来的な意味でのメディアたる可能性に開かれていくと思うのですね。

浜田　まさに、情報アクセスの民主化を、社会の民主化につなげていくことだと思います。また、私たちの活動の中で、つい陥りがちな陥穽ですけども、私たちが支援する市民団体と、先生と生徒のような関係になってしまうことがあり得ますし、そこは気をつけなければいけないと思っています。情報の権力性の問題、つまり情報をより多く持つ者が優位に立つ、ということです。専門技術や専門知識を持つ者が権力に結びついて、自分たちが教えてやっているんだという意識になると、それは支持を得られませんし、本当にいい社会を作るというところに繋がらないと思います。だからあくまでも、それぞれの領域で活動している市民団体が主役であって、わたしたちは裏方、あるいは黒子のような存在だと思うのです。技術的な面でお手伝いすることによって、市民セクター全体が活性化して、それが市民社会の実現に繋がっていく。だからかなり地味な活動ですが、そういう面を常に認識しながら活動を続けていきたいと思っています。

吉見　ぜひ今後とも、そうした地道でしぶとい活動を展開されていくことを期待しております。

13

愛知万博問題からメディアを問う

——市民参加型社会は始まっているのか

往復書簡＝吉見俊哉・松浦さと子

ここに収録したのは、二〇〇二年春から夏にかけて吉見俊哉と松浦さと子との間でとり交わされた往復書簡である。吉見は一九九五年頃から二〇〇〇年頃まで、この愛知万博をめぐる問題状況に、最初は博覧会史の研究者として、やがて一人の社会学者として関与してきた。松浦は、同じ愛知の藤前干潟を守る運動に関係し、二〇〇〇年春の愛知万博検討会議に際しては、この会議の重要性を多くの人々に訴えた。この往復書簡は吉見からの提案で、愛知万博の問題にそれぞれがかかわるなかで見えてきた点、また逆に謎や疑問が深まった点を、特にメディアとの関係で整理し直してみようとの発想で始められた。

ここでのやりとりで繰り返し登場する「愛知万博検討会議」について、ごく簡単に説明しておきたい。この会議体は、以下でも概説されている二〇〇〇年一月以降の万博事業計画の大きな動揺のなかで、日本の自然保護運動の中核をなす三団体（日本自然保護協会、日本野鳥の会、WWF - J）と博覧会協会、愛知県、通産省との激しい水面下の折衝の結果、設立が公式に決定され（六者合意）、万博会場計画についての異なる立場の合意を目指して同年五月末から八月まで頻繁に開催されたラウンドテーブルである。一八名からなる委員の構成は、自然保護団体（九名）、地元関係者（九名）、有識者（六名）、博覧会協会（四名）となっていた。国家的な事業の計画策定を決定的な場面で担う主体として、このように大幅に自然保護派や地元市民が参画した会議体が正式に設置され、しかもそこでの議論が中継されていったことは、日本の行政と市民との交渉史において間違いなく画期的な出来事だった。そしてこの会議の冒頭、谷岡郁子（中京女子大学長）が突然委員長に立候補し、互選の結果、事前の行政側のシナリオを覆してこの会議の先導役に就任する。

検討会議は同年八月に「合意」に達するが、それ以降、万博の事業者側は、長年争点となってきた「海上の森」と「環境」を、万博の中心的な焦点から外していく方向に傾いていった。こうした背景の中でわれわれは、万博の行方の如何とは別に、少なくとも検討会議があったこと、それを可能にしたのが何であり、またそれが可能にできなかったのは何であったのかを、メディアとの関係という観点から振り返っておく必要性を感じていた。このような問題意識は、検討会議に至るプロセスや会議での出来事が、市民と国家の関係についての「新しさ」を含んでおり、その新しさは「愛知」という一地域にとどまらない普遍性を内包し、メディアの問題とも深く関係しているという認識に由来していた。

（吉見俊哉）

松浦さと子　様

お元気ですか。往復書簡の企画を引き受けてくださりありがとうございました。

早いもので、あの頃から三年近くの歳月が流れてしまいました。わたしたちがそれぞれ別の場所で、異なる問題意識から、インターネット中継される愛知万博検討会議の様子を毎回固唾を呑んで見守っていた二〇〇〇年の六、七月頃からです。いまから思い返しても、あの「検討会議」は、九〇年代初頭から紆余曲折を経てきた愛知万博問題のクライマックスでした。そして、あの検討会議とその後の推移をどのように評価するか、とりわけ市民参加や情報公開、メディアとの関係でどう位置づけるかということが、いまも解決できない問いとしてわたし自身のなかに残っています。今回、松浦さんと往復書簡をしてみたいと思ったのは、おそらく同じ問いを、松浦さんも抱え続けているのではないかと推察するからです。お互いに問いをぶつけ合って、宿題を解きほぐす糸口をみつけられれば幸いです。

本題に入る前に、若干の背景説明をさせてください。愛知万博はもともと、八〇年代末、オリンピック誘致に失敗したトラウマを「もう一つの大阪万博」を開催することで振り払おうとする前知事のひどく時代錯誤な発案で構想されたものでした。しかしそれは、瀬戸市南部の「海上《かいしょ》の森」を会場に選んだところから、予想外の壁にぶつかっていきます。この地区は、名古屋近郊には珍しく、実に豊かな自然が残る森林でした。愛知県は、それまでの開発主義の万博とは対極にある土地を、万博会場として指定してしまったのです。

そして九〇年代を通じ、森の自然を守ろうとする地元市民や自然保護団体と、万博誘致にまい進する県や国との対立がさまざまに展開していきました。このあたり、松浦さんもよくご存知でしょうが、若干のポイントを確認させてください。ひとつは、万博を計画する側の方針が、九五年を境に転換していることです。九〇年代初頭、愛知県が構想したのは、「技術・文化・交流」という相変わらずのテーマを掲げた開発型の万博でした。県の基本構想策定委員会が九四年に答申した計画案は、二五〇ヘクタールの森林を「山村」「田園」「都市」という三ゾーンに分けて「整備」していくという欺瞞的なものでした。

この計画案は、九五年に計画の主体が県から国のレベルに移った段階でほぼ全面的に否定され、新しい計画案が若手官僚を中心に作り直されていきます。国レベルの委員会では自然環境への配慮が強調され、メインテーマは「開発を超えて - 自然の叡智を再発見する」という開発主義からの脱却を正面に掲げたものに変化しました。新しい計画は、問題提起型でアジアの視座からＥＸＰＯを指向することなどの新機軸を含んでいました。

わたしが愛知万博問題とかかわり始めるのはこの頃からです。最初の出会いは、一九九四年末、地元の自然保護グループが開いた集会に呼ばれたときでした。反対運動の中心になって活動していた人々に頼まれ、一九世紀からの博覧会の歴史と、こうしたイベントが現代ではもはや時代遅れになっている理由について話しました。その後、今度は通産省からヒアリングを受け、九八年には博覧会協会の企画調整委員も引き受けました。当時、若手の通産官僚たちは自信をもって万博の形態をすっかり変えたがっていました。実際、九六、九七年の段階では、少なくともコンセプトのレベルでは、万博の事業者と自然保護運動の主張は、そう遠くなくなっています。しかし、万博はもともと「開発」の思想と表裏をなして発達してきたわけですから、その万博で「開発を超える」には、万博自体の骨格を崩さないことには不可能なはずでした。なかでも問題だったのは、この理念と実際に準備されていた跡地開発計画との歴然たる矛盾でした。博覧会の理念が一新されたのに対し、跡地利用を含めた地域計画は、愛知県の構想がそのまま残されたのです。

もしも愛知万博が真に「開発を超えた」ものになるためには、この跡地計画を含めた事業全体が見直されねばならないはずでした。しかしいったい誰が、この新しい理念の現実化を担うことができたのでしょうか。一方で、海上の森の自然の豊かさを発見し、「開発を超え」て、「自然の叡智」を再発見していったのは、万博開催に反対する市民たちでした。実際、海上の森の自然の貴重さ、この場の風景に折り重なるように記憶されてきた人と自然の多様な交渉史は、決して以前から知られてきたわけではありません。むしろそれらは、この地が会場候補地に指定されてから、様々な市民や専門家がこの地を歩くことのなかで発見されてきたのです。この地は当初、多くの人々にとって「海上町を中心とした周辺山林一帯」にすぎませんでした。それがやがて市民と森との対話のなかで「海上の森」と呼ばれるようになり、そこに生息する生物や場所、歴史の痕跡が具体的な表情をもって語られるようになっていくのです。このようにして九〇年代半ばには、森の生態系についてのいくつもの詳細な自然環境調査が市民グループの手によってなされています。

しかし他方で、九〇年代半ばに国が愛知万博のコンセプトを大きく方向転換させたのは、自然保護の市民運動の盛り上がりを受けてのことではなく、九〇年代の国際的な流れのなかで博覧会開催に対する危機意識が国家エリートたちの間で高まっていたことに起因していました。当時、ウィーン万博や東京の世界都市博をはじめ、大型の博覧会計画の中止が相次いでいました。通産省は、自然との共生が問題になっている万博で、むしろ「環境」をテーマの前面に掲げることでＢＩＥ（国際博覧会事務局）へのアピールを狙ったのです。国家自身が、万博構想を国際的な基準に合わせる必要に迫られ、選択した環境シフトでした。

逆にいえば、九〇年代前半の時点では、自然保護グループの運動は、万博計画の方向性を直接変えるほどの影響力を持ってはいませんでした。そして国家の側も、九七年のＢＩＥ総会でカナダに勝って開催権を獲得すると、積極的な介入姿勢は腰砕けになって、九七年末に発足する博覧会協会はまったくの寄り合い所帯で、愛知県の反対を押し切ってでも事業全体を方向転換させていこうという意志は消えていきます。わたしは九五年頃の通産省のワーキンググループと九八年からの協会の企画調整会議の両方に出ていましたが、前者の比較的自由に皆が既存のシステムの批判をする雰囲気と、後者のすべてを既定路線の枠内で進めようとする体制には、歴然たる落差がありました。

結局、先ほどの問題は、誰も責任をもって解決できないまま、一方では協会の委員会では「自然の叡智」を主役にしたコンセプトがさらに「洗練」され、他方では県の跡地計画はそのまま残って理念との乖離は拡大し、さらにもう一方ではこのコンセプトと実態の間にある矛盾、したがって前者の欺瞞性を反対運動が告発するというなかで万博計画は混迷を深めていきます。わたしは初期に辞表を出しかけたり、協会の人々と激しくやりあったりしていましたが、同じように協会のいろいろな委員会や委員の間で不満が鬱積していたように思います。九九年春に会場予定地内にオオタカの営巣が確認されて問題が表面化してくる以前に、すでに問題は幾重にも構造的な矛盾を抱え込んでいたのです。

ですから九九年夏までの段階で、問題の核心はすでに明らかでした。ところが状況がいくら深刻化しても、協会は県の跡地開発計画に抜本的なメスを入れることができませんでした。それは博覧会協会という組織の権限外にあるというのが首脳部の言い分でした。そして、まさにこの跡地問題で協会内部も分裂しつつあったとき、フィリップソン議長らBIE幹部が会場視察に来日し、跡地計画を激烈な言葉で批判していきます。県の跡地計画は「非常に大規模な二〇世紀型の土地開発であると、私には見える。山を切り崩し、木を切り倒し、四、五階建ての団地を建てるこのような計画こそ、二〇世紀型の開発至上主義の産物にほかならないのではないか。それは、あなた方のいう博覧会テーマの理念の対極にあるのではないか」と矢継ぎ早に問い詰めていったわけです。実際、この矛盾こそ、「もう一つの大阪万博」を目指してバブル全盛期に構想された愛知万博が、「開発を超える」環境博構想に変身していくなかで必然的に抱え込んでいった矛盾であり、その解決をどのように図るのかで、愛知万博全体の歴史的成否を決めてしまうポイントでした。

このBIEによる批判以降の堰を切ったような変動については改めて振り返るまでもないかもしれません。二〇〇〇年の一月一四日、中日新聞がBIEによる批判の内部資料をスクープし、「跡地利用は自然破壊」「万博理念と対極」「開発至上主義にほかならぬ」といった見出しで大々的にその内容を報道すると、朝日、読売などの各紙が会談録の全文を掲載し、中部のマスメディアが大騒ぎとなるなかで、通産大臣と愛知県知事、建設大臣の間での折衝が進められていきました。三月に入ると知事や通産大臣と環境三団体の長との会談が持たれ、事務レベルの協議が続き、四月四日、通産大臣と愛知県知事、博覧会協会長は、新住事業と道路建設を断念し、今後の海上の森の保全と活用を地元関係者と自然保護団体、有識者の意見を幅広く聞いて検討することで合意したのです。そしてこの合意に基づいて、五月には冒頭でふれた愛知万博検討会議がスタートすることになります。

そこで、これからの松浦さんとのやりとりのなかで考えてみたいのは、このようにして検討会議に至るまでの、そしてまた検討会議以降のプロセスにおいて、メディアが果たした役割についてです。二〇〇〇年一月以降の状況の激変が、何よりも直接的には中日新聞のスクープによってもたらされたように、メディアはいくつかの局面で、状況の変化に決定的な役割を果たしてきました。しかし、この役割はけっして一貫したものでも、単純なものでもありませんでした。だいたい中日のスクープにしても、なされたのはBIE幹部の来日から二ヵ月が過ぎてからです。彼らが前年一一月に来日したとき、跡地計画を厳しく批判したことは、マスメディアではまったく報道されませんでした。どの新聞も、「万博の準備、順調に進む――BIE議長が認識」などの見出しに示されるように、BIEは万博の事業計画に満足の意を示したことになっていました。

実際、問題がこれほどはっきり露呈してくるまでは、新聞各社は博覧会協会による記者会見の情報をほぼそのまま伝え、ウラを調べる努力はしてきませんでした。九九年秋頃ですが、協会事務局が提案した開発案を企画調整委員が反対して承認しなかったことがあります。一度目はさすがに協会も記者会見で事実に反することを伝えませんでしたが、二度目に提案がなされたとき、会議では承認などしていないのに、新聞はさも承認されたかのような報道していきます。わたしがある記者に疑問をぶつけると、「記者会見で説明があった通りに書きました」という答えが平然と返ってきて唖然としたことがあります。

一事が万事で、愛知万博をめぐる一般のリアリティは、ずっと実情とはかなりずれたところで、「記者会見→新聞報道」という仕組みによって「演出」されてきました。そしてときどき矛盾が露呈すると、メディアは「推進派」と「反対派」、「開発」と「保護」の二項対立図式のなかに落とし込んで問題の表層を整理してきたのです。しかし、たとえば二〇〇〇年一月の中日新聞のスクープにしても背景はかなり複雑で、単純に新聞記者が調べていったら新事実が明らかになったのでないことは明らかです。スクープのネタとなった会談録は、おそらくは博覧会協会の上層ないし関連企業の中枢から流出したものと思われますが、いったいこのかなりスキャンダラスな情報が、なぜ、いかなる意図のもとに流されたのか。そうした点についての冷静な洞察は、中日新聞はもちろん他紙においてもまったくなされませんでした。状況の表層をなぞるのでも、政治的な意図に乗るのでもなく、状況の意味を広い文脈のなかで解説していく奥行きのある報道は、実にわずかでした。

さらに、一連の過程を通じ、東京のマスメディアは愛知で起きたことの意味をごく表面的にしか伝えてきませんでした。たしかに中日のスクープや新住事業の中止など、大きな変化があったときには、その事実について一応は伝えましたが、たとえば検討会議に先立つ四月二八日、日本自然保護協会と日本野鳥の会、WWFジャパンの環境三団体と博覧会協会、愛知県、通産省の間でいわゆる六者合意がなされましたが、この合意の決定的な重要性を東京のメディアはほとんど伝えていません。こうしたことが積もり積もって、愛知万博をめぐっては、東京にいる限り、なぜ検討会議のような場が誕生できたのか、それはこの愛知万博問題、さらには日本の公共政策や市民運動にとっていかなる意味を持っているのかが、まったく理解できないというのが実際のところだったかと思います。

それではインターネットや電子メールなど、ネット型の新しいメディアはどうだったのでしょうか。松浦さんは、ご著書『そして、干潟は残った――インターネットとNPO』(リベルタ出版、一九九九年)のなかで、藤前干潟を守る会の辻淳夫さんが、インターネットでの対話をいかに巧みに積み上げながら運動を広げていったのかを詳しく検証されています。そうした眼から見て、愛知万博をめぐる市民運動とメディアの関係は、どのように見えたのでしょうか。この点は、前述の検討会議に至るまでの過程におけるインターネットの役割と、検討会議以後における役割の二つを分けておいたほうがいいように思います。後者については、松浦さんが返信のなかでお書きになられると思いますので、わたしからは前者について一言述べておきたいと思います。

一方で、愛知万博問題が転変していく過程でインターネットが果たした役割は、記者会見と新聞報道が一体になって状況の定義を演出していく既存の仕組みとは鋭く対峙するものでした。その要点は、二次情報を中心にする後者と、一次情報の発信が相互に結びついていく前者の違いです。博覧会協会が力を入れてきたのは、新聞やテレビなどのマスコミに働きかけて万博の話題をニュースにしてもらうことであったのですが、そこでは諸々の会議議事録の公開をはじめとして、事業者側が意思決定の材料にしてきた一次情報の提供が決定的に欠けていました。また、マスコミで流れていく情報も、記者会見をそのまま記事にしたものや伝聞に基づくものが多く、一次的な情報源に当たって書かれた記事は少数でした。

これらに対してインターネットでは、たとえば保護派の市民グループは自分たちが調査した詳細な環境データをホームページで示し、メーリングリストでは各種の会議や集会への出席者が、そこで自分が経験したことを直接伝えていきます。もちろん一次情報が常に正しいわけではなく、発信者のバイアスが含まれ、それが相互に衝突することもあるのですが、それでも人々はそれまでのマスコミ的な方式とは質的に異なる情報に基づいて、リアルタイムで状況の定義を出来るようになっていきました。海上の森を守る運動では、九八年頃からメールが主要なコミュニケーション手段となっていき、それまでとは比べものにならないほど素早く情報が横断的に伝わるようになっていったように思います。

もちろん、インターネットを活用したのは保護派だけではありませんでした。新しい市民参加型の社会を求める推進派の間でも、ホームページが立ち上がり、草の根的なネットワークが広がっていきました。また、協会内部においても九九年夏あたりから、現状に危機意識を持つ委員たちの間で意見や情報を交換し、対策を考えるインフォーマルなネットワークが、これまた草の根的に成長してきていました。わたしを含めて多くの委員は、情報が縦割りに分断される体制のなかで、自分が参加している以外の会議でもどれほど厳しい意見の対立があり、問題を深刻に受けとめている人々がいるのかを知らされていませんでした。ところが状況が混迷を深めるなかで、ある会議体のなかでの情報交換のメールが他の会議体に属する人々にも転送されていくというような具合で、問題意識を共有する人々のつながりが強まっていきます。その一つの結果として、偶然にもタイミング的に中日新聞のスクープと重なってしまったのですが、二〇〇〇年一月一四日に九人の委員有志が、協会と県、国、環境保護団体、市民を横断的に交えた議論の場を設けて計画に軌道修正を図るよう要望した意見書を協会や県、国に提出していくことにもなりました。

さらに、その後の激しい転変のなかで、状況を真剣に考えようとする人々のネットワークは「保護派」「推進派」「協会委員」といった立場の壁を越えて結びつき始めました。わたしが直接かかわった範囲内でも、二〇〇〇年二月から三月にかけて、協会の企画運営委員や通産省のアセス評価委員と立場の異なる市民グループが率直な対話を重ねる集まりが何度も持たれました。そうした過程で、一見まったく異なる主張をしている人々の間には情報の著しいギャップがあり、そのギャップが埋められるなら建設的な議論が可能であることが実感されていきます。こうした対話をオープンな形で持つべく、跡地開発事業の中止決定直後の四月六日には、協会委員と保護派と推進派、長久手町民、協会職員の一部も加わって、「市民参加の環境万博　ファースト・ステップ・ミーティング」と題されたボランタリーな会議も立ち上がりました。この会議は六月まで頻繁に開かれたのですが、そこでの立場の異なる市民の対話を「自己教育」として捉えて積極的に発言してきた谷岡郁子さんが、その場に参加していた人々の支持を受けて検討会議委員長に劇的な形で選出されることにもなったわけで、検討会議以後への伏線の一つを形成したように思います。

こうしてたしかに、インターネットは、愛知万博問題にかかわる人々の横断的な相互理解や連帯が形成されていく上できわめて大きな役割を果たしたのですが、それでも何かが決定的に欠けていた、あるいは限界があったように思えてならないのです。今回の手紙では、詳しく説明する余裕がないので、ひとつだけ疑問を提出しておきましょう。検討会議が終わり、数ヵ月が過ぎるなかで、この問題にかかわってきた人々の少なからざる部分が、それぞれ異なる仕方で「敗北感」を味わっていきました。検討会議は間違いなく画期的なものであったし、その合意の内容も大方納得できるものでした。しかし、九九年から二〇〇〇年にかけて急速に壁が乗り越えられ、対話の環が広がっていったときの草の根的な勢いは、検討会議以後までは続きませんでした。たしかに海上地区の一部では、いまも市民グループによって懸命に新しい市民参加への道が模索されています。しかし、その情報はほとんど東京には伝わってきません。他方、メイン会場の愛知青少年公園で準備されているのは、よくある地方博の拡大版といったものに見えます。検討会議を経て、愛知万博問題がこれまでの公共文化事業のあり方を根底から変えたとは、どうも言えそうにないのです。いったいどうして「あともう一歩」のところが乗り越えられなかったのか、そこにあったのはいかなる壁なのか、この限界を、市民参加や情報公開、メディアといったところから見るとどんな問題点が浮かび上がってくるのか、そしてこの一連のプロセスで、果たして他の選択肢は存在したのか、そうしたことについて、ぜひ松浦さんのお考えをお聞きしたいと思っています。

二〇〇二年三月六日

吉見俊哉

＊

吉見俊哉　様

今年の桜は思いのほか早く、海上の森では駆け足で春が通り過ぎ初夏に向かっているようです。地元で自然保護活動をしている方が「(三角点のコナラは)今年もビロードの新芽を噴出し、その木の頂上近くには、メジロがチョウベイ、チュベイ、チョウチュウベイとさえずりを始めています。オオタカが白いお腹を見せて優雅に旋回し、空高く舞い上がったか思うと一直線にはるかかなたへ姿を消します」と、メーリングリストに書き込みをされて、私も何度か上ったあの里山にまた行きたくなりました。

このたびは往復書簡にお誘いくださりありがとうございました。吉見さんに異議を申すに違いない私に、意見をぶつけあおうと提案してくださったのは、二〇〇五年に向けてすさまじいスピードで準備の進むイベントへの「市民参加」はすでに破綻し、「市民万博」はもはや幻想になってしまったことを素早く察知されたからに違いないと思います。若手官僚や企業、市民の一部に大いなる変化や成長があったにも拘わらず、結局、関わった人々が「敗北感」にしかたどりつけないとは。頂いたお便りを拝見してそう感じました。

思えば、私もこの「市民万博」という言葉に憧れ、新しい二一世紀型万博の実現を思い描き、市民が参加し創ってゆく様を夢見たことがありました。それは名古屋における市民活動の成長の過程から望めないことではないと思ったからです。名古屋では、阪神淡路大震災後の一九九六年ごろから、市民活動を起業し拡大し根付かせるためのフォーラムがありました。「食える市民運動」を提言してきたリサイクル運動の率先者である萩原喜之さんをはじめ、「行政批判、あるいはその逆の行政任せばかりでは市民社会は創れない」ことを身をもって訴える様々な社会活動の実践者たちとテーブルを囲み、かつての学生運動の経験と、地道な活動の継続で社会を少しずつ変えてこられた経過を伺っていました。特定非営利活動促進法成立後の現在は、この議論を母体とした市民フォーラム21もNPOセンターとして法人化し、さまざまなプログラムで地域の市民活動を支援しています。ここを拠点に福祉、教育、国際交流、情報など多様な理念を持ったNPOが多数生まれ育ち、市民が活動を起こし、地域に社会サービスを地道に提供することで、社会変革の可能性が芽吹くことを参加された多くの方とともに学び、実感しました。例えば、先のリサイクル運動市民の会が進める活動は、名古屋のゴミ減量に大きな貢献をしました。その成功要因は市民・行政・企業・マスコミ・市民団体の五位（ゴミ）一体の活動を目指し、意識的に各セクターの人々を運動につないだことです。異なるセクターの人々がともにテーブルにつくこと、この理念は愛知万博検討会議の実現にも大きな流れを作っていたと思います。

しかし、ゴミ減量の実現のため複雑な資源回収や厳格なゴミのルールを守る努力を市民が継続できるのは、ゴミ処分場計画の進んでいた藤前干潟の埋立を断念した一九九九年初頭の名古屋市民とその声を聞き入れた松原武久市長の決断に依ります。長年続いてきた処分場計画の中止が「もう捨てるところはない」という市民の覚悟につながったのです。埋立計画が中止されたのは「世論」の変化と言われていますが、時代の流れだけではありません。諫早湾潮受け堤防の締切りで有明海にあった日本最大の干潟が消失し、現在はここ藤前が日本最大のシギ、チドリの渡来地なのです。そして渡り鳥たちの餌である干潟の底生生物が、驚くべき海水の浄化作用を持つことなどが明らかにされ「世論」は変わってきたのです。

その努力をしてきたのは、「埋立反対」を訴えた「藤前干潟を守る会」。代表の辻淳夫さんは、三〇年近く伊勢湾の干潟を守る運動を続けてこられた方です。地元でもあまり認知されていなかったこの干潟に藤前干潟と名付けたのもこの会です。子どもたちを干潟に誘い、新聞やテレビで藤前干潟の魅力と重要性を問いかけました。毎年開催される「生き物まつり」ではボランティアの小嶌健仁さんが干潟に深いパイプを突き刺し、詰まった泥を探っていろいろな生き物が出てくるのを子どもたちに見せて大喜びさせていました。底生生物の専門家の小嶌さんが作ったアナジャコの数メートルにも及ぶ巣穴の模型を見せると、感嘆の声があがったものです。メディアは季節の話題としてこの藤前からの情報を毎年取り上げました。しかし、公共事業への反対運動の旗手として辻淳夫さんがクローズアップされても、保守的な土地柄からか、干潟保全への共感を呼ぶには十分ではありませんでした。

吉見さんが読んでくださった『そして、干潟は残った』という本には、一九九七年ごろから藤前保全決定までのおよそ二年間、辻さんが電子ネットワークを駆使して盛んに発信された干潟からの発信情報をまとめました。活き活きとした筆致で、干潟や行政との直接対峙の現場から、生き物たちの営みや行政とのせめぎあいといった一次情報をいくつかのメーリングリストに書き込み続けられたことで、それらに共感した人々から国内や海外の友人や仲間にFUJIMAEの話題が転送されていったのでした。様々な領域の専門家が関心を寄せ、それぞれの分野からの叡智が干潟に結集し、都市計画の専門家、鳥類学者、海洋生物学者、法学者、土木建築家、経済学者まで、干潟を分析し保全のための知恵を絞り、処分場計画の代替案を出しました。また、英字新聞に掲載された辻さんのメッセージは英語学習の教材となり、高校生たちが干潟保全に対する共感のメッセージを発信しました。中でも環境行政改革フォーラムのメーリングリストでは、藤前干潟保全に向けて活発なやりとりがなされました。ここは環境問題について行政情報の公開を要請し、アドボカシー（政策提言）を行う都市計画の専門家でもある青山貞一さんの主宰で、当時全国の環境関係の非営利団体や研究者、ジャーナリスト、行政関係者や政治家やその秘書ら二百名ほどが参加していました。そこでは環境アセスメントの専門家でもある原科幸彦さんが、辻さんを励ましながら新しいアセスを実質前倒しにした藤前事例を見守り続け、その保全の過程を国際学会でも報告されました。また守る会のサイトには英語版とドイツ語版もあり、処分場計画事業者である名古屋市や愛知県、環境庁（当時）への意見書は、県外や海外からのもののほうが、市内から寄せられるものより多く、特に名古屋市への六〇通の反対の意見書のうち、二〇通は海外からのものだったそうです。

テレビニュースも藤前干潟について報道しました。騒然とした公聴会の場面が繰り返し放映されましたが、反対派が乱暴者であるという印象の強いものでした。地元のメーリングリストでは報道を見て、守る会に批判的な書き込みも出ましたが、悪印象を拭い去るために辻さんは仲間のボランティアが書き起こした公聴会の全記録をメーリングリストに掲載し、誤解を自力で解かれました。と同時に、どうしてこんなに重要な議題の地元の公聴会全体を、地元のマスメディアは中継しないのだろう、といった疑問が湧きました。名古屋市長選候補者討論会や愛知万博討論会議などでも言えることですが、地域に必要な話題を地域で共有するために、メディアを活用することはできないのでしょうか。地方レベルの放送局は広域圏を抱えており、なかなか一地域の問題を集中して伝える枠は取れないようでした。干潟問題は特別番組もいくつか作られています。問題の全体をコンパクトにまとめて報道することは大切なのですが、議論の全体や詳細を知ってもっと参加したい人もいるのではないでしょうか。傍観者ではなく、主体的に地域の問題に関わってゆこうとする、この少数の熱心な「参加者」がのちの万博検討会議でとてもつらい思いをします。

一方、「守る会」の新聞切り抜き責任者の伊藤恵子さんは、地元で最も多く読まれている新聞には記事件数はもっとも多いにも拘わらず干潟保全への主張を十分書いてもらえなかったと悔やんでいました。この新聞で干潟問題を担当したのが市政記者クラブのメンバーであったことも関係するのかも知れません。守る会がもっともよく書いてくれたと評価する他紙では記者クラブと関係なく藤前干潟問題担当班が結成されていました。もちろん地元新聞が守る会に冷たかったわけではなく、担当の記者それぞれが、辻さんの声を真摯に聞いて書いたそうですし、辻さんのメーリングリストの発信を読んでいた地元紙の系列紙の複数の記者を経由して、東京の読者に「藤前干潟問題」が届くこともありました。実際、藤前干潟からの切実な声とそれに対する世論の反応が、ローカル記事に止まらず東京の環境庁(当時)に届くことはとても大切なことでした。後日、東京にいた記者に「いつか孫を連れてふるさとの藤前干潟に立ったとき、『おじいちゃんはここを守る仕事をしたよ』と言いたかった」とお聞きし、ジャーナリストと市民が協働する可能性を実感しました。「守る会」が一次情報を地道に収集、編集、発信したことは、メディアの信頼を得るためにもたいへん大きな役割を果たしたと思います。

さて、万博の話題に戻ります。名古屋を中心に市民活動をして来た人々の中で、先に御紹介した萩原さんと辻さんのお二人は今「市民の手で万博を成功させたい」という「市民万博」を目指す方々の中心に近くおられ、検討会議の委員でした。懸案の海上の森への影響に関しても、地元で自然保護活動をされ、里山に長く接してこられたNGOが議論に参加していることで、最も負荷のない計画が出来るような期待がありました。

市民万博を夢見たのは吉見さんと同じ頃、愛知万博検討会議の開始寸前でしょうか。インターネット中継で公開されるうえに傍聴も可能だと知ったからです。無関心だった市民が能動的で自発的な行動(推進でも反対でも)で「市民参加」が可能になり、大勢の見守る中で環境アセスメントが進み真剣な議論が展開される状況を想像しました。そのこと自体がすでに「二一世紀型万博」だと考えました。だからこそこのインターネット中継が決定したことを知るや、私は全国の様々なメーリングリストに、名古屋からの中継を見てくださいと宣伝し呼びかけたものです。会議の空気を共有するのに活字では限界があり、映像情報を活用することは意味があると思えました。また、オオタカ営巣発見、BIEメモ公開、新住事業中止などの経過もあって「協会、県、市民が同じテーブルに」「賛成、反対の意見を持つ市民が共に」「地元の自然保護団体の代表を含む市民も」という点を強調し、多くのメーリングリストに誇らしく伝えました。

しかしここで私は、メディアが市民参加を促すのか、妨げるのか、「公開」とはどういうことを指すのか、本当にそこに市民が参加できるのか、このことが具体的にわかっていませんでした。今ではあの「宣伝」を振り返って恥ずかしい気持ちです。そもそも前日に公開だ、インターネット中継だということを告知するということ自体が、周知期間について関心が払われていなかったと気付くべきだったのです。何故あんなに急がなければならなかったのでしょうか。委員の構成は問題なかったのでしょうか。議題は海上の森の利用の一点だけでしかなかったのでしょうか。では、計画案が青少年公園にウエイトが置かれ始めたときに、どうして議題の再検討に移らなかったのでしょうか。そうした疑問を持ちながらも、当時は委員になった方々が私的生活を犠牲にしても検討を重ねたことに心から敬意を感じました。

しかし、インターネット中継が開始されてすぐに、この公開の手法は市民参加のために役立たないと理解しました。地元で市民活動をつなぎ、現場からの話題が頻繁に掲載されるメーリングリストにインターネット中継を「見ることができない」「よく見えない」という意見が相次いだのです。検討会議の中継はストリーミングによるものだったのですが、この方法ではまず再生ソフトのダウンロードが必要で、私の場合、中継に間に合いませんでした。他にもネットワーク環境から視聴不可能の報告が来ました。また、当時爆発的に普及が進んでいたインターネット接続可能な携帯電話でも、この中継は見ることはできません。現に初回会議の翌日、新聞記事では「(同時)アクセス数はわずか五二件、『関心いまいち』」と伝えられました。博覧会協会によるとインターネット放送の目的は公開のためと、報道のバイアスを牽制するためだったそうで、「このインターネット放送により公開された中での議論が行われたことによる内容の深まりについては、期待以上のものがあったという受け止め方と、一方で当初期待していたよりもこのやり方ではまだまだ視聴者が少ないし、見ている人の意見が直接的に聞けない、という声」があったと率直に省みられました。

この会議の傍聴を呼びかける協会のホームページには「席数に限りがあります(約六〇席)ので、申し訳ありませんが先着順とさせていただきます」とあり、市民参加を歓迎するニュアンスは感じられませんでした。傍聴に出かけてみると、傍聴室は会議室とは別の建物で、モニター画面に映しだされる会議の映像を見るという方法に失望しました。委員の発言を会議場の同じ空間で共有することを期待していたからです。傍聴室のモニターの隣には大きな墨字で「お静かに」と掲示されています。そこで三時間以上もの会議を黙って見つめることをこの万博は

「市民参加」というのでしょうか。私はこの傍聴室で隣り合わせた方々にお話を伺い、ここまで足を運ぶ人々は切実な思いを抱えておられたことがわかりました。そして、豊かな自然は海上の森だけにあるのではないこと、青少年公園の周辺にも自然や交通やすべての生活インフラにおいて考慮しなければならない「環境」があること、万博と並行している常滑沖の空港建設に批判があることなどについて伺い、多様な関心を持った方々が来られていることを知りました。そして「パソコンを持っていないからインターネットなんかで知らせてくれても、私たちは見られない」という、素朴な不満を聞きました。パソコン普及率が十分でない二〇〇〇年の時点でこれだけを公開の方法にしたのは間違いです。メディアに頼る前に、まず誰でも入場可能な会場を確保して開催するべきだったのではないでしょうか。

何とか会議の様子を見守りたい、中継録画をテレビ放送してもらうことはできないかと思い、地元放送局にお願いする署名をメーリングリストで集めました。放送されれば参加している草の根の環境保護グループ代表の意見が十分反映されるかどうかを見届けられると思ったのです。多くの市民が見守れば、もしも会議の議論がまとまらないときは万博を実施しないという選択もありえるでしょうし、逆にそれを乗り越えようという盛り上がりも期待できました。公共性の高いテーマであると呼び掛け、急遽一〇〇名の方々から賛同いただいてその名簿を放送各社に送ってお願いをしました。しかし、放送はされませんでした。市民の署名を無視されたわけではなく、理由はお示し下さいました。コストの問題が最も大きいことは各社ともにおっしゃいましたが、それ以外の担当者の声を紹介します。

できる限りの情報公開に助力する使命を感じ、放送形態を中継を含め検討した。論点と客観的視点を加えて整理、報道した方が、視聴者にわかりやすいという観点でニュースで報道した。

エッセンスを届けるのが使命、長時間の臨時中継は、視聴者の生命、財産に危険が及ぶ恐れや大事件解決など、その時期を逃せないものに関して行う。検討会議の特集番組三〇分を制作した。

万博に興味のない人が会議の途中の回からニュースをみたとしても、会議の意義や内容がわかるように心がけ、限られた放送時間の中で回を追うごとの新しい事項を取り上げながら、それまでの経緯や会議の流れにも触れるようにした。

いろいろ意見が出ました、というだけではテレビ的ではない。意見を精査し決まったことを整理して放送した。土日の夜が多くニュース枠が狭いためストレートニュースでさらっとしかやっていない。

予定がたたない、選挙が並行し、人手がなかった。ニュース枠が少なく、さらに早い時間なので、冒頭の映像で議事予定を入れるしかない。八回目は翌日ニュースで四分。長時間放送枠の決定は報道マターではない。

各局少ない記者で対応しておられ、五月二八日の検討会議第一回から、委員長試案として会議が一旦まとめられる七月二四日の第八回までの間にこのエリアでは、衆議院選挙、大相撲名古屋場所、高校野球愛知大会、名古屋市議中区補選、中学生五千万円恐喝事件続報、豊川一七歳殺人事件続報などが相次ぎました。その中で報道局では、私たちの放送お願い署名は邪魔なことだったと思うのに、よく対応してくださったことと思います。しかしこの間、総検討時間数三一時間五四分、傍聴者は延べ九二二人に及び（椅子は当然足りなかった）、市民参加のために市民の体力がついていけないところまで来ていました。NGOの関係者は会議の前後にNGOでの意見調整もしなければならず、本業を持ったボランティアの委員の中には体調を悪化させる人も出てきました。放送で仲間たちと議論が共有されていればこの過程の疲労はかなり軽減されるであろうと思えました。この間、万博開催の是非を問う県民投票条例案が有効署名三一万三七二人が集められ県議会に提出されましたが、二百名の傍聴の中で否決されています。万博への関心はここがピークだったと思います。従って受信契約を結んでいる公共放送であるNHKに伺うときは、民放各社とは異なる大きな期待を持っていました。地元の公益に関わり、一般市民をはじめ、代表を送り込んでいるNGOなどのグループメンバーも議論の行方を共有したいと思っている会議であり、何とか地域で見守りたい、夜間などに中継録画放送をお願いできませんかと編成局の方に直接お目にかかってお願いしました。しかし「公共放送は多様な市民の関心に応えなければならないから、このような特定の目的で開催されている長時間の会議の中継は難しい。特に夜間の放送時間は、空いているように見えるかもしれませんが、この枠は視聴者の生命、財産に関わりのある緊急の事態に対応できるように空けておかなくてはならないのです」と、きっぱり断られてしまいました。そのとき、公共放送の公共性の範囲も中身ももうすでに決められていて、私達市民がその内実に関与することはできない、ということが実感できました。

放送要請の署名を寄せてくださった人々の意見がここにあります。

より多くの市民が検討会議を共有し、過程を見守り、決定に参加すべきだ。

NPO／NGOの代表、複数団体の代表が委員として発言するため、短く編集されたものではなく、発言ひとつひとつを聞きたい。

議事録からは読み取れない、ニュアンスや表情を受け止めなければ『合意』の過程は共有、理解、共感できない。

多様な手段（メディア）を利用した『参加』を可能にして欲しい

もっともな御意見ばかりと思われませんか。

実はテレビ放送での中継を望んでいたのは、私たちのような一般市民だけではありませんでした。「二一世紀型の万博を私たち市民の手で」と議長に立候補された谷岡郁子さんも放送審議会委員の立場から要請されていました。その後、谷岡さんも私たちも地元のケーブルテレビである「名古屋ケーブルネットワーク（スターキャット）」を訪ね放送をお願いしていました。スターキャットの加藤篤次さんは、「市民とメディア研究会あくせす」という市民グループで、メディア・リテラシーやパブリック・アクセスについて議論する私たちの仲間でもあるのですが、最初の会議からカメラを持ち込んで放送の機会を窺っておられ、「コミュニティのテレビであるためには、そういう決断が時には必要」とスポンサーも見つからないうちに放送の実施に踏み切られ、逆にこちらが驚かされました。しかしこの放送は、第一回の放送が会議開催から三ヵ月近く遅れ、八月三日深夜で、市民の会議の共有のためにタイムロスを生じていたことと、東海地域のケーブルテレビ局の連携があるにも拘わらず、海上の森と青少年公園のエリアを含む他のケーブルテレビ局では、検討会議の模様は放送されなかったのは残念でした。

議長の谷岡さんはこのように会議の公開を望み、「市民万博」を実現したいと市民的使命に突き動かされるようにがんばっていました。議長就任当初、会議の民主性のシンボルのように伝えられましたが、マスメディアでの描かれ方とは裏腹にネット上での評価は次第に厳しく変化します。「独断的な議事進行をする」悪しきリーダーの評価が担わされて行ったのです。私は、批判の中には謂れのないジェンダー・バッシングもあったと感じるとともに、会議の公開のされ方に大きな問題があったように思います。二八人の委員の会議を毎回三時間ほどで終結させることには強力なリーダーシップが必要です。しかし、谷岡さんの「ヤジを止めてください」という厳しい声だけがビデオで聞こえたことがあります。本当にヤジはひどかったそうですが、マイクが拾わないヤジはインターネット放送視聴者や傍聴者に聞こえていなかったので、このことだけでも中継を見る人に「委員にプレッシャーを与え、会議を強引に進める印象」を与えたのではないでしょうか。しかし最も大きな問題は、議長である谷岡さんを中心に、委員限定のメーリングリストが非公開で立ち上がり、議論の場と話題が拡散したうえに、公開の検討会議の委員の発言に影響したことです。「これはメーリングリストで話しましたように」「メーリングリストでは既に出ましたが」という発言が議長や委員から出ると、傍聴者は理解できず、議論は共有されず、参加も閉じられていきました。

しかし、検討会議が市民参加のアリバイ作りだとの批判には頷けないでいます。むしろ、この短期間に膨大な私的時間と誠意を捧げられた委員の方々の熱意をすばらしいと思っています。それなのに、何故この委員の方々が多くの市民と合意形成の過程を共有できず、何故今、万博計画の中心におられず、アセスメントの議論が複雑を極め、市民参加の実態が見えなくなってしまったのでしょうか。

協会は「エキスポの耳」という市民の声を聞くメールアドレスを公開していました。しかしすべての意見が掲載されないことを知り、そんなところに「検閲」があるのを知って驚きました。また検討会議の傍聴室に訪れた人も、次第に検討会議の委員の人々と気持ちを重ねることはできなくなっただろうと思います。三度しか行かなかった私でさえ次第にそうなりましたから、ここに毎回通った人はきっと早くから「市民万博」などあり得ないことを体感したはずです。この「あちら」と「こちら」の乖離の感情は市民万博どころか、市民の自発性に水を注し、市民を分断し、せっかくこの地で根付き始めた市民活動の豊かな土壌を荒廃させる恐れさえ感じました。

もし会議場に市民が自由に入れたら、NGOの代表の回りや後ろに仲間たちが陣取り、おのおのがテープやビデオを回し、メモを取り、インターネットでも二元、三元中継も可能だったかもしれませんし、中継できなくてもビデオをそれぞれが複製するなど、多くの市民団体がその情報を共有できたことでしょう。ところが、それらの活動は「会議場に入れる」業者とマスメディアだけに委ねられました。中継要員の業者には一回の会議に数百万円が支払われ、わがままな市民が公開を望むから膨大な経費がかかったという誤解さえ生まれました。傍聴者の多くは会議場の扉を開けることだけしか望んでいないにも拘わらず。私が今もつらい気持ちで思い出すのは「藤前干潟を守る会」でアナジャコの巣穴の模型を作られたボランティアの小嶌さんがこの扉の外側の傍聴室で毎回会議を聞きにおいでになっていたことです。「守る会」代表の辻淳夫さんと長年活動をともにし、一緒に保全を喜んだ二人がこの扉に分かたれてしまった。彼は伊勢湾の空港建設とセットで進められている万博に疑問を持ち、どうしても万博の実施に共感できず、「藤前干潟を守る会」を辞めてしまわれました。「万博」は市民を分断し、互いに離反させています。

あの検討会議以降、市民万博という言葉が一人歩きして、万博に反対する人は「批判ばかりで何も行動しない人」というレッテルが張られるような雰囲気さえ生まれています。また、万博はどうでもいいことと割り切った人もいます。関心を持っても参加できない、反対しても止まらない、だから圧倒的多数はやはり「無関心」です。今、万博以外の市民活動の現場にはかつてのような勢いがなくなったようにも思えます。事業主体の協会も、私たち市民も、ジャーナリストも、ひとつのテーマをみんなで共有しながら話しあっていくために「メディアを使うこと」に慣れていない、そんな気がしています。

「市民万博」の語を広く言い出されたのは吉見さんではありませんか。今回勧めてくださったこの往復書簡の試みで、やはり中央から見えるものと見えないものがあるのだと思い、そのことも真剣に考えてみようと思いました。今、私も名古屋ではなく京都に住んで名古屋の新聞はウェブで読んでいます。関西の新聞に万博の記事はまったく掲載されないのです。もうこれ以上、私が名古屋のことをお伝えすることには限界があるかも知れません。今それらを知るところは、唯一参加している「wanet」という中部圏の市民活動をしている人々のメーリングリストです。そこでは、根気強く万博に関与している人々が発言を続けています。反対の意見広告を新聞に出す呼びかけや、環境アセスメントの学習会の案内、会場計画地にある児童総合センターの廃止を反対する人の輪が、メーリングリストやホームページでまた新たに拡がっています。こんどこそメディアを使いこなした人々が、万博の行方を決めてゆくのではないでしょうか。どこかに訴えたかったことを吉見さんに問いかけていただけたこの機会がありがたく、つい長いものになってしまいました。

二〇〇二年四月七日深夜

松浦さと子

＊

松浦さと子　様

お返事ありがとうございました。お手紙を読んで、ちょうど検討会議が始まった頃、インターネット中継の「傍聴」を呼びかける松浦さんのメールが私のところにも様々なメーリングリスト経由で届いていたことを思い出しました。たぶん、この往復書簡を松浦さんとしてみたいと思った最初のきっかけは、そのあたりにあったと思います。お返事にはいくつもの重要な論点が含まれているので、熟考してから返信を書こうと思いながら、慌しく新学期の日々が過ぎてゆくなかで、いたずらに時間が過ぎてしまいました。

本題に入る前に、松浦さんに反駁しておかなければならないことがあります。お返事の冒頭で、松浦さんは、私が「市民参加」がすでに破綻し、「市民万博」はもはや幻想になったと「察知」しているのではないかと書かれています。ところが、実は私はまったくそのようには考えてはいないのです。たしかに検討会議の頃までとは異なり、ここ一年半は名古屋から送られてくる情報もごく限られていますから、結論的なことをいう能力も権利もないのですが、私は基本的に「市民参加」への実践、ある種の「市民万博」への試みは今も続いているし、決して単なる「幻想」と化したわけではないと思っています。

たとえば、つい最近も、ものみ山自然観察会が提出した「環境影響評価書（案）」への「意見書」をインターネット経由でいただきました。これはごく部分的な例にすぎないでしょうが、今日なお、環境アセスメントへの意見書という形で計画の問題点を指摘し、対案を出していく試みは続けられています。一方的な閉鎖が心配される青少年公園内の児童総合センターについても、市民によって存続のための嘆願書も出されました。他方、最近読んだ新聞記事では、谷岡さんたちが水辺でイベントをやりながら市民参加の方式を模索しているようです。その他、今後も少なくとも海上地区では、市民自身やNGOなどによるこれまでにない「市民万博」の試みがいくつかはなされるでしょう。全体の状況はたしかに惨憺たるものですが、それでも私は、「市民参加」がすでに破綻し、「幻想」になってしまったとは考えないのです。私の考えでは、現在、ますます破綻し、「幻想」と化しているのは、「市民参加」や「市民万博」ではなく、むしろ「万博」そのものの方です。

これは松浦さんにも同意していただけると思うのですが、私たちにとって「市民参加」や「市民万博」は、既成の万博事業の内部に収まりきる必要はないし、最終的に今、青少年公園を中心に準備が進められている国家イベントとしての「万博」を目的とするものでもありません。そうした国家イベントとしての万博は、一九七〇年の大阪万博ですでに命脈尽きています。今後、政府や県、あるいは財界がいかに資金や組織力を動員しても、それが文字通りの「二〇世紀的な」事業システムを引きずっている限り、本当に「新しい」何かが出てくるとは思えません。ですから、もしも「幻想」というのなら、すでに「万博」自体がすでにまったくの幻想なのであって、ここで私たちが考えるべき「市民参加」や「市民万博」が、今はそうした幻想を粉砕できないとしても、もう少し長期的なスパンのなかで到達できた地点とできなかった地点を見定めていってもいいと考えています。

このように私が書くと、「あなたは所詮、東京から見ている」と批判されてしまうかもしれません。たしかにその通りです。これは決して開き直っているわけではなく、まさにそれしか可能でないから言うのですが、この問題に対する私の見方は、瀬戸や名古屋でローカルに活動して来られた方々の「地元から」の視点とは異なります。しかし、あえて言わせていただくと、そうした「地元から」の視点だけでは見えないこともあるのではないでしょうか。

だからこそ「東京から」の視点と「地元から」の視点の対話が必要でしたし、私自身、曽我部行子さんら「自然保護派」の方々や、佐藤真紀子さんや萩原さんなどの「条件付き開催派」の方々との対話、あるいは名古屋の都市工学の専門家との対話から多くのことを学ばせてもらってきました。いずれも基本的に、博覧会協会での会議の外側で、ボランタリーかつインフォーマルになされていった対話です。残念ながら、本来ならばそうした対話の場を中心になって創出すべきであった博覧会協会の会議では、対話への回路よりも、そうした回路を閉ざしていく壁が塗り固められていくのを何度も感じてきました。

加えて、「市民参加」や「環境万博」の見え方は、同じ「地元」でも、市民と行政、財界ではまったく異なっていたし、市民の間でもいわゆる「反対派」と「推進派」の間では異なり、「反対派」の間でも「自然保護派」と「住民投票」を目標にするグループの間では異なり、同じ「自然保護派」でも「国営公園」を指向する人々とそれを拒絶する人々では異なっていました。皮肉ではなく、市民万博へのエネルギーは、こうした到底ひとつにはまとまらない、異なる見方の衝突のなかから生み出されていたのです。こうした差異は、いかに検討会議が膨大な熱意の結晶であったとはいえ、一ヵ月や二ヵ月で解消されるようなものではありませんでした。つまるところ、「東京から」の見方に対置されるような「地元から」の固有の見方がこの問題をめぐって存在したとは、私には思えないのです。

しかし、このように留保をした上で、なお検討会議までのプロセスで見えてきた計画策定への「市民参加」や、そうした形での「国際博」から「市民博」への転換の可能性が、その後の半年、あるいは一年間のプロセスで相当程度挫折してしまったように見えることには、私も同意せざるを得ません。検討会議までの市民の勢いからするなら、万博のあり方を根底から変えてしまうところまで突き進むことができるのではないか。そんな期待が、私にもありました。しかし、二〇〇〇年八月、「異なる立場の市民の合意」が実現されると、協会や中部財界、通産省は、手の裏を返すように堺屋太一氏を万博事業の「最高顧問」に迎え入れることに熱をあげ始めます。この流れのなかで、愛知万博が本当はもうとっくに克服していたはずの最も古い勢力が息を吹き返してくるのです。そして、検討会議も、市民勢力も、この反動的な動きを止めることはできませんでした。

松浦さんがお書きになっていたように、このことの戦術的なレベルでの要因は、検討会議の運営のされ方自体にもあったのかもしれません。たしかにほぼ一ヶ月半に及んだ会議において、表向きは「異なる立場の合意」に向けて議論が進みながらも、相互の対立があいまいになった分だけ分裂が深く、細かく生じていました。また、異なる立場の市民グループが、協会や国との対抗という視点から「民主化」の旗頭として谷岡委員長をバックアップしていた初期段階と、谷岡さん自身がなかば決定力を帯びていった後期では、会議への「市民参加」の意味も変容していました。しかし、それでも私は、今もってあの時、一二月のBIE総会に変更案を間に合わせるという協会側が出した条件を反故にしない限り、谷岡さんがやられた以上の議事の進め方があったようには思えません。

むしろ、より構造的なレベルでいうならば、マスコミも、検討会議の委員も、そして多くの市民グループも、なぜ検討会議のような場が実現できたのか、それがなぜあの時点で協会や国に対して力を持ち得たのかについて、より冷徹な認識を持っているべきだったのかもしれません。というのも、検討会議を実現できたのは、あえて言えば愛知の市民運動が国の計画を押し返すまでに成長し、力を備えたからではなかったのです。「海上の森」が万博会場に指定されることでその自然環境がクローズアップされ、保全が国際的な争点となっていったこと。BIE幹部に糾弾された問題点を解決しない限り、万博の開催権を取り上げられかねないと国の側が考えたこと。中日新聞によるセンセーショナルなスクープで、マスコミのこの問題に対する報道の枠組がすっかり変わったこと。すでに博覧会協会の体制そのものが、九九年秋頃から機能不全に陥っていたこと。これらの条件が重なるなかで、国や協会は市民に対し、あそこまでの譲歩を余儀なくされていったのです。

この立場の逆転を可能にした最大の主役は、実は「市民」でも「国」でもなく、「海上の森」そのものでした。「オオタカ」であれ、「生物多様性」であれ、「海上の森」の自然に与えられた象徴的な価値が、マスコミの関心をひき、国際機関の介入を可能にし、国家の計画を追いつめていったのです。グローバルな情報社会において、「記号」はそれ自体、きわめて大きな政治的負荷を帯びます。ですからあえてドライにいえば、「海上の森」は市民にとって最大の武器であり、ある種の「人質」でした。このことに気づいた国や財界のある勢力は、検討会議のだいぶ以前から、万博事業は「海上の森」から撤退すべきだと考え始めていました。九九年の秋頃でしょうか、建築家で愛知経済界と深いつながりを持つ黒川紀章氏によって会場計画の「海上の森からのほぼ全面的な撤退」論が打ち上げられ、新聞紙上を賑わせたのを覚えていらっしゃいますか。財界的な立場からいえば、万博を自分たちがやりたいように大規模にできればいいわけで、原理的には「海上の森」にこだわる必要はなかったのです。これは私の憶測ですが、BIE幹部と通産省との会談録が中日新聞にリークされていった背景にも、こうした勢力の動きがあったように思います。

ですから検討会議へ向かう動きのなかで、まったく立場の異なる二つの勢力が、いずれも同じように「海上の森」からの会場の撤退を考えていました。もちろん、自然保護の観点から「海上の森」の会場は大幅に縮小する必要がありました。しかし、その結果としてもはや市民が「海上の森」を国や協会に対する「人質」にできなくなったとき、いったい何を武器にして、自分たちよりも資金、組織、権力においてはるかに強大な存在と渡りあっていくことができるのか——。この問題を、私たちは検討会議の時点でどこまで深刻に意識していたでしょうか。検討会議の実現や、海上の森の保全にそれなりの成果が上がったことで、これは市民の力の勝利であると過信していたのではないでしょうか。

おそらく、この「勝利」の危うさを早くから鋭敏に認識していたのは、検討会議への流れを作った最大の功労者である岩垂寿喜男さんでした。九八、九九年を通じ、岩垂さんは中央の自然保護組織の中心的人物として、異なる市民グループ、政治家、官僚を丹念に繋ぎ、じわじわと新しい流れを作っていきましたが、検討会議が始まると、むしろ「勝ちすぎること」を非常に心配していました。彼は誰よりも、状況が非常に微妙な政治的バランスのなかで展開してきたことを理解していたと思います。このバランスは、もともとある種の「ボタンの掛け違え」から偶発的に生じたものだったのですが、この「ボタンの掛け違え」がほぼ解消されたとき、市民はどうすれば国家の政策に対して交渉能力を持っていくことができるのか。この問いへの答えは容易ではなかったのです。本当は、検討会議が海上の森における開発を最小限にとどめる方向で会場計画についての結論を出しつつあったとき、市民のパワーが協会や行政に対する優位を保ち続けるためには、「海上の森」というアジェンダを包み込み、グローバルな市民社会に強く訴えかける新たなアジェンダの創出が必要だったのかもしれません。しかし実際には、「海上の森／里山」以上に普遍性と訴求力をもった焦点は、検討会議以降の論議のなかからも出てこなかったのではないでしょうか。

さて、このような状況のなかにあって、インターネットや新聞・テレビなどのマスメディアは、もともとこの問題に大きな関心を寄せてきた人々だけでなく、より幅広い市民が問いを共有し、「対話」の参加していくための促進剤になっていったのでしょうか。それはまた、「海上の森」をめぐる微妙なパワー・バランスを理解しつつ、市民が万博のような国家的イベントに主体として介入していく介添役を果たすことができたのでしょうか。松浦さんもおっしゃるように、この問いに対する答えは否定的なものです。松浦さんはお手紙のなかで、検討会議が始まった頃、「メディアが市民参加を促すのか、妨げるのか、についてよく理解していなかった」と書かれています。たしかに「公開」とはどういうことを指すのか、本当にそこに市民が参加できるのか――。この問いは重要です。要するに、会議はただ単に公開されればいいというわけではありませんでした。むしろその公開が、誰によって、どのような準備のプロセスを経て、誰に向けてなされていくのかが肝要なことでした。

たとえば、検討会議の「公開」手段となったインターネット中継について、松浦さんは技術的な問題点やパソコンの普及状況からの困難を指摘していらっしゃいます。たしかにこのシステムに限界はあったし、何よりも効果に比して予算がかかりすぎていました。しかし、あのときの「公開」の限界は、中継の技術的な制約よりも、むしろ検討会議に至る以前の情報公開がきわめて不十分で、市民に開かれた議論の場が形成されてこなかったことに大きな原因があったように思います。前回の手紙でも書きましたように、検討会議以前、万博計画をめぐる情報公開の体制には大いに問題がありました。何しろインターネット中継はもとより、主要な会議の議事録すら公表されていなかったのです。協会の会議での激論は外には伝わらず、議論の総括として、会議後に座長がする記者会見がそのまま新聞に流されていました。そのような状態から突然、会議の模様をすべて伝えるインターネット公開に移行したのです。このこと自体は画期的でしたが、この形式上の画期性に実質を持たせるには、やはり積み上げのプロセス、万博のようなプロジェクトは、異なる立場の市民や運動家、専門家、行政が互いに対話的に介入しながら作り上げるものなのだという了解が広く根づいていく長期のプロセスが必要だったのではないでしょうか。

それでも博覧会協会や行政が、前年以来の痛い経験から考えを変え、市民に開かれた議論の輪を広げていくことが万博事業の最大の鍵であると考えるようになっていたら、その第一歩としてのインターネット中継の限界は、第二歩、第三歩の試みによって容易に乗り越えられていたでしょう。しかし、検討会議が始まったとき、行政側はそうした方向感覚を持っていたでしょうか。松浦さんが傍聴の体制で感じられたように、検討会議のような方式は、行政にとってはあくまで例外的な、通り抜けなければならない関門でしかなかったのではないでしょうか。ですから協会も国も、この関門を通り抜けてしまうと、ここに結集された市民のエネルギーをさらに広げて新しい公共プロジェクトの基盤にしていこうとは考えませんでした。谷岡さんは明白に、そうした「市民万博」を指向していましたが、いかに彼女でも客観的な条件が整っていないところで状況を変えていくことはできません。こんなことなら、検討会議を最終結論をださずに長引かせ、争点を拡大してしまう作戦もあり得たのではないかと思えたほどでした。

松浦さんはお手紙で、地元のテレビ局が検討会議の模様を放送する提案にどう対応していったのかを詳しく紹介していらっしゃいます。NHKのにべもない対応は、この公共放送の「公共」が、私たちの生活に根ざしたパブリック感覚とは乖離していることを改めて認識させられます。また、地元局の担当者が指摘する技術的な困難も理解できます。しかし、それでもなお、もしも検討会議のゆくえがもっと広範な人々に身近な関心事となっていたら、事態はどのように展開していたでしょうか。実際、検討会議の展開は、この会議の背景を知る者にとっては実にドラマチックでした。「役者」も揃い、どんでん返しもあり、ある人の言を借りれば「大河ドラマよりも面白かった」。私は海外の旅先からも中継にアクセスしていましたが、全然厭きませんでした。しかしこの「面白さ」は、誰にでもすぐに理解できるような種類のものではありませんでした。

このギャップをどう考えたらいいのでしょうか。松浦さんは検討会議の委員と傍聴者の壁について語っていらっしゃいますが、それ以上に検討会議以降の動きのなかでは、この会議に何らかの事情でもともと関心を寄せていた人々と、名古屋圏の大多数の一般的な市民との間に大きな壁があったのではないでしょうか。この壁は、ある意味では名古屋で市民活動や社会運動に何らかの関心を抱いてきた人々と、そうした動きとは別の世界に生きている人々とのギャップに重なってもいるでしょう。またこのギャップは、必ずしも検討会議のテレビ中継が実現したら埋まるようなものではなかったかもしれません。実際、名古屋版の新聞各紙があれほど会場計画の変転や検討会議に至るプロセスを大きく取り上げても、検討会議の延長線上にいかなる「市民参加」の仕組みを考えていくのか、そもそも愛知の人々が目指すべき「市民参加の環境万博」がどのようなものなのかについては、それほど明らかになっていきませんでした。そして新聞は相変わらず状況を「反対派」と「推進派」の二項対立で捉えていましたから、「海上の森」での造成面積の大幅縮小は、「万博そのものの縮小＝反対派の勝利」といった構図で理解されかねませんでした。

国家プロジェクトとしての万国博と、検討会議に結集していった市民運動の間には、たしかに大きな力の差があります。前者は今も強大であり、後者は弱小な者の集まりにすぎません。しかし、何度も強調してきたように、前者にはもはや、それ自体としては有望な未来は残されていないのです。国家が国際関係や企業との関係を通じ、「技術」であれ「環境」であれ、それなりのテーマで各国に展示をさせていけばどうなるかについてはもう散々実証済みです。しかし、世界各地で急速に力を伸ばしてきたNGOやNPO、市民が問題意識を共有することで、どのような新しい国境を超える出会いの場を出現させていくことができるのかは、リオの環境サミットや北京女性会議などの先例はあるものの、二一世紀の市民それぞれが挑戦すべき課題として残っています。愛知万博は、たしかにオオタカの営巣確認から検討会議までのプロセスのなかで、国家官僚や協会職員の意図を超えてこうした新しい方向に向けての一歩を歩みはじめました。しかしその後、そのせっかく歩み始めた第一歩を、あわてて引っ込めて後ずさりしていったように見えます。

これは大変残念なことでしたが、しかし私たちは、国が主催する二〇〇五年の「国際博」を「市民参加」や「市民万博」の目標にする必要はないことも、確認しておきたいと思います。「市民参加」も「市民万博」も、必要に応じて「国際博」を利用していけばいいという姿勢を崩すべきではありません。実際、「自然の叡智」がテーマである環境万博を、財界と協会がこぞって「愛・地球博」などという笑止千万な「愛称」で呼び、「海上」という呼称すら使わない方向の検討を始めようとしている現状をみると、もうこれほどまでに反動化した「国際博」に何の希望を託すこともできないでしょう。しかし、海上の森会場での市民参加には、必ずしもこうした全体的趨勢には還元できない面が残っていますし、もっと他の様々な地域で、インターネットやビデオなどの安価なメディアを活用して、「国際博」に従属しないグローバルな市民参加の場を実現していく可能性も残されています。検討会議の経験は、私たち一人ひとりに、いかに時には劇的に物事が展開しても、長い時間をかけての対話の蓄積と、そうしたなかでのメディア・プラクティスの経験がいかに重要かを思い知らせてくれました。次回のお返事では、愛知万博から少々話をひろげ、今、このような方向での対話のメディア実践が、各地でどのように展開されつつあるのかについても教えていただけると嬉しく思います。

二〇〇二年五月一五日

吉見俊哉

*

吉見俊哉様

お返事ありがとうございました。先日、初夏の陽射しに少し日焼けされた曽我部行子さんに御会いしました。庄内川のイベント準備の草刈りをされていたそうです。「だれでもばんぱく協会」で市民万博を目指している彼女は「私たち浮いているの、決して沈まない（落ち込まない）のよ」とにこにこしていました。協会や行政とも、反対派とも、無関心派とも一線を画す人々の存在に気づかされ、吉見さんのおっしゃるとおりだと思いました。私も幻滅しかかっているのは「市民参加」や「市民万博」にではありません。今進行している「万博」にです。吉見さんの御指摘通り、「国が主催する二〇〇五年の『国際博』を目標にする必要はない」とあせらず自由に考えれば、「市民万博」の命脈はまだ尽きていません。

検討会議に膨大な時間を割いた委員や傍聴者、協会に意見書を出す人、反対意見広告を出そうと署名を集める人、アセスの集会を主催する人、情報公開を求めて開示請求に役所に足を運ぶ人、自分で万博企画を出している人、児童施設の存続のために思いきりそこで遊ぼうと呼び掛けた人、何もできないからとカンパをする人、それぞれが万博というどこからか降ってきた計画に翻弄されつつ、主体的に行動しようと自分の手足を動かす人々です。そして彼らが今していることこそが市民参加への実践なのに、私はときにそれらの貴重な取組みを忘れて、怠けものの発想でつい御破算になることを考えてしまっていました。私は別々の場所で彼、彼女等にお目にかかったり、メールを読んだり、耳を傾けるたび、落ち込んだり、あきらめたり、自分自身で希望を失ってしまっていたのです。ただ彼、彼女等が今、互いにつながるメディアを持たず別々の部屋で会話していることを、とてももったいないと思っています。いろいろな方が呼び掛ける集会やメーリングリストに、そして地方と東京にそれぞれ分断されている最も熱心な「市民参加推進派」(これもカッコ付ですが)の人々が、一緒に対話して意見を創り、磨きあうことはできないのか。そのためにメディアに何ができるだろう。メディアをどう使えるのだろう。

吉見さんは「海上の森/里山」以上の焦点、いわゆる新しいアジェンダの創出を市民に求めておられます。私もそう思うとともに、その過程はあくまでも内発的なものでなければならないと考えています。今のままでは、公共事業にいつも付される形容詞である「寝耳に水の」「ふって湧いた」という慣用句のままの万博計画が、自分たちの中から生まれたものではなく、どこまでも落ち着き所のない余計なものとして違和感とともに、ずっと持ち続けられることでしょう。実際に、福祉や人権の問題で市民活動をしている人にとっては、予算すらも奪われる計画と映ったでしょうし。だからこそ「異なる立場の市民や運動家、専門家、行政が互いに対話的に介入しながら作り上げるものなのだという了解が広く根づいていく長期のプロセスが必要だった」し、これからもっと必要なのだと私も思うのです。島津康男さんらが熱心に呼び掛けておられるように、そもそも新しい環境アセスメントの最も重要な部分は、この市民参加のプロセスであることを、市民も協会も行政ももっと真剣に考えなければなりません。もう人任せにできないことを自覚しないと、このプロセスはますます形式化されてしまいます。

さて、大河ドラマより面白いと言った人がいたそうですが、私たちが強く願いながらも結局地上波では放送されなかった愛知万博検討会議は、おもしろさの指標が一般的なテレビ番組とまったく違いました。検討会議というのは、ある意味でとても「テレビ的」でない。有名人は出演しない。映っている人はほとんどすわったままで派手なアクションはなく、お笑いは不謹慎、セットは毎回同じで、旅やグルメや動物、子どものコーナーもない。いわゆる「ジョルト(笑いや暴力などの画面上の著しい変化で視聴者の注視を狙う表現)」のまったくない番組です。この会議をこう見ると、放送局が視聴者もスポンサーも得られないと判断し、放送しなかったことは当然なのでした。実際、放送要請署名を集めているとき「そんな番組のどこがおもしろいの」とよく聞かれました。

確かにその会議の重要性や意義がわからなければ面白くない

でしょう。しかしそんな大層な知識がなくても、かなり多くの市民はあの会議を興味を持って見ることはできたはずです。なぜなら、学校の先生や幼友だち、活動仲間や自分の投票した議員といった、「知っている人」が大勢出ている会議だからです。住んでいる場所について、近所の知人が話し合いをしていて、その結果には多少の利害や関わりがあるのであれば、そこで話している人に反論したい、意見を言ってみたい、真意を確かめてみたい、そこに自分も参加したい、という気持ちを持つのは自然なことではないでしょうか。問題なのは、むしろそうした自然なはずの感覚が市民のなかに失われつつあるということです。実際その自然な感覚は、地元の議会中継すらないマスメディアに接している間に毎日少しずつ削り取られてきたように思います。行ったことも行くこともほとんどない土地である東京とアメリカばかりを見て（9・11以降はますますそうでした）、会ったことも会うこともない「有名人」の発言を聞き、テレビを通して自分と関係のないものばかりを見ていれば、知っている人とのコミュニケーションにテレビを使おうなんて、誰も思わなくなってしまうでしょう。反論もできないし、しなくていい。見ているだけで努力しなくても、勝手に結果が出て来る、自分とは関係のないものが映る「メディア」ばかりとつきあっていたとしたら。

メディアとどうつきあうかについて考え議論し実践するメディア・リテラシーの試みが、各地で始まっています。私は、名古屋で活動している「市民とメディア研究会・あくせす」のメンバーでもあるのですが、代表をされている津田正夫さんらと市民が自由に番組を創って放送することのできる、欧米各地のパブリック・アクセス・チャンネルを訪ね歩いたことがあります。*

吉見さんはよく御存じだと思うのですが、アメリカではケーブルテレビ局が地域の道路や公園の地下にケーブルを張って営業する際に、地域社会から求められれば市民にチャンネルを開放し、番組を創る教育や機材も提供の努力をするという「パブリック・アクセス・チャンネル」の制度があります。そこで放送されていた番組の中にまさに検討会議のような番組がありました。ニューヨークのマンハッタンネイバーフッド・ネットワークのスタジオではエイズキャンペーンの番組を創っている若者のグループに会いました。サンフランシスコのシティビジョンのスタジオでは、労働組合の人ばかりで創っている長寿番組があります。バークレーでは高校のPTAと地域の会の図書室での討論会が番組になっていましたし、一方でゲイやレズビアンの方々の音楽やダンスの番組も編集室で準備が進んでいました。ワシントン郊外ではずっと見慣れた地域の景色ばかりをつないだ番組が続いていました。オークランドでは、パブリックアクセスではなく行政チャンネルでしたが、審議会や委員会の中継で市長や活躍している議員の顔をすっかり覚えました。水道委員会だの、交通審議会だのは、飛び入りで市民が議事進行に意見を言うことができ、マイクの前のその行列が延々と続き、放送時間は延びっぱなしです。これらの番組は制作費がないかとても安く、中継の担当者が会議場の三台のカメラのスイッチを入れた瞬間から切るところまでがただ流れるだけで、カット編集が頻繁で変化に富んだ多くの商業的なテレビ番組を見慣れた目にはまったく「面白くない」はずなのに、私はとても興味をかきたてられました。なぜならそこに映っている人はニューヨークやハリウッドに行かなければ会えない有名人とは違い、明日バスの隣に乗っているかもしれない、買い物で値切らなければならない相手かもしれないくらい、近しい人々だったからです。

またフランスでは、昨年から市民団体にも放送免許がおりるようになりました。パリでは町内会テレビとも言うべき、地域の議論や市民運動、芸術など様々なジャンルの番組を創るグループが六つありひとつのチャンネルの放送時間を分け合っていました。オランダやドイツには、オープンチャンネルと呼ばれる市民が番組を放送することのできるケーブルテレビのチャンネルがありました。移民のための番組や、女性グループの制作番組、アーティストの自由な表現、年齢を重ねた高齢者の方々の地域の歴史や社会を描いたものや、住民自治会の討論などが放送番組になっています。リヤカーと自転車で勝手に中継車を作ってしまう人もいました。ドイツは放送制度が州ごとに違い、ある地方では番組の前とあとに制作した市民の住所と氏名を出してケーブル放送に参加します。ケルンでは、商業ラジオ局の一部放送を市民枠として市民グループに提供しており、帯番組を多様な活動グループが担当していました。こうしたヨーロッパの市民放送局では工場の跡地を利用したスタジオは雨漏りがし、吸音板の代わりに紙のタマゴパックをスタジオに貼っているところもありました。右傾化に対抗するため、移民の排斥をしない共生社会をアピールするものには助成金を出す自治体もあります。障害者や女性など差別されてきた人々のラジオ放送にはEUからの支援金もあるそうです。

この市民とメディアを考える旅で出会った人々は、インターネットで自由に放送できる時代にあえて既存のアナログメディアにこだわってこうした制度を支持している人々でした。同じ地域に住む人から反応が来るのがおもしろい、共通のテーマを地域住民に投げかけられると、こうした仕組みを持つことに誇りを持っておられる方もおられました。彼等、彼女らは、対話の道具としての放送メディアを「公共の資源」として「自分たちも使いたい」と考えているのです。対話のプロセスの芽がそこにあります。市民と市民の対話だけではなく、市民と行政、市民と放送事業者の対話です。メディアは電波の希少性を言う時代ではなくなりました。市民が放送してほしいもの、放送したいものを、放送できるチャンネルとチャンスをどう分ければよいかを対話する土壌があることをうらやましいと思いました。

一方、インターネットは放送もできますが、私はこれほどまでに細分化されたチャンネルを持つメディアが、対話のプロセスを作ることにどこまで貢献できるのか心配もしています。藤前干潟保全であれほど威力を発揮したメーリングリストですが、今、それぞれの関心ごとに市民を別々の部屋に分けてしまい、多様な意見のぶつかりあうところはないようにも思えます。インターネットにのみ公共の場を設定すれば、管理されないその「公共」は限りなく拡大し、誰もすべてを見渡せないところでは対話のプロセスは作れません。

しかし、インターネットの可能性は無視できません。全国、特に東京のマスメディアが愛知万博に関心を持たない今、万博の議論に全国の人が参加するにはウェブサイトの情報にアクセスしなければ何もわかりません。開催決定まで長い間、愛知万博の情報を世界に発信してきたのは「反対派」といわれる人々でした。そうした活動のひとつが今も続いています。市民オンブズマンのメッセージやパブリックコメントの期限をメーリングリストなどで発信しているのは内田隆さんです。彼は博覧会協会のホームページができる前から長らく「いんたーねっとばんぱっくん」という開催反対のための情報をホームページに整理して掲載しています。「教育上有害なサイト」という指定を愛知県教育委員会の関連団体から受けたことのあるサイトで、本人たちは笑いとばしていますが、私はとんでもないと思っています。彼は名古屋大学の大学院生ですが、真剣に本当の市民参加を考えているひとりだし、このサイトは市民参加を考える教材であるとも考えることができます。

このように、継続性があって信頼できるサイトの運用のためには、市民に相当な力がないと困難です。能力だけではなく経済的にも力を備えなくてはなりません。無償の学生に頼って地域の情報が管理されているだけでなく、その情報に価値が見出されたなら、地域がその管理に見合う評価をしなければならないでしょう。今、多くの貴重な情報はボランティアが無償でネットに載せています。環境問題に関してはとくに、先にご紹介した干潟保全の活動がそうだったように、現場からの充実した一次情報が説得力を持つものとして、大量に収拾整理されています。それらの活動が正当な評価や対価が受けられるようにならないと、ネット上の情報が痩せ細るのではないかと真剣に心配もするのですが、しかしそんなことは杞憂とばかりに、市民活動の現場からはネットの上に泉のように豊かに情報が溢れてきています。コミュニティビジネスとしての市民のオルタナティブメディアが可能にならないものでしょうか。

またブロードバンドの普及は遅々としており地域格差は大きいのですが、確かにインターネット放送が映像発信に役立つようになりました。市民活動の現場では貴重な映像が市民の手によってカメラに収められることがあるのです。そうした映像を広く伝えるのにインターネットは有用です。そして、ビデオカメラは市民活動の現場に間違いなく必要不可欠な道具になりつつありますからこのリテラシーも必要でしょう。愛知県では、昨年ＮＰＯのボランタリーネイバーズが中心になってＮＰＯ・

ボランティア活動への共感と理解の促進をテーマにした「愛知つなぐ輪・映像交流祭」、映像を通じたまちづくり活動の発展と広がりを目指した「なごや・まちコミ映像祭二〇〇一」というふたつの映像祭が開催され、生活に根ざしたたくさんの応募作品に代表の大西光夫さんらはうれしい悲鳴を上げていました。このNPOのホームページからは受賞作品を見ることもでき、検討会議のころにまだ一般的ではなかったストリーミングがずいぶん普及してきたことを実感します。まちには映像情報が豊かに存在し、それを拾い出し市民なりの視点で撮って編集する作業は、楽しく充実したまちづくりの仕事であることを知らせてくれました。また、これらの映像祭は在名各放送局が後援し、受賞作品は放送の機会を得ることができました。市民とメディアが対話し、市民がメディアを使いこなす機会の一里塚となったことでしょう。

教育現場もメディアの世界とコラボレーションを始めました。これは水越伸さんが呼びかけたメルプロジェクトが関係していますので、また別に紹介があるでしょう。

さらに、「個人情報保護法案」に対して名古屋では市民とメディアの対話が前進していることを添えておきます。名古屋では「マスコミ夜塾の会」「市民とメディア研究会・あくせす」「マスコミと人権を考える東海の会」「JCJ東海」が呼び掛け、市民と新聞、放送の幹部らが討論する「メディア規制法を考える市民の集い」が五月に開催されました。メディアの幹部が市民からの意見にも耳を傾け、日ごろの報道姿勢に反省の弁も語られたことで、対話の距離が少しずつ縮まっているようです。またあくせすの例会では、犯罪被害者の会を取材しドキュメンタリーを制作した中京テレビ放送の大脇三千代プロデューサーを招いて、メディア規制について対話の場を持ちます。

さて、市民参加を目的に真に検討会議を公開するにはどうすればよかったのでしょうか。実は意外に近いところにモデルがあったのです。県境を接する三重県の事例です。一九九八年の特定非営利活動促進法制定後、直ちに条例案作成のために県NPO室はNPO研究会を発足させました。NPO代表やボランティア団体のリーダー、企業人、議員、行政担当者など委員は県NPO室が委嘱したのですが、公募でない人選に不満が出なかったのは、その会議に誰もが参加できるように完全公開にしたからでした。五〇〇名収容可能な県講堂を毎回会場とし、ロの字型の委員席の周りにぐるりとパイプイスを並べて自由に席にかけて誰もが議論に参加できました。早めに日程を決め、広く参加を呼びかけ、初回三〇〇名、以降毎月平均一五〇名、延べ一五〇〇名の参加があったそうです。事前の申し込みなしに、県民はもちろん県外者も参加でき、録音撮影も自由、希望者には出来る限りマイクを廻していました。委員も自分の意見を述べることだけに専念せず、会場にやってきた初対面の市民の意見を聞き、非公式な準備会では会場からの意見の分析に時間をかけ、その過程の記録を次回の会議で配布しました。県にはその記録が残されています。発言した市民の一つ一つの意見がキーワードで分類され、その成果であるNPO条例案と「みえパートナーシップ宣言」にはすべての発言者の思いが汲み取られています。あの輪のなかに参加したことがありますが、「私たちが決めるのだ」という意欲や責任感がフロアに充満していたのを私も肌で感じました。その感激や興奮を伝えるための写真や議事録も残っていますが、子どもたちに何らかのメディアで、それをきちんと伝えたいと思ったものです。単純に扉を開ければ、人々が自由にメディアを使うことができるのです。

ここに紹介した人々の試みは、市民参加は放っておいてできるものではないことを私に実感させます。対話の場を作り、そこに「メディア」をどう持ち込み如何に使えるか、「メディア」のあり方を問い、使いこなす視点と対話の実践こそが、実体としての「市民参加」を作りあげるのだと強く確信させます。電子ネットワークにおけるコミュニケーションをも駆使して干潟を保全したのち、市民が自覚を高め二割もゴミが減量され、環境首都コンテストで首位に立った名古屋市では、民と官が手を携え藤前干潟のラムサール条約登録を目指していることで、反対運動であっても対話の輪を広げることが意義を持つと再認識されたことと思います。万博が、こうした視点を持った対話のプロセスを積み重ねることができるかどうか、その如何によっては「市民万博」は二〇〇五年どころか世代を越えても実現しないと思うのです。今の万博はその推進において、参加をめざす市民とスピードやリズムが共有されておらず、対話の場がうまく成立していっていない印象を持ちます。

私の問題意識は四方八方に拡大してどうまとめて良いのかわからなくなりかけていましたが、確かな視点で市民社会の行方を見守っておられる吉見さんの問いかけで、拙いながらもまとまって考える機会をいただきました。短いメールのやり取りでは頻発する多様な動きをひとつの流れの中に置いて考えることもできないのですが、少し長い「手紙」にすることで、メディア・プラクティスについての私の意思のようなものも収斂してきたように思います。今回の吉見さんとのやりとりの中で発想できたことを今後の活動に生かしたいと考えています。「手紙」というメディアを見つめ直す機会でもありました。

二〇〇二年六月二日

松浦さと子

＊津田正夫・平塚千尋編、二〇〇二年『パブリック・アクセスを学ぶ人のために』世界思想社。
http://www.jca.apc.org/satoko/official/pub2.html

往復書簡を終えて

印象的な言い方だが、愛知から三重にかけての一帯は、今日の日本の中でもとりわけ様々なタイプの市民活動や市民運動、ＮＰＯの活動がさかんな地域なのではないか。自然保護や街づくりからメディアや教育まで、東京から見ていても、異なる場所で、それぞれ魅力的な人々が、時には衝突し、時には連携しながら刺激的な活動を展開しているのが見えてくる。他方、愛知はとりわけ世界最大の自動車産業の一つであるトヨタの「城下町」であり、トヨタをはじめいくつかの大企業が支配的な影響力を持っている地域でもある。

愛知万博問題は、このような地域的文脈の中で生じた「事件」であり、長らくこの地域のメディアの関心を引き寄せてきた。基本構想の発表やＢＩＥ総会での開催権獲得など、開催に向けての節目では、「万博」はこの地方の新聞の第一面を飾り、多くの特別番組が制作されてきた。そして検討会議は、九〇年代初頭からの問題の経緯を知る者の目から見たときには、明らかに一連の転変のクライマックスであり、問題状況の集約点であるように思われた。そのクライマックスの一部始終が、インターネット中継されたのである。

だが、この往復書簡の中で松浦は、地元メディアや一般の人々の検討会議への関心の深まりは、必ずしも十分なものではなく、またそこでの「公開」のされ方にも、いくつかの大きな問題があったのではないかと問う。さらに松浦は、ここには行政と住民との間で争点となった公共事業をめぐり、その意思決定のプロセスが公開されたり、そこに市民が参加して会議体が組織されたりしていく場合、どうやって事業計画や反対運動に積極的にかかわってきた市民や専門家と、ごく普通の市民、さして「問題」に関心を向けてこなかった人々をつないでいくのか、そこにおいてメディアはいかなる役割を果たすのかという問題が提起されていると した。つまるところ、ここには「情報公開」とは何か、行政と市民のメディアを通した対話は可能なのかといった問題が浮上していたのである。

一般に、地域的葛藤とメディアの関係は、いくつかの異なる次元を含む。大雑把に挙げてみても、①新聞、テレビなどのマスメディアが「問題」をどう報道し、状況にいかなる影響を与えるのか、②インターネット、ビデオカメラなどが従来のメディアとは異なるいかなる役割を果たすか、③上記の二つのレベルのメディアの関係、④これらのメディアと「問題」にさほど関心のない一般市民との関係などである。このうち第三の次元と第四の次元は密接に絡まりあっている。つまりインターネットは、すでに問題意識を多少なりとも共有している人々の間で情報をやりとりし、既成の壁を突破していくときには強力な武器となる。しかし、「問題」にそれほど関心のない人々に、事柄の意味や「面白さ」を伝えていくには、やはり既存のマスメディアの位置を、どこかで改めて問い直さざるを得ないのである。

この往復書簡では、愛知万博問題から見えてきたメディアと市民の関係を、現代日本の各地に噴出している地域的な葛藤と市民、メディアの関係をめぐる問いのなかに位置づけようとしてきた。逆に言うなら、ここで「愛知」の問題として考えたことは、愛知固有の問題ではなく、公共的な情報の「公開」や「共有」をめぐって試行錯誤を重ねる多くの地域に共通の問題である。メディアとは、諸々の装置やテクノロジーであるという以上に異なる者の間の関係性なのだとすれば、行政と市民、市民の間の異なる立場がぶつかり合う地域的な状況は、言葉の厳密な意味で文字通り「メディア論的状況」のはずである。このような現代における地域を舞台にしたメディア性の噴出を、たとえば長野で、吉野川で、有明海で、川辺川（熊本）で、沖縄で、そして東京で、横断的に浮上させていかなければならない。

（吉見俊哉）

コロンビア・ジャーナリズム・レビュー——誰が何を牛耳っているか（Columbia Journalism Review: Who Owns What）
http://www.cjr.org/owners/
『コロンビア・ジャーナリズム・レビュー』誌が運営するサイト上で、巨大メディア資本がいかなるメディアを所有しているかなどが一覧できる。

■ミュージアム関連

せんだいメディアテーク
http://www.smt.jp
美術館と図書館のサービスを総合したような日本初の複合型メディアセンター。伊藤豊雄の手になる建物はたいへんいごこちよい。
山口情報芸術センター
http://www.ycam.jp
山口県に設立された複合型メディアセンター。ワークショップをさかんに展開している。
スミソニアン博物館（Smithsonian Institution）
http://www.si.edu/
あらゆる領域のアーカイブだが、情報メディアの歴史史料も幅広く収集。
コンピュータ・バーチャル博物館（The Virtual Museum of Computing）
http://vmoc.museophile.com/
オックスフォード大学コンピューティング・ラボが運営している。リンクが豊富。
ニュースパーク（日本新聞博物館）
http://www.pressnet.or.jp/newspark/
日本ではじめての本格的な新聞博物館。
熊本日日新聞・新聞博物館
http://www.kumanichi.co.jp/museum/museum.html
個別新聞社としては数少ない新聞史料展示を行う。
放送ライブラリー
http://www.bpcj.or.jp/
日本唯一の公共的な放送番組アーカイブ。
美術館ドットコム
http://bijutsukan.com/
全国の美術館情報を網羅しているサイト。
東京都写真美術館
http://www.tokyo-photo-museum.or.jp/
写真をはじめ映像史料を豊富に所蔵する。子どもや市民向けのワークショップ案内もある。
福岡アジア美術館
http://faam.city.fukuoka.jp/
「アジアへの玄関」を自任する福岡で、文字通りアジア美術を収蔵、展示。映像資料も豊富、ユニークなワークショップあり。

■オルタナティブ・メディア関連

マンハッタン・ネイバーフッド・ネットワーク（Manhattan Neighborhood Network）
　http://mnn.org/
　ニューヨーク・マンハッタン島をカバーするケーブルテレビのパブリック・アクセスチャンネル。
ビデオニュース・ドットコム（Video News Dot Com）
　http://www.videonews.com
　日本におけるインターネットを活用したビデオジャーナリズムの代表的サイト（神保哲生主宰）。
オンライン・ジャーナリズム・レビュー
　http://www.ojr.org/
　南カリフォルニア大学に拠点を置くオンライン・ジャーナリズムの実践的研究媒体。
アジア記者クラブ
　http://apc.cup.com/
　市民に支えられる、アジア地域のジャーナリストの連携組織をめざしている。
アジアプレス・インターナショナル
　http://www.asiapress.org/
　アジアのビデオ・ジャーナリストのリゾーム状ネットワーク組織（野中章弘主宰）。
中海ケーブルテレビ
　http://gozura101.chukai.ne.jp/i/
　一九九二年からパブリック・アクセスを実施。衛星を活用した米子発全国行きの「SCN」、ブロードバンドとケーブルテレビを結んだ「鳥取チャンネル」にも参画。
（有）プリズム
　http://www.prism-web.jp/index2.html
　熊本県を中心として住民ディレクターという人々を組織し、地域起こしを展開する活動拠点（岸本晃代表）。
シビック・メディア
　http://www.mediagres.com/civicmedia/
　マスメディアから市民までが連携する、北海道におけるパブリック・アクセスの拠点（吉村卓也代表）。

■マスメディア関連

（社）日本民間放送連盟（民放連）
　http://www.nab.or.jp/
　民間放送事業者の業界団体。メディアリテラシーにも積極的に取り組んでいる。
（社）日本新聞協会
　http://www.pressnet.or.jp/
　新聞事業者など（一部放送事業者）の業界団体。NIE（新聞を教育に）運動に取り組んでいる。
NHK放送文化研究所
　http://www.nhk.or.jp/bunken/
　日本の放送研究、調査の拠点的組織。
メディア総合研究所
　http://www.mediasoken.org/
　マスコミの動きを批判的にとらえ、ジャーナリズムの連携をうながす民間の研究機関。
日本マスコミ文化情報労組会議（MIC）
　http://www.union-net.or.jp/mic/
　日本のさまざまなマスメディア企業の労働組合の連合体組織。

■子供と学び関連

学校放送オンライン

http://www.nhk.or.jp/school/

ＮＨＫ学校放送関連番組のサイト。子ども、教師、放送局が交流する広場もある。

授業づくりネットワーク　メディアリテラシー教育研究会

http://www.jugyo.jp/media/media.html

教育学者、学校教師らを中心とする教育研究団体「授業づくりネットワーク」が運営。学校教育を中心に実践的な研究成果を公開している。

子ども文化コミュニティ

http://www.kodomo-abc.org/

福岡県において子どもの文化・芸術活動を促進するNPO。

ボイス

http://www.kidsvoice-jp.org/

子供たちの声を市民社会に届けるため、子供たち自身が運営するメディア。

子どもとメディア研究会

http://www5d.biglobe.ne.jp/%7Ek-media/

子どもの過剰なメディア接触を批判する「メディアアウト」運動などを展開する。

■市民とメディアの支援、研究関連

JCAFE（市民コンピュータコミュニケーション研究会）

http://www.jcafe.net/

日本の数少ない情報通信支援NPO（浜田忠久代表）。インターネットを活用しようとする市民をさまざまにサポートする。

市民とメディア研究会・あくせす

http://access.tcp.jp/

東海地方を中心とする市民のメディア表現、パブリック・アクセスを普及、促進している。

メルプロジェクト

http://mell.jp/

東京大学大学院情報学環に拠点をおく、市民のメディア表現、学びとリテラシーのためのサイト。

PMN 民衆のメディア連絡会

http://www1.jca.apc.org/pmn/

市民運動家、メディア表現者たちの交流の広場。

Polymorphous Space

http://anarchy.k2.tku.ac.jp/

批評家粉川哲夫のページ、さまざまなメディア・アクティビズムと連携している。

ポインター・オンライン

http://www.poynter.org

アメリカでメディア関連のさまざまな調査研究、ワークショップ活動をおこなうポインターのサイト。

多文化共生センター

http://www.tabunka.jp/

阪神・淡路大震災をきっかけに生まれた、関西に軸足をおく多文化共生社会の実現のためのNPO。エスニックメディアやIT支援もさかんにおこなう。

アジア・チャンネル

http://www.asia-ch.org/

アジアの若者のメディア表現をインターネットや衛星で結び、異文化交流教育を進めるための香港のNPO。

参考資料（関連ウェブサイト一覧）

■メディア・アート、情報デザイン

連画座
　http://www.renga.com
　安斎利洋、中村理恵子が展開するメディア表現活動を詳細に収録。
NTTインターコミュニケーション・センター（ICC）
　http://www.ntticc.or.jp
　メディアアート、情報デザインを中心としたミュージアム、センター。
国際情報科学芸術アカデミー（IAMAS）
　http://www.iamas.ac.jp
　情報科学とメディアアートの融合的な創作表現のためのユニークな岐阜県立大学院大学、および専門学校。
多摩美術大学美術学部情報デザイン学科
　http://www.idd.tamabi.ac.jp
　モノのデザインからコトのデザインへ。経験の可視化とデザインをめざす日本の情報デザインの先端。

■メディアリテラシー

APPREB（Asia-Pacific Cooperative Programme in Reading Promotion and Book Development）
　http://www.accu.or.jp/appreb/
　ユネスコアジア文化センターが進める、本を読むリテラシーの促進ネットワーク。
メディアリテラシー協会（The Association for Media Literacy）
　http://www.aml.ca/
　カナダメディアリテラシー協会　メディアリテラシー先進国、カナダの老舗協会のサイト。
カナダメディア教育協会（Canadian Association of Media Education Organizations）
　http://interact.uoregon.edu/MediaLit/CAMEO/
　カナダのメディアリテラシー関連全国組織（1992年創設）。
メディアリテラシー・オンラインプロジェクト（Media Literacy Online Project）
　http://interact.uoregon.edu/MediaLit/HomePage/
　オレゴン大学教育学部高度技術センターが組織するプロジェクト。
メディア教育財団（Media Education Foundation）
　http://www.mediaed.org/
　ビデオを中心にメディアリテラシー教材を提供。
FCT市民のメディア・フォーラム
　http://www.mlpj.org/fct/index.html
　より良いメディアの実現をめざした市民活動のサイト。
放送分野における青少年とメディア・リテラシーに関する調査研究会報告書（2000年6月21日）
　http://www.soumu.go.jp/joho_tsusin/pressrelease/japanese/housou/000831j702.html
　旧郵政省の研究会（座長：濱田純一）が2000年夏に提出した報告書。日本の官庁の同種の報告書としては異例に調査研究レポートとしての厚みがある。

執筆者紹介

水越 伸（みずこし しん）＝1963年生まれ。東京大学大学院情報学環助教授。歴史と実践をよりあわせながら本書でいうメディア・プラクティスの地平を開拓したいと考え、メルプロジェクト、コミュニティ・パブリッシングなどを展開中。

吉見俊哉（よしみ しゅんや）＝1957年生まれ。東京大学社会情報研究所教授。社会学・文化研究専攻。大衆文化研究を基礎に、最近は国民祭典やアメリカ化・消費社会化の文化史的分析、カルチュラル・スタディーズの探求に取り組んでいる。

長谷川 一（はせがわ はじめ）＝1966年生まれ。東京大学大学院学際情報学府博士課程。出版＝publishingをpublicの構成論として再編するための理論と実践を模索している。著書『出版と知のメディア論』（みすず書房）ほか。

安斎利洋（あんざい としひろ）＝1956年生まれ。アーティスト、コンピュータ・ソフトウェア・デザイナー。連画、カンブリアン・ガーデンなど、作動し続けるシステムとしての創作装置を考えることと作ることに一貫した関心をもっている。

中村理恵子（なかむら りえこ）＝1958年生まれ。「連画」から、最新の「カンブリアン・ゲーム」まで、コラボレーテッドアートに取りくむ。仕事場では、100号のキャンバスに描かれる日常の記憶とデジタル情報が同じ重みで浮遊している。

アスケ・ダム（Aske Dam）＝1941年、デンマーク生まれ。テリトリーも国境も軽々と越えて、メディア、アートに関するあらゆるフィールドを自在に往き来するメディア・アーティスト／メディア・プロデューサー。現ノルウェー在住。

小川明子（おがわ あきこ）＝1972年生まれ。愛知淑徳大学現代社会学部専任講師。ローカル・メディア研究。現在は地域間コミュニケーションとメディアの関係性について、放送メディアを中心に分析している。

バリー・ダンカン（Barry Duncan）＝オンタリオ州のメディア・リテラシー協会の創始者および元会長。1970年代頃からメディア教育の推進に携わってきた。著書に『Mass Media and Popular Culture』。

坂田邦子（さかた くにこ）＝1970年生まれ。東京大学社会情報研究所助手。専門はメディア・コミュニケーション論で、アジアにおけるメディア文化と市民によるメディア実践、開発途上国におけるメディアに関する研究を行っている。

呉 翠珍（Sophia Wu）＝台湾政治大学放送学部副教授、同大学コミュニケーション学院媒体素養研究室代表。専門分野：子どもとメディア、メディア・リテラシー教育、視聴者研究。教育文化番組のデザインと審議にも関わっている。

劉 雪雁（Liu Xueyan）＝東京大学大学院情報学環助手。中国大陸、台湾、香港におけるメディアの発展とその社会的、文化的関連、華人ネットワークとメディアのグローバル化について実証研究を進めている。

林 直哉（はやし なおや）＝1957年生まれ。長野県高校教諭。長年、自主活動の基盤として高校放送部の指導に力を入れてきた。情報の送り手と受け手の新たな関係を目指したメディア・リテラシー活動とメディア実践を展開している。

山内祐平（やまうち ゆうへい）＝1967年生まれ。東京大学大学院情報学環助教授。教育工学、学習環境デザインを専攻。情報社会の新しい学びのかたちを求めてさまざまな実践プロジェクトに従事。著書に『デジタル社会のリテラシー』等。

野中章弘（のなか あきひろ）＝1953年兵庫県出身。ジャーナリスト。アジアプレス・インターナショナル代表。アジアを中心に第三世界の問題を取材。ドキュメンタリーの制作本数は100本を超える。著書に「アジアＴＶ革命」（三田出版会）など。

林 香里（はやし かおり）＝1963年生まれ。ドイツ、バンベルク大学社会学部客員研究員。フンボルト財団フェロー。ジャーナリズムを学問的に研究することに取り組んでいる。著書に『マスメディアの周縁、ジャーナリズムの核心』。

浜田忠久（はまだ ただひさ）＝1959年生まれ。市民コンピュータコミュニケーション研究会（JCAFE）代表。NPO/NGOのインターネット活用支援や市民の立場からの情報社会への提言活動を行う。共著に『インターネットと市民』等。

松浦さと子（まつうら さとこ）＝1960年生まれ。龍谷大学経済学部助教授、社会学専攻。とくに新しい社会運動の分野でメディアを用いた市民の活動や表現、一次情報の共有に関心を持っている。編著に『そして、干潟は残った』。

メディア・プラクティス――媒体を創って世界を変える

2003年10月10日　第1刷発行

編　者　水越　伸・吉見俊哉
発行者　佐伯　治
発行所　株式会社せりか書房
　　　　東京都千代田区猿楽町2-2-5　興新ビル303
　　　　電話 03-3291-4676　振替 00150-6-143601
印　刷　信毎書籍印刷株式会社
装　幀　工藤強勝

ISBN4-7967-0251-2